JN190423

中小企業の
事業再生等
ガイドライン
手続・計画・交渉・税務から
保証債務整理まで
の実務

著 　弁護士 **福岡真之介**／弁護士 **片井慎一**／公認会計士・税理士 **松田隆志**

清文社

はしがき

　2022年3月に「中小企業の事業再生等に関するガイドライン」(中小企業の事業再生等ガイドライン)が中小企業の事業再生等に関する研究会から公表されました。

　本書は、中小企業の事業再生等ガイドラインを使って、中小企業を再生する方法や、取引先等に極力悪影響を与えずに廃業する方法について、中小企業の事業再生等ガイドラインの手続の流れと実務を解説しています。なお、中小企業の事業再生等ガイドラインは改定版が2024年1月17日に公表されており、本書は改定版の内容も盛り込んでいます。

　中小企業の事業再生等ガイドラインは、いわゆる私的整理手続についてのガイドラインを定めており、金融債権者全員の同意が必要な手続であることから、関係者全員の理解と協力が不可欠です。それゆえ、経営者と専門家は、手続についての理解と関係者に対する丁寧な説明が求められます。

　新型コロナウイルス感染症が2023年5月に5類感染症に位置付けられてから経済活動がコロナ前に戻りつつある一方で、コロナ関連の各種支援も終わりを迎えようとしています。また、インフレの進行や人手不足が深刻化してきており、今後は、事業の再生や廃業が必要となる中小企業が増加することが予想されます。

　そのような場合であっても、中小企業の事業再生等ガイドラインを上手に活用することによって、事業の再生や廃業をスムーズに進めることができる場合も多いでしょう。中小企業の事業再生等ガイドラインを上手に活用するためには、中小企業の事業再生等ガイドラインについての知識が必要であることはいうまでもありません。

　また、本書は、会社の借入について連帯保証をしている中小企業の経営者のことも考慮して、「経営者保証に関するガイドライン」についても解説しています。経営者保証に関するガイドラインを活用することで、経営

者は、会社の借入金の保証債務の履行を迫られて自己破産することを避けることができます。

　本書が、中小企業の経営者や、税理士・公認会計士・弁護士等の専門家、金融債権者である金融機関の担当者の方々に、少しでもお役に立てれば筆者らにとって望外の幸せというほかありません。

　最後に、本書の執筆にあたり、西村あさひ法律事務所・外国法共同事業の秘書の越前愛莉さんには、多大な協力をいただきました。また、本書の編集の労をとっていただいた株式会社清文社の立川佳奈氏には大変お世話になりました。この場を借りて厚く御礼申し上げます。

2024年7月

福岡　真之介

片井　慎一

松田　隆志

CONTENTS

第3章　経営者保証に関するガイドラインの利用方法

1. 保証債務の整理手続について ——————— 155

2. 経営者保証ガイドラインについて ——————— 163

第4章　事業再生のための方法

1. 事業再生のための方法 ——————— 211

第5章　事業再生計画の作成方法

第8章 「中小企業の事業再生等に関する ガイドライン」に関する費用補助

※本書は令和6年7月1日現在の法令等に基づいています。

参考 URL 集

　「中小企業の事業再生等に関するガイドライン」に関する資料でウェブサイトに掲載されているもののURLを以下で紹介しています。本書で触れている「中小企業の事業再生等に関するガイドライン」の本文などをご覧になりたい方は下記を参照してください。なお、URLのリンクは2024年6月時点のものであり、変更・リンク切れになる可能性があることにご留意ください。

【中小企業の事業再生等に関するガイドライン本文関連】

■中小企業の事業再生等に関するガイドライン（令和4年3月、令和6年1月一部改定）

https://www.zenginkyo.or.jp/fileadmin/res/abstract/adr/sme/sme-gl/sme-guideline_202401.pdf

■「中小企業の事業再生等に関するガイドライン」Q&A（令和4年4月1日制定、令和4年4月8日一部改定、令和6年1月17日一部改定）

https://www.zenginkyo.or.jp/fileadmin/res/abstract/adr/sme/sme-gl/sme-guideline_qa_202401.pdf

■中小企業の事業再生等に関するガイドライン事例集（令和5年10月）

https://www.fsa.go.jp/news/r5/ginkou/20231017/jigyosaiseigl-jirei.pdf

■第三者支援専門家候補者リスト

・中小企業活性化全国本部

https://www.smrj.go.jp/supporter/revitalization/index.html

・一般社団法人事業再生実務家協会

https://www.turnaround.jp/candidate_list/index.php

【経営者保証に関するガイドライン関連】

■経営者保証に関するガイドライン（平成25年12月、令和4年6月改定）

　https : //www.zenginkyo.or.jp/fileadmin/res/abstract/adr/sme/guideline.pdf

■「経営者保証に関するガイドライン」Q&A（平成25年12月5日制定、一部改定（直近）令和4年6月30日）

　https : //www.zenginkyo.or.jp/fileadmin/res/abstract/adr/sme/guideline_qa.pdf

■廃業時における「経営者保証に関するガイドライン」の基本的考え方（令和4年3月）

　https : //www.zenginkyo.or.jp/fileadmin/res/abstract/adr/sme/guideline_bc.pdf

【税務関連】

■「中小企業の事業再生等に関するガイドライン（再生型私的整理手続）」に基づき策定された事業再生計画により債権放棄等が行われた場合の税務上の取扱いについて

　回答：https : //www.nta.go.jp/law/bunshokaito/hojin/220311/index.htm

　別紙：https : //www.nta.go.jp/law/bunshokaito/hojin/220311/besshi.htm

■「中小企業の事業再生等に関するガイドライン（廃業型私的整理手続）」に基づき策定された弁済計画により債権放棄が行われた場合の税務上の取扱いについて

　回答：https : //www.nta.go.jp/law/bunshokaito/hojin/220311_02/index.htm

　別紙：https : //www.nta.go.jp/law/bunshokaito/hojin/220311_02/besshi.htm

■「経営者保証に関するガイドライン」に基づく保証債務の整理に係る課税関係の整理（平成26年1月16日制定）

https : //www.zenginkyo.or.jp/fileadmin/res/abstract/adr/sme/guideline_qa_taxation.pdf

【費用補助関連】

■経営改善計画策定支援事業（第三者支援専門家・外部専門家への支払費用についての国からの費用補助）

https : //www.chusho.meti.go.jp/keiei/saisei/05.html

■中小企業活性化パッケージ

https : //www.meti.go.jp/press/2021/03/20220304006/20220304006.html

■中小企業活性化パッケージNEXT

https : //www.meti.go.jp/press/2022/09/20220908001/20220908001.html

■挑戦する中小企業応援パッケージ

https : //www.meti.go.jp/press/2023/08/20230830002/20230830002.html

第 1 章

中小企業の事業再生・廃業支援の制度の概要

1. 中小企業の事業再生等に関する ガイドライン成立の経緯

　「中小企業の事業再生等に関するガイドライン」（以下「中小再生GL」という。）が、令和4年3月に公表されました。その作成には、どのような背景があるのでしょうか。

　令和2年以降に世界的に拡大した新型コロナウイルス感染症は、日本の経済にも甚大な影響を及ぼし、中小企業にも多くの影響を与えることとなりましたが、政府により進められた各種のコロナ支援政策、特に無利子・無担保融資等（いわゆるゼロゼロ融資）によって、倒産件数は低く抑えられました。しかし、令和5年5月には新型コロナウイルス感染症が5類に移行したことで平時の状態に戻り、各種のコロナ支援政策も終わりを迎えるようになりました。さらに、インフレや人手不足なども生じているため、今後は中小企業の倒産等が増える可能性があります。

　政府は、令和3年6月に「成長戦略実行計画」を公表し、それを受けて「中小企業の事業再生等に関する研究会」が発足しました。中小企業の事業再生・事業廃業に関し、金融界・産業界を代表する者によって中小再生GLがとりまとめられ、令和4年3月に公表されました。その後、中小再生GLは、より円滑な運用をするため、令和6年1月に改定され、改定版は同年4月1日から適用されています。

　中小再生GLは、中小企業が迅速かつ柔軟に事業再生等に取り組めるような私的整理手続の類型の1つである「準則型私的整理手続」（詳細は後述します）として定められたものであり、今後、中小企業が金融債務を整理し、事業再生をするための手続として幅広く活用されることが期待されています。

2. 中小再生GLの全体像

　中小再生GLは、「第一部　本ガイドラインの目的等」「第二部　中小企業の事業再生等に関する基本的な考え方」「第三部　中小企業の事業再生等のための私的整理手続」の三部から構成されています。

　第一部の「本ガイドラインの目的等」では、中小再生GL作成の経緯や中小再生GLの目的が記されるとともに、中小再生GLの対象企業及び対象金融機関等が定められています。

　中小再生GLの主要な目的は、以下の2つとされています。

①中小企業者と金融機関が、平時、有事、事業再生計画成立後のフォローアップの各段階で果たすべき役割を明確化し、中小企業者の事業再生等に関する基本的な考え方を示すこと。

②新型コロナウイルス感染症の影響脱却を念頭に、中小企業が迅速かつ柔軟に事業再生等に取り組めるように、新たな準則型私的整理手続「中小企業の事業再生等のための私的整理手続」を定めること。

　第二部の「中小企業の事業再生等に関する基本的な考え方」では、「平時」「有事」「事業再生計画成立後のフォローアップ」の各々の段階において、中小企業、金融機関がそれぞれ果たすべき役割が記されており、中小企業の事業再生等に関する基本的な考え方が示されています。第二部には中小企業が対応すべき事項のみならず、金融機関に求められる対応も定められており、事業再生計画の策定支援のほか、債務減免等の要請についても誠実に検討するものとされています。

　中小企業者と金融機関は平時から適時適切な対応を取り、信頼関係を構築することが重要とされ、平時の対応には予防的効果があり、有事（経営危機時）の場合には金融機関は早期の事業再生等を支援するとされています。

　そして、中小企業者と金融機関の対応については、以下の通りとされています。

(1) 平時における対応

❶中小企業者の対応

（ⅰ）収益力の向上と財務基盤の強化

　　事業計画の策定、実行、評価、改善に努める。

（ⅱ）適時適切な情報開示

　　経営の透明性を確保し、経営情報に関して重大な変動があれば報告する。

（ⅲ）法人と経営者の資産等の分別管理

　　法人と経営者の資金のやりとりを社会通念上適切な範囲で行う。

（ⅳ）予防的対応

　　事業環境や社会環境の変化に対応し、有事への移行の兆候を自覚したら速やかに金融機関に報告し、助言を求める。

（ⅴ）実務専門家の活用

　　中小企業の主体的な取組みに対する支援や外部機関等との連携体制を確保する専門家を活用する。

❷金融機関の対応

（ⅰ）経営課題の把握・分析

　　中小企業者の経営目標や課題を把握し、適切に分析・助言する。

（ⅱ）最適なソリューションの提案

　　中小企業者の立場に立ち適時能動的にソリューションを提案する。

（ⅲ）中小企業者に対する誠実な対応

　　情報開示の経緯や内容を踏まえ誠実な対応を行う。

（ⅳ）予兆管理

　　有事への段階的移行の兆候を把握し、事業改善計画の策定や実行

に向けて主体的な取組みを促す。必要に応じて事業改善計画策定支援や事業再構築に向けた支援を行い、課題が生じた場合は解決方向性を提案する。

(2) 有事における対応

有事における中小企業者と金融機関の対応については、以下のとおりとされています。

❶有事における中小企業者の対応

（ⅰ）経営状況と財務状況の適時適切な開示

金融機関に対して、信頼性の高い経営情報を開示・説明する。

（ⅱ）本源的な収益力の回復に向けた取組み

事業再生には多様な手法があり、自律的・持続的な成長に向けた本源的な収益力の回復が重要となる。

（ⅲ）事業再生計画の策定

中小企業者自らが経営課題を認識し、実務専門家等の支援・助言を得ながら、事業再生計画を策定する。

（ⅳ）有事における段階的対応

返済猶予等の条件緩和、債務減免、スポンサー支援の求め、廃業を含む様々な対応を検討し、実行する。

❷有事における金融機関の対応

（ⅰ）事業再生計画の策定支援

中小企業者と協力しながら、事業再生計画の合理性や実現可能性を確認し、積極的・継続的に支援する。

（ⅱ）専門家を活用した支援

金融機関単独では事業再生計画の策定支援が困難な場合や債権者間の利害調整を必要とする場合には、実務専門家や外部機関の活用を促し、計画策定を支援する。

【図表1-1】中小企業の事業再生等に関するガイドラインの構成

中小企業の事業再生等に関するガイドライン

第一部：本ガイドラインの目的等
・目的
・本ガイドラインの対象企業や対象金融機関等

第二部：中小企業の事業再生等に関する基本的な考え方
・平時における中小企業者と金融機関の対応
・有事における中小企業者と金融機関の対応
・私的整理検討時の留意点
・事業再生計画成立後のフォローアップ

第三部：中小企業の事業再生等のための私的整理手続
・対象となる私的整理
・本手続の基本的な考え方
・本手続の適用対象となる中小企業者
・再生型私的整理手続
・廃業型私的整理手続

（ⅲ）有事における段階的対応

　　中小企業者からの条件緩和や債務減免等の申出に対して誠実に検討し、スポンサー支援の探索や廃業に向けた適切な助言と協力を提供する。

　　第三部の「中小企業の事業再生等のための私的整理手続」においては、経営困難な状況になった中小企業者が、主に金融機関からの借入金について返済猶予や債務減免等を受けることにより、当該中小企業者が円滑に事業再生や廃業するための手続が定められています。中小再生GLを利用した私的整理手続（以下「中小再生GL手続」という。）をする場合には、この第三部に記載された内容に従って手続を進めることになります。

　　そのため、本書は第三部を中心に解説します。

3. 中小再生GL手続の概要

1 準則型私的整理手続としての中小再生GL

中小再生GLの第三部に記載されている中小再生GL手続は、「準則型私的整理手続」といわれるものです。準則型私的整理手続とは、中立的な第三者の関与の下に、一定のルールに従って、金融機関の同意を得て債務の支払猶予（リスケ）や債務免除（債権カット）を行い、中小企業者のキャッシュフローや過剰債務を改善し、その事業を再生させる手続です。

私的整理手続と対置される手続として、法的整理手続があります。法的整理手続とは、裁判所が関与し、法律に従って債務整理をする手続のことで、破産手続・民事再生手続・会社更生手続・特別清算手続が典型例です。法的整理手続では、裁判所の監督の下に厳格なルールに従って手続が進められるため、高度な公平性が確保されますが、柔軟性に欠けるというデメリットがあります。また、法的整理手続では高度な公平性が求められるため、商取引債権者と金融機関を平等に取り扱わなければならず、金融機関の債権だけをリスケやカットすることはできません。そのため、商取引債権者から取引停止されるなど、ビジネスに支障が生じることがあります。

この点、裁判所の関与なしに債権者の話し合いで債務を整理する私的整理手続では、法的整理手続よりも柔軟性があり、使い勝手が良いといえます。もっとも、私的整理手続が成立するためには債権者全員の同意が必要であり、1人でも反対すると私的整理手続は不成立となってしまいます。また、何もルールがない中で私的整理手続を行うと、力の強い者が自分の利益となる行動を取って公平性が損なわれることが起こり得ます。

そこで、一定のルールに従って私的整理を進め、それを中立的な第三者

がチェックするという「準則型私的整理手続」が、私的整理手続の方法の一つとしてよく利用されるようになってきました。準則型私的整理手続としては、私的整理ガイドライン、事業再生ADR（日本エスコン、アイフル、マレリなどが利用）、中小企業活性化協議会手続などがあります。特に、中小企業活性化協議会手続は、2003年2月の発足以来、2022年度末までに60,624件の相談に応じ、17,675件の再生計画の策定支援を完了するなど、中小企業向けの準則型私的整理手続として広く利用されてきました。一方、私的整理ガイドラインは、他の準則型私的整理手続が整備されたことなどにより最近はあまり利用されておらず、事業再生ADRは手続費用が比較的高額であることから大企業が主に利用する手続となっています。

　税法上も、準則型私的整理手続によって作成された再建計画に基づいて債権者が債権放棄を行った場合には、原則として、「合理的な再建計画」によるものとして、債権放棄が寄付金扱いにならないなどの取扱いがされており、税務的な観点からもメリットがあります。

　中小企業者が経営困難な状況に陥って債務整理が必要となった場合、まずは、私的整理手続か法的整理手続のいずれの手続を行うのかを、**図表1-2**の各要素などを考慮して判断することになります。私的整理手続を選択する場合には、様々なメリットがある準則型私的整理手続を選ぶことが一般的です。

　私的整理手続と法的整理手続の違いについては、**図表1-2**を参照してください。

　なお、中小再生GLでは、事業を円滑に廃業させるための廃業型私的整理手続についても定められているのが大きな特徴です。

【図表1-2】私的整理と法的整理の比較

	私的整理	法的整理
債権者の同意	全員の同意が必要。債権カットをするためには、対象となる債権者全員の同意が必要。合意しない債権者の債権をカットすることはできない。	多数決原理による。多数決によって、債権者全員の債権カットをすることができる（反対する債権者の債権もカットが可能）。
対象債権者	主に金融機関。ただし、大口取引先を対象とする場合もある（対象とする債権者を選ぶことが可能）。	全債権者
債権の確定	争いのある債権の金額の確定については特別の手続はなく、交渉・裁判・仲裁等による必要がある。	債権確定手続があり、迅速・効率的に債権額の確定を行うことができる。
事業に対する悪影響	仕入先からの納品停止や取引打切りによる混乱、顧客離れなどによる事業への悪影響が生じにくい。	仕入先からの納品停止や取引打切りによる混乱、顧客離れなどによる事業への悪影響が生じやすい。
取引先との関係	金融機関等の債権のみカットをし、商取引先の債権に対してはカットをしないことが可能。仕入先との間では従来どおりの関係を維持できる。	債権者を平等に扱う必要があるため、銀行・商取引先のいずれの債権も原則としてカットする必要がある。そのため、仕入先からの納品停止や取引打切り、連鎖倒産などが発生するおそれがある。
秘密性	秘密裏に手続を進めることが可能。ただし、上場企業には適時開示が必要となるため、秘密性の確保は困難。	多くの情報が公開される。
許認可・入札資格	原則として影響を受けない。	入札資格に悪影響が及ぶ場合がある。
上場	原則として上場を維持することが可能。ただし、債務超過など他の上場廃止基準を解消する必要がある。	原則として上場廃止。ただし、一定の要件を満たす場合には上場維持が可能。
訴訟	訴訟提起された場合、応訴する必要がある。	財産関係の訴訟は中断し、債権確定手続に統合される。
強制執行	強制執行を中止できない。	強制執行は中止される。
期間	ケース・バイ・ケースであり、債権者の数や債権の種類などによる。	ケース・バイ・ケースではあるが、立案から認可決定までの標準的期間は、会社更生で6ヶ月～1年、民事再生で5ヶ月とされている。
税務メリット	税務上の優遇措置が必ずしも保証されていない場合がある。	債権者・債務者の双方について、税務上の優遇措置が認められている。

2　中小再生GLの関係者と役割

中小再生GLにおいては、主に以下の者が関係者となります。

(1) 対象となる中小企業者

　中小再生GL手続の対象となる中小企業者は、収益力の低下、過剰債務等による財務内容の悪化、資金繰りの悪化等が生じることで経営困難な状況に陥っており、自助努力のみによる事業再生が困難な中小企業者です。

　中小再生GLの対象となる企業は、中小企業基本法2条1項で定められている「中小企業者」（常時使用する従業員数が300人以下の医療法人を含む）を指すものとされています。中小企業基本法に定める「中小企業者」は、主に会社法上の会社（株式会社及び持分会社）を念頭においていますが、学校法人や社会福祉法人など会社法上の会社ではない法人についても、その事業規模や従業員数などの実態に照らし適切と考えられる限りにおいて、中小再生GLを利用できるとされています。さらには、「『中小企業の事業再生等に関するガイドライン』Q&A」（以下「中小再生QA」という。）において、中小企業基本法2条1項の要件に形式上該当しない場合でも、その事業規模や従業員数などの実態に照らし適切と考えられる場合は中小再生GLを利用できるとされています（中小再生QA-Q3）。

　このように中小再生GLでは、一応の対象として想定される企業はあるものの、厳密に限定されているわけではなく、いわゆる世間一般において中小企業といわれるような企業については、広く適用が認められるものと考えられます（以下、中小企業者を「中小企業」と呼ぶことがあります）。

(2) 対象債権者

　「対象債権者」とは、中小企業者に対して金融債権を有する債権者であり、事業再生計画（再生型の場合）や弁済計画（廃業型の場合）が成立した場合に権利を変更されることが予定されている債権者のことをいいます。

対象債権者には、銀行、信用金庫、信用組合、労働金庫、農業協同組合、漁業協同組合、政府系金融機関、信用保証協会、サービサー、貸金業者が含まれます。なお、廃業型の場合、リース債権者も対象債権者に含まれます。

　もっとも、中小再生GLを行う上で必要なときは、対象債権者に上記以外の債権者を含むものとするという例外規定が設けられているため、対象債権者について厳密な限定をせず、柔軟に判断することも考えられます。

(3) 主要債権者

　「主要債権者」とは、対象債権者のうち、債務者に対する金融債権額が上位のシェアを占める債権者のことです。具体的には、金融債権額のシェアが最上位の対象債権者から順番に、そのシェアの合計額が50％以上に達するまで積み上げた際の、単独又は複数の対象債権者のことをいいます（第2章2.の5 **(3)**（48頁）参照）。

　一般的に、メインバンクは主要債権者にあたります。準メインバンクも、その貸付シェアによって主要債権者にあたることがあります。

(4) 外部専門家

　外部専門家とは、中小再生GL手続を進めるために、中小企業者が依頼した弁護士、公認会計士、税理士、中小企業診断士等の事業再生の専門家のことをいいます。外部専門家は、中小再生GL手続の進行、対象債権者との交渉、事業再生計画案の作成や、その前提となるデューデリジェンス（以下「DD」と略称を使うことがある。）、事業再生についてのアドバイスなどを行います。

(5) 第三者支援専門家

　「第三者支援専門家」とは、独立して中立で公正・公平な立場から中小再生GL手続の支援を行う専門家のことをいいます。第三者支援専門家

【図表1-3】中小再生GLの関係者

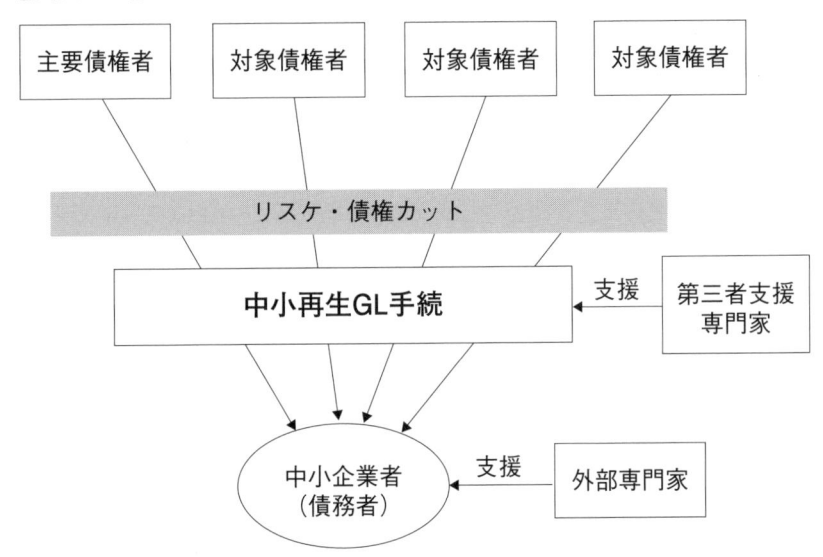

は、再生型私的整理手続及び廃業型私的整理手続を遂行する適格性を有し、その適格認定を得た者であり、主に弁護士、公認会計士等の専門家が就任しています。中小企業活性化協議会と事業再生実務家協会が第三者支援専門家のリストを整備しており、中小企業者は原則としてそのリストの中から選ぶことができます。

　第三者支援専門家は複数を選任することもできます。債権放棄を含む弁済計画案を作成する場合には、弁護士を1名含むことが求められています。

　これらの関係者のうち中小企業者、第三者支援専門家、金融機関（対象債権者）の取るべき対応については、**図表1-4**のとおりです。

【図表1-4】中小企業者、第三者支援専門家、金融機関の取るべき対応

中小企業者の対応

再生型私的整理手続における主な対応は、以下のとおりです。

❶事業再生計画案の内容の相当性・実行可能性等の調査・報告等を行う公正中立な第三者の支援専門家（「第三者支援専門家」：Q3をご覧ください）の候補者の選定

❷手続利用を検討している旨を主要なお取引金融機関に申し出るとともに、選定した第三者支援専門家に支援を依頼
　※手続利用の要件ではありませんが、お取引金融機関への事前相談は、円滑な手続進行のために、できる限り時間的余裕をもって行うことが望ましいと考えられます。

❸事業再生計画案の作成
　※事業再生計画が成立した場合、計画実行と達成に向けた誠実な対応、金融機関等への適時適切な状況報告等が必要となります。

第三者支援専門家の対応

中小企業者から支援依頼を受けた際の主な対応は、以下のとおりです。

❶再生支援開始の判断
❷中小企業者が作成する事業再生計画案の進捗状況等について、適宜協議・検討
❸事業再生計画案の調査報告書の作成、債権者会議における調査結果の報告
　※債権者会議を開催せず、持ち回りで説明等を行うことは妨げられません。

金融機関等の対応

中小企業者から手続利用の検討の申し出を受けた際の主な対応は、以下のとおりです。

❶第三者支援専門家の選任について判断
❷中小企業者が作成する事業再生計画案の進捗状況等について、適宜協議・検討
❸事業再生計画案、第三者支援専門家による調査結果の分析
❹事業再生計画案への同意の判断
　※不同意とする場合、その理由の第三者支援専門家への速やかな説明が必要です。
❺事業再生計画成立後の定期的なモニタリング

（出典）中小企業の事業再生等に関する研究会「中小企業の事業再生等に関するガイドラインをご存じですか」2022年6月

3　中小再生GL手続の流れ

　準則型私的整理手続としての中小再生GL手続は、手続の流れが中小再生GL第三部に定められています。中小再生GL手続には再生型と廃業型があり、手続の流れは再生型と廃業型では少し異なりますが、以下、再生型と廃業型に分けて解説します。大きな流れは、他の準則型私的整理手続と概ね同じです。

(1) 再生型の場合

　中小再生GL手続の再生型の手続の大きな流れは、①第三者支援専門家の選任　→　②一時停止　→　③事業再生計画案の作成　→　④事業再生計画案の調査　→　⑤事業再生計画の成立　→　⑥事業再生計画（弁済計画）の履行となります（**図表1-5参照**）。

❶第三者支援専門家の選任

　中小再生GL手続では、再生型については、手続を開始する前に主要債権者全員の同意を得て、第三者支援専門家を選任しておく必要があります。なお、廃業型については、第三者支援専門家は手続開始後に選任してもよく、弁済計画案の調査報告の段階までに選任すればよいとされています。

❷一時停止

　一時停止とは、債務者から借入金の弁済や利息の支払いを止めるとともに、債権者からの取り立てや債権回収を一時的にストップするように対象債権者に要請することをいいます。資金繰りの安定化の必要があることや、債務者が一部の債権者に弁済したり、一部の債権者が抜け駆け的に回収をすると、債権者間の平等という債務整理の原則に反してしまうことから、対象債権者全員に対して、一時停止の要請を行います。中小再生GL

では、一時停止の要請をするには書面で、かつ、すべての対象債権者に対して同時に行うことが必要です。なお、廃業型では主要対象債権者全員の同意が必要とされています（ただし、すでに第三者支援専門家が選任されている場合には、第三者支援専門家が主要債権者の意向を踏まえて判断すれば足ります）。一時停止の要請は任意であり、必ずしなければならないものではありません。

対象債権者は、中小企業からの一時停止要請に対して誠実に対応しなければならないとされています。

❸事業再生計画案の作成

債務者は、どのように事業を再生し、弁済するかについての事業再生計画案を作成します。この事業再生計画案には、通常、公認会計士、税理士、中小企業診断士などの外部専門家が関与します。中小再生GLには、事業再生計画案に記載すべき事項や数値要件を設けているため、原則としてそれを満たす必要があります。例えば、事業再計画成立後の概ね3年を目処に黒字化することが求められます。

事業再生計画案には、債権者に対するリスケや債務免除などの依頼事項が含まれ、弁済計画として定められることになります。

事業再生ADRでは、手続開始前に詳細な事業再生計画案を作成する必要がありますが、中小再生GL手続では、手続開始後に作成すればよいとされています。作成期間については特に期限は設けられていませんが、概ね3〜6ヶ月が想定されています。

❹事業再生計画案の調査

中小企業者が外部専門家の支援を得るなどして作成した事業再生計画案について、原則として、第三者支援専門家が中小再生GLに定める要件を満たすか調査し、調査報告書を作成します。調査報告書は、対象債権者に提出されます。

❺事業再生計画の成立

　私的整理手続では、対象債権者全員の同意に基づいて、リスケや債務免除をすることが必要となります。そのために、債権者会議を開催するのが一般的です。そこで、事業再生計画に対して対象債権者全員の同意を得ることができれば、事業再生計画が成立することになります。

❻事業再生計画（弁済計画）の履行・モニタリング

　債務者は、成立した事業再生計画（弁済計画）に従って弁済します。その間、事業再生計画が順調に進んでいるか、債権者が債務者をモニタリングします。事業再生計画が必ずしも順調に進むとは限らないことから、場合によっては事業再生計画の修正や、廃業型や法的整理などに移行しなければならないこともあります。

【図表1-5】中小再生 GL 手続の流れ（再生型）

①第三者支援専門家の選任
⬇
②一時停止（必須ではない）
⬇
③事業再生計画案の作成
⬇
④事業再生計画案の調査
⬇
⑤事業再生計画の成立（債権者会議）
⬇
⑥事業再生計画（弁済計画）の履行・モニタリング

(2) 廃業型の場合

　次に、中小再生GL手続の廃業型の場合の手続の大きな流れは、①一時停止　→　②弁済計画案の作成　→　③第三者支援専門家の選任　→　④弁済計画案の調査　→　⑤弁済計画の成立　→　⑥弁済計画の履行となります（**図表1-6**参照）。

　廃業型の手続の流れは、再生型と概ね同じですが、中小企業者が廃業することになるため、事業再生計画ではなく、弁済計画案を作成することになります。また、第三者支援専門家の選任について、弁済計画案を調査する段階までに選任すれば良いとされています（もっとも、早い段階で選任することが推奨されています）。他方で、一時停止（任意）をする場合には、主要債権者の同意が必要です。中小企業者は、廃業型の中小再生GL手続と並行して、廃業のための資産処分などを進めることになります。

【図表1-6】中小再生GL手続の流れ（廃業型）

①一時停止（必須ではない）
↓
②弁済計画案の作成
↓
③第三者支援専門家の選任（前倒し可）
↓
④弁済計画案の調査
↓
⑤弁済計画の成立（債権者会議）
↓
⑥弁済計画の履行・モニタリング

4. 中小再生GLの特徴

中小再生GLの主な特徴として、以下の6つが挙げられます。

1 第三者支援専門家の関与

　中小再生GLでは、手続の公平性を確保するための中立的な第三者として、中小企業活性化協議会のような公的な第三者機関ではなく、中小企業が選んだ民間人である第三者支援専門家が関与します。

2 廃業型私的整理手続

　中小再生GLでは、事業再生型の手続について定めているだけではなく、廃業型の手続が設けられています。

　これまでの準則型私的整理手続では基本的に事業再生を目的とする手続しかなく[1]、債務超過の中小企業が事業再生できない場合は破産するしかありませんでした。中小再生GLが廃業型の手続を設けたことにより、破産を避けたい中小企業が、取引先等への影響を最小限に抑えた形で廃業することが可能となっています。

3 中小企業向けの手続

　中小再生GLは、中小企業の実態に応じた中小企業向けの手続となって

---

1 もっとも、廃業型としてREVICによる特定支援や特定調停における特定調停スキーム（廃業支援型）が存在します。

おり、それが手続の様々な部分に反映されています。例えば、準則型私的整理手続では、再生しようとする企業は、詳細な事業再生計画案を手続開始前に作成することが一般的ですが、中小再生 GL では、手続開始段階では詳細な事業再生計画案を作成することが求められておらず、手続開始後に作成してもよいとされています。また、中小再生 GL 手続では、中小企業の経営者を見つけることは容易ではないことから、経営者責任について経営者の退任を原則としていません。

4　小規模事業者の特例の存在

　中小再生 GL では、小規模事業者については、いくつかの特例が認められています。例えば、債務減免等の要請を含まない事業再生計画案を作成する場合には、一定の条件を満たすことを前提に、事業再生計画案に数値基準が設けられていません。

5　対象債権者の拡大

　通常、私的整理手続では銀行などの金融機関のみが対象とされており、リース債権者は含まれていません。これに対し、中小再生 GL では、廃業型については、リース債権者も対象債権者として手続に参加することが求められています。

6　専門家費用に対する費用補助制度

　中小再生 GL においては、第三者支援専門家や外部専門家の費用は中小企業が支払うことになりますが、その費用の3分の2（合計700万円を上限とする）を中小企業活性化協議会が費用補助するとされています。

5. 中小企業活性化協議会 手続との比較

　中小再生 GL 手続と中小企業活性化協議会手続は、中小企業を対象とした準則型私的整理手続という点で共通しています。また、中小再生 GL 手続は先行している中小企業活性化協議会手続を参考にして作られたこともあり、両者は非常に似た手続です。そこで、中小企業が経営困難な状況に陥り、債務整理が必要となった場合に、中小再生 GL 手続と中小企業活性化協議会手続のどちらを選べばよいのかが検討課題となります。

　両者の主な違いとして以下が挙げられます。

1 中立的な第三者

　手続に関与する中立的な第三者は、中小企業活性化協議会手続の場合には公的機関である中小企業活性化協議会であるのに対し、中小再生 GL 手続の場合は民間人である第三者支援専門家となります。

　そのため、中小企業活性化協議会の活動について、中小企業は費用を負担する必要はありませんが[2]、自分で担当者を選ぶことはできません。他方で、中小再生 GL 手続では、中小企業は第三者支援専門家を選ぶことができますが、その費用を負担する必要があります[3]。

　中小企業活性化協議会手続については、中小企業活性化協議会が支援をするという決定をしない場合、それ以降の手続が進まないことになります。中小再生 GL 手続では、第三者支援専門家が手続を進めることが不相

2　ただし、二次対応後のアドバイザーの費用は自己負担となります。
3　中小企業活性化協議会手続のアドバイザーと中小再生 GL 手続の第三者支援専門家のいずれについても中小企業の自己負担の一部について費用補助をする制度があります。

当であると判断しても、異なる意見を持つ他の第三者支援専門家を探すことが考えられます。

　中小企業活性化協議会は、公的機関であり再生支援の実績もあるため、金融機関の理解を得やすいといえます。一方、中小再生GLの第三者支援専門家については新しい制度であるため、金融機関の理解が得られるかは、今後の活動と実績次第といえるでしょう。

2　対象債務者

　中小企業活性化協議会手続の対象となる中小企業者は、産業競争力強化法2条22項に定義される中小企業者や常時使用する従業員数が300人以下の医療法人とされており、社会福祉法人、特定非営利活動法人、一般社団法人、一般財団法人、公益社団法人、公益財団法人、農事組合法人、農業協同組合、生活協同組合、有限責任事業組合、学校法人は対象外とされています。これに対して、中小再生GL手続では、その事業規模や従業員数の実態に照らして適切と考えられる場合には対象になるとされており、中小企業活性化協議会手続のような制限はありません。

3　企業再生税制

　中小企業活性化協議会手続では一定の要件を満たした場合、企業再生税制を利用することができますが、中小再生GL手続では企業再生税制を利用することできません（第7章参照）。そのため、中小再生GL手続では、税務上不利になる場合があります。

4　廃業型私的整理手続

　中小企業活性化協議会手続には、廃業型私的整理手続は規定されていま

せん。これに対し、中小再生 GL 手続では廃業型私的整理手続が規定されており、中小企業は中小再生 GL 手続を用いて廃業することができます。

　以上などを踏まえて、中小企業は、中小再生 GL 手続と中小企業活性化協議会手続のどちらの手続を行うかを選択することになります。

第2章

「中小企業の事業再生等に関するガイドライン」の利用方法

1. 中小企業の事業再生等に関するガイドラインについて

1 中小企業の事業再生等に関するガイドラインの全体像

中小再生 GL は、以下の三部構成となっています。

- ・第一部　本ガイドラインの目的等
- ・第二部　中小企業の事業再生等に関する基本的な考え方
- ・第三部　中小企業の事業再生等のための私的整理手続

　本書においては、中小企業者の事業再生・廃業の手法としての中小再生GL を解説するという観点から、以下第三部を中心に解説することとします（中小再生GLの成立の経緯や全体像、概要等については第1章を参照）。ここで強調しておきたいのは、中小再生GLの第二部においては、「平時」「有事[1]」「事業再生計画成立後のフォローアップ」の各々の段階において、中小企業者と金融機関がそれぞれ果たすべき役割が記されており、中小企業者の事業再生等に関する基本的な考え方が示されていますが、「第二部と第三部は中小企業者の事業再生等の実現という共通の理念を有するものの、第三部が準則型私的整理手続という債務整理実施のための手続として独立した性質を持つことに鑑み、第二部が、第三部の手続利用にあたっての前提条件とはなっていない」とされていることです（中小再生GL第一部2.）。
　したがって、中小企業者としては第二部に記載されている対応等を実践できていることが望ましいことは間違いありませんが、仮に第二部記載の

---

1 中小再生GLにおいては、中小企業者に「収益力の低下、過剰債務等による財務内容の悪化、資金繰りの悪化等が生じたため、経営に支障が生じ、又は生じるおそれがある場合」が「有事」とされています（中小再生GL第二部2.）。

対応を中小企業者が行えていなかったとしても、第三部に記載の私的整理手続利用に際しての妨げにはなりません[2]。

　中小企業者としては、平時から第二部に記載の対応等は意識するよう努めつつも、いざ第三部の私的整理手続利用を検討しようとする際には、あくまで第三部の要件を満たすか、という観点から確認を行うことで足りると考えてよいでしょう。

■ 2　中小再生GLの対象となる中小企業者

　中小再生GLの対象となる企業は、中小企業基本法2条1項で定められている「中小企業者」（常時使用する従業員数が300人以下の医療法人を含む）を指すものとされています。具体的には、業種ごとに以下の基準・規模に適合する企業が対象企業となります。

①資本金の額又は出資の総額が3億円以下の会社並びに常時使用する従業員の数が300人以下の会社及び個人であって、製造業、建設業、運輸業その他の業種（以下の②から④までに掲げる業種を除く）に属する事業を主たる事業として営むもの
②資本金の額又は出資の総額が1億円以下の会社並びに常時使用する従業員の数が100人以下の会社及び個人であって、卸売業に属する事業を主たる事業として営むもの
③資本金の額又は出資の総額が5千万円以下の会社並びに常時使用する従業員の数が100人以下の会社及び個人であって、サービス業に属する事業を主たる事業として営むもの
④資本金の額又は出資の総額が5千万円以下の会社並びに常時使用する従業員の数が50人以下の会社及び個人であって、小売業に属する事業を主たる事業として営むもの
⑤常時使用する従業員数が300人以下の医療法人

2　適時適切かつ誠実な情報開示等、第二部と同様の要件が第三部にも記載されていることから、第二部の内容が部分的に第三部に取り込まれている点には留意が必要です。

上記に定める「中小企業者」には、中小企業基本法 2 条 5 項に定められている小規模企業者[3]や個人事業主も含まれるものとされており（中小再生 QA-Q 3）、法人か否かを問いません。

また、中小企業基本法に定める「中小企業者」は、主に会社法上の会社（株式会社及び持分会社）を念頭においていますが、学校法人や社会福祉法人など会社法上の会社でない法人についても、その事業規模や従業員数などの実態に照らし適切と考えられる限りにおいて、本ガイドラインを準用することを妨げるものではないとされています[4]。さらには、中小企業基本法 2 条 1 項の要件に形式上該当しない場合でも、その事業規模や従業員数などの実態に照らし適切と考えられる場合も同様とされています（中小再生 QA-Q 3）。

したがって、中小再生 GL では、一応の対象として想定される企業はあるものの、厳密に限定されているわけではなく、世間一般においていわゆる「中小企業」といわれるような企業については、広く適用が認められると考えてよいでしょう。

3 再生型私的整理手続と廃業型私的整理手続について

(1) 廃業型私的整理手続の創設

中小再生 GL の大きな特徴の一つとして、廃業型の手続が設けられたことが挙げられます。これまでの準則型私的整理手続は基本的に事業再生を目的とする手続が中心であり[5]、事業再生が困難で、会社を清算したいという中小企業にとっては、事実上、破産を選択せざるを得ないという状況

---

3 概ね常時使用する従業員の数が 20 人（商業又はサービス業に属する事業を主たる事業として営む者については、5 人）以下の事業者をいいます。

4 したがって、中小企業活性化協議会においては対象事業者とされていない学校法人や社会福祉法人も中小再生 GL が利用可能となっており、その点が中小企業活性化協議会と中小再生 GL の大きな違いの一つ（中小再生 GL を利用すべき理由の一つ）といえるでしょう。

でした。破産を選択した場合、中小企業者と取引をしていた仕入れ先等の債権者は基本的にすべて破産手続に巻き込まれることとなり、他の債権者と等しい割合での弁済しか受けられなくなり、取引先に多大なる迷惑をかけてしまうこととなります。事案にもよりますが、破産手続の場合、1桁パーセントの弁済しか受けられないことや、場合によっては弁済が0円であるということも珍しくありません。

　中小再生GLでは、廃業型の準則型私的整理手続が定められたことにより、事業再生は叶わないものの破産を避けたいという中小企業が、中小再生GLによって廃業という選択肢を取れるようになり、取引先等への影響を最小限に抑えた形での会社の清算が可能となりました。

　具体的には、ある時点以降の新規受注や販売を停止し、中小企業者においてその時点での受注残の業務等を遂行しつつ、並行して売掛金の回収や不動産、機械設備、在庫の売却等の資産換価を進め、事業停止に向けた準備を進めていくこととなります。そして、それらの売掛金の回収額や資産の売却代金をもって、金融機関やリース会社等を除いた商取引債権者への債務を支払い、残った資金から金融機関等に対して一定の割合弁済（全額の弁済ではなく、中小企業者の残資金からの可能な範囲の弁済が想定されており、当該弁済で弁済できない部分は金融機関等から債権放棄を受けることが想定されています）をすることによって、中小企業者の廃業が完了することとなります。

　この廃業型私的整理手続を利用することによって、取引先に迷惑をかけ

---

5 廃業を前提とした手続として、これまで地域経済活性化支援機構（REVIC）による再チャレンジ支援業務（特定支援）、特定調停手続を利用した特定調停スキーム（廃業支援型）はありました。もっとも、前者はREVICに対して金融機関との連名での申し込みが必要となり、後者も、特定調停の申立前に対象債権者と事前協議の上、同意の見込みを得ることを前提とされた手続であり、いずれの手続も手続利用前に金融機関と一定の事前調整が必要な手続となっています。特定調停スキームについては、日本弁護士連合会のウェブサイトに利用の手引が掲載されているため、必要に応じて参照してください。
https：//www.nichibenren.or.jp/activity/resolution/chusho/tokutei_chotei.html

ることなく事業の廃業を図ることが可能となるため、取引先に迷惑をかけずに事業の廃業を行いたいという中小企業者は、中小再生GLの廃業型私的整理手続の利用を積極的に検討すべきでしょう。

(2) 再生型私的整理手続と廃業型私的整理手続の選択

中小再生GLの利用を検討する中小企業者は、廃業型私的整理手続と再生型私的整理手続のいずれの手続を選択するかを決める必要があります。

再生型私的整理手続と廃業型私的整理手続の主な相違点は、**図表2-1**のとおりです。

【図表2-1】再生型私的整理手続と廃業型私的整理手続の主な異同

	再生型私的整理手続	廃業型私的整理手続
手続の概要	中小企業者の事業の再生を目的とする手続。中小企業者が営む事業については原則として継続される[6]。	中小企業者の事業の廃業を目的とする手続。中小企業者が営む事業については原則として事業停止（廃業）となり、中小企業者の事業は終了する[7]。
対象債権者	銀行等の金融機関を主な対象とし、リース債権者については、原則として対象債権者に含まれない（ただし、私的整理を行う上で必要なときは、その他の債権者を含めることは可能）。	銀行等の金融機関に加えて、リース債権者も原則として対象債権者に含まれる。
第三者支援専門家の選任	原則として、第三者支援専門家候補者リストに掲載されている者から選定し、主要債権者全員の同意が必要（対象債権者全員の同意により、リスト外からの選定も可能）	
第三者支援専門家の関与の時期	再生型私的整理手続の手続開始時	弁済計画案の調査の段階（ただし、手続開始時からの関与も可能）
一時停止の際の主要債権者の同意	不　要	必　要（ただし、第三者支援専門家が選任されている場合は、第三者支援専門家が主要債権者の意向を踏まえて判断すれば足りる）
計画案の内容	事業の再生を目的とする手続であることから、事業再生のために、事業再生計画案には主に以下のような記載が必要。 ・経営が困難になった原因 ・事業再生のための具体的施策 ・今後の事業及び財務状況の見通し ・経営責任、株主責任の明確化（債務減免等の金融支援を要請する場合）	現在行っている事業は順次停止し、手元にある資産は処分・換価することによって、事業の廃業を目的とする手続であることから、弁済計画案には主に以下のような記載が必要。 ・資産の換価及び処分の方針並びに金融債務以外の債務の弁済計画、対象債権者に対する金融債務の弁済計画
調査報告書の要否	債務減免等を要請する内容を含む事業再生計画案の場合は必須	必　要

　いずれの手続を選択するかによって事業を「再生」するか「廃業」とするかの方向性が変わるため、計画案の内容が当然変わることに加えて、第三者支援専門家の関与が必要なタイミングが変わる等、手続的な相違もあります。そのため、原則として、中小再生GL利用の入口段階において、いずれかの手続を決めた上で、手続に入る必要があります。

　もっとも、いずれかの手続を選択した後に、他の手続に移行できないわけではなく、事業再生を目指して当初は再生型私的整理手続を選択したものの、事業再生が叶わず、廃業型に移行すること、逆に廃業型私的整理手続を進めていたものの、後にスポンサーが見つかり、再生型私的整理手続に移行することや廃業型私的整理手続のなかでスポンサーへの事業譲渡等を行うことも否定されないため、手続利用開始の段階でいずれかの手続を選択しつつも、手続進行後の状況の変化等に応じて柔軟に手続を使い分けることが重要となります。

6　ここでいう事業の継続には、中小企業者の下でこれまで通り事業が継続されることに加えて、中小企業者の全部又は一部の事業をスポンサー等の第三者に譲渡の上、譲渡先において事業が継続されることも含みます。また、再生型私的整理手続においても、一部事業の撤退等、事業のリストラクチャリングはあり得ます。

7　ただし、廃業型私的整理手続においてスポンサーへの事業譲渡等を行い、事業譲渡先での事業の手続を図ることは否定されません。

【図表2-2】中小再生GLの再生型私的整理手続・廃業型私的整理手続のプロセス

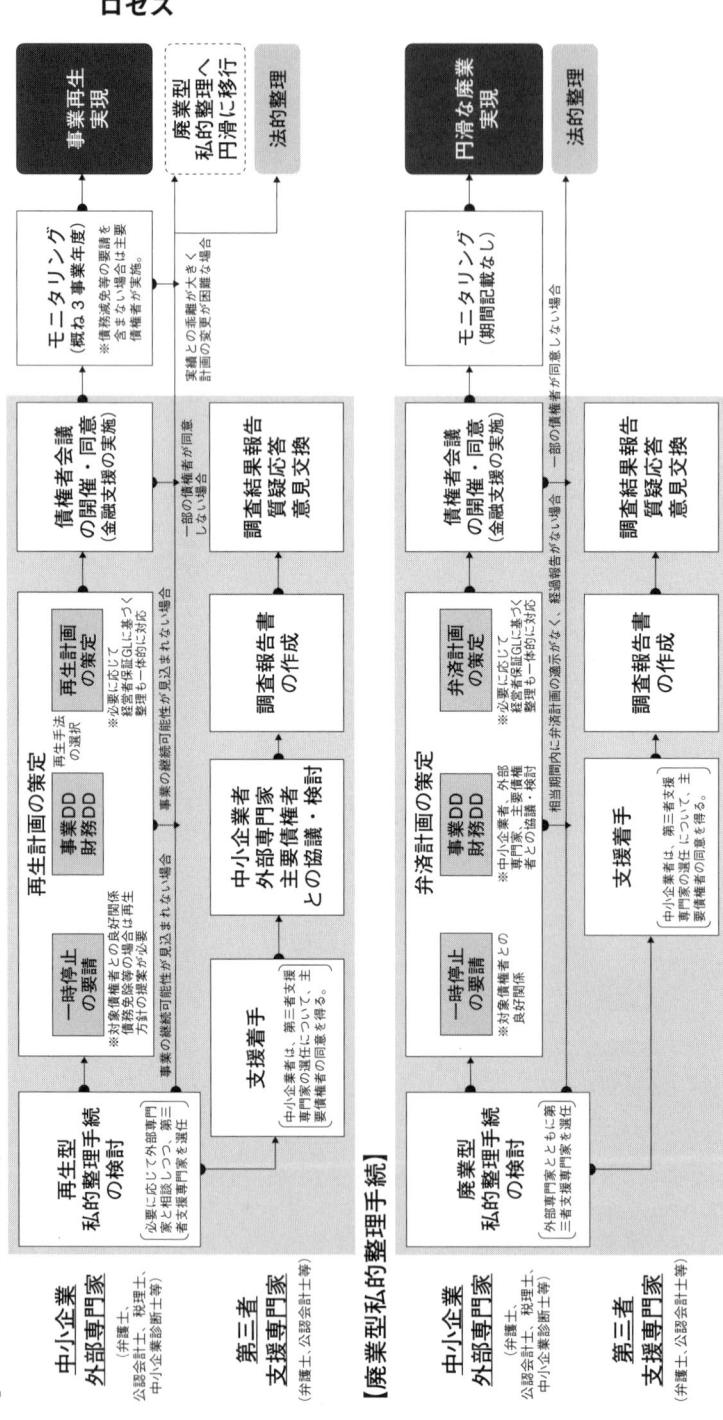

（出典）中小企業庁 事業環境部 金融課による2022年5月11日付け日本弁護士連合会事業再生シンポジウム「アフター・コロナに向けて金融機関と弁護士はどのような支援ができるのか〜事業再生等に関するガイドラインと経営者保証ガイドラインへの期待」配付資料より引用

2. 再生型私的整理手続

1 再生型私的整理手続の一般的な流れ

　再生型私的整理手続を選択した場合、手続は大要以下のような流れで進んでいくこととなります。

【図表2-3】再生型私的整理手続の流れ

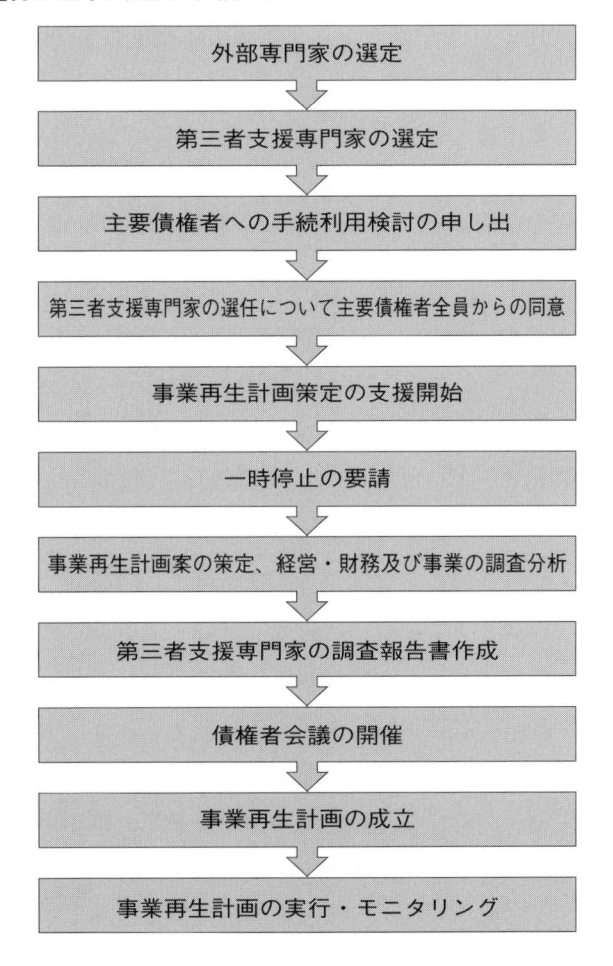

外部専門家の選定

↓

第三者支援専門家の選定

↓

主要債権者への手続利用検討の申し出

↓

第三者支援専門家の選任について主要債権者全員からの同意

↓

事業再生計画策定の支援開始

↓

一時停止の要請

↓

事業再生計画案の策定、経営・財務及び事業の調査分析

↓

第三者支援専門家の調査報告書作成

↓

債権者会議の開催

↓

事業再生計画の成立

↓

事業再生計画の実行・モニタリング

手続に要する期間は、対象債権者に求める金融支援の内容が債権放棄か、債務の返済猶予（リスケジュール）か、再生の方針がスポンサー等が存在しない自主再建型か、スポンサーに支援してもらうスポンサー型か等の諸事情によっても異なってきます。一般的には、外部専門家の選定から事業再生計画の成立まで3〜6ヶ月程度かかることが通常です。

　以下、各手続のポイントについて解説していきます。

■2 再生型私的整理手続の対象となる中小企業者

　再生型私的整理手続の対象となる企業は、**本章1.の2**（28頁）で記載した中小再生GLの対象となる中小企業者のうち、以下のすべての要件を充足する中小企業者に対して適用されます（中小再生GL第三部3.(1)）。

> ①収益力の低下、過剰債務等による財務内容の悪化、資金繰りの悪化等が生じることで経営困難な状況に陥っており、自助努力のみによる事業再生が困難であること。
>
> ②中小企業者が対象債権者に対して中小企業者の経営状況や財産状況に関する経営情報等を適時適切かつ誠実に開示していること。
>
> ③中小企業者及び中小企業者の主たる債務を保証する保証人が反社会的勢力又はそれと関係のある者ではなく、そのおそれもないこと。

　なお、中小事業者が中小再生GLの手続開始前に粉飾等を行っていた場合、上記②の「中小企業者が対象債権者に対して中小企業者の経営状況や財産状況に関する経営情報等を適時適切かつ誠実に開示していること」を満たすかが問題になります。粉飾決算等が問題であることは当然のことですが、他方で、中小企業においては程度の差こそあれ、一定の不適切会計や粉飾決算等があることは、特に事業再生を要するような中小企業においては、必ずしも珍しいことではありません。中小再生GLの目的が、危機に陥った中小事業者の責任追及にあるわけではなく、中小企業者や金融機関等による迅速かつ円滑な私的整理手続による事業再生等の実現に主眼が置かれていることを踏まえると、不適切会計等の事実のみをもって、直ち

に再生型私的整理手続の利用を否定することは、中小再生GLの利用を過度に制限するもので相当ではなく、不正確な開示の金額及びその態様並びに不正確な情報開示等に至った動機の悪質性といった点を総合的に勘案して上記②の要件該当性を判断するのが相当と考えられます[8]。

3 再生型私的整理手続の対象となる債権者 （対象債権者）

(1) 原則（金融機関等）

中小再生GLの適用対象となる債権者（対象債権者）は、原則として、銀行、信用金庫、信用組合、労働金庫、農業協同組合、漁業協同組合、政府系金融機関、信用保証協会（代位弁済を実行し、求償権が発生している場合。保証会社を含む）、サービサー等（銀行等からの債権の譲渡を受けているサービサー等）及び貸金業者を指すものとされています。ただし、第三部に定める手続に基づく私的整理を行う上で必要なときは、その他の債権者を含むものとされています。

したがって、対象債権者の範囲について厳格なルールが定められているわけではなく、事案に応じて金融機関以外の適切な債権者を手続に取り込むことは可能です。

(2) 取引債権者

中小企業者が、取引先への買掛金等を滞納してしまっており、当該滞納額を支払うことが困難な場合、銀行等の金融機関に加えて当該取引先を対象債権者に加え、債務免除等の支援を要請することも中小再生GLにおいては否定されません。

---

8 中小再生QA-Q 27において引用するQ 6においても、「中小企業版私的整理手続の開始前において、不正確な情報開示があったことなどをもって直ちに中小企業版私的整理手続の利用が否定されるものではなく、不正確な開示の金額及びその態様並びに不正確な情報開示等に至った動機の悪質性といった点を総合的に勘案して判断すべきと考えられます。」とされています。

もっとも、私的整理については金融機関以外の取引債権者等を原則として手続に加えないことに特徴があり、取引債権者に自社が再建手続中であることが知れ渡らないことが最大のメリットといっても過言ではありません。取引債権者を対象債権者に加えて、取引債権者に自社が中小再生GL手続中であることを知らせた場合、他の同業者等にも自社が再建手続中であることが広く知れ渡り、信用不安を引き起こし、最悪の場合、取引の停止や支払条件の悪化等を招くといった事態が生じる可能性も否定できません。また、一般的に、通常の事業会社である取引先等は、金融機関に比べて私的整理等の手続に慣れておらず、債務免除等への理解を得ることは困難であることが多いと考えられます。

したがって、過大な取引債務を負っており、当該取引債務も債務免除等の対象としなければ再生が困難といった場合に、当該取引債権者を対象債権者に加えて手続を進めることは不可能ではないものの、取引債権者を対象債権者に加えることについては慎重な検討が必要ですし、仮に対象債権者に加える場合でも、当該取引先には懇切丁寧な説明が必要と考えるべきです。

(3) リース債権者

リース債権者については、後述の廃業型私的整理手続の場合と異なり、再生型私的整理手続においては原則として対象債権者に含まれないものとされています（中小再生QA-Q 20）。リース契約については、その契約内容によって様々な性質のものがあり得ますが[9]、その中でもファイナンス・リース契約とされるものについては、民事再生法等の法的倒産手続においては、別除権（担保権）付債権とされることが一般的です。すなわち、

---

9 代表的な物でも、ファイナンス・リース、オペレーティング・リース、再リース等の種類があります。また、リースという名称がついているものであっても、実質は割賦販売であったり、賃貸借やレンタルであったりするものもあるでしょう。リースの各契約類型については、「倒産手続におけるリース契約の実務上の取扱いと問題点」（季刊 事業再生と債権管理 180号、29頁）に詳しく分類されています。

リース物件のユーザー（中小企業者）はリース物件を賃借しているわけではなく、経済的実質としては、リース会社がリース物件の購入資金についてユーザーに融資を行っており、当該融資をユーザーがリース料という形でリース会社に返済し、リース会社は当該融資の担保として、リース物件の所有権を自らに留保している、と考えるわけです。

この考え方に則った場合、中小企業者がリース料の支払いを遅滞した場合は、リース会社はリース物件に設定された担保権を行使し、リース物件を引き揚げることが可能となり、中小企業者の事業遂行に著しい支障が生じる可能性があります。

したがって、再生型私的整理手続においては、通常リース会社のリース債権を対象債権に含めないことが一般的です。

しかしながら、再生型私的整理手続を遂行する過程で、一定程度の事業のリストラ（事業縮小、事業の取捨選択）をしなければならない場合等については、一部のリース物件が不要となることもあり得るでしょう。また、リース料残高が、金融機関からの借入と同等かそれ以上の金額である場合、金融機関からの借入のみを削減しても、リース料債務が重くのしかかり、事業再生を図れないという事態もあり得ます。

そのような場合については、リース債権者についても対象債権者に含めることを検討すべきです。中小再生QA-Q 20においても、「事業再生計画においてリース対象物件を処分することが想定されている場合や、金融債権と同等以上のリース料残高があり、当該リース料残高の支払が困難なことが想定されている場合など、リース債権者を対象債権者として含むことが合理的と考えられる」とされているのも、上記の考え方によるものと考えられます。

リース債権者を対象債権者に加えた場合の処理の方法については、**本章 2.**の**8 (6) ❸**（78頁）を参照してください。

■ 4 外部専門家

　中小再生 GL の手続利用に際して、中小企業者が弁護士や公認会計士等の専門家に依頼することが中小再生 GL 利用の必須の要件とはなっておらず、後で述べる第三者支援専門家の他に専門家を付けずとも、中小再生 GL を利用することは可能と考えられます[10]。

　例えば、中小企業者がメインバンクと協議の上、中小企業者とメインバンクが二人三脚で手続を進めるような場合は、外部専門家として弁護士等の専門家に依頼せずに手続を遂行するということも中小再生 GL の制度上は許容されていると考えられます。

　しかし、中小再生 GL の手続を進めるに際しては、経営・財務及び事業の状況に関する調査分析（いわゆるデューデリジェンス（DD））や事業再生計画案の策定等、手続の遂行に際して法律・会計・税務等の高度な知識が必要となるものが多くあります。そのため、メインバンク等による積極的なサポートが得られるといった事情がない場合に、専門家の助けを得ずに、中小企業者のみで中小再生 GL の手続を進めることは、一般的には困難であることが予想されます。また、事業再生計画案に対する金融機関の理解を得ることも難しくなる可能性が高くなります。

　したがって、中小再生 GL を利用しようとする場合は、中小企業者が弁護士、公認会計士、税理士、中小企業診断士等の専門家に相談した上で、それらの専門家と協働して手続を進めていくことが望ましい形といえるでしょう。

　特に、債務減免等（債権放棄）の金融支援要請を伴うような事業再生計画案を策定しようとする場合は、精緻な財務デューデリジェンスや事業再

10　中小再生 GL の第三部 4.（1）①においても、「中小企業者は、本手続の利用を検討する場合、<u>必要に応じて</u>専門家（弁護士、公認会計士、税理士、中小企業診断士等の専門家をいう。以下「外部専門家」という。）と相談しつつ」とされており、外部専門家への相談が必須とはされていません。

生計画案の策定が必要不可欠であることから、外部専門家を選任すること
が事実上不可欠といっても過言ではありません。

　なお、金融機関に債権放棄やリスケジュール（元本の返済猶予）等の一定
の金融支援を求める場合においては、金融機関との交渉（金融調整）も必
要となりますが、金融支援に関する協議・交渉については一般的に法律事
務に関する事項と考えられ、これらの法律事務を弁護士以外の専門家に依
頼する場合、非弁行為（弁護士法72条）[11]に該当する可能性があるため注意
が必要です。中小企業者の代表者が自ら金融機関と協議・交渉を行い、顧
問税理士等が数字等の説明について代表者のサポートを行う等、限定的な
関与に留まる場合は、弁護士以外の専門家が金融機関との協議に同席する
こと自体が直ちに否定されるものではないと考えられますが、非弁行為の
問題は常に念頭に置き、特に債権放棄を伴う事業再生計画案の策定が必要
となる場合は、顧問弁護士あるいは事業再生の実務に精通した弁護士を外
部専門家として選任することが望ましいといえます。

　もし、誰に相談すべきか分からないという場合は、顧問税理士や顧問弁
護士に相談して事業再生に精通した専門家を紹介してもらったり、あるい
は中小企業者が所在する都道府県の弁護士会に相談したりする方法も考え
られます。

11【参考　弁護士法72条】（非弁護士の法律事務の取扱い等の禁止）　第七十二条
　　弁護士又は弁護士法人でない者は、報酬を得る目的で訴訟事件、非訟事件及び審査
　　請求、再調査の請求、再審査請求等行政庁に対する不服申立事件その他一般の法律
　　事件に関して鑑定、代理、仲裁若しくは和解その他の法律事務を取り扱い、又はこ
　　れらの周旋をすることを業とすることができない。ただし、この法律又は他の法律
　　に別段の定めがある場合は、この限りでない。

5 第三者支援専門家

(1) 第三者支援専門家の選任

❶第三者支援専門家の意義

　これまでの準則型私的整理手続においては、中小企業活性化協議会や事業再生ADRにおける事業再生実務家協会等、第三者機関が手続へ関与することが予定されており、弁護士や公認会計士等の専門家のみで手続が完結する準則型私的整理手続はありませんでした。

　これに対して、中小再生GLは中小企業者（及び外部専門家）の他に第三者支援専門家を選任すれば手続を進めることができ、またその第三者支援専門家についても、主要債権者の同意は必要であるものの、中小企業者が主体的に選定することが可能となっています。これにより、経営危機に瀕した比較的規模の小さい中小企業にとって、手続費用を抑えつつ、手続負担の重くない簡潔な手続で事業再生等を図ることができるようになりました。

❷リストからの選任

　中小企業者が中小再生GLを利用するに際しては、この第三者支援専門家を選任することが必須要件となります。第三者支援専門家は、「弁護士、公認会計士等の専門家であって、再生型私的整理手続及び廃業型私的整理手続を遂行する適格性を有し、その適格認定を得たものをいう。」（中小再生GL第三部4.(1)①）とされており、適格認定を得たものはリストとして公表されているため、実際にはリスト化[12]された候補者から選定することとなります。

---

12 中小企業活性化全国本部及び一般社団法人事業再生実務家協会がリストを公表しているので必要に応じて検索してみてください。
　中小企業活性化全国本部　https://www.smrj.go.jp/supporter/revitalization/index.html
　事業再生実務家協会　https://www.turnaround.jp/candidate_list/index.php

リストにない第三者支援専門家を選定することも可能とされています
が、その場合、主要債権者のみからではなく、対象債権者全員からの同意
が必要となります。中小再生QA-Q 41においては、リストにない第三者
支援専門家を選定する必要がある場合の例として、「中小企業者が所在す
る地域において、①公表された第三者支援専門家候補者リストに掲載され
ている者が少ない、②再生型私的整理手続及び廃業型私的整理手続に関す
る高度な専門的知見を有しているにもかかわらず、公表された第三者支援
専門家候補者リストに掲載されていない専門家がいる等の事情から、中小
企業者、外部専門家及び主要債権者等との協議の結果、リストにない支援
専門家を選定する必要があると判断される場合」といったものが挙げられ
ています。このような場合、リストにない第三者支援専門家の選定も検討
されるべきですが、主要債権者のみの同意ではなく、対象債権者全員の同
意まで取得が必要となることは、手続的な負担が当然大きくなります。そ
のため、中小企業者としては、上記のようなリスト外の第三者支援専門家
を選定する必要性が高いといった特段の事情がある場合を除き、基本的に
はリスト内の専門家から第三者支援専門家を選定することが望ましいとい
えるでしょう。

　なお、債務減免等を必要とする案件において、かつ対象債権者が1対象
債権者のみの場合は、公表された第三者支援専門家候補者リストから選任
する必要があるとされています（中小再生QA-Q 41）。

❸利害関係の有無

　第三者支援専門家は、中小企業者及び対象債権者との間に利害関係を有
しない者である必要があります。例えば、中小企業者の顧問弁護士は中小
企業者との間に利害関係があるため、たとえ顧問弁護士がリストに掲載さ
れていたとしても、顧問弁護士を第三者支援専門家に選任することはでき
ません（中小再生QA-Q 34）。

　第三者支援専門家が中小企業者及び対象債権者との間に利害関係を有し

ないことについては、第三者支援専門家が中小企業者や対象債権者と委任契約等を締結していないことなど、利害関係を有しないことの確認書等を提出することによって確認することとされています。なお、「利害関係を有しないこと」の確認時点については、原則、第三者支援専門家の選任時点において利害関係を有しないことで足り、過去に中小企業者又は対象債権者と委任契約等を締結していたことがあったとしても、選任時点において委任契約等を締結していない場合には、利害関係を有しないと判断してよいと考えられています（中小再生QA-Q 35）。

　第三者支援専門家が利害関係を有しないことの確認書については、次頁のような書式が中小再生QAの末尾に付いています。

（参考1）

年　　月　　日

（債務者）

東京都千代田区○○○○

■■■■株式会社

代表取締役　▲▲　▲▲　殿

（主要債権者）

東京都千代田区○○○○

株式会社××銀行　××支店

支店長　▲▲▲▲　殿

東京都千代田区■■■■

株式会社▲▲銀行　▲▲支店

支店長　○○○○

事務所名：

氏　名：

利害関係に関する確認書

　当職は、「中小企業の事業再生等のための私的整理手続」に基づく債務者■■■■株式会社からの申出に関し、第三者支援専門家としての中立公正性に疑義を生じさせる特別の利害関係（債務者又は対象債権者と指導・助言契約、法律・会計・税務顧問契約その他これに類する継続的契約を締結している等、本手続又は事業再生計画案の公正を妨げるべき事情）がないことを確認いたします。

以　上

（出典）中小企業の事業再生等に関する研究会「『中小企業の事業再生等に関するガイドライン』Q&A」（参考1）

❹第三者支援専門家をどのように選任すべきか

第三者支援専門家として誰を選ぶかはケースバイケースですが、後述のとおり、第三者支援専門家の選任に際しては主要債権者の同意が必要であり、主要債権者が同意しない場合には第三者支援専門家を選任できず、中小再生GLの手続を進めることができなくなるため、主要債権者の意向を確認した上で候補者を選ぶことが望ましいでしょう。主要債権者に第三者支援専門家についての特段の意向がない場合については、中小企業者にて適宜の第三者支援専門家の候補者を選定した上で、主要債権者に打診するという方法で問題ありませんが、主要債権者（特にメインバンク）に第三者支援専門家について特定の専門家を選任してほしい等の意向がある場合は（当該専門家と主要債権者との利害関係の有無を慎重に判断する必要がありますが）、特段の理由のない限りは、主要債権者の意向を踏まえて選任することが望ましいといえます。

第三者支援専門家についての詳細は個別に解説しますが、概要は以下のとおりとなります。

【図表2-4】第三者支援専門家の概要

第三者支援専門家の候補者	・中小企業活性化全国本部及び事業再生実務家協会が公表する候補者リストに掲載された専門家（ただし、対象債権者全員から同意を得た場合は、リストにない第三者支援専門家を選定することも可） ・債務減免等を要請する場合は、弁護士を少なくとも1名選任することが必須 ・中小企業者の顧問弁護士は不可
人　数	1~3名
主要債権者の同意	第三者支援専門家の選任に際して必要
選任時期	・再生型私的整理手続の場合は手続開始時 ・廃業型私的整理手続の場合は弁済計画案の調査段階からでも可（ただし、事業譲渡型の場合を除く）

(2) 第三者支援専門家の選任数等

　第三者支援専門家の選任数は、原則として、1名から3名とされています（中小再生QA-Q 33）。第三者支援専門家のリストには、弁護士や会計士、税理士等の専門家が掲載されており、第三者支援専門家の業務が事業再生計画案の事業面や財務調査の内容に関する調査報告書の作成（法律事務に関する事項でない部分）のみに限定される場合は、弁護士以外の専門家のみを第三者支援専門家として選任することも可能とされていますが、第三者支援専門家の業務が金融機関調整や事業再生計画案のうち法律事務に関する調査報告書の作成を含む場合には、第三者支援専門家として弁護士を必ず選任する必要があります。一般的に、債務減免（債権放棄）等の金融支援要請を伴うような事業再生計画案を策定する際には、債権放棄の妥当性という観点で法律事務に関する検討が必要になることから、債権放棄が生じるような事案においては、弁護士を第三者支援専門家として選任すべきと考えられます。弁護士以外の専門家に法律事務に関する支援を要請する場合、非弁行為（弁護士法72条）[13]に該当するため注意が必要です。

　また、債務減免等の金融支援の要請を含む場合においては、弁護士及び公認会計士を複数の第三者支援専門家として選任することが望ましいとされています。したがって、金融機関に対して債権放棄を依頼するような事業再生計画案を策定する予定のときは、複数の第三者支援専門家の選任を検討するのが望ましいでしょう。

　なお、中小企業者の状況・規模によっては、専門家報酬との関係で複数の第三者支援専門家を選任することが困難なこともあるかもしれません（第三者支援専門家の報酬等は中小企業者負担となります。なお、中小再生GLについては費用の補助制度もありますので、当該制度については**第8章**を参照してください）。中小再生GL上は、債権放棄を依頼するような場合、複数の第三者支援専門家を選任することが想定されてはいるものの、必須の要件とま

---

13 脚注11を参照してください。

ではされていないため、債権放棄を要請する事業再生計画案を策定する場合においても、主要債権者の理解を得た上で、弁護士１名のみを第三者支援専門家として選任して中小再生GLの手続を進めることが必ずしも否定されるわけではありません。もっとも、債権放棄等の金融支援を対象債権者に要請する場合については、第三者支援専門家は財務デューデリジェンスや事業再生計画案における数値計画等の詳細な検証が必要となることから、第三者支援専門家としては弁護士１名しか選任できない場合であっても、外部専門家として弁護士の他に公認会計士や税理士といった会計・税務の専門家に就任してもらい、会計・税務の検証に際しては、適宜外部専門家のサポートを受けるという実務上の工夫も考えられます。

　第三者支援専門家は、自らの専門外の意見を求められた場合や補充的に他の専門家の補助を得ることが適当と判断する場合には、個別に第三者支援専門家の補佐人（第三者支援専門家補佐人）を選任することも可能とされています（ただし、リストにない第三者支援専門家が第三者支援専門家補佐人を選任する場合は、対象債権者全員の同意が必要となります）。例えば、第三者支援専門家としては弁護士１名のみを選任しつつ、財務面については公認会計士等の専門家を第三者支援専門家補佐人に選任するという方法も考えられるでしょう。

(3) 主要債権者の同意

　中小企業者は、中小再生GLを利用するに際して、主要債権者に再生型私的整理手続を検討している旨を申し出るとともに、第三者支援専門家の選任について主要債権者全員からの同意を得る必要があります[14]。

　主要債権者とは、金融債権額のシェアが最上位の対象債権者から順番に、そのシェアの合計額が50％以上に達するまで積み上げた際の、単独

---

14 前述のとおり、リストにない第三者支援専門家を選任する場合には、主要債権者のみからではなく、対象債権者全員からの同意が必要となります。

又は複数の対象債権者をいうものとされています。

　例えば、中小企業者の銀行借入が合計5億円あり、そのうちA銀行から2億円、B銀行から1億5千万円、C銀行から1億円、D銀行から5,000万円借りていた場合、A銀行とB銀行のシェアの合計額が70%（{2億円＋1億5千万円｝÷5億円）と50%以上となるため、この場合の主要債権者はA銀行及びB銀行となります。なお、主要債権者の債権額の分母については、物的担保・人的担保（保証）での保全の有無を問わず、債務者に対する金融債権額そのものの合計額を分母として算出します[15]。また、算出基準の時点については、中小企業者は「本手続の利用を検討している旨」を主要債権者に申し出ることになっているため、当該申出時点における金融債権額を基準とすることが原則と考えられます。なお、債権額の変動があった場合など、取引関係の実態に応じて、計画成立後等に主要債権者が変更となることもあり得ると考えられます（中小再生QA-Q 25）。

【図表2-5】主要債権者の考え方

債務残高	シェア
A銀行　2億円	40%
B銀行　1億5千万円	30%
C銀行　1億円	20%
D銀行　5,000万円	10%
合計　5億円	100%

金融債権額のシェアが最上位の対象債権者から順番に、そのシェアの合計額が50%以上に達するまでの債権者が主要債権者

　第三者支援専門家の選任における主要債権者からの同意の取得方法については、中小再生GLでの特段の定めはないため、主要債権者から書面で

---

15 例えば、設例のケースにおいて、A銀行が5,000万円の不動産に担保を設定し、中小企業者の代表者に極度額1億円の保証を付けていたとしても、これらの事情は考慮せず、主要債権者の範囲が判定されます。

取得することはもちろん、口頭で同意を得ることや、「異議がある場合は一定の期限までに書面により連絡してください」という形で消極的同意を得るという方法も許容されていると考えられます。

同意の取得方法については事案ごとのケースバイケースの判断となりますが、一般的に、銀行等の金融機関において押印を伴う作業は行内稟議等に時間を要することが多く、第三者支援専門家の選任について金融機関の書面同意を求める場合、金融機関にとっても一定の事務負担が生じると考えられます。したがって、特段の事情のない限り、主要債権者の同意については、異議がないことの口頭確認や、「異議がある場合は一定の期限までに書面により連絡してください」という消極的同意という形で同意を取得することがスムーズな手続進行に資するのではないかと考えられます。

(4) 支援の開始等

第三者支援専門家は、中小企業者から支援の申し出があった場合は、当該申し出に対して誠実に対応するものとされています。第三者支援専門家が、主要債権者の意向も踏まえて[16]、再生支援を行うことが不相当ではないと判断した場合には、中小企業者の資産負債及び損益の状況の調査検証や事業再生計画策定の支援等を開始するものとされています。

実際に第三者支援専門家がどこまでの業務を行うかについては、案件ごとにケースバイケースになりますが、一般的には外部専門家にて財務及び事業の状況に関する調査分析（デューデリジェンス）及び事業再生計画策定を主導して行いつつ、第三者支援専門家は当該デューデリジェンスや計画策定をサポートするという役割分担になることが多いと考えられます（中

---

16 中小企業者の資産負債及び損益の状況の調査検証や計画策定支援を開始することが不相当ではないかどうかを判断するための意向確認であり、その後に策定される具体的な計画案への同意の可能性までを確認する必要はないとされています。主要債権者が本手続を利用して当該中小企業者の事業の再生（廃業）の検討を進めていくことに対して否定的でないことが確認されれば足りると考えられます（中小再生QA-Q44）。

小再生QA-Q 38参照)。

▌6　一時停止

(1) 一時停止の意義・要否等

　中小再生GLを利用しようとする中小企業者は、通常、事業が窮境に陥っており、金融機関等の債権者に対する支払いが困難になっていることが一般的です。

　中小再生GLを利用する場合、手続の開始から終結まで数ヶ月の時間を要することが多く、その間も取引先への仕入代金や従業員への給料等の支払いを継続する必要があるため、中小再生GL手続の利用を考える中小企業者は、手続利用中の資金繰り維持を考える必要があります。

　資金繰りを維持するためには、入金を増やすか支出を減らすかのいずれかの方法しかありません。入金を増やすための方法として、金融機関からの借入が考えられますが、中小再生GLのような私的整理手続を利用する場合、通常は金融機関から新たな借入を行うことは困難です（近年は様々な金融機関においてDIPファイナンスという再生局面にある会社に対する貸付も増えてきていますが、DIPファイナンスの借入を行うためには、売掛金等の中小企業者の資産への担保設定が必要となることが一般的であり、すべての会社が無条件で借りられるわけではありません）。

　そこで、もう一方の資金繰り維持の選択肢である支出を減らすための方法として、対象債権者に対して中小再生GLの手続期間中の返済を止めることが考えられ、この返済停止を対象債権者に求める行為を、「一時停止」の要請といいます。

　中小再生GLは、一般的に取引債権者等は対象債権者から除外し、金融機関のみを相手方とすることが多い手続ですので、通常は一時停止によって対象債権者である金融機関に対する元金等支払いの停止を求めることとなります（ただし、後述のとおり、取引先等を対象債権者に加えて、取引先等に

対する支払いも一時停止の対象とすることは否定されません）。

　中小再生GL手続を利用するに際して、一時停止の要請が必須とはされていませんが、中小再生GLの手続中に資金繰りがショートしてしまうと、中小再生GLの手続を維持することはできませんので、金融機関等の対象債権者に対する返済を行っても今後半年から1年間は資金繰りに十分余裕がある等の例外的な事情がある場合を除き、中小再生GLを利用する際には、対象債権者に対して一時停止の通知を行い、対象債権者に対する返済を速やかに停止し、会社からの支出を抑えて資金繰りの維持を図ることを検討すべきです。

(2) 一時停止の通知の相手方

　一時停止を通知する相手方は、すべての対象債権者となります。対象債権者は原則として銀行等の金融機関となりますが、中小再生GLの手続を行う上で必要なときは、その他の債権者を含むことができるものとされており、必要に応じてリース会社や取引先等の債権者も対象債権者に加えることができます。

　一時停止の通知先は対象債権者の範囲をどう考えるかという話と重なるため、詳細は**本章2.の3**「再生型私的整理手続の対象となる債権者（対象債権者）」(37頁) の項目を参照してください。

　なお、対象債権者は原則として平等に取り扱う必要があり、ある対象債権者には一時停止を要請し、ある対象債権者には一時停止を要請しないという対応は通常認められない点には留意が必要です。

(3) 一時停止を行うタイミング

　中小再生GLにおいては、一時停止を行うことができるタイミングは、第三者支援専門家による再生型私的整理手続の開始後のいずれかのタイミングと定められています。中小再生GLを利用する中小企業者は、一般的に資金繰りに窮しているであろうことを踏まえると、原則としては再生型

私的整理手続の開始のタイミングで一時停止を行うべきと考えられます。ただし、第三者支援専門家の選任等を待っていると資金繰りが破綻してしまうというような例外的な場合は、一時停止を遅らせることによって、中小企業者の事業再生が叶わなくなるという事態は避けるべきです。

中小再生 QA-Q 45 においても、中小再生 GL における一時停止は「再生型私的整理開始後の「一時停止の要請」の手続について定めたものであり、手続を円滑に進めるために、開始前に主要債権者やその他の対象債権者に中小企業者が相談し、元本返済の一時猶予などを要請することを妨げるものではありません。」とされていることから、一時停止を行うタイミングについては、中小企業者の資金繰りも踏まえつつ、再生型私的整理手続の開始の前後を問わず、極力早期に通知を行うことを検討すべきでしょう。

(4) 一時停止の要件等

第三者支援専門家が、中小企業者の資産負債及び損益の状況の調査検証や事業再生計画策定の支援等を開始した以降のいずれかのタイミングで、資金繰りの安定化のために必要があるときは、対象債権者に対して一時停止の要請を行うことができるとされています。

対象債権者は、以下のすべての要件を充足する場合には、一時停止の要請に誠実に対応するものとされていることから、中小企業者としては、以下の要件を充足する一時停止を行うように準備すべきです（中小再生 GL 第三部4.(2)）。

①一時停止要請が書面によるものであり（ただし、すべての対象債権者の同意がある場合はこの限りでない）、かつ、すべての対象債権者に対して同時に行われていること。

②中小企業者が、手続開始前から債務の弁済や経営状況・財務状況の開示等に誠実に対応し、対象債権者との間で良好な取引関係が構築されていること。

③事業再生計画案に債務減免等の要請が含まれる可能性のある場合は、再生の基本方針が対象債権者に示されていること（債務減免等の要請を含まない事業再生計画案を作成することが見込まれる場合は、その旨を一時停止の要請書面に記載すること）。

　廃業型私的整理手続とは異なり[17]、再生型私的整理手続において一時停止の要請を行う場合に主要債権者の同意が必要とはされていません（一時停止の要請を行うことについての同意は不要ですが、一時停止の要請に応じるか否かは対象債権者の判断となります）。上記要件を満たす一時停止の要請には、対象債権者において誠実に対応する義務が生じます。

　中小事業者が中小再生GLの手続開始前に粉飾等を行っていた場合、上記②の「手続開始前から債務の弁済や経営状況・財務状況の開示等に誠実に対応し、対象債権者との間で良好な取引関係が構築されていること」を満たすかが問題になります。粉飾決算等が問題であることは当然のことですが、他方で、中小企業においては程度の差こそあれ、一定の不適切会計や粉飾決算等があることは（特に事業再生を要するような中小企業においては）必ずしも珍しいことではありません。中小再生GLの目的が、危機に陥った中小事業者の責任追及にあるわけではなく、中小企業者や金融機関等による迅速かつ円滑な私的整理手続による事業再生等の実現に主眼が置かれていることを踏まえると、不適切会計等の事実のみをもって、直ちに一時停止の要件該当性を否定するのは相当ではなく、経営状況・財務状況等の不正確な開示の金額及びその態様、私的流用の有無等を踏まえた動機の悪質性といった点を総合的に勘案して、上記②の要件該当性を判断する

17　ただし、廃業型私的整理手続においても、一時停止時点で第三者支援専門家が選任されている場合は、主要債権者の同意は不要とされています。

のが相当と考えられます[18]。

上記③の要件の「再生の基本方針」については、事業再生計画案に債務減免等の要請が含まれる可能性がある場合に記載が必要となるものですが、予想される対象債権者の権利の変更の内容及び利害関係人の協力の見込みなど、再生に向けての基本方針を指すものとされています（中小再生QA-Q 48）。この要件が設けられているのは、対象債権者に一時停止の要請が出された場合、対象債権者は誠実に対応する義務を課されることとなりますが、まったく再生の見通しが立たない状況下における一時停止要請においても対応しなければならないとすることは不合理であるため、対象債権者に誠実対応義務を課す前提として、中小企業者が一定の再生方針を示すことを求めているものと考えられます。

この観点からすると、およそ実現可能性がないような再生の基本方針を示すことでは本要件を満たさないと考えられ、事業継続、再生の見通し及び利害関係人から手続遂行について協力を得られる見込み等[19]に関して記載する必要があると考えられます。もっとも、一時停止段階においては詳細な事業再生計画案ができていないことが通常と考えられることから、予想される対象債権者の権利の変更の内容として、事業再生計画案における債務減免等に関する具体的な数値（計画案における弁済率及び弁済期間等）の記載までは必要ないものとされています（中小再生QA-Q 48）。

(5) 一時停止の内容等

一時停止とは、すべての対象債権者に対して、一定の期間の元金返済の猶予を要請するとともに、以下の行為を差し控えるような要請をいいます（中小再生QA-Q 46）。

---

18 中小再生QA-Q 6を参照してください。
19 例えば、スポンサー支援による再生を考えるのであれば、少なくともスポンサー型の再生方針を目指すことやスポンサー選定手続の概要・スケージュール等は示す必要があるのではないかと考えられます。

①要請時における「与信残高」（手形貸付・証書貸付・当座貸越等の残高）を減らすこと。
②弁済の請求・受領、相殺権を行使するなどの債務消滅に関する行為をなすこと。
③追加の物的人的担保の供与を求め、担保権を実行し、強制執行や仮差押え・仮処分や法的倒産処理手続の申立てをすること。

　上記①のとおり、一時停止は借入金の「与信残高」を減らすこと、すなわち元金返済の停止を求めることが原則的な形であるとも考えられます。

　もっとも、元金返済を止めるのみでは資金繰りが維持できないようなケースにおいては、対象債権者である金融機関に対する利息支払いの停止を一時停止の内容に含めることも否定されていないと考えられ、中小企業者の資金繰りが元金返済の停止のみでは維持できない場合は、利息の支払停止も検討すべきです。ただし、金融機関にとっては元金返済の停止と利息支払いの停止では受け止め方に大きな差があり、元金の返済猶予については比較的金融機関の理解を得られる場合であっても、利息の支払停止については金融機関から強い拒否感を示されることもあります。場合によっては、利息の支払停止によって、金融機関が自行口座に開設されている中小企業者の預金口座を拘束（預金ロック）して、預金の引き出しを止めるという事態も生じ得ますので、利息の支払いを停止する場合には、後述の預金避難の検討も含めて、慎重な検討が必要となります。

　仮に、金融機関への元金返済（及び利息支払い）を止めてもなお資金繰りが回らず、取引先への支払いにも支障を来す場合については、私的整理手続の遂行が困難といえるため、民事再生等の法的手続を利用することも検討すべきでしょう。

　なお、中小再生QAの末尾に債務減免等の要請を含まない場合の一時停止と、債務減免等の要請を含む場合の一時停止のひな形がそれぞれ添付されていますので、以下に示します。

（参考2-1：債務減免等の要請を含まない再生型私的整理手続）

年　　月　　日

対象債権者各位

一時停止のお願い

（債務者）

［住所］

［会社名］

代表取締役　○○　○○　　　印

拝啓　時下益々ご清祥のこととお喜び申し上げます。

　さて、当社は、中小企業の事業再生等に関するガイドライン（以下「ガイドライン」といいます。）第三部に規定される中小企業版私的整理手続に基づき、ガイドラインに定める主要債権者の意向も踏まえて、下記1の第三者支援専門家の支援のもと、事業再生計画案の策定を開始することとなりました。

　対象債権者におかれましては、事業再生計画案の策定にご協力賜りたく、下記2の一時停止期間において元金の返済を猶予いただくとともに、下記3の行為を差し控えていただくようお願い申し上げます。

　なお、当社の作成する事業再生計画案には、債務減免等の要請を含まないことを見込んでいます[1]。

敬具

記

1　第三者支援専門家

　　［住所］

　　［氏名］

　　［連絡先］

2　一時停止期間

　　○年○月○日から○年○月○日迄

3　差し控えをお願いする行為

　　① ○年○月○日における与信残高（手形貸付・証書貸付・当座貸越などの残高）を減らすこと

　　② 弁済の請求・受領、相殺権を行使するなどの債務消滅に関する行為をなすこと

　　③ 追加の物的人的担保の供与を求め、担保権を実行し、強制執行や仮差押・仮処分や法的倒産処理手続の申立てをすること

以　上

─────────────

1　債務減免等の要請を含まない事業再生計画案を作成することが見込まれる場合は、その旨を記載。

（出典）中小企業の事業再生等に関する研究会「『中小企業の事業再生等に関するガイドライン』Q&A」（参考2-1）

年　　月　　日

対象債権者各位

一時停止のお願い

(債務者)

[住所]

[会社名]

代表取締役　　○○　　○○　　　印

拝啓　時下益々ご清祥のこととお喜び申し上げます。

　さて、当社は、中小企業の事業再生等に関するガイドライン（以下「ガイドライン」といいます。）第三部に規定される中小企業版私的整理手続に基づき、ガイドラインに定める主要債権者の意向も踏まえて、下記1の第三者支援専門家の支援のもと、事業再生計画の策定を開始することとなりました。

　対象債権者におかれましては、事業再生計画の策定にご協力賜りたく、下記2の一時停止期間において元金の返済を猶予いただくとともに、下記3の行為を差し控えていただくようお願い申し上げます。

なお、当社の再生の基本方針は下記4のとおりです[1]。

敬具

記

1　第三者支援専門家

　　[住所]

　　[氏名]

　　[連絡先]

2　一時停止期間

　　　○年○月○日から○年○月○日迄

3　差し控えをお願いする行為

　　① ○年○月○日における与信残高（手形貸付・証書貸付・当座貸越などの残高）を減らすこと

　　② 弁済の請求・受領、相殺権を行使するなどの債務消滅に関する行為をなすこと

　　③ 追加の物的人的担保の供与を求め、担保権を実行し、強制執行や仮差押・仮処分や法的倒産処理手続の申立てをすること

1　「再生の基本方針」は、事業再生計画案において債務減免等の要請が含まれる可能性がある場合に記載。

（参考2-2：債務減免等の要請を含む再生型私的整理手続）

4 再生の基本方針
（記載例1 スポンサー型の場合）
　当社といたしましては、今後選定するスポンサーによる支援に基づく債務減免を含む事業再生計画案の策定を予定しております。スポンサーによる支援を得られることにより当社事業の再生を図ることができることが、対象債権者を含む利害関係者にとって有利であることをご説明することにより、協力が得られる見込みがあるものと考えております。

（記載例2 自主再建型の場合）
　当社といたしましては、最大限の自助努力施策に取り組むとともに、財務及び事業のデューデリジェンスの内容を踏まえ事業再生計画案を策定する所存ですが、現在の当社の財務状況及び収益力を踏まえますと、債務減免を含む事業再生計画案の策定となる可能性もあるものと考えております。その場合にも、相当性、実行可能性の認められる事業再生計画案をお示しし、当社事業の再生を図ることができることが、対象債権者を含む利害関係者にとって有利であることをご説明することにより、協力が得られる見込みがあるものと考えております。

以　上

（出典）中小企業の事業再生等に関する研究会「『中小企業の事業再生等に関するガイドライン』Q&A」（参考2-2）

　債務減免等の要請を含まない事業再生計画案を作成することが見込まれる場合は、その旨を一時停止の要請書面に記載する必要があるため、ひな形においても「当社の作成する事業再生計画案には、債務減免等の要請を含まないことを見込んで」いる旨の記載がされています。

　他方で、債務減免等の要請を含む事業再生計画案を作成することが見込まれる場合には、再生の基本方針を記載する必要があるため、ひな形においてもその旨が記載されています。

　一時停止の要請を行おうとする場合は、債務減免等を求めるか否かの違いに応じて、このひな形を参考に一時停止の文書を作成するとよいでしょう。なお、ひな形には記載がありませんが、一時停止の要請の際に、第三

者支援専門家の判断により、対象債権者が中小企業者に対して有する債権の状況（債権残高、金利、物的担保・人的担保（保証）による保全の有無等）を第三者支援専門家に対して届け出るよう要請することができるものとされています（中小再生QA-Q 46）。

　どのような事業再生計画案を策定するにしても、対象債権者が有している債権の状況を把握することは極めて重要であり、特に対象債権者に債務減免等の支援を要請する際には、対象債権者の債権額や担保の有無等が万が一誤っていると、再生計画全体の修正が必要になってしまうため、中小企業者において対象債権者が有している債権の状況等が正確に把握できていない場合は、第三者支援専門家とも相談の上、一時停止の際に対象債権者に債権状況の届出を併せて要請することも検討すべきでしょう。

(6) 一時停止を要請する期間（終期）について

　一時停止を対象債権者に要請する場合、要請する期間（終期）についても明示する必要があります。終期については、中小再生QA-Q 47によれば、「原則として3〜6か月程度としていますが、主要債権者と協議する等し、ケースバイケースで判断すること」とされています。

　中小再生GLを含めた私的整理手続は、事案によりケースバイケースですが、一般的には3〜6ヶ月程度の時間を要することが多いのではないかと思われます。また、長期間の一時停止を求めた場合、対象債権者としても応諾するハードルが上がってしまうことも想定されます。したがって、一時停止の要請については、特段の事情がない限り、3〜6ヶ月程度の要請を行うことがよいと思われます。

　なお、事案によっては中小再生GLの手続が3〜6ヶ月で終わらないという場合もあるかと思われ、その場合に一時停止の要請の延長を行うことは否定されていません（一時停止の効力を延長するためには、改めて対象債権者の同意が必要となります）。中小再生QA-Q 47においても、「中小企業者は、必要がある場合には、第三者支援専門家の確認を経た上で、全ての対

象債権者に対し同時に延長の必要性についての合理的な理由等の記載がある書面により、一時停止の終期の延長を要請することも可能であり、対象債権者は、この要請についても、誠実に対応するものとします。」とされています。

したがって、当初の一時停止の期間としては3〜6ヶ月程度としておきながら、その後の進捗等（スポンサーを探索したが見つからなかった等）を踏まえ、当初の一時停止の期間に手続が終了しない場合には、一時停止の延長要請を行うといった対応も可能です（もっとも、当初の一時停止期間中を漫然と過ごし、一時停止の延長に合理的な理由がない場合、延長について対象債権者の理解を得られないという可能性もあり得るため、当初の一時停止期間中に最善の努力を行うべきことは当然の前提です）。

(7) 一時停止が倒産法上の支払停止又は銀行取引約定書における期限の利益喪失事由に該当するか

破産法等の倒産法においては、「支払の停止」といった用語が使われていますが、これらを一般的に「支払停止」といい、「弁済能力の欠乏のために弁済期の到来した債務を一般的、かつ、継続的に弁済することができない旨を外部に表示する債務者の行為をいう」とされています[20]。支払停止と聞いてもあまりイメージが湧かないかもしれませんが、法的には支払停止に該当すると、支払不能（破産法2条11項[21]）が推定されることとなり

---

20 伊藤眞『破産法・民事再生法 第5版』（有斐閣、2022）121頁。支払停止の代表例として、不渡手形を生じさせることや、債務を一般的に支払えない旨の明示的な表示として債権者に対して通知すること、黙示的な表示として夜逃げなどが含まれるとされています。

21 「支払不能」とは、債務者が支払能力を欠くために、その債務のうち弁済期にあるものにつき、一般的かつ継続的に弁済することができない状態（信託財産の破産にあっては、受託者が信託財産による支払能力を欠くために、信託財産責任負担債務（信託法（平成18年法律第108号）第2条第9項に規定する信託財産責任負担債務をいう。以下同じ。）のうち弁済期にあるものにつき、一般的かつ継続的に弁済することができない状態）をいう。

（破産法15条2項）、支払停止を行った債務者は支払不能という破産原因があるものとして、債権者等からいつでも破産申立てが可能な状態になるという重大な効果を持っているため、注意が必要です。

また、より実務的な問題として、「支払停止」は金融機関との間の金銭消費貸借契約書や銀行取引約定書において期限の利益喪失事由とされていることが一般的であり、期限の利益喪失事由に該当した場合、貸付金の一括返済を求められたり、預金の拘束をされた上で預金と貸付金とを相殺されたりする可能性が高まります。

中小企業者としては、事業を再建しようと中小再生GLを利用したにもかかわらず、一時停止を行ったことによって、預金を拘束されたり、借入金の一括返済を求められたりして、事業再生が叶わなくなるのは本末転倒です。

中小再生QA-Q50においても、再生型私的整理手続における「一時停止の要請」は、以下の理由から、原則的には支払停止にも銀行取引約定書における期限の利益喪失事由にも該当しないと考えられるとされています。

・再生型私的整理手続の開始は、主要債権者から同意を得た第三者支援専門家が、主要債権者の意向も踏まえて、当該中小企業者について再生支援を行うことが不相当ではないと判断した上で行うものであること。

・中小企業者による一時停止の要請は、一時停止のすべての要件（**本章2.の6(4)①～③（54頁）**）を充足することを前提として行われ、対象債権者はこれに誠実に対応するものとされており、また、債務減免等の要請を含むものであっても、事業継続、再生の見通し及び利害関係人から協力を得られる見込み等に関して記載されることが想定されている「再生の基本方針」（中小再生QA-Q48参照）が示されること。

・以上の事情を踏まえれば、「一時停止の要請」の時点で、対象債権者がこれに応諾して再生型私的整理手続を進めることにより、合理的で実現可能性があり、対象債権者との間で合意に達する蓋然性のある事業再生計画案が策定され、それが成立し実行されることにより、窮境の解消が図られる蓋然性があることから、いまだ、その債務のうち弁済期にあるものにつき、一般的かつ継続的に弁済することができない状態とはいえないと考えられること。

中小企業者としては、金融機関から一時停止の要請が支払停止に該当す

るのではないかという質問や主張を受けた際には、上記の理由付けも用いながら、一時停止の要請は支払停止に該当しないという反論を行うべきでしょう。

なお、一時停止の要請は原則として支払停止に該当しないと考えられるものの、すべての一時停止の要請が必ず支払停止に該当しないというわけではありません。中小再生QA-Q50においても、「対象債権者との間の従前の取引関係や再生の基本方針における記載事項に合理性あるいは実現可能性が到底認められない場合には、一般的かつ継続的に債務の支払をすることができない旨を表示したものとみる余地もあることから、このような場合には支払停止に該当する可能性もあり、中小企業者には丁寧な説明が求められます。」とされています。

中小企業者としては、一時停止に記載する「再生の基本方針」が絵に描いた餅ではなく、実現可能性のあるものであり、自社には十分な再生可能性があることを、自社の強みや事業環境、財務資料等を用いて、金融機関に対して説得力のある説明をすべきです。

(8) 預金[22]避難の要否について

中小企業者は、通常、借入のある金融機関に預金を開設して、当該預金口座において売上げの入金や、取引先への支払いを行っていることが一般的です。

しかしながら、借入のある金融機関が有する預金口座は、当該金融機関

---

22 本項目において述べる預金は、担保権の設定されていない流動性預金（普通預金・当座預金）を想定しています。質権等の担保権が設定された預金については、当該金融機関の保全部分（保全の考え方については、**第5章2.の2 (1) ❺**（291頁）参照）として取り扱うべきであり、預金避難等を行うことは適当ではありません。担保権の設定されていない定期預金については考え方が分かれるところですが、私的整理手続の実務においては保全扱いとすることも多く、当該定期預金を用いないと資金繰りが回らない等の例外的場合を除き、定期預金の預金避難を行うことは慎重に検討すべきでしょう。

にとっては中小企業者が倒産等の事態に陥った場合に、自らの貸付金を回収するための最優先の資金ともなる性質を有するものであり、現に、中小企業者が破産や民事再生等の法的倒産手続を申請した場合、通常、借入のある金融機関に開設した預金口座は一旦拘束され、その時点の残高をもって当該金融機関が有する貸付金と相殺されてしまうことが一般的です。

特に中小企業者のメイン口座として利用していた預金口座を拘束、相殺されてしまうと、再生の可能性がある会社もその後の事業継続ができなくなり、再生の可能性が閉ざされてしまうため、民事再生法等の法的倒産手続を行う場合でも、通常、当該倒産手続の開始前に、借入のある金融機関の預金口座から、借入のない金融機関に対して預金を避難（資金移動）するという処理を行うことが一般的です。

法的倒産手続の場合は上記のとおりですが、私的整理手続の一種である中小再生GLにおいて、一時停止前に預金避難を行うべきかは事案に応じたケースバイケースの判断になります。最近は、中小再生GLも含めた私的整理手続が広く浸透してきており、金融機関側においても、一時停止が行われたことのみをもって、預金を拘束するという可能性は低くなってきていると思われます。

しかしながら、現在においても中小企業者の現状や過去の取引経緯等も踏まえ、私的整理手続における一時停止等の通知をもって預金が拘束されるという可能性は一定程度存在し、一時停止等の通知や、中小再生GLの利用の検討等を金融機関に相談に行く場合は、常に預金が拘束される可能性を念頭に置いた上で対応を検討したほうがいいでしょう。

例えば、中小企業者が粉飾等を行っていて、金融機関に中小再生GLの利用相談を行うと同時に粉飾の事実も開示するような場合は、金融機関側からすると健全と思っていた会社が突如として破綻の危機に瀕した会社に様変わりするため、預金拘束等の債権保全を行おうという動機になりやすいでしょう。また、元本の返済猶予だけであれば相対的に預金拘束がされる可能性は低いですが、利息の支払いまで停止するとなると、預金拘束を

される可能性は高まります。

他方で、粉飾等もなく、金融機関側から中小再生GL等の私的整理手続の利用を検討をしたほうがいいのではないか、といった持ちかけがあった場合については、比較的金融機関との関係は良好であることが多く、私的整理手続に対する理解もあると考えられるため、そのような場合にまで一律に預金避難すべきとはいえないでしょう。

預金拘束の可能性がある場合は預金避難を積極的に検討すべきですが、預金避難にはデメリットもあります。まず、金融機関への相談なく無断で預金避難を行うことによって、当該金融機関との信頼関係が崩れ、その後の私的整理手続への協力が得られにくくなるという可能性もあります。また、中小企業者にとってのメイン口座を変えるということは、売上げの入金口座や支払いの引落口座等も変えなければならなくなりますが、取引先に一斉に口座変更の案内をすることによって、取引先に「この会社は大丈夫か？」といった信用不安が生じることもあります。

したがって、預金避難を行うか否かは、中小企業者の置かれた状況や、金融機関との関係性、粉飾の有無、再生の方針（リスケジュールで済むか、債務減免まで求めるか）、利息支払継続の有無等を総合的に判断して検討すべきでしょう。この点は事案ごとの事情に応じた慎重な検討が必要であり、判断が非常に難しいため、必要に応じて事業再生に精通した弁護士等の専門家に相談して決めることが望ましいと考えられます。

▌7 経営・財務及び事業の状況に関する調査分析(デューデリジェンス)

経営・財務及び事業の状況に関する調査分析（デューデリジェンス。以下「財務等DD」という。）は、事業再生計画案作成の前提となるものであり、後述のとおり、債権放棄を伴う事業再生計画案には「実態貸借対照表」の内容を含むことが必要とされていることからも、事業再生計画案作成に際しては、財務等DDの実施が必要となります。

財務等DDを行う実施主体ですが、中小再生QA-Q 38によれば、「事業再生計画案作成の前提となるものですので、原則として第三者支援専門家以外の外部専門家（公認会計士、税理士、中小企業診断士、弁護士、不動産鑑定士、その他の専門家等）が行う必要があります」とされています。したがって、中小再生GL上は財務等DDの実施主体が特定の専門家に限定されているわけではありませんし、中小再生QA-Q 38においても「デューデリジェンスの程度は、事業規模や事業内容、事業再生計画案の内容等によりケースバイケースであるものと考えられます」とされていることから、中小企業者において弁護士以外の外部専門家を選任する財務的な余裕がない場合や、中小企業者の財務状況が会計・税務の専門家の調査分析を要するまでもないような場合においては、公認会計士や税理士等の会計・税務の専門家を外部専門家として選任して、財務等DDを実施することが必須とまではいえないと考えられます。

　もっとも、中小再生GLにおいては、「経営・財務及び事業の状況に関する『調査分析』」が必要とされている趣旨や、対象債権者としても財務等DDが事業再生計画案への賛否判断において重要な資料となること等を踏まえると、特段の事業がない限りは、公認会計士や税理士等の会計・税務の専門家を外部専門家として選任した上で、財務等DDを実施することが望ましいと考えられます。

　なお、第三者支援専門家が、必要に応じて外部専門家をサポートすることは妨げられないとされており、外部専門家も第三者支援専門家の意見を参考にデューデリジェンスを行うことが望ましいと考えられていることから、実際上は、公認会計士、税理士等の外部専門家が主体となりつつ、第三者支援専門家の意見も聞いて、財務等DDを完成させることが望ましいといえるでしょう。

　財務等DDの具体的な内容や作成方法については、**第5章2.の2**（277頁）及び**3**（307頁）を参照してください。

▌8 事業再生計画案

　事業再生計画案は、中小企業者の再生の方針（スポンサーに事業承継するのか、自主再建でいくのか等）を対象債権者に示すとともに、対象債権者に対して要請する金融支援を記載するものであるため、再生型私的整理手続の中心をなす手続（書面）となります。

(1) 事業再生計画案の作成主体について

　中小企業者は、自ら又は外部専門家から支援を受ける等して、事業再生計画案を作成しなければならないものとされています。

　中小企業者自身の再生計画であるため、中小企業者が計画作成に主体的に関与することは当然ですが、法律・財務・会計・税務等の専門的な知識を必要とするため、実際は外部専門家と協働で作成することが望ましいでしょう。

　なお、第三者支援専門家は、債務者である中小企業者及び対象債権者から独立して公平な立場で事業再生計画案の内容の相当性等を調査する立場であり、中小企業者の代理人ではないため、事業再生計画案の作成に際して意見を求めたりすることはあっても、計画案の作成主体ではないということは注意が必要です。

(2) 事業再生計画案の提出時期について

　中小企業者は、相当の期間内に、事業再生計画案を作成しなければならないとされています。ここでいう「相当な期間」とは、中小再生QA-Q 53によれば、「事業再生計画案を作成するまでの期間は、原則、第三者支援専門家による支援等の開始時点から3〜6か月が想定されます。」とされています。

　もっとも、中小再生QA-Q 53は、例外についても触れており、「ただし、中小企業者の事業内容、窮境原因の把握とその解消方法の立案やこれ

に伴う事業再生計画案作成の難易度、債務減免等の内容などによってケースバイケースとなり、上記の期間より長くなるケースもあり得る一方で、いわゆるプレパッケージ型[23]など、対象債権者と事前の調整が進んでいるケースなどではこれより短いことも想定されます。このように、ケースバイケースであることも考慮し、本手続の開始時点において、中小企業者が想定されるスケジュールを事前に説明しておくことが対象債権者の予測可能性の観点からも望ましい」とされています。

上記のとおり、中小企業者の置かれた状況等によって事業再生計画案の作成期間は異なるものですが、中小再生GLを開始してから、合理的理由なく長期にわたって事業再生計画案が作成されないと、再生の可能性に疑義が生じ始めることもあり、次第に対象債権者からの理解が得られなくなる可能性もあります。

また、窮境に陥った会社の事業価値は時間とともに毀損することが一般的であるため、早期にスポンサーを探索すればスポンサーが見つかった、又は高値で売れたにもかかわらず、時間の経過とともにそのようなスポンサーが見つからなくなるという可能性もあります。

したがって、中小再生GLに限った話ではありませんが、中小再生GL等の私的整理手続に着手した場合は、できるだけ速やかに事業再生計画案を策定し、対象債権者に提示することが、対象債権者への弁済率を上げることにもつながり、引いては対象債権者から中小企業者の再生への理解を得やすくなるため、速やかな事業再生計画案の作成を心がけるべきです。

(3) スポンサー選定について

❶自主再建型かスポンサー型か

中小企業者が再生を目指す際に、大きな方向性として、自主再建型とス

---

23 中小再生GL等の手続を開始する前に、予め対象債権者やスポンサー等と事前協議を行い、一定程度の内諾を得た上で、手続を開始するようなケースを一般的に「プレパッケージ型」といいます。

ポンサー型の2つがあります。

　自主再建型は、基本的にスポンサー等の第三者が関与せずに、現経営陣（又は現経営陣の後継者や従業員からの社内昇格による新経営者等）によって、自力で収益を改善し、自社の収益力のみで対象債権者への債務を返済していくという方法です。この場合、自社の収益力のみで対象債権者への債務を従前通り返済していくことは通常困難ですので、対象債権のリスケジュールや一部債務減免等を受けた上で、長期の分割弁済となることが一般的です。

　他方でスポンサー型は、スポンサーによる支援を受けて、これまでとは異なる新たな株主や経営陣の下、中小企業者の再建を図っていくという手法です。この場合、対象債権者への債務の返済は、スポンサーが中小企業者の事業を買収する際の買収代金を原資として、必要に応じて対象債権の一部減免等を受け、残債を一括で返済するという方法と、スポンサーによる支援を受けた会社が収益改善の上、長期で分割返済を行っていくという方法があります。スポンサー型の場合、事案に応じてケースバイケースですが、現代表者は代表からは退任の上[24]、スポンサーが派遣する新代表者が就任し、会社の株式もスポンサーが保有することが比較的一般的です。

　中小企業者及び外部専門家としては、自主再建型かスポンサー型かによって策定する事業再生計画案の内容が大きく変わってくるため、事業再生計画案の策定に際しては、自主再建型かスポンサー型のいずれにするかの方向性をまずは決めることが必要となります。一般的にスポンサー型の方が、対象債権者への一括返済の可能性が高まるとともに、窮境に陥った経営体制と変わることから、相対的に対象債権者の理解が得やすくなる一方、スポンサー型は現経営陣の退任や株式の譲渡等を求められる可能性が

24　ただし、中小企業者においては代表者等が会社の事業運営上不可欠ということも多く、後述の経営責任の観点からの検討は必要ですが、代表からは退任するものの、引き続き顧問や営業部長等の形で会社に残ることも実務的には多くあり、中小再生GL上も、経営者の退任が必須の要件とはされていません。

高いことから、現代表者の意向やスポンサー候補者の有無等を踏まえて、再生の方針を決定することになると思われます。

❷スポンサー選定の方法について

スポンサー型でスポンサーを選定しようとする場合、中小企業者がまったくのフリーハンドで自由にスポンサーを選定できるわけではありません。なぜならば、どのようなスポンサーが中小企業者を支援するかによって、中小企業者の今後の経営体制や経営能力が大きく変わってきて、引いては中小企業者の再生可能性がスポンサー次第で大きく左右されるからです。さらに直接的な問題としては、スポンサーの下で対象債権の長期分割弁済を行う場合、スポンサーの経営資質によって対象債権者への長期分割弁済の実現性が左右されることとなりますし、スポンサー支援額によって対象債権者への一括弁済がなされる場合、スポンサー支援額の多寡が、対象債権者への弁済額（債権放棄額）と直結するため、どのようなスポンサーを選定するかは、対象債権者にとっても自らの利害と直接絡む非常に大きな問題となります。

上記の観点からすると、スポンサー選定手続の公正性は、事業再生計画案に対して対象債権者の同意を得られるかの大きな考慮要素の一つとなりますので、慎重に進める必要があります。中小再生GL第三部4.(3)②においても「スポンサー候補者選定については、中小企業者は第三者支援専門家及び主要債権者（必要に応じて、主要債権者以外の対象債権者）に丁寧に経緯を説明するとともに十分に協議を行うなど、透明性の確保に努めることとする。」とされているところです。

具体的には、スポンサー選定手続は原則として広くスポンサー候補者を探索した上で入札手続を行い、複数社の中から最も優れたスポンサーを選定するのが適当であると考えられます[25]。なぜならば、このような入札手続を経て選定されたスポンサーは、基本的に最も経済合理性を有していると考えられるためです。したがって、スポンサー型の事業再生を模索する

場合は、まずは入札手続の可否を検討すべきといえます。

　もっとも、広くスポンサー候補者を探索する形での入札手続は、スポンサー決定までに時間を要することが一般的であり、中小企業者の資金繰りの状況によっては、入札手続を行う時間的余裕がないという場合も考えられます。また、広くスポンサー候補者を探索することによって、スポンサー探索の過程で、中小企業者の経営状況が悪化していることが取引先や同業者に知れ渡り、取引条件の悪化や取引打ち切り等の事態が生じる可能性も否定できません。

　したがって、中小企業者におけるスポンサー選定手続においては、入札手続を行うことが望ましいものの、中小企業者の状況やスポンサー候補者が現れる可能性等を考慮し、入札手続を行わずに、取引先や同業他社等の一社のみをスポンサー候補者として選定することも許容されると考えられます。

　中小再生QA-Q53-2においても、「スポンサー選定中であれば選定手続に、スポンサー選定済である場合においては事業再生計画案の策定に、それぞれ支障が生じない範囲において、スポンサー候補者の選定方法や選定過程について丁寧に説明することが重要です。例えば、単一のスポンサー候補者から選定された場合は、中小企業者との人的繋がりや取引関係などを説明のうえ、中小企業者の状況から他の候補者が見つかる可能性が低いことを説明するなどが考えられます。また、フィナンシャルアドバイ

---

25 この観点から、スポンサー選定手続に際して、FA（ファイナンシャル・アドバイザー）を起用する必要があるかも問題となります。FAを選任した方が、専門的見地からスポンサー候補者に広くあたることが可能となり、より条件の良いスポンサーが見つかる可能性が高まるため、FAの起用は一般的にスポンサー選定手続の公正性に資することになると考えられます。他方で、FAを起用するに際しては、多額の報酬が必要となることも多く、財務的余力のないような中小企業者においては、FAを起用することによって、かえって資金繰りを圧迫したり、対象債権者への弁済原資を減少させたりしてしまう可能性もあるため、資金的余裕がない場合や、スポンサー候補者が限られるような中小企業者においては、必ずしもFAの起用が必須とまではいえないと考えられます。

ザーに依頼し広くスポンサー候補者を探索する場合にはスポンサー候補者リスト及び作成経緯、それぞれのスポンサー候補者からの提示条件の一覧を主要債権者に開示すること等が考えられます。」とされており、スポンサー候補者の選定過程の対象債権者への丁寧な説明等が求められることは当然として、「単一のスポンサー候補者」からスポンサーを選定することが必ずしも否定されていないことが、上記のQAからも明らかにされています。

(4) 事業再生計画案の内容について

　中小企業者は、以下の内容を含む事業再生計画案を作成しなければならないとされています（中小再生GL第三部4.（4））。

---

① 事業再生計画案は、次の内容を含むものとする。
　イ　自助努力が十分に反映されたものであるとともに、以下の内容を含むものとする。
　　・企業の概況
　　・財務状況（資産・負債・純資産・損益）の推移
　　・保証人がいる場合はその資産と負債の状況（債務減免等を要請する場合）
　　・実態貸借対照表（債務返済猶予の場合は必須としない）
　　・経営が困難になった原因
　　・事業再生のための具体的施策
　　・今後の事業及び財務状況の見通し
　　・資金繰り計画（債務弁済計画を含む）
　　・債務返済猶予や債務減免等（以下、併せて「金融支援」という）を要請する場合はその内容
　ロ　実質的に債務超過である場合は、事業再生計画成立後最初に到来する事業年度開始の日から5年以内を目途に実質的な債務超過を解消する内容とする（企業の業種特性や固有の事情等に応じた合理的な理由がある場合には、これを超える期間を要する計画を排除しない。）。
　ハ　経常利益が赤字である場合は、事業再生計画成立後最初に到来する事業年度開始の日から概ね3年以内を目途に黒字に転換する内容とする（企業の業種特性や固有の事情等に応じた合理的な理由がある場合には、これを超える期間を要する計画を排除しない。）。

ニ 事業再生計画の終了年度（原則として実質的な債務超過を解消する年度）における有利子負債の対キャッシュフロー比率が概ね10倍以下となる内容とする（企業の業種特性や固有の事情等に応じた合理的な理由がある場合には、これを超える比率となる計画を排除しない。）。

ホ 対象債権者に対して金融支援を要請する場合には、経営責任の明確化を図る内容とする。また、債務減免等を要請する場合には、株主責任の明確化を図る内容とするとともに、経営者保証があるときは、保証人の資産等の開示と保証債務の整理方針を明らかにすることとする。

ヘ 事業再生計画案における権利関係の調整は、債権者間で平等であることを旨とし、債権者間の負担割合については、衡平性の観点から、個別に検討する。

ト 債務減免等を要請する内容を含む事業再生計画案である場合にあっては、破産手続で保障されるべき清算価値よりも多くの回収を得られる見込みがある等、対象債権者にとって経済合理性があることとする。なお、債務減免等を必要とする場合の減免を求める額（DES総額を含む。）の算定については、その前提となる情報等について誠実に開示するものとする。

チ 必要に応じて、地域経済の発展や地方創生への貢献、取引先の連鎖倒産回避等による地域経済への影響も鑑みた内容とする。

② 上記①の規定にかかわらず、小規模企業者[26]が債務減免等の要請を含まない事業再生計画案を作成する場合には、次のイ及びハ、又はロ及びハの内容を含むことにより、上記①のロからニの内容を含めないことができるものとする。

イ 計画期間終了後の業況が良好であり、かつ、財務内容にも特段の問題がない状態等となる計画であること

ロ 事業再生計画成立後2事業年度目（事業再生計画成立年度を含まない。）から、3事業年度継続して営業キャッシュフローがプラスになること。

ハ 小規模企業者が事業継続を行うことが、小規模企業者の経営者等の生活の確保において有益なものであること。

---

[26] 中小再生GL第一部3.に記載のとおり、中小企業基本法2条5項に定められている「小規模企業者」を指すものとします。ただし、中小企業者の事業規模や実態等に照らし適切と考えられる限りにおいて、柔軟に適用することを排除していません（中小再生QA-Q64）。

再生型私的整理手続における事業再生計画案の策定方法の詳細は**第5章 2.**（269頁）を参照してください。以下、中小再生GLにおいて問題となり得る事項について、いくつか解説します。

(5) 自助努力が十分に反映されたものであること

　再生型私的整理手続では、最終的に対象債権者の協力を得ることにより中小企業者の事業の再生を目指すことになりますが、再生型私的整理手続を申し出る前提として、中小企業者は自ら収益構造や財務体質改善のための施策を実施する必要があるとされています。

　具体的には、不採算部門の整理・撤退などの事業の再構築やコスト構造の見直し、収益機会の拡大、過剰設備や遊休資産の処分、役員報酬等の減額を含む人件費・管理費用等の経費の削減などが考えられるものとされています（中小再生QA-Q 55）。

　事業再生計画案の策定にあたっては、上記内容を含む自助努力の内容を十分に反映した計画を策定する必要があります。

(6) 金融支援の内容について

❶債務返済猶予と債務減免等

　事業再生計画案においては、通常、対象債権者に対して債務返済猶予や債務減免等の一定の金融支援を求めることが一般的であり、事業再生計画案に具体的に金融機関等の対象債権者に求める支援内容を記載する必要があります。

　対象債権者に求める支援の内容は大きく分けて、債務返済猶予と債務減免の2つがあります（債務返済猶予や債務減免も含めた事業再生のための方法については、第4章も参照してください）。

　債務返済猶予は、中小企業者が現在負担している借入債務等の元本の減免等は求めずに、返済スケジュール等の借入条件の変更を求めるものとなります。

　一方で、債務減免については、借入債務等の元本について対象債権者に一定の債権放棄を求め、負債の圧縮を求めるものとなります。

　中小再生GL第三部4.（4）①へのとおり、対象債権者に債権放棄（債権カット）を求める場合、カット率は債権者間で同一であることを旨とするため、ある対象債権者には50％の債権カットを依頼しておきつつ、ある対象債権者には80％の債権カットを依頼するということは通常はできません。

　ただし、例外的に、債権者間に差異を設けても実質的な衡平性を害さない場合には、差異を設けることが直ちに否定されるものではないものとされています（中小再生QA-Q60）。

　差異を設ける場合として、実質的な衡平性を害さない限りで、債務者に対する関与度合、取引状況、債権額の多寡等を考慮して、例外的に債権者間の負担割合について差異を設けることが考えられるものとされています（中小再生QA-Q61）。

　例えば、メインバンクが、長年、中小企業者に役員を派遣しており、経営にも深く関与し、中小企業者の窮境の責任の一端を負っている等の場合には、当該メインバンクについては他の対象債権者より多くの債権カットを求めるということも検討の余地があるでしょう。もっとも、単に中小企業者に対する債権額が最も多い（いわゆるメインバンクである）ことのみをもって、当該対象債権者に対して他の債権者より多くの債権カットを求めるということは、現在の私的整理手続の実務においては通常は行われておらず、当該メインバンクの理解が得られる等の例外的な場合を除き、メインバンクであることのみを理由とした債権カットの差異を設けることは基本的には避けるべきでしょう。

　中小企業者からすると、債務の減免を受けられたほうが負債の圧縮を図れるため、中小企業者にとっては債務の返済猶予のみを受けるよりも債務の減免を受けるほうが有利となりますが、金融機関等の対象債権者にとっては債権放棄を迫られることとなるため、債務の返済猶予と比べて債務減

免等を求める計画案のほうが対象債権者の同意を得るハードルは当然に高くなります。債務減免等を求める場合には、詳細な事業再生計画案を策定するとともに、対象債権者に対する丁寧な説明・説得が必要になります。

対象債権者として想定される銀行との交渉方法については、**第6章**を参照してください。

❷法的清算手続（破産・特別清算）の要否

対象債権者に求める金融支援の具体的な方法については**第4章**を参照していただき、中小再生GLとの関係で1点補足します。

中小再生GLを含む私的整理手続において、金融機関等に債権放棄を求める場合、実務的には、第二会社方式（債務者である中小企業者の事業を会社分割又は事業譲渡により別会社に譲渡した後、債務者である中小企業者について特別清算手続等により対象債権者から実質的な債権放棄を得る手法をいいます[27]。第二会社方式の詳細は**第4章6.**（248頁）を参照してください）を用いて、事業を譲渡した後の旧会社については特別清算（**第4章6.の7**（256頁）参照）の中で債権放棄が行われることが多くなっています。これは債権放棄を受ける債務者側の債務免除益課税の問題に加えて、債権放棄を行う債権者側において、裁判所等を用いない私的整理手続内での債権放棄には寄付金課税のリスク（債権者の税務については**第7章2.の3**（413頁）参照）があるためと一般的に考えられています。

しかしながら、中小再生GLにおいては、「事業再生計画において残存する対象債権の放棄を受けることにより通常清算も可能」（中小再生QA-Q22）とされており、必ずしも第二会社方式を選択し、残った旧会社について破産や特別精算等の裁判所の手続によって処理することが必須とはされていません。

また、税務上も、「再生型私的整理手続に基づき策定された事業再生計

---

27 中小再生QA-Q22を参照してください。

画により債権放棄等（債権放棄及び債務の株式化をいいます。以下同じです。）が行われた場合の債権者の税務処理については、原則として、法人税基本通達9-4-2における『合理的な再建計画に基づく債権放棄等』に該当し、当該債権放棄等の額は損金の額に算入される」ことが、国税庁における照会文書において確認されています（中小再生QA-Q95、国税庁「『中小企業の事業再生等に関するガイドライン（再生型私的整理手続）』に基づき策定された事業再生計画により債権放棄等が行われた場合の税務上の取り扱いについて」[28]（令和4年4月1日）参照）。

　したがって、中小企業者側の債務免除益課税の問題については別途検討する必要がありますが（第7章2.（390頁）参照）、当該問題をクリアできる場合には、手続的な負担が重くなりがちな「会社分割or事業譲渡＋（旧会社の）特別清算or破産」という裁判所を用いた手法を選択する必要は必ずしもなく、「会社分割or事業譲渡＋債権放棄＋（旧会社の）通常清算」という手法、あるいは、場合によっては会社分割等の手続は一切用いずに、事業再生計画案において対象債権者に債権放棄を行ってもらい、今後の事業については既存の法人格を用いて継続していく、という手法を取ることも可能と考えられます。

　ただし、債権者の税務上の処理の明確さもあってか、私的整理の実務においては私的整理手続内で債務免除等を受けるという処理は対象債権者の理解を得られにくい傾向にあり、特別清算等の裁判所の手続で債務免除を受けるというケースが比較的多くなっています。また、信用保証協会の保証付き融資があるような場合は、信用保証協会が銀行等の金融機関に代位弁済を行い、信用保証協会自身が債権者として登場することとなりますが、信用保証協会が行う債権放棄のうち、制度融資（地方公共団体が民間銀行を通じて行う融資をいいます。詳細は第6章3.（381頁）を参照してください）についての債権放棄に際しては、議会承認を必要とする自治体もあり[29]、

---

28 https://www.nta.go.jp/law/bunshokaito/hojin/220311/index.htm

その場合、再生計画の同意に議会議決が必要となり、通常の同意期間にプラス2〜3ヶ月の期間を要することとなり、再生計画の可決に至急を要するようなケースでは特別清算等を用いない債権放棄という方法は実務的にワークしないという問題もあります。

中小企業者及び外部専門家としては、事業再生計画案における金融支援スキームの策定に際し、中小再生GLにおいては特別清算等の法的清算手続が必ずしも必須ではないということは念頭に置きつつも、対象債権者の意向や信用保証協会（特に制度融資）の有無等も踏まえた上で、特別清算等の法的清算手続の要否を検討すべきと考えられます。

❸ リース債権の処理について

第2章2.の3（3）（38頁）に記載のとおり、再生型私的整理手続においては、原則としてリース会社は対象債権者に加えませんが、中小企業の状況によっては加えることも可能です。

中小企業者が多額のリース債務を負っており、リース債務の処理なくして再生することが不可能な場合や、不要なリース物件が多数ある場合などには、リース会社も対象債権者に加えた上で、一定の金融支援を依頼するということが考えられます。この場合、リース料がリース購入代金の融資に対する返済としての性質を持っているとしても、リース物件の使用料という側面も否定できないため、中小企業者がリース物件を使用している限りにおいてはリース料を支払い、リース物件を返却する等してリース物件の使用が終わった後の残額を対象債権として、中小再生GLの手続に取り込むという考え方が相当ではないかと考えられます。

---

29 自治体によっては、議会の議決ではなく知事の決裁で債権放棄できる条例（制度融資に関する損失補償の条例等）を整備しているところもありますが、当該条例の適用対象として「中小企業の事業再生等に関するガイドライン」が明示的に記載されていないことも多く、中小再生GLにおいても条例を用いて知事決裁による債権放棄が可能かは、信用保証協会の所属自治体の条例の内容等を踏まえ、慎重な検討が必要となります。

　リース債権者を対象債権者に加えた場合の処理方法は、案件によって様々ですが、民事再生手続等の法的倒産手続の考え方が参考になります。すなわち、**第2章2.**の**3 (3)**（38頁）に記載のとおり、民事再生法等の法的倒産手続においては、リース債権を別除権（担保権）付債権と考えるのが一般的であり、この場合、リース物件によって保全されない部分を非保全債権として（保全、非保全の考え方については**第5章2.**の**2 (1)** ❺（291頁）参照）、非保全債権部分について割合弁済を行うこととします。

　この考え方を私的整理手続に応用すると、例えば、リース料残高が1,000万円、リース物件の現在価値が100万円のリース債権者がいた場合、リース物件についてはリース会社に引き揚げてもらうか、リース物件の価値相当額の100万円を一括又は分割で支払うこととした上で、残りの900万円を債務減免対象債権として、他の債権者と同率の弁済とする（他の債権者が10%弁済であれば、リース債権者も900万円の10%の90万円を弁済する等）という処理が考えられます。

　なお、前記 **(6)** ❶（74頁）に記載のとおり、事業再生計画案においては、債権者間の負担割合は平等であることが原則ですが、実質的な衡平性を害さない限りで、例外的に債権者間の負担割合について差異を設けることが可能とされており、リース債権についても「リース債務残高から利息相当額を控除した未返済元本残高に相当する額を基準額として他の金融債権と同じカット率を適用すること、又は、リース債務残高に利息相当額が含まれていることを考慮し、他の金融債権とカット率に差異を設けること」については、実質的な衡平性を害さない場合の一例として挙げられています（中小再生QA−Q 61）。

　第2章2.の**3 (3)**（38頁）に記載のとおり、リース契約（その中でもファイナンス・リース契約とされるもの）については、中小企業者がリース会社からリース物件を借りているわけではなく、リース物件の購入資金をリース会社から融資を受けており、当該融資への返済として中小企業者がリース料を分割で支払っているとする考え方が一般的です。この考え方に基づ

くと、リース料は融資への返済であり、そうであれば残リース料について
も理論的には元金部分と利息部分が含まれているという考え方が成り立ち
得ます。したがって、リース債権については、その残額全額を基準額とし
て他のリース債権以外の対象債権者と同率での債権カットとはせずに、
リース債権の残額のうち、「元金部分」のみを基準として[30]、他の対象債
権者と同率の債権カットとしたとしても、実質的な衡平性を害さない場合
もあると考えられます。

　もっとも、リース債権を「元金部分」と「利息部分」に分けるという考
え方が実務的に広く浸透しているとは言い難く、またリース契約は経済的
実質としてリース物件購入代金の融資に対する返済であるとしても、リー
ス物件使用の対価としての支払いの側面も否定できず、リース物件を使用
している限りにおいてはリース料を支払うが、リース物件を返却した後の
リース料残額は、その全額について他の対象債権者と一律のカット率を適
用するとする考え方も十分合理性を有するものと考えられます。中小再生
QA-Q60においても「権利関係の調整は債権者間で平等であることを旨
とし」、「例外的に、債権者間の負担割合に差異を設けても実質的な衡平性
を害さない場合には、差異を設けることが直ちに否定されるものではあり
ません（下線部は筆者記載）」とされているため、原則は債権者間の負担割
合は平等とし、平等とすることによって、かえって不合理な結果となるよ
うな例外的な場合には、負担割合に差異を設けることを検討する、といっ
た考え方が合理的ではないかと思われます。

(7) 清算価値保障について

❶原　則

　債務減免等を要請する内容を含む事業再生計画案である場合にあって

---

[30]「利息部分」の取扱いについて、他の対象債権者に利息を支払っている場合はリー
　ス会社にも利息部分を全額支払い、他の対象債権者に利息を支払っていない場合は
　リース会社にも「利息部分」は支払わないといった処理が考えられます。

【図表2-6】清算価値保障原則の考え方

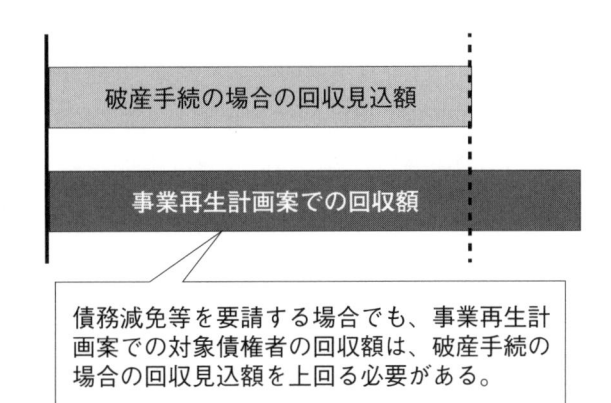

は、破産手続で保障されるべき清算価値よりも多くの回収を得られる見込みがある等、対象債権者にとって経済合理性があることが必要とされています。

　この経済合理性とは、対象債権者が破産手続を行った場合の回収見込み（清算価値）よりも多くの弁済がなされることを指すものとされており（中小再生QA-Q 62）、対象債権者に対して、破産手続で保証されるべき清算価値より多くの弁済を行う必要があることを一般的に「清算価値保障」といいます。中小再生GLに限らず、私的整理手続一般の原則として、対象債権者に対して債務減免等を求める場合には、この清算価値保障の原則を満たす必要があります。

　清算価値保障を満たせない場合、すなわち中小企業者が破産したと仮定した場合の配当よりも多くの弁済を対象債権者に対して行えない場合は、原則として中小再生GL手続を継続することはできず、中小企業者は清算価値保障を満たすことのできる他の手法（民事再生手続や破産手続等の法的倒産手続）を選択する必要があります。

　清算価値保障を検討するためには、中小企業者が破産したと仮定した場合の配当率を計算する必要があり、清算貸借対照表を作成する必要があります。清算貸借対照表の作成方法等については、**第5章2.**（269頁）を参照

してください。

❷中小再生GL利用時における費用補助と清算価値保障の関係について

　中小再生GLの利用に際しては、後述のとおり（第8章参照）、外部専門家や第三者支援専門家の報酬の一部について費用補助を受けることができますが、この費用補助のみを理由としてしか清算価値保障を満たせないような中小再生GLの利用は原則として認められておらず、このような費用補助の申請は認められていない点に注意が必要です（「経営改善計画策定支援事業（ガイドラインに基づく計画策定等の支援）〈中小版GL枠〉マニュアル・FAQ」（令和6年4月1日改訂）Q 2-1-4参照）。

【図表2-7】費用補助のみを理由として清算価値保障が満たされるケース

	破産の場合	中小再生GLの場合	
		費用補助を考慮	費用補助を考慮しない
①弁済原資総額	1000万	1000万	1000万
②手続費用	600万 （弁護士費用、破産申立費用）	300万 （外部専門家・第三者支援専門家報酬を900万とすると、そのうち600万を費用補助で賄い、中小企業者の実質的な負担額は300万）	900万 （外部専門家・第三者支援専門家報酬を900万とすると、そのうち600万円を費用補助で賄えるが、これを考慮しない）
③債権者への弁済原資（①-②）	400万	700万	100万
④債権額（破産債権・対象債権）	2000万	2000万	2000万
⑤弁済率（③÷④）	20%	35%	5%

　図表2-7のとおり、破産時と中小再生GL利用時において弁済原資総額（図表2-7の①）が同じである場合、費用補助を考慮するか否かによって清算価値保障を満たせるか否かが変わってきますが、このようなケースが費

用補助のみを理由としてしか清算価値保障が満たせない典型例です（**図表2-7の⑤**において、中小再生GLの費用補助を考慮しない弁済率が5％となっており、破産時の20％を下回っています）。このような場合、費用補助の金額が外部専門家等への報酬と対象債権者の弁済原資に回っただけであり、対象債権者にとっての経済合理性が費用補助のみにしかなく、中小再生GLを利用する実益がないため、このようなケースでは費用補助の申請は認められません。

　ただし、「経営改善計画策定支援事業（ガイドラインに基づく計画策定等の支援）〈中小版GL枠〉マニュアル・FAQ」のQ2-1-4が令和6年4月1日に改訂され、費用補助申請の可否を判断するための比較対象が、改訂前は「弁済率」（**図表2-7の⑤**）であったのに対し、改訂後は比較対象が「（債権者への）弁済原資」（**図表2-7の③**）とされました。

　例えば、**図表2-7**では、破産時の対象債権者への弁済原資が400万円であるのに対し、中小再生GL利用時の費用補助を考慮しない弁済原資は100万円であり、この場合はやはり費用補助申請は認められません。

　しかし、以下のような場合は、比較対象が「弁済率」から「（債権者への）弁済原資」へと変更されたことの意味が出てきます。

【図表2-8】弁済率は下回るが対象債権者への弁済原資が上回るケース

	破産の場合	中小再生GLの場合	
		費用補助を考慮	費用補助を考慮しない
①弁済原資総額	1000万	1900万	1900万
②手続費用	600万 （弁護士費用、破産申立費用）	300万 （外部専門家・第三者支援専門家報酬を900万とすると、そのうち600万を費用補助で賄い、中小企業者の実質的な負担額は300万）	900万 （外部専門家・第三者支援専門家報酬を900万とすると、そのうち600万円を費用補助で賄えるが、これを考慮しない）
③債権者への弁済原資（①－②）	400万	1600万	1000万
④（対象外債権である）取引先への弁済	0	800万	800万
⑤債権額 （破産債権・対象債権）	2800万 （取引先への800万も破産債権となるため加算）	2000万	2000万
⑥弁済率 （（③－④）÷⑤）	14.3%	40%	10%

　図表2-8においては、中小企業者及び外部専門家が中小再生GLを利用して破産時より多くの弁済原資総額（図表2-8の①）を集めたというケースです。

　この場合でも、「弁済率」（図表2-8の⑥）だけをみると、費用補助を考慮しない場合は、破産時の弁済率を上回ることができません。しかしながら、比較対象はあくまでも「（債権者への）弁済原資」（図表2-8の③）であるため、ここを比べると費用補助を考慮しない場合においても、破産時より上回っているため（400万＜1000万）、このような場合は費用補助申請が認められます。こういったケースでは、中小企業者及び外部専門家が中小

再生 GL を利用することによって破産時より多くの弁済原資総額を集め、取引先への全額弁済が可能になるという中小再生 GL 利用の意義が認められるため、費用補助申請も認められることとなります。

なお、これらの話は直接的には「費用補助申請が認められるか否か」という話であり、「清算価値保障の計算において費用補助を考慮してよいか」という話とは厳密には分けて考える必要があります。すなわち、**図表2-7** のようなケースにおいては、そもそも費用補助申請が認められないのであって、費用補助を清算価値保障の計算に加えてよいかという問題は生じません。他方で**図表2-8**のようなケースにおいては、費用補助申請が認められますが、費用補助申請が認められた場合において、清算価値保障の計算について費用補助を考慮しないと、清算価値保障を満たせなくなり、事業再生計画案が策定できなくなってしまいますが、これでは費用補助の申請が認められている趣旨と矛盾してしまうこととなります。

したがって、費用補助申請が認められないようなケースにおいては、当然に清算価値保障の計算においても費用補助を考慮することはできませんが、逆に費用補助申請が認められているケースにおいては、費用補助も考慮した上で清算価値保障を計算することが認められると考えるのが相当と思われます。

(8) 保証責任について

❶主債務者の債務整理時における保証債務処理の重要性について

近年、金融機関が中小企業の代表者に会社の借入金についての保証を求めることは謙仰的であるべきという流れになってきており、今後、中小企業者代表者の保証差し入れは減少していくことが予想されます。とはいえ、現在の状況においては、まだまだ中小企業者の代表者が会社の債務を保証しているというケースは多いのが現状です（**図表2-9及び図表2-10参照**）。

中小企業者が債務整理を開始し、当該債務整理の内容が一定の債権カッ

ト（債権放棄）を伴う場合、債権カットされた分については保証人に請求がいくこととなりますが、当該保証人への請求額は数億円単位となることも多いため、個人の資力では到底返済できるものではなく、債権カットを伴う再生計画を立案する場合、必然的に中小企業者の債務を保証した保証人の債務整理も問題となります。

　個人保証があるために、経営者が会社の借入金について抜本的な解決策をとることができないという場合もあります。したがって、個人保証を上手く解決することも、会社の再生には極めて重要となります。

【図表2-9】経営者保証に依存しない新規融資の割合

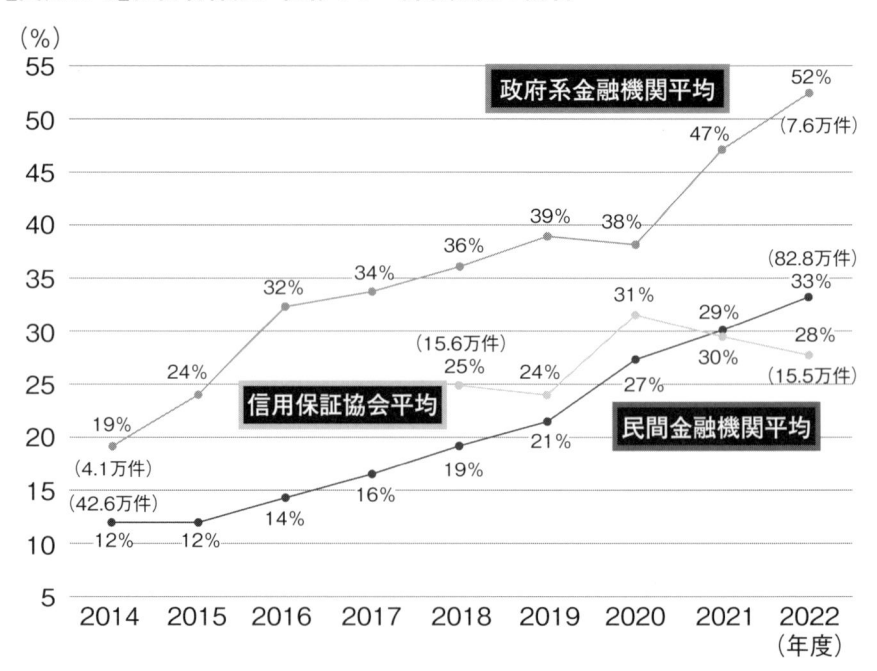

（出所）金融庁「民間金融機関における『経営者保証に関するガイドライン』の活用実績」及び中小企業庁「政府系金融機関における『経営者保証に関するガイドライン』の活用実績」「信用保証協会における『経営者保証に関するガイドライン』の活用実績」より作成

【図表2-10】経営者保証の提供状況（2020年度）

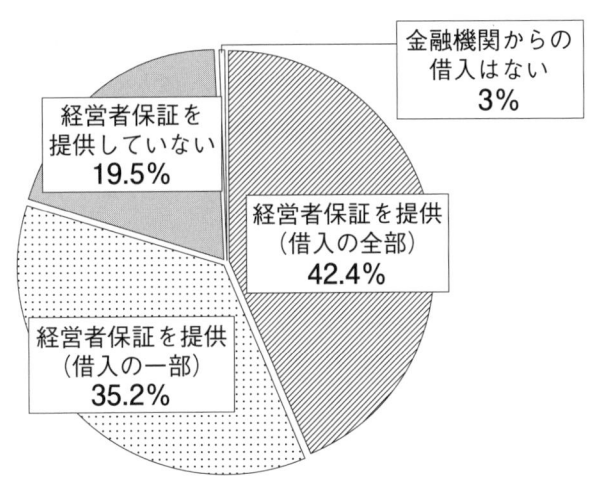

（出所）令和２年度「経営者保証に関するガイドライン」周知・普及事業（中小企業・小規模事業者ワンストップ総合支援事業）事業報告書（令和３年３月31日、119頁）より作成

❷事業再生計画案と保証人の弁済計画の関係について

　中小企業者の債務について再生型私的整理手続（債務減免等の要請を含む事業再生計画に限る）を実施する場合において、当該債務に係る保証人が保証債務の整理を図るときは、保証人は誠実に資産開示をするとともに、原則として、「経営者保証に関するガイドライン」（以下「経営者保証ガイドライン」という。）を活用する等して、当該主債務と保証債務の一体整理を図るよう努めるものとされています（中小再生GL第三部4．（7））。

　具体的には、中小再生GLに基づき主たる債務者の事業再生計画等を策定する際に、保証人による弁済もその内容に含めることとするのが相当とされています（中小再生QA-Q56）。

　したがって、再生型私的整理手続において、債務減免の要請を含む事業再生計画案を作成する場合には、当該計画案の中に、保証人による弁済計画も一緒に含めて作成する必要があります。

❸保証人の弁済計画について

　一昔前までは、経営者の保証債務を整理するためには、事実上、破産しか選択肢がないという状況でしたが、近年、個人の保証債務整理については（重大な粉飾等があり、対象債権者から経営者保証ガイドラインの利用についての理解が得られない等、経営者保証ガイドラインが利用できない特別の事情がある場合を除き）経営者保証ガイドラインにおいて保証債務を整理することが一般的となっており、銀行等の金融機関においても経営者保証ガイドラインによる保証債務の整理が浸透してきています。

　保証人の弁済計画については、この経営者保証ガイドラインに基づき作成することとなりますが、経営者保証ガイドラインの内容については、**第3章を参照してください。**

❹再生型私的整理手続における保証債務の一体整理の手続の進め方

　主たる債務と保証人の保証債務を一体整理する場合の保証債務に係る弁済計画案の策定手続は、基本的に、中小再生GLに基づく主たる債務者の事業再生計画案の策定手続と同様のプロセスを経て策定し、最終的に対象債権者全員の同意により成立します。

　対象債権者は、事業再生計画等に基づき主たる債務者が弁済を行い、保証人が保証債務を履行したことを確認した後、当該事業再生計画に基づき残存する対象債権を放棄し、保証債務の履行後に残存する保証債務を免除することになります（中小再生QA-Q 92）。

❺求償権の処理について

　保証人は、主たる債務者に代わって債権者に弁済した場合、当該弁済額を主たる債務者に請求できることが認められており、これを法律上「求償権」といいます。

【図表2-11】求償権について

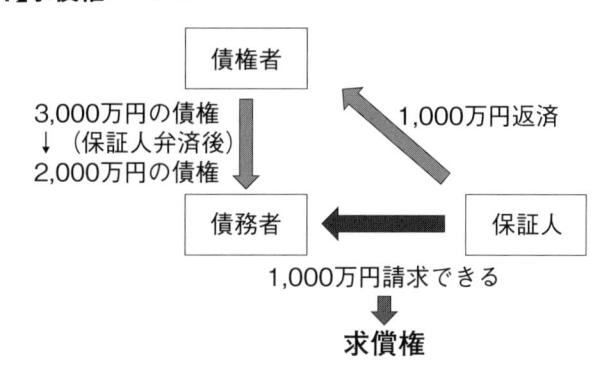

保証人の弁済計画に基づき保証人が対象債権者に弁済した場合、保証人は主たる債務者である中小企業者に対して求償権が発生しますが、これを認めると対象債権者への弁済原資が保証人の求償権弁済に流れることにもなりかねないため、成立した主たる債務者の事業再生計画及び保証人の弁済計画に基づき、主たる債務者が弁済を行い、保証人が保証を履行した場合、保証人は主たる債務者に対する求償権を原則として放棄する必要があります。

(9) 経営責任について

❶経営責任とは

　対象債権者に対して金融支援を要請する場合には、事業再生計画案において、経営責任の明確化を図る内容とする必要があるとされています。

　会社の経営が悪化して、金融機関に対してリスケや債権放棄などの金融支援を求めるに至った場合には、金融機関としても、金融支援の条件として、経営者に対して経営悪化したことについて責任を取るように求めることが一般的です。分かりやすくいえば、「けじめ」をつけることが求められます。この「けじめ」がいわゆる経営責任と呼ばれるものです。

　どれだけの「けじめ」をつけなければならないのかについては、その経

営者が、どれだけ経営悪化に関与しているかの程度によります。また、「けじめ」のつけ方もいくつかの方法があります。

　まじめに経営をしていたにもかかわらず、外部環境（例えば、極端な円安や感染症の拡大等）や、突発的な出来事（地震や取引先の倒産）などにより、会社の経営が悪化したのであれば、その経営者の経営責任は比較的軽いといえます。

　他方で、野放図な過剰投資をしたり、会社を私物化した結果、会社の経営が悪化した場合には、経営者の経営責任は重いといえます。

　もっとも、対象債権者に求める金融支援がリスケジュールに留まる場合には、債権放棄までには至っていないことから、金融機関からは、それほど重たい経営責任は追及されないのが一般的です。他方で、対象債権者に求める金融支援が債権放棄に至るようなケースでは、金融機関からの経営責任の追及も厳しくなります。

　中小再生GLにおいても、「経営責任の明確化は、窮境原因に対する経営者の関与度合、対象債権者による金融支援の内容、対象債権者の意向、中小企業者の事業継続における経営者の関与の必要性、中小企業者の自助努力の内容や程度など種々の事情を考慮して、経営責任を負う範囲やその妥当性・程度も含め個別に対応されるべきであり、その際には自然災害や感染症の世界的流行等といった外的要因の影響度合いにも配慮する必要」があるとされています（中小再生QA-Q 59、Q 23）。

　特に、「自然災害や感染症の世界的流行等といった外的要因の影響度合いにも配慮する」と明記されたことも踏まえると、新型コロナウイルス感染症等に起因する経営不振等については、会社の窮境と経営者の責任との因果関係が相対的に希薄であるため、新型コロナウイルス感染症等に起因する中小再生GLの利用に際しては、経営責任の果たし方については、柔軟な対応が認められるべきと考えられます。

❷経営責任の果たし方について

経営責任の果たし方としては、(a)社長や役員からの退任、(b)役員報酬の減額、(c)会社に対する貸付金・求償権などの債権の放棄、(d)私財提供、(e)会社支配権の返上などがあります。

これらを組み合わせて、対象債権者の納得を得られるような経営責任の果たし方を考えることになります。

a. 退 任

経営責任の取り方として、最も典型的なケースとしては経営者からの退任というものがあります。例えば、取締役そのものから退任するとか、社長から退任することによって経営者責任を果たすという方法です。特に、債務の減免等を求める金融支援を要請するような場合には、金融機関等の対象債権者から取締役そのものからの退任を求められることも多いでしょう。

もっとも、中小企業者においては、経営者の個人的な力量で会社の経営が成り立っているため、代わりの経営者が見つからないということも多くあります。また、安易に退任した結果、会社の事業が悪化するということも考えられます。特に、小規模企業者の場合には、当該小規模企業者が行う事業が代表者の家業として経営者と一体化していたり、当該小規模企業者の事業価値が代表者の人的資質に依存している等、現代表者の退任が容易ではないというケースも多くあります。そのため、経営者の退任については慎重に考える必要があります。

中小再生GL（中小再生QA-Q23）においても、上記のような中小企業者の実態を考慮して、経営者の退任を必須としておらず、経営者責任の明確化の内容として、役員報酬の削減、経営者貸付の債権放棄、私財提供や支配株主からの離脱等により図ることもあり得るとされています。

また、中小再生QA-Q13においては、「債務減免等の抜本的な金融支援を要請する場合には、原則として経営責任と株主責任を明確化すること

が求められますが、例外を一切許容しない趣旨ではありません。準則型私的整理手続を活用する場合は、各準則型私的整理手続の考え方や手続内容、金融機関の意見等を総合的に考慮して、非準則型私的整理手続で債務整理を行う場合は、金融機関と中小企業者の協議に従って、中小企業者の規模や特性（例えば後継者の不在や資本の入替えの困難性等）のほか、自助努力の内容や程度、窮境に至る原因、自然災害等に由来するか等に照らして個別に判断することになります。小規模企業者の場合には、上記の個別判断が特に必要になると考えられます。」とされており、後継者の不在や小規模企業者の場合の個別判断が特に明記されていることから、これらの事情を勘案して、経営責任の果たし方については、経営者の退任ありきではなく、個別具体的な事情も踏まえて柔軟に検討すべきでしょう。

　仮に、経営者を交代する場合は、交代してもらう人物に本当に経営能力があるのかについても、よく考える必要があります。

ｂ．役員報酬の減額

　役員報酬などを減額することで経営責任を果たすという方法です。減額が大きければ大きいほど強く責任を感じているという姿勢を示すことができます。もっとも、役員といえども生活はしなければならないので、生活費程度を支給することが否定されるわけではありません。

ｃ．会社に対する貸付金・求償権などの債権の放棄

　経営者は、会社に対して貸付金や保証債務の履行に伴う求償権を持っていることがあります。金融機関に金融支援を仰ぐ場合には、これらの経営者保有の債権について放棄が求められるのもやむを得ないでしょう。

　ただし、経営者が保証債務を負っており、当該保証債務の整理も必要となるような場合には、経営者の会社に対する貸付金は、経営者の保証債権者に対する弁済原資ともなり得るものであるため、そのような場合は単なる放棄ではなく、会社が経営者に対して他の対象債権者と同等の弁済をし

た上で、当該弁済額を経営者の保証債権者に対する弁済原資とするといった対応の検討も必要となります。

d．私財提供

経営者個人の所有する私財を会社に提供することで経営責任を果たすという方法です。

場合によっては、経営者個人から会社への資産の提供についてみなし譲渡所得が生じることがあるため（所得税法59条）、この点についても検討する必要があります。

e．会社支配権の返上

経営者が保有する株式を他の者に譲渡することなどによって、経営者が持っている会社の支配権を消滅させるという形で経営者責任を果たす方法です。もっとも、中小企業の株式については譲受希望者を見つけるのが一般的に困難であるため、この方法では、誰に会社の株式を持ってもらうかが問題になります。株式の引受け先としては、経営者の親族や取引先といった中から見つけることが多いと思われます。ただし、経営者の親族への譲渡の場合、経営者一族の支配は変わらないということで、対象債権者から否定的な意見が述べられる可能性がある点は注意が必要です。

❸外部専門家の役割

経営責任については、経営者自身が自らの適切な経営者責任を考えるというのは、なかなか難しいことですが、外部専門家は第三者的な立場からアドバイスできるという強みがあります。場合によっては、外部専門家が適切な経営者責任を取らせるために、経営者を説得するという場面も出てきます。

外部専門家にとっては、あくまで依頼者は会社であり[31]、経営者個人ではないため、経営者に対して経営責任を果たすことを説得するといった行

為は利益相反にはならず、会社のためになることであれば、むしろ推奨されるべきことです。ただし、外部専門家と経営者とが喧嘩してしまうと、会社の再建自体も上手く行かなくなってしまうため、適度な距離感が重要になってきます。

　経営陣の意向を十分に踏まえながらも、対象債権者が納得するような経営責任の取り方を経営陣に説くことが理想的な方法です。

(10) 株主責任について
❶株主責任とは

　株式会社の株主は、出資額を全額失うリスクはありますが、出資額以上の責任を問われることはない、というのが会社法の大原則です。

　他方、会社法においては、会社の資産を分配するにあたって、まずは債権者が分配を受け、債権者がその債権額の100％の支払いを受けてから、株主が分配を受けるという構造になっています。そのため、債権がカットされる局面においては、債権者に劣後する株主は、株式が無価値として扱われることも甘受せざるを得ないのが会社法の大原則です。

　株主責任とは、このような会社の構造を踏まえ、主に債権放棄の場面において、既存株主が保有する株式を第三者に無償（又は備忘価額）で譲渡すること等により、実質的に無価値化することをいいます。

　もっとも、中小企業の株式については、その引受け手を見つけることは難しく、株式を従来の株主から強制的に取り上げても、新たな株主のなり手がいないこともあります。中小企業の再生においては、株式を無関係の第三者に譲渡することによって株主責任を果たすということが一般的であるとまではいえません。

---

31 中小再生GLにおいては、個人事業主が同手続を利用することも否定されていませんが、保証債務の問題が生じるのは通常、主たる債務者が法人の場合です。

❷株主責任の果たし方について

対象債権者に対して債務減免等を要請する場合には、事業再生計画案に株主責任の明確化を図る内容とする必要があります。

中小再生 QA-Q 59 において引用される Q 24 によれば、「本手続においては、中小企業者が対象債権者に対して債務減免等を求める場合は、自然災害や感染症の世界的流行等といった外的要因の影響度合いにも配慮しつつ、経営者だけでなく株主もその責任を明確にすること」とされており、「その内容としては、株主権は債権より劣後することから、債務減免等を求める以上は全株主の株主権を消滅させることが望ましいものの、事案に応じて支配株主の権利を消滅させる方法や、減増資により既存株主の割合的地位を減少又は消滅させる方法等が考えられます。」とされています。また、「一般株主については、支配株主のような経営への関与が認められないのが通例であるため、そのような場合には、支配株主とは別に取り扱うこともあり得ると考えられます。」とされています。

中小企業者においては、代表者が当該中小企業者の100％、又は大半の株式を保有しているというケースも多いと思われます。その場合には、当該株式の譲渡等によって、中小企業者の支配株主を交代させるといった方法を検討する必要があります。

もっとも、特に、小規模企業者においては、新たな増資引受先が見つからないことが多く、既存株主権を消滅させることは相当でないことも少なくないため、中小再生 QA-Q 24 においても、この場合の株主責任の内容については、当該小規模企業者の事情を考慮して柔軟に判断することが許容されるものとされています。

なお、対象債権者に対して債務減免等の金融支援を求める場合、その手法として第二会社方式を用いることが比較的多いかと思われますが（第二会社方式については**第4章6.**（248頁）参照）、第二会社方式を取る場合、中小企業者の事業は基本的に新会社（第二会社）に承継することとなり、新会社に承継が完了した後の会社（旧会社）については、特別清算や破産手続

の中で処理されることとなります。

　特別清算手続や破産手続が完了すると、当該会社の法人格は消滅することとなり、それに伴い株主の権利も消失することとなります。この場合、当該特別清算手続や破産手続を行うことが、イコール株主権の消滅と結びつくものとなりますので、特別清算手続や破産手続の実施によって株主責任が果たされることとなり、これらの手続を行うことの他に、株主責任の果たし方を別途検討する必要は通常ありません。株主責任の明確化が図りやすいということも、第二会社方式が比較的利用されることが多い理由の一つです。

(11) 事業再生計画案の項目について

　上記を踏まえた事業再生計画案の項目は、以下のような内容とすることが考えられます。

　なお、下記はあくまで一つの考え方を示したサンプルであり、実際に作成する際には、事案の特性に応じて適宜項目の追加等を検討すべきである点に留意してください。

第1章　企業の概況
　1　企業の概要
　2　企業の沿革
　3　事業の概要
第2章　財務状況
　1　BS、PL、CFの推移
　2　実態貸借対照表
　3　清算貸借対照表
第3章　窮境原因
　1　窮境原因
　2　窮境原因の除去可能性
第4章　事業再生計画の内容
　1　再生のスキーム（スポンサー型の場合はスポンサー支援の内容等）
　2　事業再生のための具体的施策
　3　今後の見通し

（1）今後の事業見通し
（2）今後の財務状況の見通し
（3）今後の資金繰り計画
4　金融支援依頼の内容
（1）対象債権者に依頼する金融支援の内容
（2）債務弁済計画
（3）経済合理性（清算価値保障を満たす内容であること）
第5章　経営責任、株主責任、保証責任
1　経営責任
2　株主責任
3　保証責任
第6章　保証人の弁済計画（詳細は本書の**第3章参照**）

9　事業再生計画案の調査報告

第三者支援専門家は、債務者である中小企業者及び対象債権者から独立した公平な立場で事業の収益性や将来性等を考慮して、事業再生計画案の内容の相当性及び実行可能性等について調査し、原則として調査報告書を作成の上、対象債権者に提出し報告しなければなりません。なお、債務減免等を要請する内容を含む事業再生計画案の場合は、調査報告書の作成は必須とし、かつ、その際の第三者支援専門家には弁護士が必ず含まれるものとされています（中小再生GL第三部4.（5）①）[32]。

第三者支援専門家による調査対象は、次のイからニの内容を含むものとし、債務減免等を要請する内容を含む事業再生計画案の場合は、イからニに加えて、ホの内容を含まなければなりません。また、事業再生計画案に記載がある場合は、ヘも含むものとします。

32　逆に言うと、債務減免等の要請を含まないリスケジュール等を内容とする事業再生計画案の場合は、調査報告書の作成は必須ではないと考えられます。

> イ　事業再生計画案の内容の相当性（中小企業者が中小再生GL第三部3.
> 　（1）の要件[33]に該当することを含む。）
> ロ　事業再生計画案の実行可能性
> ハ　金融支援の必要性
> ニ　金融支援の内容の相当性と衡平性
> ホ　破産手続で保障されるべき清算価値と比較した場合の経済合理性（私的
> 　整理を行うことの経済合理性）
> ヘ　地域経済への影響

　中小企業者としては、第三者支援専門家において上記の各項目が調査されることを念頭に置きつつ、事業再生計画案の策定を行うべきでしょう。

　なお、スポンサー支援を内容とする事業再生計画案の場合、事業再生計画案の調査に際しては、スポンサーから事業計画の提出を求める等、スポンサー側の一定の協力が必要となります。例えば、スポンサーによる譲渡対価で一括弁済を行う事案においては、当該一括弁済額の相当性を検証するために、スポンサー側での譲渡後の事業計画の検証が必要となりますが、事業再生計画の一部をなすスポンサーのもとでの具体的な事業計画の提案が得られないことがあり得ます。また、スポンサーが債務を引き受け、スポンサーのもとで事業再生計画に基づく弁済をする場合は、スポンサーのもとでの事業再生計画の相当性や実行可能性を調査することが必要となりますが、その場合であっても、スポンサーの事業と統合されることが予定されるなど、例外的に譲渡対象事業自体の事業計画の提案が得られない場合もあり得ます。

　このような場合において、第三者支援専門家としては、スポンサーから事業計画の提示を受けることが検証の必須であるとまでは考えられず、中小再生QA-Q68においても、これらの場合には「対象債権者と協議のうえ、調査対象が限定されることもあり得ると考えられます。これら事業計画の提案が得られない合理的な理由があり、調査対象が限定される場合に

33　**第2章2.の2**（36頁）に記載の要件

は、対象債権者と協議のうえ事業再生計画案の記載内容（**本章2.の8 (4)** の四角囲み①イ〜ニ（72頁））も事案に応じて定性的記載とするなどの工夫をすることも考えられます。」とされています。

10 債権者会議

　私的整理手続は対象債権者全員の同意が必要となることが大原則であり、準則型私的整理手続の一種である中小再生GLにおいても対象債権者全員の同意が必要となるため、手続の遂行に際しては、対象債権者の理解を得ながら進めることが極めて重要となります。

　中小再生GLにおいては、事業再生計画案が作成された後に債権者会議を開催することが原則として求められていますが、それに加えて、例えば、以下のような債権者会議の開催方法が考えられます。

【図表2-12】債権者会議の開催例（再生型私的整理手続）

	主な議題
第1回	会社の概況説明、資金繰りの説明、一時停止の要請、今後のスケジュール
第2回	事業及び財務等DDの報告
第3回	事業再生計画案の提示、調査報告書の提示
第4回	事業再生計画案の成立確認、今後のモニタリングについて
その他必要に応じて	不動産等の重要な資産の処分についての報告、（スポンサー型の場合）スポンサー選定の進捗状況やスポンサー決定の報告等

　ただし、上記はあくまで一つのモデルケースであり、必ずしも中小再生GLにおいて上記の態様による開催が求められているわけではないため、中小企業者の状況等に応じて、債権者会議の開催回数や内容等は適宜調整することが望ましいといえるでしょう。

　会議の開催方法については、実務的には、新型コロナウイルス感染症の

感染拡大期における私的整理手続の債権者会議において、Zoom 等を用いた Web 会議による債権者会議も相当用いられていました。新型コロナウイルス感染症が5類に移行して感染期が落ち着いた後でも、Web 会議による債権者会議の開催は否定されないと解され（中小再生 QA-Q 71）、特に遠方の金融機関等がいる場合等においては、会場によるリアルでの債権者会議と Web 会議の併用というハイブリットな形での債権者会議の開催も対象債権者の出席の便宜に資すると考えられます。

中小再生 GL においては、債権者会議を開催せず、事業再生計画案の説明等を持ち回りにより実施することも妨げられないとされていることから（中小再生 QA-Q 69）、小規模企業者において対象債権者の数も少ない場合等については、債権者会議を開催せずに、個別に対象債権者を訪問し、事業再生計画案の説明を行うという方法もあり得ます。

債権者会議を行うべきか、個別面談による持ち回りの説明等を実施するかについては、第6章2.（379頁）も参照してください。

▌11 事業再生計画の成立

(1) 対象債権者全員の同意が得られた場合

前述のとおり、中小再生 GL も準則型私的整理手続の一種であるため、事業再生計画案の成立には対象債権者全員の同意が必要となります。

すべての対象債権者が事業再生計画案について同意し、第三者支援専門家がその旨を文書等により確認した時点で事業再生計画は成立します。中小企業者は事業再生計画を実行する義務を負担し、対象債権者の権利は成立した事業再生計画の定めによって変更されるため、対象債権者は金融支援など事業再生計画の定めに従った処理をすることとなります。

(2) 対象債権者全員の同意が得られなかった場合

中小再生 GL においては、すべての対象債権者による計画案への同意が

必要となるため、一部の対象債権者から計画案について同意が得られない場合、計画は成立しません。

　ただし、同意あるいは同意の見込みを得られない債権者が、中小企業者に対して有する債権額が少額であり、債権者間の衡平を害さない場合には、当該債権者を金融支援の対象から除く計画案とすることは許容されています（中小再生 QA-Q 73）。反対する対象債権者の債権額が少額であり、当該対象債権者を金融支援の対象から除くことに他の対象債権者の理解を得られる場合には、そのような計画を策定し直して、他の対象債権者に再度提案すべきでしょう。

　そのような方法でも対象債権者全員の同意が得られず、事業再生計画案についてすべての対象債権者から同意を得ることができないことが明確となった場合は、第三者支援専門家は本手続を終了させるものとされています。そして、本手続が終了したときは、対象債権者は一時停止を終了することができるとされています。

　もっとも、すべての対象債権者から同意が得られなかった場合でも、反対した対象債権者に翻意の可能性が多少なりともある場合においては、「全ての対象債権者から同意を得ることができないことが明確となった場合」とまではいえず、引き続き反対対象債権者の説得にあたるということは許容されてよいと考えられます。

　この点、事業再生計画案に対して不同意とする対象債権者は、速やかにその理由を第三者支援専門家に対し誠実に説明しなければならないとされているため（中小再生 GL 第三部4.（6）②）、中小企業者及び外部専門家は、事業再生計画案に不同意の対象債権者がいた場合は、速やかにその理由を第三者支援専門家に確認するとともに、当該理由を踏まえた事業再生計画案の修正等、反対対象債権者の翻意のための検討・交渉等を行うべきです。

　なお、任意の交渉で、どうしても同意を取得できないという場合は、特定調停の手続を用いることも考えられます。特定調停は裁判所を用いた調

停手続の一種であり、裁判所を用いた手続であることから、中小再生GL等の私的整理手続では同意できないという対象債権者も、裁判所を用いた手続であれば同意を検討するということも考えられます。また、特定調停手続においては、裁判所が、調停が成立する見込みがない場合において相当であると認めるときに、当事者双方のために衡平に考慮し、一切の事情をみて、職権で、当事者双方の申立ての趣旨に反しない限度で、事件の解決のために必要な決定をすることができるとされています（民事調停法17条に基づく決定であることから、一般的に「17条決定」と呼ばれています）。事業再生計画案について明確に同意はできないものの、積極的に拒否はしない、あるいは裁判所の決定であれば受入れ可能という対象債権者がいる場合は[34]、特定調停手続を用いて、17条決定も視野に入れつつ、反対対象債権者の翻意を図るという方法も有効でしょう。

特定調停手続を利用する場合、中小再生GLの事業再生計画案に反対する対象債権者のみを当事者として調停手続を行い、中小再生GLの債権者会議においては反対債権者を除く対象債権者のみで、特定調停手続において中小再生GLの事業再生計画案と同内容の調停が成立することを停止条件とした上で、事業再生計画案を決議するという方法が考えられます。

事業再生計画案に強硬に反対している対象債権者がいて、特定調停手続等によっても翻意が困難である場合については、私的整理手続を断念し、再建型の法的手続である民事再生手続に移行し、民事再生手続の中で多数決によって計画案を可決するという方法もあり得ます。

▌12 事業再生計画成立後のモニタリング

事業再生計画が成立した後、事業再生計画の達成状況等について、以下

---

34 実務的には、17条決定は積極的に賛成はできないものの絶対に反対ではないといった場合に発動されることが多く、強硬に反対している対象債権者の意に反して裁判所が一方的に17条決定を行うといった方法は通常は行われません。

のモニタリングをするものとされています（中小再生 GL第三部4.（8）①）。

> イ　外部専門家や主要債権者は、事業再生計画成立後の中小企業者の事業再
> 生計画達成状況等について、定期的にモニタリングを行う[35]。但し、債
> 務減免等の要請を含まない事業再生計画の場合には、主要債権者が中小
> 企業者の協力を得て、モニタリングを行うことで足りる。
> ロ　モニタリングの期間は、原則として事業再生計画が成立してから概ね3
> 事業年度（事業再生計画成立年度を含む。）を目途として、企業の状況や
> 事業再生計画の内容等を勘案した上で決算期を考慮しつつ、必要な期間
> を定めるものとする。
> ハ　主要債権者は、モニタリングの結果を踏まえ、中小企業者に対し、事業
> 再生計画の達成に向けた助言を行う。
> ニ　主要債権者は、モニタリングの期間が終了したときには、中小企業者の
> 事業再生計画達成状況等を踏まえ、その後のモニタリングの要否を判断
> する。

　モニタリングの主体としては、外部専門家や主要債権者として記載され
ており、第三者支援専門家については記載されていません。中小再生 QA
－ Q 77においても、モニタリングについては第三者支援専門家の関与は
必須ではなく、第三者支援専門家の関与を求めるか否かは、ケースバイ
ケースで判断することになるとされています。第三者支援専門家の関与を
求めるか否かは、事案の内容や対象債権者の意向等も踏まえたケースバイ
ケースの判断になりますが、いずれにしてもモニタリングは中小企業者及
び外部専門家が主体的に行うべきでしょう。

　主要債権者以外の対象債権者に対しては、中小企業者又は外部専門家
が、定期的にモニタリング資料を送付したり、モニタリング会議を開催し
たりして、原則として、希望するすべての対象債権者にモニタリング結果
を報告することが好ましいものとされています（中小再生 QA-Q 78）。

　なお、事業再生計画案の内容がスポンサー型で、かつ、スポンサーによ

35　中小再生 QA-Q 76によれば、定期的なモニタリングの方法として「事業再生計画
　の達成状況等については、適時に把握することが必要となります。対象債務者であ
　る中小企業者が、外部専門家及び主要債権者に対して、毎四半期、半期など定期的
　に、収益の状況、財務の状況、事業再生計画の達成状況等を報告することにより行
　うことが考えられます。」とされています。

る事業譲渡対価等を原資として、対象債権者に一括で返済し、残額の対象債権は免除するという内容の場合は、一括弁済が実施されるまでの間のモニタリングは必要ですが、一括弁済後の対象債権は消滅するため、対象債権者の意向次第ではありますが、一般的にはその後のモニタリングは不要とすることでよいのではないかと考えられます。

13 他の手続への移行

(1) 他の再生型手続への移行

中小再生GL手続において事業再生計画案の成立が見込めない場合、他の再生型手続の利用を検討する必要があります。

その場合、大きく分けて中小再生GL以外の私的整理手続に移行するか、法的整理手続に移行するかの2つの選択肢があります[36]。

中小企業活性化協議会や事業再生ADR等の他の私的整理手続においても、基本的に対象債権者全員の同意が必要となるという点については中小再生GLと変わらないため、対象債権者が中小再生GLでは応じられないが、他の私的整理手続であれば検討可能といった特別な事情がない限り、中小再生GLで成立の見込みがないものを、他の私的整理手続で成立させることは、一般的には困難なことが多いのではないかと考えられます。

その場合、法的再建手続としての民事再生手続を利用することが考えられます。民事再生手続であれば、全債権者の同意は必要なく、債権者の過半数[37]の同意をもって再生計画案の可決を行うことができます。

ただし、中小再生GL等の私的整理手続においては、原則として銀行等

---

36 一部の対象債権者の反対がある場合の特定調停手続の利用が考えられることについては、**本章2.の11(2)**（100頁）参照。

37 厳密には債権者数の過半数の同意と債権額の2分の1以上の同意のいずれもの同意を得る必要があります。例えば、総債権者100名、債権額10億円とした場合、債権者51名以上の賛成が必要であることに加えて、賛成する債権者の債権額が5億円以上である必要があります。

の金融機関のみが対象債権者であるのに対して、法的倒産手続については、取引先等の一般債権者も対象に含まれることとなり、「この取引先はお世話になっているからこの取引先だけ支払いたい」等の不平等な取扱いは原則としてできません[38]。また、私的整理手続は金融機関のみを相手とした秘密性の高い手続で、通常、中小企業者が私的整理手続を行っているということが取引先に知れ渡ることはありませんが、法的倒産手続の場合は、取引債権者に対しても裁判所からの倒産手続開始決定の通知が届くこととなり、また、インターネット等にも倒産手続を申し立てたことが掲載されるため、倒産の事実は広く知れ渡ることとなります。

したがって、法的倒産手続の利用を検討する際には、これらの私的整理手続と法的倒産手続の違いを意識した上で、法的倒産手続の利用の可否を検討することが必要となります。

(2) 清算型手続への移行

再生型私的整理手続を進めていたものの、手続の過程で再生が難しいという事態になり、事業の再生を断念するというケースもあり得ます。

本章1.の3（29頁）に記載のとおり、中小再生GLにおいては、再生型私的整理手続と廃業型私的整理手続の2種類があり、中小企業者は手続開始に際して、いずれかの手続を選択して手続を開始しなければなりません。

もっとも、両手続は、一度選ぶとその後、他の手続への移行ができないといったものではなく、再生型私的整理手続を検討する過程において、第三者支援専門家や主要債権者が事業の継続可能性が見込まれないと判断

---

38 ただし、民事再生の場合でも、①再生債務者を主要な取引先とする中小企業者が、その有する再生債権の弁済を受けなければ、事業の継続に著しい支障を来すおそれがあるときや（民事再生法85条2項）、②少額の再生債権（事案に応じて様々ですが、中小企業者の場合、5〜10万円とされることが比較的多いです）を早期に弁済することにより再生手続を円滑に進行することができるとき、又は少額の再生債権を早期に弁済しなければ再生債務者の事業の継続に著しい支障を来すときは（同法85条5項）、裁判所の許可を得て、弁済を行うことができるという制度は存在します。

し、かつ、中小企業者からも廃業の申出があった場合は、中小企業者、第三者支援専門家、主要債権者は協力の上、「廃業型私的整理手続」の適用も含めて、可能な対応を行うものとされています。

再生型私的整理手続から廃業型私的整理手続への移行にあたっては、第三者支援専門家は、主要債権者の意向も踏まえて、中小企業者が廃業型私的整理手続の途中段階（例：弁済計画案の策定等）から手続を行うことの可否を判断するものとされており、廃業型私的整理手続の途中段階から手続を行う場合、中小企業者は、必要に応じて、再生型私的整理手続の検討時において関与した第三者支援専門家の支援を継続して得ることができるものとされています。また、中小企業者は、対象債権者に対して再生型私的整理手続から廃業型私的整理手続への移行と廃業型私的整理手続の進め方並びに第三者支援専門家による支援の継続の有無等について通知するものとされています（中小再生GL第三部4.(9)）。

廃業型私的整理手続については後に記載しますが、再生型私的整理手続と廃業型私的整理手続は、計画案の内容の他に手続的な相違はあまりなく、廃業型私的整理手続に移行する場合に手続を0から再スタートすることは非効率なため、実際には再生型私的整理手続において行った成果を極力利用する形で廃業型私的整理手続へと移行することが望ましいでしょう。

なお、次の3.で述べるとおり、廃業型私的整理手続についてはリース債権者も対象債権者として加えるものとされているところ、再生型私的整理手続においてはリース債権者を原則として対象債権者に加えないため、再生型から廃業型に移行する場合、新たにリース債権者を対象債権者に加えるとともに、速やかにリース債権者への一時停止の通知を送るといった対応の検討も必要となります。

対象債権者が強硬に反対しており、廃業型私的整理手続での賛成の見込みがないという場合は、破産手続や特別清算手続といった法的清算手続の利用を検討せざるを得ないでしょう[39]。

3. 廃業型私的整理手続

1 廃業型私的整理手続の一般的な流れ

　廃業型私的整理手続については、一切の事業を停止した上で廃業するという文字通りの「廃業」を目指す（以下「単純廃業型」という。）ことが原則的な形態となりますが、後述のとおり、廃業型私的整理手続において事業の譲渡等により事業の存続を図る（以下「事業譲渡模索型」という。）ことも否定されません。

　廃業型私的整理手続を選択した場合における単純廃業型及び事業譲渡模索型の各手続は、大要以下のような流れで進んでいくこととなります。

　手続に要する期間は、中小企業者の状況等によって異なりますが、外部専門家の選定から弁済計画の成立まで3〜6ヶ月程度というのが一つの目安になります。

　なお、廃業型私的整理手続においては、再生型私的整理手続に比べて、時間の経過とともに中小企業者の資産が流出し、対象債権者への弁済原資が少なくなっていくという関係にあることが多いため、極力速やかに手続を進めることが再生型私的整理手続以上に重要となります。

---

39 一部の対象債権者が反対している場合については、廃業型の特定調停スキームを利用するという方法もあります。詳しくは、日本弁護士連合会の「特定調停スキーム利用の手引」を参照してください。

【図表2-13】廃業型私的整理手続の流れ

〈単純廃業型の場合〉

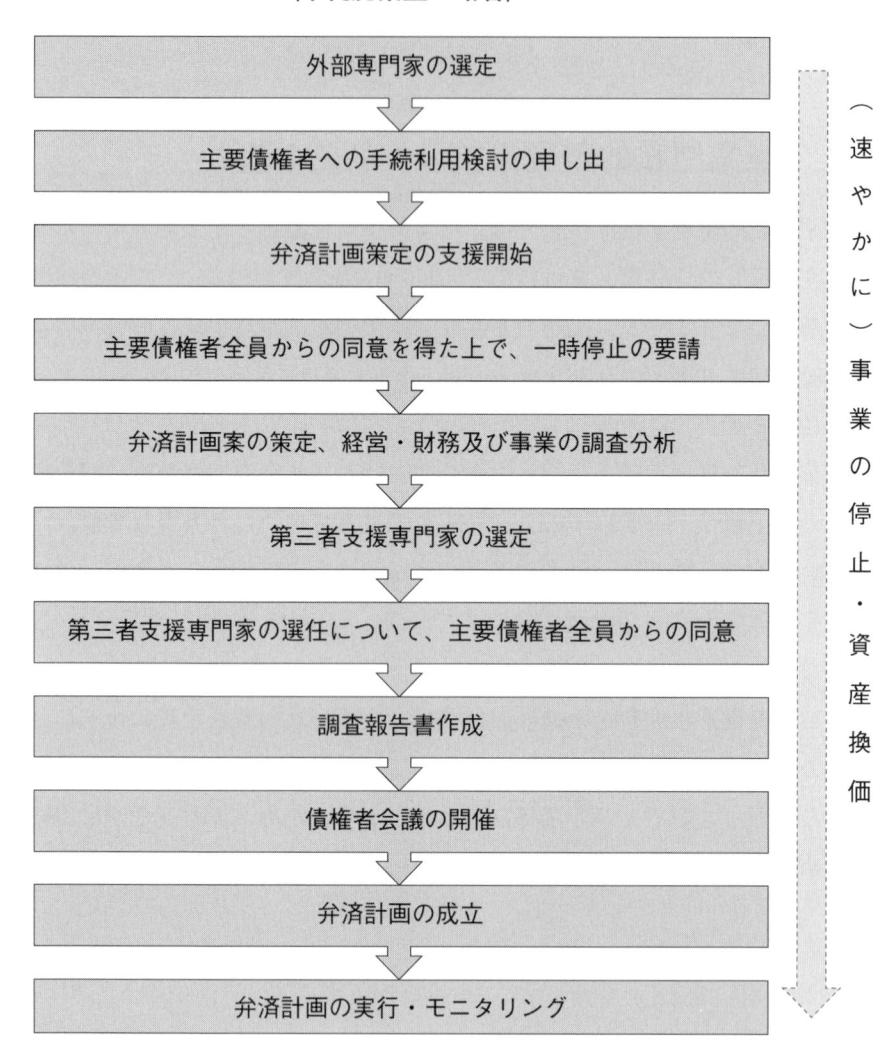

外部専門家の選定

主要債権者への手続利用検討の申し出

弁済計画策定の支援開始

主要債権者全員からの同意を得た上で、一時停止の要請

弁済計画案の策定、経営・財務及び事業の調査分析

第三者支援専門家の選定

第三者支援専門家の選任について、主要債権者全員からの同意

調査報告書作成

債権者会議の開催

弁済計画の成立

弁済計画の実行・モニタリング

（速やかに）事業の停止・資産換価

〈事業譲渡模索型の場合〉

外部専門家の選定

主要債権者への手続利用検討の申し出

弁済計画策定の支援開始

第三者支援専門家の選定

第三者支援専門家の選任について、主要債権者全員からの同意

一時停止の要請

弁済計画案の策定、経営・財務及び事業の調査分析

調査報告書作成

債権者会議の開催

弁済計画の成立

弁済計画（事業譲渡）の実行（モニタリング）

（速やかに）スポンサーの選定

以下、各手続のポイントについて解説していきます。

2 廃業型私的整理手続における事業譲渡について

　廃業型私的整理手続の各論に入る前に、廃業型私的整理手続における事業譲渡についての考え方を解説します。

　廃業型私的整理手続においては、その名のとおり「廃業」、すなわち事業を停止し、当該事業を永続的に終了するような単純廃業型が原則的な形となります。

　しかしながら、廃業型私的整理手続において、事業の終了に向けて残った資産等の換価を行うこととなりますが、当該資産換価の一環として、廃業を行う中小企業者の「事業」をスポンサー等の第三者に譲渡することも、中小再生GL上は否定されていないと考えられ、後述のとおり、中小再生GLにおいても、廃業型私的整理手続における事業譲渡を前提とする複数の規定が設けられています。

　そうすると、中小企業者がスポンサーへの事業譲渡を模索しようとする場合については、再生型私的整理手続でも廃業型私的整理手続でも、いずれの手続も選択できることとなり、両手続の違いは相対的なものに過ぎないともいえます。

　したがって、再生型・廃業型、いずれの手続を利用するかによって、進め方やできることが劇的に変わるわけではありません。

　もっとも、廃業型私的整理手続については、原則は「廃業」を前提とした手続であることから、両手続においていくつかの相違は生じ得ます。

　1つ目として、再生型私的整理手続における事業再生計画案については、原則として数値基準（5年以内の債務超過解消、3年以内の経常利益の黒字化、事業再生計画終了時年度における有利子負債の対キャッシュフロー比率が10倍以下）を満たす内容である必要がありますが、廃業型私的整理手続については、原則として廃業を目指す手続であるため、そのような数値基準は

存在しません。

2つ目として、中小企業者の代表者等が保証債務を負っている場合、対象債権者に債権カットを求める場合は保証債務の整理も必要となりますが、再生型と廃業型では、経営者保証ガイドラインにおけるインセンティブ資産（第3章2.の8（182頁）参照）として保証人の手元に残せる資産の上限の考え方に相違があり、経営者保証ガイドラインの利用を検討している場合には、この観点も考慮に入れて検討を行う必要があります。

上記の相違点を踏まえると、例えば中小企業者の事業に事業性が認められず、スポンサー選定手続を行ったとしてもスポンサーが現れる可能性が高いとはいえない（又は現れたとしてもスポンサー支援額が低くなることが予想される）ようなケースについては、スポンサー選定ができないまま単純廃業になってしまうことも視野に入れざるを得ないため、このような場合は廃業型私的整理手続において事業譲渡を模索することが適当なケースの1つであると考えられます。

なお、当然のことながら、「再生」型、「廃業」型という字義の違いからくる相違はあると考えられ、例えば、中小企業者が非常に魅力的な事業を持っており、スポンサー選定手続を行えば、複数のスポンサー候補者が現れることが高度に予想される場合において、上記の数値基準を回避するためだけの目的で、廃業型私的整理手続を利用することは中小再生GLの趣旨に反すると考えられます。

▌3　廃業型私的整理手続の対象となる中小企業者

廃業型私的整理手続の対象となる企業は、中小企業基本法2条1項で定められている中小企業者[40]のうち、以下のすべての要件を充足する中小企業者に対して適用されます（中小再生GL第三部3.（2））。

---

40 **本章1.の2**（28頁）参照

①過大な債務を負い、既に発生している債務（既存債務）を弁済することができないこと又は近い将来において既存債務を弁済することができないことが確実と見込まれること（中小企業者が法人の場合は債務超過である場合又は近い将来において債務超過となることが確実と見込まれる場合を含む）。

②円滑かつ計画的な廃業を行うことにより、中小企業者の従業員に転職の機会を確保できる可能性があり、経営者等においても経営者保証に関するガイドラインを活用する等して、創業や就業等の再スタートの可能性があるなど、早期廃業の合理性が認められること。

③中小企業者が対象債権者に対して中小企業者の経営状況や財産状況に関する経営情報等を適時適切かつ誠実に開示していること。

④中小企業者及び中小企業者の主たる債務を保証する保証人が反社会的勢力又はそれと関係のある者ではなく、そのおそれもないこと。

　再生型私的整理手続と同様、中小再生GLの対象となる「中小企業者」の概念は柔軟に解することが可能であり、中小企業基本法2条1項の要件に形式上該当しない場合でも、その事業規模や従業員数などの実態に照らし適切と考えられる場合には、廃業型私的整理手続の利用が可能と考えてよいでしょう。

▌4　廃業型私的整理手続の対象となる債権者（対象債権者）

　廃業型私的整理手続の対象となる対象債権者は、銀行、信用金庫、信用組合等の金融機関等が対象となることは再生型私的整理手続と同様ですが、廃業型私的整理手続の場合、これらの金融機関等に加えて、原則としてリース債権者も対象債権者に含まれるものとされています（中小再生GL第三部1.（1）、中小再生QA-Q 20）。

　再生型私的整理手続の解説でも記載したとおり（本章2.の3（37頁）参照）、リース債権は民事再生手続等の法的倒産手続においては別除権（担保権）付債権として扱われることが多く、リース料の不払いなどをした場合、リース物件の引き揚げ等が行われ、事業の継続に支障を来す可能性が

あるため、再生型の私的整理手続では、通常、リース債権を対象債権に含めないことが一般的です。

　しかしながら、廃業型私的整理手続においては、事業の廃業を行うため、リース物件についてはすべて不要となることが一般的です。したがって、廃業型私的整理手続においては、リース債権者[41]も対象債権者に含めることが原則となります（中小再生QA-Q 20）。

　ただし、**本章3.**の**2**（110頁）にも記載したとおり、廃業型私的整理手続において事業譲渡を模索することも可能であり、事業譲渡を実施する場合には、当該譲渡対象事業で用いるリース物件については、処分せずに継続使用することも考えられるため、そのような場合のリース物件に係るリース債権者については、対象債権者に加えずに、リース料の支払いを継続することも可能と考えられます。

　リース債権者の他に、取引債権者を対象債権者に加えるかについても問題となり得ますが、**本章2.**の**3**（37頁）に記載したとおり、原則は対象債権者に加えないことが基本となりますが、多額の取引債務を滞納しており、当該債務を完済することが困難という場合については、当該取引債権者を対象債権者に加えることも許容されると考えられるのは、再生型私的整理手続の場合と同様です。

5　外部専門家

　廃業型私的整理手続においては、中小再生GLの建付上、弁護士や公認会計士等の外部専門家の選任が必須の要件になっていると考えられま

41　民事再生手続等の法的倒産手続においては、リースの種類がファイナンスリースであるか、オペレーティングリース等のその他のリースかによって処理の方法に差異が生じ得ますが、廃業型私的整理手続においては、リース対象物件を処分し清算するという意味では、リースの種類の別を問わないため、原則として、ファイナンスリース・オペレーティングリースの別を問わず、いずれの種類のリース債権者であっても対象債権者に含めるものと考えられています（中小再生QA-Q 20）。

す[42]。

　廃業型私的整理手続においては、一定の債務減免等の金融支援が伴うことが通常であると考えられ（債務減免を行う必要がない廃業については、中小再生GLを使う実益があまりなく、この場合は通常清算手続を行うことで足りるのが一般的でしょう）、債務減免等の金融支援が伴う場合は、高度な法律・会計・税務等の知識が必要となることから、外部専門家の選任が必須と考えられたものと思われます。

　また、後述のとおり、廃業型私的整理手続においては、手続当初から第三者支援専門家の選任が必須ではなく、手続当初から第三者支援専門家を選任しない場合には、第三者支援専門家が存在しない形で中小企業者が弁済計画案の策定等を行わなければならないため、このような事情も踏まえて外部専門家の選任が必要とされたものと考えられます。

　外部専門家については、弁護士、公認会計士、税理士、中小企業診断士等の専門家から選任すること、債権放棄等を金融機関と交渉する際には、当該交渉が非弁行為（弁護士法72条）に該当する可能性があるため、弁護士を外部専門家として選任することが望ましいこと等については、再生型私的整理手続の場合と同様です（**本章2.の4**（40頁）参照）。

6 第三者支援専門家

　廃業型私的整理手続における第三者支援専門家について、弁済計画案を成立させるためには第三者支援専門家の選任が必須であり、第三者支援専門家は原則として第三者支援専門家候補者リストに掲載されている者から

42　再生型私的整理手続においては、「必要に応じて専門家と相談しつつ」（中小再生GL第三部4．（1）①）とされている一方で、廃業型私的整理手続においては、「中小企業者は、外部専門家とともに、主要債権者に対して、廃業型私的整理手続を検討している旨を申し出ることができる。」（中小再生GL第三部5．（1）①）とされており、外部専門家の存在が前提とされています。

選定すべきであること、選定に際しては主要債権者の同意が必要であること、選定の人数は1名から3名であること等、基本的には再生型の私的整理手続で述べたことと変わりません。詳しくは、再生型私的整理手続における第三者支援専門家の項目（**本章2.の5**（42頁））を参照してください。

　再生型私的整理手続と大きく異なる点として、再生型私的整理手続は手続当初から第三者支援専門家の選任が必須であることに対して、廃業型私的整理手続は、手続当初から第三者支援専門家を選任することが必須とはされておらず、弁済計画案の調査の段階において選任すれば足りるものとされています。これは、事業再生には様々な手法があり、再生シナリオも多種多様であることから、再生型私的整理手続では、事業再生に豊富な知見と経験を有する第三者支援専門家が当初から関与することとしている一方で、廃業型私的整理手続は、当初から中小企業者の廃業・清算が想定され、再生型私的整理手続と比較し、一定程度の定型的な関与が想定されることから、弁済計画案の調査の段階から関与すれば足りると考えられていることによります（中小再生 QA-Q 37）。

　ただし、中小企業者が、廃業型私的整理においてスポンサーに対する事業譲渡等を前提とする手続利用を予定している場合には、外部専門家による弁済計画策定等の支援開始後、弁済計画案の作成前に、第三者支援専門家を選定し、支援を申し出ることが必須とされている点には留意が必要です（中小再生 GL 第三部5.（2）③）。廃業型私的整理手続においても事業譲渡を模索できることは前述のとおりですが、廃業型私的整理手続における事業譲渡等を中小企業者及び外部専門家の判断のみで実施できるわけではなく、第三者支援専門家が主要債権者の意向も踏まえ、廃業型私的整理手続を適用することが相当であると判断した場合に限り、廃業型私的整理手続内でのスポンサーへの事業譲渡等の実施が可能となります（中小再生 QA-Q 81）。

　また、事業譲渡等を予定していない廃業型私的整理手続においても、中小企業者が検討の初期段階から第三者支援専門家を選任し、その支援を受

けることを否定するものではないとされています（中小再生QA-Q 37）。廃業型私的整理手続の選択、手続開始に際して第三者支援専門家も含めた形での金融機関への説明・説得の必要がある場合等については、廃業型私的整理手続においても必要に応じて第三者支援専門家を初期段階から選任し、関与させることも可能です。

なお、債務減免等を要請する内容を含む弁済計画案の場合は、第三者支援専門家には弁護士が必ず含まれるものとするとされています（中小再生GL第三部5.（4）③）。前述のとおり、廃業型私的整理手続を利用するような場合は、通常、債務減免等を伴うことが多くなると考えられます。そのため、廃業型私的整理手続における第三者支援専門家については、原則として弁護士を選任すべきと考えられます。

┃ 7 　一時停止

（1）一時停止の通知の要否等

再生型私的整理手続の場合と同様に、廃業型私的整理手続においても、一時停止の通知は必須とはされていません。

もっとも、前述のとおり、廃業型私的整理手続を利用する場合には、一定の債務減免等の金融支援を伴うことが通常であり、債務減免等の要請を行う場合に、ある対象債権者には支払いを継続し、ある対象債権者には支払いを停止するといった対応をすることは債権者間の不平等取扱いとなり、私的整理手続の遂行を困難にする可能性が高いことから、廃業型私的整理手続においては、全対象債権者に対して一律に一時停止の通知を行う必要性が高いと考えられるでしょう。

（2）主要債権者の同意の必要性

廃業型私的整理手続において一時停止の通知を行おうとする場合、主要債権者の同意が必要とされていない再生型私的整理手続の場合と異な

り、原則として通知に先立ち主要債権者全員から一時停止の要請を行うことについての同意が必要となります。

したがって、中小企業者及び外部専門家は、廃業型私的整理手続を利用しようとする場合、主要債権者に対して廃業型私的整理手続の利用を検討していることや、廃業型私的整理手続を利用することの意義及び一時停止の必要性等を説明の上、主要債権者から同手続を利用することと一時停止の必要性についての理解を得る必要があります。

ただし、**本章3.**の**6**（114頁）に記載のとおり、廃業型私的整理手続においても手続開始当初から第三者支援専門家を選任することは否定されず、一時停止の通知時点ですでに第三者支援専門家が選任されている場合には、当該第三者支援専門家が主要債権者の意向を踏まえて判断すれば足りるものとされており、この場合、一時停止の要請を行うことに対する主要債権者全員の同意は必要とされません（一時停止の要請を行うことについての主要債権者の同意が不要というだけであり、一時停止に応じるか否かは各対象債権者の判断となります）。

(3) 一時停止の通知の相手方

一時停止を通知する相手方は、すべての対象債権者となります。廃業型私的整理手続における対象債権者は原則として銀行等の金融機関及びリース会社となりますが、中小再生GLの手続を行う上で必要なときは、その他の債権者を含むことができるものとされており、必要に応じて取引先等の債権者も対象債権者に加えることができるのは再生型私的整理手続の場合と同じです。

一時停止の通知先は対象債権者の範囲をどう考えるかという話と重なるため、詳細は**本章3.**の**4**の「廃業型私的整理手続の対象となる債権者（対象債権者）」（112頁）の項目を参照してください。

(4) 一時停止を行うタイミング

廃業型私的整理手続における一時停止の通知は、外部専門家が、主要債権者の意向を踏まえて、弁済計画策定の支援等を開始した時点以降に行うものとされています。

廃業型私的整理手続の支援等を開始する以前に行われた元金返済猶予等の通知を、廃業型私的整理手続における一時停止の通知として扱うことが一切否定されるわけではないと考えられるものの、上記のとおり、第三者支援専門家が選任されていない場合において、一時停止を行うためには、主要債権者全員の同意が必要となることから、廃業型私的整理手続に着手する前に元金返済猶予等の通知を行っていた場合においても、廃業型私的整理手続に着手する場合には、主要債権者全員の同意を得た上で、廃業型私的整理手続であることを前提とした一時停止の通知を改めて行うか、少なくとも主要債権者による廃業型私的整理手続への移行の同意は必要と考えられます[43]。

仮に一時停止の通知時点で第三者支援専門家が選任されていた場合であっても、第三者支援専門家による主要債権者への意向確認は必要と考えられます。

(5) 一時停止の要件等

対象債権者は、以下のすべての要件を充足する場合には、一時停止の要請に誠実に対応するものとされていることから、中小企業者としては、以下の要件を充足する一時停止を行うように準備すべきです（中小再生GL第三部5.(1)③）。

---

[43] 廃業型私的整理手続においては、開始前に元本返済の一時猶予などを要請することを妨げない旨定めた中小再生QA-Q45のような規定はありません。

> イ　一時停止要請が書面によるものであり（ただし、すべての対象債権者の同意がある場合はこの限りではない）、かつ、すべての対象債権者に対して同時に行われていること。
>
> ロ　中小企業者が、手続開始前から債務の弁済や経営状況・財務情報の開示等に誠実に対応し、対象債権者との間で良好な取引関係が構築されていること。

　中小事業者が、中小再生 GL の手続開始前に粉飾等を行っていた場合に、上記ロの「手続開始前から債務の弁済や経営状況・財務情報の開示等に誠実に対応し、対象債権者との間で良好な取引関係が構築されていること」が直ちに満たされなくなるわけではないという点は、再生型私的整理手続の項目で解説したところと同じです（**本章2.の6 (4)**（53頁））。不正確な開示の金額及びその態様並びに不正確な情報開示等に至った動機の悪質性といった点を総合的に勘案して、上記ロの要件該当性を判断するのが相当と考えられます[44]。

(6) 一時停止の内容等

　廃業型私的整理手続の一時停止の要請の書面には、外部専門家の氏名や、主要債権者全員の同意を得て要請を行っている旨等を記載することが望ましいとされていますが（中小再生 QA-Q 84）、その他に中小再生 GL において、一時停止の内容について特段の定めはありません。基本的には、再生型私的整理手続と同じように、以下の行為を差し控えるような要請を行うべきでしょう（中小再生 QA-Q 46）。

①要請時における「与信残高」（手形貸付・証書貸付・当座貸越等の残高）を減らすこと。
②弁済の請求・受領、相殺権を行使するなどの債務消滅に関する行為をなすこと。
③追加の物的人的担保の供与を求め、担保権を実行し、強制執行や仮差押え・仮処分や法的倒産処理手続の申立てをすること。

44　中小再生 QA-Q 27 が引用する中小再生 QA-Q 6 を参照してください。

元金の支払停止のみに留めるべきか、利息の支払停止まで求めるかについては、再生型私的整理手続においても記載（**本章2.の6（5）**（55頁））したところと同様に、中小企業者の資金繰りの状況等を踏まえて判断すべきでしょう。

　なお、廃業型私的整理手続は、その手続の名称どおり、原則として会社の再建を目的とする手続ではないことから、ここでいう資金繰りとは、これまでと同じ業務をこれまでとまったく同じ態様で続けていくことを前提とする資金繰りではなく、金融債務等の対象債権者への支払いは停止し、取引の縮小・停止等を行いつつ、既存の対象債権者以外の取引債務等はすべて支払うということを前提とした資金繰りを検討することとなります。

　仮に、金融機関への元金返済（及び利息支払い）を止めてもなお資金繰りが回らず、取引先への支払いが完済できない場合については、取引債権者も対象債権者に加えることを検討するか、取引先をも巻き込んだ形の法的清算手続である破産手続の申立てを検討せざるを得ません。

　廃業型私的整理手続においても、中小再生QAの末尾に一時停止のひな形が添付されているため（次頁を参照）、こちらを参考に一時停止の文書を作成するとよいでしょう。

（参考 2-3：廃業型私的整理手続）

年　　月　　日

対象債権者各位

一時停止のお願い

（債務者）

［住所］

［会社名］

代表取締役　○○　○○　　印

　拝啓　時下益々ご清祥のこととお喜び申し上げます。

　さて、当社は、中小企業の事業再生等に関するガイドライン（以下「ガイドライン」といいます。）第三部に規定される中小企業版私的整理手続に基づき、ガイドラインに定める主要債権者の意向を踏まえて、下記1の外部専門家の支援のもと、弁済計画案の策定を開始することとなりました。

　ガイドラインに基づき、一時停止の要請を行うことにつき主要債権者全員の同意を得ましたので、対象債権者におかれましては、弁済計画案の策定にご協力賜りたく、下記2の一時停止期間において元金の返済を猶予いただくとともに、下記3の行為を差し控えていただくようお願い申し上げます。

敬具

記

1　外部専門家

　　［住所］

　　［氏名］

　　［連絡先］

2　一時停止期間

　　○年○月○日から○年○月○日迄

3　差し控えをお願いする行為

　　① ○年○月○日における与信残高（手形貸付・証書貸付・当座貸越などの残高）を減らすこと

　　② 弁済の請求・受領、相殺権を行使するなどの債務消滅に関する行為をなすこと

　　③ 追加の物的人的担保の供与を求め、担保権を実行し、強制執行や仮差押・仮処分や法的倒産処理手続の申立てをすること

以　上

（出典）中小企業の事業再生等に関する研究会「『中小企業の事業再生等に関するガイドライン』Q&A」（参考2-3）

(7) 一時停止を要請する期間（終期）について

　一時停止を対象債権者に要請する場合、要請する期間（終期）も明示する必要があり、再生型私的整理手続の場合と同様に、「原則として3〜6か月程度としていますが、主要債権者と協議する等し、ケースバイケースで判断すること」とされています（中小再生QA-Q 84）。廃業型私的整理手続が3〜6か月で終わらないなど必要がある場合に、外部専門家の確認を経た上で、すべての対象債権者に対し、同時に書面により延長の必要性についての合理的な理由等の記載とともに一時停止の終期の延長を要請することも可能とされています。

　なお、廃業型の場合は、再生型の場合と異なり、将来収益からの弁済が期待できないので、一時停止の要請期間が長期化することで対象債権者の利益を害することになりかねないため留意が必要とされています（中小再生QA-Q 84）。再生型の場合は、対象債権者に手続を待ってもらうことによって、将来収益からの弁済等によって対象債権者への弁済額が増大するということも期待できますが、廃業型の場合は、時間が経てば経つほど、中小企業者の現預金等が減少していき、対象債権者への弁済額が減少していくことが多いという傾向にあるため、漫然と一時停止の期間を長期化することは避けるべきです。

(8) 一時停止が倒産法上の支払停止又は銀行取引約定書における期限の利益喪失事由に該当するか

　再生型私的整理手続と同様に（本章2.の6 (7)（61頁））、廃業型私的整理手続においても一時停止が「支払停止」に該当するか、という点は検討が必要です。

　この点、中小再生QA-Q 85においては、廃業型私的整理手続における「一時停止の要請」は、以下の理由から、原則的には支払停止にも銀行取引約定書における期限の利益喪失事由にも該当しないと考えられるとされています。

> ・廃業型私的整理手続の開始は、主要債権者の意向も踏まえて外部専門家が行う（5.（1）②）ものであり、開始後の手続が安定的に進められる蓋然性が相当程度認められること。

> ・廃業型私的整理手続における一時停止の要請は、再生型私的整理手続における一時停止の要請と異なり、主要債権者全員の事前の同意を得て行われるものであり、廃業型私的整理の手続期間中において、主要債権者全員との間で債務の弁済猶予に関する合意があると考えられること。また、一時停止の要請は、一時停止の要件（**本章3.の7（5）**（118頁））をいずれも充足することを前提として行われるものであり、主要債権者以外の対象債権者についても、これに誠実に対応するものとされていること。

> ・以上の事情を踏まえれば、過剰債務の状態にある中小企業者が外部に対して事業を停止する旨の言明を行うことは、一般的には支払停止に該当すると考えられるものの、ガイドラインにしたがって一時停止の要請を行う場合には、対象債権者との間では、少なくとも廃業型私的整理の手続期間中は債務の弁済猶予に関する基本的な合意があると認められること。

　中小企業者が金融機関から一時停止の要請が支払停止に該当するのではないかという質問や主張を受けた際には、上記の理由付けも用いながら、一時停止は支払停止に該当しないという反論を行うべきでしょう。中小再生QA-Q 85においても、主要債権者及びその他の債権者は、中小企業者が一時停止の要請を行ったことだけを理由に、安易に取引口座等の停止をしないように留意する必要があるとされています。

　なお、一時停止は原則として支払停止に該当しないと考えられるものの、一時停止が必ず支払停止に該当しないというわけではありません。中小再生QA-Q 85においても、「弁済計画案の策定状況について対象債権者からの求めがあるにもかかわらず、債務者から適切な経過報告がなされない場合や財産状況の開示に不適切な状況が認められる場合など、弁済計画成立の見込みが凡そ乏しいと言わざるを得ない場合には、債務の弁済猶予に関して形成された合意が維持できないと判断され、支払停止に該当するケースもあり得ることに留意が必要」とされています。

　中小企業者としては、主要債権者の同意の下で一時停止の要請がなされ、元金の返済等が停止した場合であっても、対象債権者にはその後の経

過報告や財産状況の開示等を適切に行い、透明性のある手続遂行に努め、対象債権者の理解を得ながら手続遂行にあたるべきでしょう。

(9) 預金避難[45]の要否について

再生型私的整理手続の場合と同様に、廃業型私的整理手続においても、手続の開始を金融機関と相談する前に、当該金融機関に開設された預金を他の借入のない口座に資金移動するべきか、という点が問題となります。

基本的には、再生型の私的整理手続において解説したことが廃業型私的整理手続においても妥当するため、詳細はそちらを参照してください（本章2.の6 (8)（63頁））。一つ付け加えるとすると、廃業型私的整理手続については、金融機関からすると再生型私的整理手続に比べて相対的に馴染みが薄い手続である可能性があり、金融機関によっては、廃業型私的整理手続を破産と同視するような金融機関がないとも限りません。

中小企業者及び外部専門家としては、廃業型私的整理手続が破産ではないことや、廃業する場合であっても破産ではなく私的整理手続において廃業を行うことの意義等を粘り強く金融機関に説明すべきですが、そうはいっても一旦預金を拘束されてしまうと預金を解放してもらうことは容易ではなく、その後の手続遂行が極めて困難とならざるを得ません。

廃業型私的整理手続であることのみをもって、必ず預金避難すべきとまではいえませんが、再生型私的整理手続の場合よりも、預金避難を検討すべき必要性が相対的に高いという点は念頭に置いた上で、これまでの対象債権者との関係性等も踏まえ預金避難の要否を検討すべきでしょう。

---

45 本項目において述べる預金は、担保権の設定されていない流動性預金（普通預金・当座預金）を想定しており、質権等の担保権が設定された預金や定期預金について別途の検討が必要な点は、**本章2.の6 (8)** の脚注22（63頁）を参照してください。

8　事業の停止・資産換価（事業譲渡等を含む）等

(1) 事業譲渡等について

　廃業型私的整理手続においては、廃業、すなわち残る資産の換価や事業の終了を進める必要があります。他方で、**本章3.の2**（110頁）でも記載したとおり、廃業型私的整理手続においても、スポンサー等の第三者に対して事業譲渡等を行うことは否定されていません。

　事業をスポンサーに譲渡する場合については、当該事業を終了できないのはもちろん、当該事業に利用する機材や在庫等の資産を売却したりすることも基本的にはできないこととなります。

　したがって、「廃業」を進めるためには、事業譲渡を模索するか単純に廃業を目指すかによって進め方が大きく変わってくることとなります[46]。

　スポンサー等への事業の譲渡を模索する場合には、スポンサーが見つかるまでの間、当該事業は極力従前のまま維持した状態で、スポンサーを探索することとなります。この場合のスポンサー探索の方法等については、基本的に再生型私的整理手続の場合と異なりませんので（ただし、廃業型私的整理手続を利用するような中小企業者は、再生型私的整理手続の場合と比べて、資金繰り等の観点から、より時間的に切迫した状況にある可能性も高いことから、FA（フィナンシャル・アドバイザー）を起用しないことや、入札手続を実施せずに、単一のスポンサー候補者からスポンサーを選定することに合理性が認められる可能性が相対的に高いということはいえるでしょう）、詳細は**本章2.の8(3)**（68頁）を参照してください。

　なお、後述のとおり、資産の換価については、その方針等を弁済計画案

46　中小企業者が複数の事業を営んでいる場合、ある事業はスポンサーへ譲渡し、残る事業は廃業するという形もあり得ます。その場合、スポンサーへ譲渡する事業は事業譲渡型の手法となりますが、スポンサーへ譲渡しない事業については単純廃業型となり、それぞれの事業において**本章3.の8(2)**（127頁）以下の記述に沿った処理を進めていくこととなります。

に定める必要がありますが、弁済計画案の策定及び同計画案への対象債権者の同意前でも資産の換価等は許容されると考えられ（本章3.の8（4）（129頁）参照）、資産の換価の一種とも考えられるスポンサーへの事業の譲渡等についても、弁済計画案への対象債権者の同意前に実施できるのかが問題となり得ます。

廃業を模索するような会社においては、通常、資金繰りに窮していることが一般的であり、時間をかけることにより資金がショートし、事業の譲渡等を断念し、破産を選択せざるを得なくなるような事態も生じるかと思います。そのような場合において、弁済計画案の策定等を待つことによって、事業価値が毀損して、対象債権者への弁済額が減少することは、対象債権者にとっても必ずしも好ましいことではありません。

したがって、弁済計画案の策定等の完成を待つ時間的余裕がなく、早期に事業を譲渡することが対象債権者への弁済の極大化に資するといった例外的な場合には、弁済計画案の策定前であっても事業の譲渡等を行うという選択肢が必ず否定されるわけではないと考えられます。

もっとも、スポンサーへの事業の譲渡等の対価は対象債権者への弁済額に直結することとなりますし、対象債権者の意向を無視して強行した事業の譲渡等は、濫用的な会社分割であるとして（濫用的会社分割については第4章6.の8（257頁）を参照）、当該譲渡の効力が後に否定されたり、債権者から損害賠償等の請求を受けたりする可能性もあります。

中小企業者及び外部専門家としては、弁済計画案に事業の譲渡等を記載の上、対象債権者の同意を得た上で事業の譲渡等を行うことが原則的な手続であることを肝に銘じつつ、上記のような弁済計画案策定前の事業の譲渡等が必要不可欠であるという例外的な場合に限って、弁済計画案策定前の事業の譲渡等について検討すべきであり、その場合でも、対象債権者に対して早期の事業の譲渡等が必要不可欠な事情等を丁寧に説明の上、対象債権者の理解を得た上で行うよう厳に留意すべきです。

(2) 事業の停止について

　中小企業者の事業の全部または一部を廃業する場合、弁済計画案の策定とともに、事業の廃業を円滑に進めることが極めて重要となります。

　廃業型私的整理手続の選択を行う中小企業者は、通常、事業継続に伴う赤字が続いていることが多いと考えられ、事業を継続すればするほど、資金が流出し、金融機関等に対する弁済原資が減少していくことになることから、中小企業者は（事業譲渡を模索しない場合には）、廃業型私的整理手続の開始後、速やかに事業を停止することが望ましいといえるでしょう。

　もっとも、取引先との関係で直ちに受注や納品を止められない場合や、事業を停止することによって逆に損害賠償請求等を受ける場合も考えられることから、事業の停止のタイミングや停止の方法等については、中小企業者の事業の内容や取引先との契約内容等を踏まえ、ケースバイケースで判断すべきです。取引先と協議を行いながら、新規受注は停止するものの、受注残については最後まで対応して、数ヶ月かけて徐々に事業を停止していくという方法も否定されるものではありません。

　ただし、後述のとおり、弁済計画案を策定する際には、「破産手続で保障されるべき清算価値よりも多くの回収を得られる見込みがある」という、いわゆる清算価値保障原則を満たす必要があります（本章3.の10 **(8)**（141頁）参照）。したがって、事業の停止に時間をかけることによって、その間資金流出が続き、結果的に速やかに破産申立てを行ったほうが対象債権者に対する弁済率が高かったというような場合は、廃業型私的整理手続における弁済計画を作成することができなくなってしまうため、事業停止に一定の時間をかける場合においても、清算価値保障原則を満たす弁済計画案を作成できるか、という点は常に意識して事業の停止の準備をすべきでしょう。

　中小企業者は、弁済計画案を「相当の期間内に」作成する必要がありますが、この相当の期間は中小企業者の事業内容、弁済計画案作成の難易度、債務減免等の内容などによってケースバイケースとなり、一般的には

3〜6ヶ月が想定されています（中小再生QA-Q 86）。したがって、中小企業者としては、廃業型私的整理手続開始後、3〜6ヶ月の期間を一つの目安として事業停止を進めていくのがよいでしょう。

(3) 従業員の処遇について

　事業を廃業する上では、従業員についても最終的には全員に退職してもらう必要があります。

　退職のタイミングについては、事業停止のタイミングを踏まえた判断となります。例えば、事業を速やかに停止し、その後、一切の事業を行わない場合については、全従業員に速やかに退職してもらう必要がありますし（ただし、後述のとおり、売掛金の回収や資産の換価等を行う必要があるため、当該業務に必要な従業員は残ってもらう必要があります）、事業を徐々に縮小していく場合については、縮小のタイミングに合わせて従業員を減らしていく必要があります。

　廃業手続期間中に生じる従業員の給料や、中小企業者の就業規則等に退職金の定めがある場合の従業員退職に伴う退職金について、廃業型私的整理手続ではいずれも満額を支払う必要があるため、廃業型私的整理手続の遂行に際して、これらの従業員の退職等に伴う支出についても計算に入れて手続を進めることが肝要です。

　なお、いずれの場合についても、従業員を解雇により退職させようとする場合、少なくとも30日前の解雇予告が必要であり、仮に30日に満たない予告を行った場合、その不足日数分の平均賃金を解雇予告手当として支払う必要があります。例えば、解雇日の10日前に予告した場合は、20日×1日分の平均賃金の支払いが、即日解雇とした場合は30日×1日分の平均賃金の支払いが必要となります。そのため、解雇を行おうとする場合は、解雇予告のタイミング等についても留意が必要です。

(4) 資産の換価について

　廃業を行うに際しては、事業を停止することに加えて、中小企業者が有している資産等もすべて換価して、現金に換える必要があります。

　この換価代金については、廃業手続中の従業員の給料等の経費や、商取引先への支払債務の返済に充てられるほか、金融機関等の対象債権者への弁済原資になり、換価の巧拙によって対象債権者への弁済額が増減するという関係にあることから、換価については中小企業者が自由に行えるというわけではありません。

　例えば、売掛金など、額面額があるものについては、基本的には額面額どおりの回収を行うべきであり、中小企業者が回収を怠ったり、恣意的に減額や債権放棄をすることは適切ではありません。

　不動産や機械設備等の資産については、相見積もりを取る等して、客観的な評価額が分かるような形にして、当該金額以上の売却ができるように努めるべきでしょう。

　中小企業者が有する在庫等については、一般的には中小企業者がこれまで行ってきた事業の商流の中で売却していくほうが高価に売れるため、そのような売却を模索すべきです。

　ただし、いずれの資産換価についても、高額で売却することを模索することは当然ですが、売却に時間をかけている間に、中小企業者の資金が流出して、却って赤字になってしまえば本末転倒です。例えば、在庫を通常の商流の中で売却しようとする結果、その間の従業員の人件費や倉庫等の使用料の支払いがかさみ、売却代金より経費が多くなるということは経済合理性を有さず、対象債権者を害することとなります。そのような場合は、通常の金額より売却代金が安くなるとしても、在庫等を一括で動産買取業者等に売却することも検討すべきです。

　いずれの換価方法をとるにしても、中小企業者としては、対象債権者から後で「もっと高額で売却できたのではないか?」との指摘を受けることのないように（受けたとしても十分な説明が可能となるように）、合理的な資

産換価に努めるべきでしょう。

　なお、後述のとおり、弁済計画案においては「資産の換価及び処分の方針」を記載するものとされており、弁済計画案に資産換価の方針等を定めて、対象債権者の同意を得なければ資産換価等を行ってはならないようにも読めます。

　もっとも、弁済計画案の作成には通常数ヶ月の時間を要することが一般的であり、また、当該弁済計画案に対象債権者全員からの同意をもらうのは、さらに時間がかかります。その間、一切の資産換価等ができないというのは不合理ですし、その間に資産換価を行わないことによって、資産価値を毀損し、かえって対象債権者を害することにもなりかねません。

　したがって、中小企業者としては、後日、対象債権者に対しても説明が付く方法という前提で、弁済計画案の作成前であっても、資産換価等を行うことは否定されないと考えられます。

　特に、生鮮食品等の時間の経過とともに価値が毀損するような在庫等がある場合については、速やかに換価すべきですし、そのような在庫でなくても、通常、中小企業者の商流が維持できているうちに売却を進めるほうが高価で売れるため、このような売却については、弁済計画案作成前であっても売却活動として適切と考えられるでしょう。

　他方で、不動産等の売却については、一定程度の時間を要することも考えられることから、売却活動自体は早期に着手すべきですが、弁済計画案の作成までに売却ができなかった場合については、弁済計画案に換価の方針を定めて、対象債権者の同意を得てから売却を行うということも選択肢の一つになってくるでしょう。不動産のように、時間の経過とともに価値が毀損する財産ではなく、中小企業者の弁済原資の大半が当該不動産の換価代金を占めているようなケースでは、当該資産の売却については、弁済計画案に示すか、少なくとも売却前に事前に個別で対象債権者に説明の上、理解を得る等の方法で対象債権者の意向を踏まえた売却を行うように努めるべきです。

(5) 商取引債務等の弁済について

　廃業型私的整理手続において、金融機関やリース会社等の対象債権者以外の債権者は、全額の弁済を行うことが前提とされており、その部分に破産とは異なる廃業型私的整理手続の独自の意義があります。破産手続の場合、金融機関等と一緒に取引債権者等も手続に巻き込まれ、一部弁済（又はゼロ弁済）しか受けることができません。

　廃業型私的整理手続を行う中小企業者は、資産換価等を行いつつ、対象債権者以外の商取引債権者等に対しては全額の弁済を行うことができるよう留意しながら手続を進める必要があります。

　仮に対象債権者以外の債権者に対する債権が弁済できない場合、当該債権者を廃業型私的整理手続の対象債権者とすることも考えられるのは前述のとおりです。対象債権者以外の債権者への弁済ができず、当該債権者の協力も得られない場合は、破産手続への移行を検討せざるを得ません。

　なお、破産手続に移行した場合、破産手続においては「否認権」という制度がある点に注意が必要です。破産手続においては、税金等の公租公課や従業員の給料等、法律上優先される債権を除き、基本的にすべての債権は平等・同順位で取り扱われることとなります。そうであるにもかかわらず、破産の直前に抜け駆け的に債権回収を行った債権者がいた場合、他の債権者との関係で不平等になってしまうため、当該債権回収行為は破産手続の中で「否認」される（＝当該弁済行為が取り消され、弁済を受領した債権者は弁済受領額の返還を求められる）こととなります。

　仮に、中小企業者が当初は廃業型私的整理手続を進めていたものの、取引債権等の対象債権以外の債権が支払えない等の理由により、破産手続に移行した場合、廃業型私的整理手続内において支払っていた弁済が、破産手続内で否認されるというリスクがあります。

　否認が認められるためには、弁済を受領した債権者が、弁済を行った中小企業者が支払不能又は支払停止[47]であることを知っていたこと等の要件が必要とされるため（破産法162条）、廃業型私的整理手続内での債権者へ

の弁済が必ず否認されるというわけではありませんが、破産手続に移行する場合は、否認の問題が生じる可能性は否定できないため、廃業型私的整理手続を行おうとする中小企業者（及び外部専門家）は、対象債権者以外の債権者に対して全額の弁済を行えるのかは慎重に検討する必要があります。仮に対象債権者以外の債権者に対する支払いを行えない等の理由により廃業型私的整理手続を完遂できる目処が立たない場合は、速やかに破産手続への移行を検討すべきであり、やみくもに廃業型私的整理手続に拘ることは避けるべきです。

■ 9 経営・財務及び事業の状況に関する調査分析(デューデリジェンス)

　廃業型私的整理手続においても、「経営・財務及び事業の状況に関する調査」を行うことが求められているため、再生型私的整理手続の場合と同様に、弁済計画案の作成に際しては、まず、財務等DDの実施が必要になります。

　廃業型私的整理手続における財務等DDの実施主体について中小再生GLには特段の定めはありませんが、基本的に再生型私的整理手続と同様に考えてよいと思われ、公認会計士、税理士、中小企業診断士、弁護士、不動産鑑定士、その他の専門家等の外部専門家が実施することになります（中小再生QA-Q 38）。再生型私的整理手続のところでも記載したとおり（本章2.の7（65頁）参照）、中小企業者の財務的な状況等も踏まえ、外部専門家である弁護士が実施することが必ずしも否定されるわけではないと考えられますが、特段の事情のない限り、公認会計士や税理士等の会計・税務の専門家が実施主体となることが望ましいと考えられます。

　なお、財務等DDにおいては、実態貸借対照表の作成が必要となりますが、廃業型私的整理手続においては、弁済計画案の作成や財務等DD

---

47 支払停止と支払不能については、**本章2.の6（7）**（61頁）を参照してください。

に時間を要している間に資金流出が続くことも想定されるため、迅速な弁済計画案等の作成が望ましいことに加えて、すでに廃業を決断した企業の弁済計画案としては清算価値を保障するような経済合理性の確認ができれば足りると考えられることから、事業の継続を想定した実態貸借対照表を作成することは必ずしも必要ではないと考えられます。その場合、例えば、基準時の清算価値を適正に算定できるように、決算期末の資産内容等の数値について実態に即した修正を施した、いわゆる修正簿価の算定程度のものを実態貸借対照表とすること等が考えられます（中小再生QA-Q 88-2）。

　財務等DDの内容や作成主体については、対象債権者の意向にも左右されるため、財務等DDの実施に際しては、作成の程度感や作成主体について、対象債権者の意向と齟齬がないか、事前に対象債権者と意見交換の上、目線合わせをしておくことも重要となるでしょう。

　財務等DDの具体的な内容や作成方法については、**第5章2.の2**（277頁）及び**3**（307頁）を参照してください。

10　弁済計画案

　弁済計画案は、中小企業者の資産の換価及び処分の方針や、金融債務以外の債務の弁済計画等を対象債権者に示すとともに、対象債権者に対して要請する金融支援を記載するものであるため、廃業型私的整理手続の中心をなす手続（書面）となります。

(1) 弁済計画案の作成主体について

　中小企業者は、自ら又は外部専門家から支援を受ける等して、弁済計画案を作成しなければならないものとされています。

　中小企業者自身の弁済計画であるため、中小企業者が計画作成に主体的に関与することは当然ですが、法律・財務・会計・税務等の専門的な知

識を必要とするため、実際は外部専門家と協働で作成することが望ましいのは、再生型私的整理手続における事業再生計画案と同様です。

なお、第三者支援専門家は、債務者である中小企業者及び対象債権者から独立した公平な立場で弁済計画案の内容の相当性等を調査する立場であり、中小企業者の代理人ではないため、弁済計画案の作成に際して意見を求めることはあっても、計画案の作成主体ではないということは注意が必要です。

(2) 弁済計画案の提出時期について

中小企業者は、相当の期間内に、弁済計画案を作成しなければならないとされています。

ここでいう「相当な期間」とは、中小再生QA-Q86によれば、「弁済計画案を作成するまでの期間は、原則、外部専門家による支援等の開始時点から3〜6か月が想定されます。ただし、中小企業者の事業内容、弁済計画案作成の難易度、債務減免等の内容などによってケースバイケースとなり、上記の期間より長くなるケースもあり得る一方で、対象債権者と事前の調整が進んでいるケースなどではこれより短いことも想定されます。このように、ケースバイケースであることも考慮し、本手続の開始時点において、中小企業者が想定されるスケジュールを事前に説明しておくことが対象債権者の予測可能性の観点からも望ましい」とされています。

上記のとおり、中小企業者の置かれた状況等によって弁済計画案の作成期間は異なり得るものですが、可及的速やかに弁済計画案を策定し、対象債権者に提示すべきであることは、再生型私的整理手続における事業再生計画案と同様です。

また、中小再生QA-Q86によれば、「廃業型の場合、再生型の場合と異なり、弁済計画案の作成が遅れると、それだけ弁済原資となる財産が流出する危険が増大するので、いたずらに計画の作成期間が長期化しないように留意が必要」とされています。

廃業型の場合、時間の経過とともに資金が流出し、債権者への弁済原資が減少することが一般的であり、資金流出の結果、後述の清算価値保障原則を満たせなくなった場合、弁済計画案の作成は困難となるため、廃業型の場合は特に速やかな弁済計画案の作成に努めるべきでしょう。

(3) 弁済計画案の内容について

中小企業者は、以下の内容を含む弁済計画案を作成しなければならないとされています（中小再生GL第三部5.(3)①）。

---

① 弁済計画案は、次の内容を含むものとする。
 イ 自助努力が十分に反映されたものであるとともに、以下の内容を含むものとする。
  ・企業の概況
  ・財務状況（資産・負債・純資産・損益）の推移
  ・保証人がいる場合はその資産と負債の状況
  ・実態貸借対照表
  ・資産の換価及び処分の方針並びに金融債務以外の債務の弁済計画、対象債権者に対する金融債務の弁済計画
  ・債務減免等を要請する場合はその内容
 ロ 弁済計画案における権利関係の調整は、対象債権者間で平等であることを旨とし、債権者間の負担割合については、衡平性の観点から、個別に検討する。
 ハ 破産手続で保障されるべき清算価値よりも多くの回収を得られる見込みがある等、対象債権者にとって経済合理性があることとする。
 ニ 必要に応じて、破産手続によるよりも、当該中小企業者の取引先の連鎖倒産を回避することができる等、地域経済に与える影響も鑑みた内容とする。

廃業型私的整理手続における弁済計画案の策定方法の詳細は、**第5章3.**（349頁）を参照してください。以下、中小再生GLにおいて問題となり得る事項について、いくつか解説します。

(4) 自助努力が十分に反映されたものであること

廃業型私的整理手続では、最終的に債権者の協力を得ることにより、

中小企業者は円滑な廃業を目指すことになります。最終的に事業を廃止するまでの間、中小企業者は可能な限り事業価値（原料、仕掛品、在庫や売掛金等の価値）を維持し、これらを有利に換価するなどして債権者に対する弁済を最大化するよう努力することが求められ、これらの努力が中小企業者が行うべき自助努力とされています（中小再生QA-Q 88）。

　弁済計画案の策定にあたっては、上記の内容を含む自助努力の内容を十分に反映した計画を策定する必要があります。

(5) 資産の換価及び処分の方針について

　廃業型私的整理手続における資産の換価等については、前述のとおり、事業譲渡等の模索型と単純廃業型によって、換価の方法等が変わってくることとなります（本章3.の8 **(1)**（125頁）参照）。

　事業譲渡による資産の換価等を行う場合は、スポンサー選定の過程や、事業譲渡等の内容を資産の換価及び処分の方針として弁済計画案に記載すべきこととなります。

　単純廃業型の場合は、中小企業者が保有する資産の換価等の方針について弁済計画案に定めることとなりますが、前述（本章3.の8 **(4)**（129頁））のとおり、弁済計画案の作成前に資産の換価等を行うことは否定されていないと考えられ、弁済計画案作成までに換価及び処分が完了した資産については、換価及び処分の結果の概要等を弁済計画案に記載することになります。

　他方で、弁済計画案作成までに、換価及び処分が終了していない資産がある場合については、当該資産の換価及び処分の方針について、弁済計画案において定める必要があります。

　この「資産の換価及び処分の方針」とは、中小再生QA-Q 89によれば、「事業者が清算することを前提として財産を換価・処分すること、例えば、原料、仕掛品、在庫や売掛金等をどのように換価・処分するのか、その方針を定めることが想定されています。」とされています。

　また、個人である事業者である場合は、「全ての対象債権者に対して、個人事業主の資力に関する情報を誠実に開示し、開示した情報の内容の正確性について表明保証を行うこととし、また、破産法第34条第3項その他の法令により破産財団に属しないとされる財産（いわゆる「自由財産[48]」）及び同条第4項に基づく自由財産の拡張に係る裁判所の実務運用に従い、通常、自由財産とされる財産を除いた全ての資産を換価・処分する（換価・処分の代わりに、「公正な価額」に相当する額を弁済する場合を含む。）ものとして弁済計画案が策定されていることが想定されています。」とされています（中小再生QA-Q89）。すなわち、個人である事業者については、破産法における自由財産等のみを手元に残し、その他の財産はすべて換価して、対象債権者への弁済原資とすることを内容とする弁済計画案を作成することとなります。

(6) 金融債務以外の債務の弁済計画、対象債権者に対する金融債務の弁済計画について

　中小企業者は弁済計画案において、「金融債務以外の債務の弁済計画」と「対象債権者に対する金融債務の弁済計画」を記載する必要があります。

　廃業型私的整理手続において「金融債務以外の債務」は、通常、全額の弁済が予定されているため、全額弁済を前提とした弁済計画を作成することになるでしょう。

　他方で、「対象債権者に対する金融債務」は、通常、一定の債務減免等を求めて、残りを弁済するという形を取ることが多いのではないかと考えられます。

　この対象債権者に対する弁済計画については、「対象債権者宛の具体的

---

48 例えば、現金については、99万円以下の金額までは、破産法上も自由財産とされており、破産した場合でも手元に残せる財産とされています。自由財産については、**第3章1.の2 (2)**（159頁）を参照してください。

な弁済率や弁済時期」を明記する必要があるとされているため（中小再生QA-Q 87）、例えば、90％の債務減免を要請する場合、「残りの10％については、○月末日までに一括で支払う」等の定めをすることが必要となります。

　ただし、弁済計画案に記載された財産の換価及び処分の結果、弁済原資の額が左右されることが避けられないこともあります。例えば、金融機関への弁済原資の大半が不動産の売却代金である場合、不動産が実際にいくらで売却されるかによって弁済原資が変わってきます。この場合、保守的に弁済率を示した上で、計画以上の弁済原資を確保できた場合は追加弁済を行う旨の弁済計画案とすることも許容されると考えられています（中小再生QA-Q 87）。

　なお、この「対象債権者に対する金融債務の弁済計画」について、対象債権者に対する金融債務の弁済がまったく行われない弁済計画（＝対象債権の100％を債権カットし、対象債権者には1円の弁済も行われない弁済計画）は許容されるでしょうか。

　後述のとおり、弁済計画案の作成では、「破産手続で保障されるべき清算価値よりも多くの回収を得られる見込みがある等、対象債権者にとって経済合理性があること」（清算価値保障原則）が必要であるため、原則、対象債権者に対する金融債務の弁済がまったく行われない弁済計画は想定されていません。

　ただし、清算価値がゼロの場合、破産しても債権者への弁済はゼロであり、破産時と廃業型私的整理手続の選択時において、対象債権者への弁済額が異なるわけではないため、対象債権者に破産時以上の不利益を生じさせるわけではないと考えることも可能です。中小再生QA-Q 90においても、「清算価値がゼロであり、債務者の有する全ての財産を換価・処分しても、公租公課や労働債権等の優先する債権を弁済することにより金融債務に対する弁済をできない場合も想定されます。そのような場合には、金融債務の弁済が全く行われない弁済計画案も排除されないと考えられま

す。」とされています。

　ただし、その場合でも、経済合理性があること、すなわち、金融債務の弁済がないにもかかわらず対象債権者にとっての経済合理性があることの説明、及びその調査報告は必要とされています。

　対象債権者からすると、いくら破産手続において配当ゼロが予想されるとはいっても、廃業型私的整理手続に協力することで予定される弁済がゼロである場合、廃業型私的整理手続に協力するインセンティブが見出しづらくなります。そのため、中小企業者としては、弁済ゼロの弁済計画案を作成しようとする場合、地域経済への影響や、取引先の連鎖倒産を防止することによる地域金融機関への悪影響の防止等[49]を対象債権者に説明することによって、ゼロ弁済計画への対象債権者の理解を得られるように努めるべきでしょう。

(7) 債務減免等の要請内容について

　弁済計画案では、対象債権者に対する金融債務の弁済計画を定める必要がありますが、廃業型私的整理手続の選択を行った中小企業者は、通常、金融債務の全額の弁済を行えないことが一般的であるため、金融機関等に対して債務減免等を要請する必要があり、その要請内容を弁済計画案に記載する必要があります。

　債務減免等を要請する場合、原則としてカット率は債権者間で同一であることは再生型私的整理手続における事業再生計画案と同様です（**本章2.の8 (6)**（74頁）参照）[50]。

　また、対象債権者として想定される銀行との交渉方法については、**第6**

---

49 中小企業者Ｘ社の取引先Ａ社が、中小企業者の対象債権者であるＹ社と取引がある場合、仮に中小企業者Ｘ社が破産し、取引先Ａ社も連鎖倒産した場合、当該対象債権者Ｙ社はＸ社とＡ社という二重の倒産被害を被ることになります。他方で、廃業型私的整理手続を用いることによって、少なくともＡ社の連鎖倒産を防止することができるため、対象債権者Ｙ社にとっては、Ｘ社のゼロ弁済計画に応じることには経済合理性がある、といった説明を行えるかも検討の余地があります。

章を参照してください。

なお、再生型私的整理手続で解説したことと同様に（本章2.の8 **(6)**（74頁））、廃業型私的整理手続においても、対象債権者に債務減免等を求める場合に、特別清算等の法的清算手続の要否が問題となります。

中小再生QA-Q 82においても、「弁済計画が成立した時点で、債務者は弁済計画を実行する義務を負担し、対象債権者の権利は成立した弁済計画の定めに基づき弁済を受け、残存する債務について免除を受けることになります。したがって、債務者は、事業の廃止又は事業の全部又は一部の譲渡（会社法第467条以下）を行ったのち、債務減免を受けて通常清算（会社法第475条以下）が可能となり、必ずしも裁判所の関与が必要な特定調停手続や特別清算手続に移行することは必須ではありません」とされています。

また、税務上も、「廃業型私的整理手続に基づき策定された弁済計画により債権放棄が行われた場合の債権者の税務処理については、法人税基本通達9-6-1（3）ロにおける『行政機関又は金融機関その他の第三者のあっせんによる当事者間の協議により締結された契約で、その内容が債権者集会の協議決定で合理的な基準により債務者の負債整理を定めているものに準ずるものによる切り捨て』に該当し、当該債権放棄額は損金の額に算入される」ことが、国税庁における照会文書において確認されています（中小再生QA-Q 96、「『中小企業の事業再生等に関するガイドライン（廃業型私的整理手続）』に基づき策定された弁済計画により債権放棄が行われた場合の税務上の取扱いについて」[51]参照）。

したがって、中小企業者側の債務免除益課税の問題については別途検討する必要がありますが（第7章2.（390頁）参照）、当該問題をクリアできる場合には、債権放棄に際して、手続的な負担が重くなりがちな特定調停手

---

50 リース債権者に債務減免等を求める場合の考え方については、**本章2.の8 (6)**（74頁）を参照してください。

51 https：//www.nta.go.jp/law/bunshokaito/hojin/220311_02/index.htm

続や特別清算という裁判所を用いた手法を選択する必要は必ずしもなく、（弁済計画に基づく）債権放棄＋通常清算という手法を取ることも可能と考えられます。

ただし、再生型私的整理手続のところでも記載したとおり（**本章2.の8 (6)**（74頁））、債権者の税務上の処理の明確さもあってか、私的整理の実務においては特別清算等の裁判所の手続で債務免除を受けるというほうが対象債権者の理解を得やすい傾向にあります。また、信用保証協会の保証付き制度融資があるような場合は、信用保証協会の債権放棄に際して、議会承認が必要になる等の問題が生じ得ることも、再生型私的整理手続の場合と同様です[52]。

中小企業者及び外部専門家としては、弁済計画案における金融支援スキームの策定に際し、特別清算等の法的清算手続が中小再生 GL の手続上は必ずしも必須ではないということは念頭に置きつつも、対象債権者の意向や信用保証協会（特に制度融資）の有無等も踏まえた上で、特別清算等の法的清算手続の要否を検討すべきでしょう。

(8) 清算価値保障について

弁済計画案は、破産手続で保障されるべき清算価値よりも多くの回収を得られる見込みがある等、対象債権者にとって経済合理性がある必要があるとされており、再生型私的整理手続と同様に、清算価値保障を満たす必要があります。

---

[52] 信用保証協会の債権放棄に際して、議会の議決ではなく知事の決裁で債権放棄できる条例（中小企業融資に関する損失補償条例等）を整備している自治体があることは、再生型私的整理手続の箇所でも記載したとおりですが、当該条例が存在するところでも、条例において「再生計画」が対象とされているケースが多く、そのような条例においては廃業のための「弁済計画」が条例の適用対象外となる可能性が高いため、廃業型私的整理手続において信用保証協会に裁判外での制度融資の債権放棄を求めることは、再生型私的整理手続の場合以上に困難が伴うことが予想されます。

この清算価値保障を満たせない場合[53]、すなわち中小企業者が破産したと仮定した場合の配当よりも多くの弁済を対象債権者に対して行えない場合は、原則として中小再生GL手続を継続することはできず、中小企業者は破産を選択せざるを得ないでしょう。

清算価値保障を検討するためには、中小企業者が破産したと仮定した場合の配当率を計算する必要があり、清算貸借対照表を作成する必要があります。清算貸借対照表の作成方法等については、**第5章2.**（269頁）を参照してください。

ところで、廃業型私的整理手続における清算価値保障は、再生型私的整理手続における清算価値保障と異なる配慮が必要となります。

すなわち、再生型私的整理手続は事業の再生を目的とする手続であるため、事業の再生が計画どおりに図れた場合、破産時を上回る弁済を行うことが比較的容易です[54]。

他方で、廃業型私的整理手続では、事業を停止し、廃業・清算を行うという意味においては破産手続と何ら異なる点がないため、漫然と資産換価等を行った場合、清算価値を下回る弁済しか行えないという事態も容易に起こり得ます[55]。

したがって、中小企業者としては、**本章3.**の**8（4）**（129頁）で述べたとおり、資産の換価について少しでも高く売却できるように努め（又は事業の全部又は一部の譲渡による換価が図れるよう努め）、少なくとも破産時に想定される売却金額[56]より高価な売却ができるようにし、破産時より多くの弁済原資を確保するよう努めるべきでしょう。

---

53 清算価値を上回れないものの、清算価値がゼロで弁済計画案における弁済もゼロという場合の考え方については、**本章3.**の**10（6）**（137頁）を参照してください。
54 破産の場合は、資産が二束三文で売られることも多い一方で、再生の場合は、通常、継続企業価値（ゴーイングコンサーンバリュー）によって資産価値が把握されるため、スポンサーに事業を譲渡する場合は、継続企業価値による資産価値の実現が図られ、清算価値を上回る弁済原資を確保することが可能です。また、スポンサーに売却しない自主再建の場合でも、事業は継続するため、将来収益により清算価値を上回る弁済が行われることが予定されます。

　なお、中小再生GLにおける費用補助と清算価値保障の問題は、廃業型私的整理手続の場合においても再生型私的整理手続と同様に生じ得ますので、詳細は**本章2.の8 (7)**(80頁)を参照してください（上記のとおり、廃業型私的整理手続においては一般的に再生型私的整理手続に比べ清算価値保障を満たすハードルが高いことが多いため、廃業型私的整理手続のほうが、費用補助と清算価値保障の問題がより顕在化しやすいといえるかもしれません）。

(9) 保証責任について
❶廃業型私的整理手続における個人保証について

　再生型私的整理手続のところでも記載したとおり、中小企業者の債務整理を開始し、当該債務整理の内容が一定の債権カット（債権放棄）を伴う場合、債権カットされた分は保証人に請求がいくことになるため、必然的に中小企業者の債務を保証した保証人の債務整理も問題となります。

　そして、廃業型私的整理手続の場合、債務整理の内容に一定の債権カッ

55　特に廃業型私的整理手続の場合、破産とは異なり、対象債権者以外の商取引債権者等には原則100%の弁済を行うため、この観点からも、対象債権者への清算価値保障を満たすことが難しくなることが起こり得ます。例えば、弁済原資が1,000ある中小企業者Xに、銀行Aが2,500の債権、銀行Bが1,700の債権、取引先Yが800の債権を持っていた場合、Xが破産したときは、AとBとYの債権合計5,000に対して弁済原資が1,000しかないため、弁済率は20%（=1,000/5,000）となります。他方で、弁済原資が1,000のまま、Xが廃業型私的整理手続を利用する場合、まず取引先Yに対して800を支払わなければならなくなるため、対象債権者AとBの債権合計4,200に対して、弁済原資が200（1,000-Yに支払った800）となり、弁済率は約4.76%（=200/4,200）となるため、対象債権者A及びBに対する弁済が、破産時の配当率を上回らないこととなります。このような事態を避けるため、廃業型私的整理手続における資産換価等においては、破産時における弁済原資を上回るような売却活動を行うよう努力すべきです。上記の例でいうと、1640以上で中小企業者の資産を換価できると、清算価値保障を満たす弁済計画案の作成が可能となります（1640-取引先Yへの弁済800=840が弁済原資。これを対象債権者AとBの債権合計4200の弁済原資にすると考えると20%（=840/4200）の弁済が可能）。

56　破産時に想定される売却金額については、清算貸借対照表において算出されることが一般的です。清算貸借対照表における資産の評価方法については、**第5章2.の2 (1) ❽**（294頁）を参照してください。

ト（債権放棄）を伴うことが通常と考えられることから、廃業型私的整理手続と保証債務の整理は通常セットで問題となることが多いといえます。

❷弁済計画案と保証人の弁済計画の関係について

中小企業者の債務について廃業型私的整理手続を実施する場合、当該債務に係る保証人が保証債務の整理を図るときは、保証人は誠実に資産開示をするとともに、原則として、経営者保証に関するガイドラインを活用する等して、当該主債務と保証債務の一体整理を図るように努めるものとされています（中小再生GL第三部5.（6））。

具体的には、中小再生GL等の準則型私的整理手続に基づき主たる債務者の弁済計画を策定する際に、保証人による弁済もその内容に含めることとするのが相当とされています（中小再生QA-Q 56）。

したがって、廃業型私的整理手続を利用する中小企業者において、保証人が存在する場合は、法人の弁済計画案とともに保証人による弁済計画も作成することが必要となります。

❸保証人の弁済計画について

再生型私的整理手続でも記載したとおり、近年、個人の保証債務整理では（重大な粉飾等があり、対象債権者から経営者保証ガイドラインの利用についての理解が得られない等、経営者保証ガイドラインが利用できない特別の事情がない限り）経営者保証ガイドラインにおいて保証債務を整理することが一般的となっており、銀行等の金融機関においても経営者保証ガイドラインによる保証債務の整理が浸透してきています。

保証人の弁済計画については、この経営者保証ガイドラインに基づき作成することとなります。経営者保証ガイドラインの内容については、**第3章**を参照してください。

❹廃業型私的整理手続における保証債務の一体整理の手続の進め方

　主たる債務と保証人の保証債務を一体整理する場合の保証債務に係る弁済計画案の策定手続は、基本的に、中小再生 GL に基づく主たる債務者の弁済計画案の策定手続と同様のプロセスを経て策定し、最終的に対象債権者全員の同意により成立します。

　そして、成立した主たる債務者の弁済計画及び保証人の弁済計画に基づき、主たる債務者が弁済を行い、保証人が保証を履行し、保証人は主たる債務者に対する求償権を原則として放棄することになります。

　対象債権者は、弁済計画に基づき主たる債務者が弁済を行い、保証人が保証債務を履行したことを確認した後、当該弁済計画に基づき残存する対象債権を放棄し、保証債務の履行後に残存する保証債務を免除することになります（中小再生QA-Q 92）。

(10) 経営責任、株主責任について

　廃業型私的整理手続では、弁済計画案の内容として「経営責任の明確化」及び「株主責任の明確化」は明示的に規定されていません。

　もっとも、廃業型私的整理手続においては、債務減免を伴う弁済計画の策定が予定されていることから、当然に弁済計画においてそれらの記載も必要であると考えられます。法人を清算していくことにより、基本的には株主責任及び経営責任は果たされていくことになるものと考えられますが、その他、特筆すべき論点等があれば、それについても記述することが望ましいと考えられます（中小再生QA-Q 88）。

(11) 弁済計画案の項目について

　上記を踏まえた弁済計画案の項目は、以下のような内容とすることが考えられます。

　なお、あくまで一つの考え方を示したサンプルであり、実際に作成する際には、事案の特性に応じて適宜項目の追加等を検討すべきである点に留意してください。

第1章　企業の概況
　1　企業の概要
　2　企業の沿革
　3　事業の概要
第2章　財務状況
　1　BS、PL、CFの推移
　2　実態貸借対照表
　3　清算貸借対照表
第3章　弁済計画の内容
　1　資産の換価及び処分の方針
　2　対象債権者以外の債権者に対する弁済計画
　3　金融支援依頼の内容
　(1)　対象債権者に依頼する金融支援の内容
　(2)　債務弁済計画
　(3)　経済合理性（清算価値保障を満たす内容であること）
第4章　経営責任、株主責任、保証責任
　1　経営責任
　2　株主責任
　3　保証責任
第5章　保証人の弁済計画（詳細は本書の**第3章**参照）

11　弁済計画案の調査報告

　第三者支援専門家は、債務者である中小企業者及び対象債権者から独立した公平な立場で事業の収益性や将来性等を考慮して、弁済計画案の内容の相当性及び実行可能性等について調査し、調査報告書を作成の上、対象債権者に提出し報告しなければなりません。なお、債務減免等を要請する内容を含む弁済計画案の場合は、第三者支援専門家には弁護士が必ず含まれるものとされています（中小再生GL第三部5.（4）③）[57]。

　第三者支援専門家による調査対象は、次のイからヘの内容を含むものとし、また、弁済計画案に記載がある場合は、トも含むものとします。

> イ　廃業の相当性（中小企業者が中小再生 GL 第三部 3.（2）の要件[58]に該当することを含む。）
> ロ　弁済計画案の内容の相当性
> ハ　弁済計画案の実行可能性
> ニ　債務減免等の必要性
> ホ　債務減免等の内容の相当性と衡平性
> ヘ　破産手続で保障されるべき清算価値と比較した場合の経済合理性（私的整理を行うことの経済合理性）
> ト　地域経済への影響

　中小企業者としては、第三者支援専門家において上記の各項目が調査されることを念頭に置きつつ、弁済計画案の策定を行うべきでしょう。

12　債権者会議

　廃業型私的整理手続も私的整理手続であることから、再生型の私的整理手続と同様に、対象債権者全員の同意が必要となるため、手続の遂行に際しては、対象債権者の理解を得ながら進めることが極めて重要となります。

　中小再生 GL においては、弁済計画案が作成された後に債権者会議を開催することが原則として求められていますが、それに加えて、例えば、以下のような債権者会議の開催方法が考えられます。

57　再生型私的整理手続の債務減免等の要請を含まない事業再生計画案の場合は、調査報告書の作成は必須ではないのに対し、廃業型私的整理手続においては、弁済計画案の内容にかかわらず、調査報告書の作成が必須となっています。

58　**本章3.の3**（111頁）に記載の要件

	主な議題
第1回	会社の概況説明、資金繰りの説明、一時停止の要請、廃業の方針（事業譲渡模索か単純廃業か）の説明、今後のスケジュール
第2回	事業及び財務等DDの報告 （事業譲渡型の場合）進捗報告 （単純廃業型の場合）資産の換価状況等の報告
第3回	弁済計画案の提示、調査報告書の提示
その他必要に応じて	不動産等の重要な資産の処分についての報告、（事業譲渡型の場合）スポンサー選定の進捗状況やスポンサー決定の報告等

　ただし、上記はあくまで1つのモデルケースであり、必ずしも中小再生GLにおいて上記の態様による開催が求められているわけではないため、中小企業者の状況等に応じて、債権者会議の開催回数や内容等は適宜調整することが望ましいといえるでしょう[59]。

　中小再生GLでは、債権者会議を開催せず、弁済計画案の説明等を持ち回りにより実施することも妨げられないとされていることから、小規模企業者において対象債権者の数も少ない場合等については、債権者会議を開催せずに、個別に対象債権者を訪問し、弁済計画案の説明を行うという方法もあり得ます。

　債権者会議を行うべきか、個別面談による持ち回りの説明等を実施するかについては、**第6章2.**（379頁）も参照してください。

---

59 再生型私的整理手続と同様に、Web会議による開催等も可能と考えられます。詳細は、**本章2.**の**10**（99頁）を参照してください。

13 弁済計画の成立

(1) 対象債権者全員の同意が得られた場合

　前述のとおり、中小再生GLも私的整理手続の一種であるため、弁済計画案の成立には対象債権者全員の同意が必要となります。

　すべての対象債権者が弁済計画案について同意し、第三者支援専門家がその旨を文書等により確認した時点で弁済計画は成立し、中小企業者は弁済計画を実行する義務を負担し、対象債権者の権利は成立した弁済計画の定めによって変更され、対象債権者は金融支援など弁済計画の定めに従った処理をすることとなります。

(2) 対象債権者全員の同意が得られなかった場合

　中小再生GLにおいては、すべての対象債権者の計画案への同意が必要なため、一部の対象債権者から計画案について同意が得られない場合、計画は成立しません。

　ただし、同意あるいは同意の見込みを得られない債権者が、中小企業者に対して有する債権額が少額であり、債権者間の衡平を害さない場合には、当該債権者を金融支援の対象から除く計画案とすることは許容されています（中小再生QA-Q 73）。反対する対象債権者の債権額が少額であり、当該対象債権者を金融支援の対象から除くことに他の対象債権者の理解を得られる場合には、そのような計画を策定し直して、他の対象債権者に再度諮るべきでしょう。

　そのような方法でも対象債権者全員の同意が得られず、弁済計画案について、すべての対象債権者から同意を得ることができないことが明確となった場合は、第三者支援専門家は本手続を終了させるものとされており、本手続が終了したときは、対象債権者は一時停止を終了することができるとされています。

　もっとも、すべての対象債権者から同意が得られなかった場合でも、反

対した対象債権者に翻意の可能性が多少なりともある場合においては、「全ての対象債権者から同意を得ることができないことが明確となった場合」とまではいえず、引き続き反対対象債権者の説得にあたるということは許容されてよいと考えられます。

この点、弁済計画案に対して不同意とする対象債権者は、速やかにその理由を第三者支援専門家に対し誠実に説明しなければならないとされているため（中小再生GL第三部5.（5）②）、中小企業者及び外部専門家は、弁済計画案に不同意の対象債権者がいた場合は、速やかにその理由を第三者支援専門家に確認するとともに、当該理由を踏まえた弁済計画案の修正等、反対対象債権者の翻意のための検討・交渉等を行うべきです。

なお、任意の交渉ではどうしても反対対象債務者の翻意を図れないという場合は、特定調停の手続を用いることも考えられます。特定調停を用いた反対対象債権者の翻意を図る方法については、**本章2.の11（2）**（100頁）を参照してください[60]。

▎14　弁済計画成立後のモニタリング

外部専門家と主要債権者は、弁済計画後の中小企業者による計画達成状況等について、モニタリングをするものとされています。

モニタリングの内容ですが、廃業型私的整理手続は弁済計画が成立した中小企業者の速やかな廃業及び清算を目的としているため、弁済計画に沿った資産の換価及び処分等が適時・適切に実行されているかについて、報告を受けて履行状況を確認することが想定されています（中小再生QA-Q94）。

なお、主要債権者以外の対象債権者に対しては、中小企業者又は外部専門家が定期的にモニタリング資料を送付したり、モニタリング会議を開催

60　特定調停には、廃業支援型の特定調停スキームもあります。詳しくは、日本弁護士連合会の「特定調停スキーム利用の手引」（https：//www.nichibenren.or.jp/activity/resolution/chusho/tokutei_chotei.html）を参照してください。

したりして、原則として、希望するすべての対象債権者にモニタリング結果を報告することが好ましいものとされているのは、再生型私的整理手続と同様です（中小再生 QA-Q 78）。

15　他の手続への移行

(1) 再生型手続への移行

　廃業型私的整理手続を進めていたものの、手続の過程でスポンサーが現れ、事業の廃業ではなく再生が図れそうになったという状況が生じることもあります。

　本章1.の3（29頁）に記載のとおり、中小再生 GL においては再生型私的整理手続と廃業型私的整理手続の2種類があり、中小企業者は手続開始に際して、いずれかの手続を選択して手続を開始しなければなりません。

　もっとも、再生型私的整理手続の解説でも述べたとおり（**本章1.の3**（29頁）参照）、両手続は一度選べばその後に他の手続への移行ができなくなるといったものではなく、廃業型私的整理手続中にスポンサーが見つかりそうになった場合など、廃業型私的整理手続から再生型私的整理手続に移行することも許容されています（中小再生 QA-Q 81）。

　廃業型私的整理手続は、円滑な廃業処理を目的として、再生型私的整理手続と比較して簡便な手続となっているため、廃業型私的整理手続から再生型私的整理手続への移行を図ろうとするケースでは、廃業型私的整理手続における弁済計画案の策定前ないし策定中であり、外部専門家のみが関与している状況と想定され、再生型私的整理手続に移行する場合は、中小再生 GL 第三部4.（1）[61]から手続を開始することが妥当と考えられます（中小再生 QA-Q 81）。

61　再生型私的整理手続の開始の項目。具体的には、第三者支援専門家の選定や第三者支援専門家の選任に際しての主要債権者の同意取得等の手続であり、要は再生型私的整理手続を最初から行う必要があるという意味になります。

ただし、**本章3.**の**2**（110頁）においても記載したとおり、廃業型私的整理手続においてスポンサーへの事業の譲渡等を行うことも可能であり、その場合は、中小企業者は速やかに第三者支援専門家を選任する必要があり、第三者支援専門家は、中小企業者の事業の内容や規模、資金繰りの状況等並びに主要債権者の意向も踏まえ、廃業型私的整理手続においてスポンサーに対する事業譲渡等を行うことが相当であるか判断するものとされています（中小再生QA-Q 81）。なお、対象債権者に対して、スポンサーの債務引受による分割弁済が予定されている場合は、弁済計画案にその内容を含む必要があると考えられます。

　廃業型私的整理手続の過程において、スポンサーが見つかった場合などは、廃業型私的整理手続のままスポンサーへの事業の譲渡等を進めるか、あるいは廃業型手続から再生型手続への移行を行うべきか、主要債権者や第三者支援専門家の意向も踏まえて検討すべきです。

　対象債権者が中小企業活性化協議会等の他の私的整理手続の利用を要請している場合などについては、他の私的整理手続の利用も検討する必要があります。

(2) 他の廃業型手続への移行

　廃業型私的整理手続で対象債権者の同意が得られる見込みがない場合は、廃業型の特定調停スキームを検討します。

　特定調停スキームも対象債権者の同意が必要という意味では私的整理手続の一種といえますが、裁判所を用いた手続であり、17条決定[62]といった制度もあるため、中小再生GLであれば反対の債権者も、裁判所が関与する手続であれば賛成に翻意する可能性があります。

　特定調停を用いても翻意の可能性がない場合は、破産手続や特別清算手続といった法的清算手続を用いるほかありません。

62　17条決定については、**本章2.**の**11 (2)**（100頁）を参照してください。

第 3 章

経営者保証に関する
ガイドラインの利用方法

1. 保証債務の整理手続について

1　経営者保証ガイドライン

　近年、中小企業の代表者等に会社の借入金についての保証を求めること
は謙抑的であるべきという流れになってきており、中小企業の代表者の保
証差し入れは今後減少していくことが予想されます。とはいえ、現在の状
況においては、まだまだ中小企業者の代表者が会社の債務を保証している
というケースが多いのが現状です[1]。

　主債務者である中小企業が債務整理を開始し、当該債務整理の内容が債
権カット（債権放棄）を伴わない返済の繰り延べ（リスケジュール）であれ
ば保証債務の整理が問題となることはないですが、主債務者の債務整理の
内容が一定の債権カット（債権放棄）を伴う場合、債権カットされた分に
ついては保証人に請求がいくこととなります。そして、当該保証人への請
求額は通常、数億円単位となることも多く、個人の資力では到底返済でき
るものではないため、主債務者である中小企業が債権カットを伴う計画を
立案する場合、必然的に中小企業者の債務を保証した保証人の債務整理が
問題となります。

　保証人は通常、中小企業の代表者であることが多く、代表者は自らが自
己破産となることを恐れ、会社の再建になかなか着手できないということ
もあります。そこで、会社を再生するためには、個人保証についても上手
く解決することが極めて重要となります。

　経営者保証には、経営への規律付けや資金調達の円滑化に寄与する面が
ある一方、経営者による思い切った事業展開や早期の事業再生、円滑な事

---

1 経営者保証の提供状況等については、**第2章2.の8 (8)**(85頁)を参照してください。

業承継を妨げる要因となり得ることが指摘されてきました。

そこで、「経営者保証に関するガイドライン」（以下「経営者保証GL」という。）という制度が作られ、平成26年2月1日から適用が開始されることになりました。

それ以前は、主たる債務者である中小企業が債権カットを伴う事業再生を行おうとする場合、保証人である代表者等は、ほとんどのケースで破産を選択せざるを得ない状況でしたが、経営者保証GLの制度が始まって以降は、中小企業等を主債務者とする保証人の保証債務の整理については、まずは経営者保証GLの活用を検討することが一般的となっており、中小企業の債務整理を行おうとする場合、経営者保証GLの検討は必須ともいえる状況になっています。

法人の債務整理の手続は、大きく分けて「法的整理」と「私的整理」の2種類があり、法的整理は債権者全員の同意が不要である一方で、公開の手続であり、法的整理をしていることが公になってしまうというデメリットがあります。他方で、私的整理手続は全債権者の同意が必要であるものの、秘密性が保たれており、広く開示されることは基本的にありません[2]。

個人の保証債務整理についても、これと同様の分類が可能であり、法人の私的整理に該当する保証人の債務整理手続が、経営者保証GLの手続といえます[3]。

したがって、経営者保証GLを利用することによって、保証人は秘密裏に手続を進めることができ、また信用情報機関（いわゆるブラックリストと呼ばれるようなもの）に登録されることもないため、一般的にはその後のローンやクレジットカードの利用に支障を来すこともほとんどないというメリットがあります。

---

2 法的整理と私的整理の違いについては、**第1章3.**（8頁）を参照してください。

3 ただし、経営者保証GLという独立した手続があるわけではなく、厳密には、中小企業活性化協議会等といった準則化された私的整理手続の中で、経営者保証GLを用いるという関係になります。詳細は**本章2.の5**（177頁）を参照してください。

【図表3-1】経営者保証GLにおける中小企業・金融機関の対応

中小企業・経営者の方の対応

法人の債務整理手続と同時に経営者の保証債務の整理を求めることができます
（ガイドライン7項、Q&A7-1）

本ガイドラインに基づく保証債務整理の対象となり得る経営者の方

◎法人の法的整理手続又は準則型私的整理手続※の申立てを同時に行うか、係属中
若しくは終結していること
◎金融機関において、法人の債務及び保証債務の破産手続による配当よりも多くの
回収を得られる見込みがあるなど、経済的な合理性が期待されること
◎経営者に破産法に定める免責不許可事由が生じていないこと

※中小企業活性化協議会による再生支援スキーム、事業再生ADR、私的整理に関するガイドライン、中小企業
の事業再生等に関するガイドライン、特定調停等

**以下のガイドラインにもとづく保証債務整理のステップのなかで、安定した事業継続
等のため、一定の資産を手元に残すことを、金融機関にその必要性を説明のうえ、
申し出ることができます**（ガイドライン7項（3）、Q&A7-14）

STEP 1 支援専門家（弁護士・公認会計士・税理士等）へのご相談　**STEP 2** 一時停止（返済猶予）の要請（全ての金融機関に同時に要請）　**STEP 3** 弁済計画の策定

金融機関の対応

金融機関は以下の対応を検討します

❶経営者の手元に残す資産（残存資産）の範囲
　一定の経済合理性が認められる場合には、破産手続における自由財産に加えて、
　一定期間の生計費に相当する額や華美でない自宅等を手元に残すことを検討
❷弁済計画における分割弁済
　弁済計画において、経営者が所有する資産（残存資産を除く）を処分・換価す
　る代わりに、対象資産の「公正な価額」に相当する額を分割弁済することによ
　り、自宅に住み続けられるようにするなど、資産を処分しないことを検討
❸保証債務の免除
　経営者が誠実に資力を開示し、その内容の正確性について表明保証を行う等の
　要件を充足する場合には、残存する保証債務の免除要請について誠実に対応
　（ガイドライン7項（3）、Q&A7-14〜32）
【信用情報機関への登録】
　本ガイドラインにより保証債務の整理を行った場合、信用情報機関への登録は
　行われない（ガイドライン8項（5）、Q&A8-5）

法人が廃業したとしても、保証人は個人破産を回避できる可能性があります。
そのため、事業再生や廃業を決断するに当たっては、金融機関や支援専門家との
早めの相談が重要です。詳しくは、上記に加え、ガイドラインに基づく保証債務
整理の進め方を整理した「廃業時における『経営者保証に関するガイドライン』
の基本的考え方」をご参照ください。

（出典）経営者保証に関するガイドライン研究会事務局「経営者保証に関するガ
　　　　イドラインをご存じですか」（2022年6月）

経営者保証GLの詳細については、**本章2.**（163頁）で解説します。

2 法的整理

(1) 民事再生

　個人の保証債務整理手続にも、法人の債務整理手続と同様に、法的整理手続と私的整理手続の2種類があります。

　個人の法的整理手続には、再生型の手続としての民事再生手続と、清算型手続としての破産手続があります。

　個人事業主ではない個人の保証人については、再生型・清算型といっても違いが分かりづらいかもしれません。非常に簡略化していえば、保証人自身が手元に持っている資産について、大半を手放した上で（売却等により現金化した上で）、債権者に一括で配当するのが清算型の破産手続、保証人が持っている資産を一定程度手元に残したまま、手元に残した資産以上の弁済を分割払いで行っていくのが再生型の民事再生手続と考えるとイメージが湧きやすいかもしれません。

　このうち、民事再生手続については、大きく分けて通常再生手続と個人再生手続[4]の2種類があります。

　通常再生手続は、法人が民事再生手続を利用する際と同様の手続であり、手続負担が比較的重い手続となり、裁判所に納める予納金も個人再生手続に比べて高額となることが一般的です。

　他方で、個人再生手続は、通常の民事再生手続より手続が簡素化され、裁判所に納める予納金も相対的に低廉となることが多いでしょう。また、個人再生手続は、通常の再生手続に比べて、再生計画案の可決要件が緩和されており[5]、比較的再生計画案に対する債権者の賛成が得やすいという

---

4 個人再生手続の中には、さらに小規模個人再生と給与所得者等再生の2種類の手続があります。詳細は個人再生についての専門書等を参照してください。

利点もあります。

　もっとも、個人再生手続を用いるための重要な要件の1つとして、住宅ローン等を除いた負債総額が5,000万円以内である必要があります。

　したがって、負債総額が5,000万円未満の場合は、個人再生手続の利用が可能ですが、会社の負債について保証債務を負った経営者については、通常、負債総額が5,000万円を超えることが多いため、経営者の保証債務の整理手続としては、個人再生手続を利用することはあまり多くはないと思われます（通常再生手続であれば、保証債務を負った経営者も、負債総額にかかわらず利用することは可能です）。

(2) 破　産

　個人の清算型の法的整理手続として破産手続があり、他の保証債務整理手続では債務整理ができない場合、経営者等の個人の保証債務整理の最終手段ともいえます。

　破産手続は、基本的に破産者の手元にある資産の大半を手放して（売却等により現金化して）、債権者に一括で配当する手続です。

　ただし、ここで留意が必要なのは、破産した場合に、破産者が持っている資産は例外なく一切失うというわけではなく、自由財産といって、破産した場合でも一定の資産は手元に残すことができるということです。

　代表的なものとして、①99万円以下の現金、②差押禁止財産、③新得財産があります。

　まず①の99万円以下の現金について、破産した場合、手持ちの現金等

5　通常再生手続は、議決権を行使した債権者の過半数の同意（頭数要件）と、議決権総額の2分の1以上の同意（金額要件）が必要となるのに対し、個人再生手続のうち、①小規模個人再生については、計画案に「反対する」という債権者が、議決権者の半数以上となるか、議決権額の2分の1超とならない限り、計画案は可決されます。すなわち、再生計画案への同意が「消極的同意」で足ります。②給与所得者等再生については、最低限の弁済額が法定されているものの、債権者の同意は消極的同意すら不要となっています。

は基本的に債権者への配当原資とされますが、99万円以下の現金は破産しても債権者への配当原資とする必要はなく、破産者が手元に保持したままとすることができます。

②差押禁止財産は、給与の4分の3に相当する部分[6]や生活に欠かせない衣服、寝具、台所用具、畳、建具、年金等が基本的に差押禁止財産とされており、これらの資産については破産しても失うわけではありません。したがって、破産したからといって、よほど高価な家具や衣服でない限り、破産者が現在持っている洋服類や、冷蔵庫、電子レンジ等の家具をすべて失うわけではなく、また、年金等についても受給する権利を失うわけではありません。ただし、年金が預貯金口座に振り込まれた後は、当該年金は年金としての性質を失い、通常の預貯金債権として取り扱われるため、原則として[7]債権者への配当原資となる点は注意が必要です（もっとも、あくまで破産手続開始前に預貯金口座に振り込まれた場合の話であり、後述の③新得財産にあたる部分の金額は破産者の手元に残ります）。

③新得財産とは、破産手続開始決定後に新たに取得した財産のことです。破産すると、将来にわたってすべての財産を失うと誤解している人も多いですが、破産手続はあくまで破産手続開始決定時点の資産を対象に債権者に配当する手続であり、破産手続開始決定後に新たに取得する財産は、債権者への配当原資とはなりません。

例えば、破産手続開始決定後に働いて得た給料は、債権者への配当をする必要はなく、全額、破産者の手元に入ります。

ただし、注意が必要なのは、破産手続開始決定時にすでに存在している

---

6 賞与や退職金も含みます。なお、給料の手取額が44万円を超えている場合は、手取りの給料の33万円までの金額が差押禁止債権となります。ただし、③の新得財産にあたる部分は金額の多寡にかかわらず、金額が破産者の手元に残ります。

7 裁判所によっては、一定の金額以下の預貯金は換価の対象外とする運用があります。例えば、東京地方裁判所の場合、20万円以下の預貯金については、原則として自由財産として扱われ、破産しても手元に保持することができます。この点は裁判所ごとに運用が異なるため、詳しくはお住まいの地域の弁護士へ相談しましょう。

権利については、破産手続開始決定後に入金されても、それは債権者への配当原資になる、という点です。例えば、退職金債権の一部や生命保険の解約払戻金も、破産時に退職や保険の解約をしていなかったとしても、破産手続開始時にすでに（潜在的に）存在している権利であるとして、破産権利者への配当原資となります。また、破産手続開始決定時点で、破産者が売掛金等の債権を保有しているものの、まだ入金がされておらず、破産手続開始決定後に入金がある場合については、当該入金額は、原則として全額債権者への配当原資となります。

　以上のとおり、破産手続においても、すべての資産を失うわけではなく、一定の資産は手元に保持することができますし、将来取得する財産については、原則として債権者への配当原資となることはありません。

　したがって、他の債務整理手続を取ることが困難な債務者については、早期に破産手続を選択して、債務を整理した上で、将来の給料等の財産は自らの手元に残したほうが、経済生活の再建に資することが多いため、破産を過度に恐れ、いたずらに債務整理のタイミングを延ばすことは得策ではありません。

　ただし、破産手続を選択した場合、原則的には免責といって、税金等の公租公課を除く大半の債権は免責許可決定時点に消滅することとなりますが、一定の悪質な行為（以下「免責不許可事由」という。）があった場合は、破産をしたにもかかわらず、免責されない、すなわち債務が消えないという事態もあり得るため、注意が必要です。

　代表的な免責不許可事由としては、例えば、破産者が持っている資産を隠す行為、債権者への配当から免れるために他人に無償又は廉価で売却する行為、お世話になったから等の理由で一部の権利者のみに対して返済する行為、パチンコ等のギャンブルや高価なブランド商品の購入等の浪費行為といったものが、免責不許可事由に該当します。

　財産の隠匿行為などは、最悪のケースとしては破産犯罪といって、10年以下の懲役や1000万円以下の罰金等の刑事罰が科されることがあるた

め、注意が必要です。

　破産手続が最後の手段というのは、決してネガティブな意味ではなく、多額の債務を負った個人が、最終的には破産さえすれば債務から免れるという、債務者の権利としての側面もあります。

　しかし、上記の免責不許可事由等がある場合は、この最終的な権利である破産による債務からの解放すらも叶わなくなる可能性があるため、保証債務等の多額の債務を負った経営者は、債務整理手続を始める前に、自身の財産を隠匿・処分したり、特定の債権者のみに弁済したりして、破産すらできなくなってしまう状況に陥ることのないように注意すべきです。

2. 経営者保証ガイドラインについて

1 経営者保証ガイドラインを利用するメリット・デメリット

　法的整理と比べた場合の経営者保証GLの位置付けについては本章1.（155頁）で述べたとおりですが、経営者保証GLを利用するメリットとしては、主債務者である会社については早期の事業再生の実現、保証人である経営者については、①インセンティブ資産の確保、②信用情報登録機関に報告・登録されず、ローンやクレジットカードの利用に支障が生じないことが挙げられます（**図表3-2**参照）。

　一方で、経営者保証GLを利用することによる直接的なデメリットはほとんどありません。強いて言えば、経営者保証GLは、中小企業、経営者、金融機関共通の自主的なルールであり、法的な拘束力はなく、関係者

【図表3-2】経営者保証GL利用のメリット

■保証履行後も保証人の手元に残る資産等

1. 破産時の自由財産（99万円）は、原則として経営者の手元に残る

2. 金融機関は、事業再生等の早期着手により法人からの回収見込額が増加した場合、自由財産に加えて「一定期間の生活費（雇用保険の考え方を参考に、年齢等に応じて約100万円〜360万円）」を経営者に残すことを検討

3. 金融機関は、「華美でない自宅」について、経営者の収入に見合った分割弁済をする等により、経営者が自宅に住み続けられるよう検討

4. 保証債務履行時点の資産で返済し切れない保証債務の残額は、原則として免除する

■保証履行後の保証人情報

保証人が債務整理を行った事実その他の債務整理に関連する情報は、**信用情報登録機関に報告・登録されない**

（出典）中小企業庁ウェブサイト

が自発的に尊重し、遵守することが期待されているものに過ぎません。したがって、経営者保証を解除するかどうかの最終的な判断は、金融機関などの対象債権者に委ねられており、対象債権者からの理解を得られなければ経営者保証GLを用いた保証債務の整理を行うことができないという点は、一応、経営者保証GLのデメリットとして挙げられます。

▎2 対象となる保証人

　経営者保証GLの対象となる保証人は、次の要件を満たした保証人です（経営者保証GL 7.）。

【図表3-3】経営者保証GLの対象となる保証人

1	対象債権者と保証人との間の保証契約が右のすべての要件を充足していること（経営者保証GL3.）	(1)	保証契約の主たる債務者が中小企業であること。
		(2)	保証人が個人であり、主たる債務者である中小企業の経営者であること。ただし、以下に定める特別の事情がある場合又はこれに準じる場合については、このガイドラインの適用対象に含める。 ①実質的な経営権を有している者、営業許可名義人又は経営者の配偶者（当該経営者と共に当該事業に従事する配偶者に限る）が保証人となる場合 ②経営者の健康上の理由のため、事業承継予定者が保証人となる場合
		(3)	主たる債務者及び保証人の双方が弁済について誠実であり、対象債権者の請求に応じ、それぞれの財産状況等（負債の状況を含む）について適時適切に開示していること。
		(4)	主たる債務者及び保証人が反社会的勢力ではなく、そのおそれもないこと。
2	主たる債務者が法的倒産手続の開始申立て又は準則型私的整理手続の申立てをこのガイドラインの利用と同時に現に行い、又はこれらの手続が係属し、もしくはすでに終結していること。		
3	主たる債務者の資産及び債務並びに保証人の資産及び保証債務の状況を総合的に考慮して、主たる債務及び保証債務の破産手続による配当よりも多くの回収を得られる見込みがあるなど、対象債権者にとっても経済的な合理性が期待できること。		
4	保証人に破産法252条1項（10号を除く）に規定される免責不許可事由が生じておらず、そのおそれもないこと。		

　以下、これらの要件について解説します。

(1) 主たる債務者が中小企業であること

　主たる債務者が中小企業であることが必要であり、ここでいう中小企業は、中小企業基本法に定める中小企業者・小規模事業者に該当する法人が主たる対象となりますが、経営者保証GLの適用上はこれらの法人に限定

されておらず、その範囲を超える企業等も対象になり得ます。また、個人事業主についても対象に含まれます（「『経営者保証に関するガイドライン』Q&A」（以下「経営者保証QA」という。）総論Q3）。

(2) 保証人が個人であり、中小企業等の経営者であること

経営者保証GLの対象となる保証人は、中小企業の経営者が主たる対象として想定されていますが、必ずしも「経営者」であることに限られていません。例えば、以下のような場合は、経営者でなくとも経営者保証GLの対象となります（経営者保証GL 3.、経営者保証QA総論Q4）。

【図表3-4】「経営者」等の範囲

①	実質的な経営権を有している者
②	営業許可名義人
③	経営者と共に事業に従事する当該経営者の配偶者
④	経営者の健康上の理由のため保証人となる事業承継予定者等
⑤	上記①～④に準じる場合 （財務内容その他の経営の状況を総合的に判断して、通常考えられるリスク許容額を超える融資の依頼がある場合であって、当該事業の協力者や支援者からそのような融資に対して積極的に保証の申し出があった場合等、いわゆる第三者による保証について除外するものではない）

中小企業の債務について保証を行おうとする者は、通常、**図表3-4⑤**の「協力者」や「支援者」に該当するものと思われ、そうすると中小企業を主たる債務者とする保証人については、中小企業の経営に従事していなくとも、**図表3-4⑤**の要件により経営者保証GLの対象とすることも妨げられないと考えられ、実質的には「経営者」以外の保証人についても広く経営者保証GLの利用が認められていると考えてよいでしょう。

(3) 弁済の誠実性と財産状況の適時適切な開示

経営者保証GLの利用要件として、主たる債務者及び保証人の双方が弁

済について誠実であり、対象債権者の請求に応じ、それぞれの財産状況等（負債の状況を含む）について適時適切に開示していることが必要となります。

では、主たる債務者である中小企業に、粉飾決算等があった場合や債務不履行があった場合には、経営者保証GLの適用は認められないのでしょうか。

この点、経営者保証QA各論Q 3-3によれば、「債務整理着手後や一時停止後における適時適切な開示等の要件は、厳格に適用されるべきものと考えられますが、他方、債務整理着手前や一時停止前において、主たる債務者又は保証人による債務不履行や財産状況等の不正確な開示があったことなどをもって直ちにガイドラインの適用が否定されるものではなく、債務不履行や財産の状況等の不正確な開示の金額及びその態様、私的流用の有無等を踏まえた動機の悪質性といった点を総合的に勘案して判断すべき」とされています。

したがって、経営者保証GLの利用開始後においても虚偽の事実を述べる等の事態は論外ですが、経営者保証GLの手続開始前に粉飾決算等があったことのみをもって、経営者保証GLの利用が直ちに妨げられるわけではありません。

(4) 主たる債務者が法的倒産手続の開始申立て又は準則型私的整理手続の申立てをこのガイドラインの利用と同時に現に行い、又はこれらの手続が係属し、もしくはすでに終結していること

経営者保証GLを利用しようとする場合、主たる債務者の債務整理手続は行わずに、保証人のみが経営者保証GLによって保証債務を整理するということはできません。

経営者保証GLの利用を検討しようとする保証人は、主たる債務者についても、法的整理又は私的整理によって債務整理手続を行う必要があります。

保証人が主たる債務者とともに経営者保証GLを利用するための手続については、**本章2.の5**（177頁）で解説します。

　ここで注意すべき点は、経営者保証GLにおいては、破産手続における自由財産（自由財産については**本章1.の2（2）**（159頁）を参照してください）を超えて、一定の資産を手元に残すことが認められていますが（これを一般的に「インセンティブ資産」といいます）、インセンティブ資産が認められるためには、主たる債務者の法的倒産手続又は中小再生GL手続などの準則型私的整理手続の「終結前」に保証債務の整理を開始しなければならないという点です。

　インセンティブ資産については**本章2.の8**（182頁）において詳述しますが、主たる債務者の債務整理手続を先に終わらせてから、保証債務の整理手続を行おうとした場合、経営者保証GLにおけるインセンティブ資産を手元に残すことができなくなってしまうため、経営者保証GLを利用しようとする場合は、必ず、主たる債務者の債務整理手続が終結する前に経営者保証GLの利用を開始するように気をつけましょう。

(5) 主たる債務者の資産及び債務並びに保証人の資産及び保証債務の状況を総合的に考慮して、主たる債務及び保証債務の破産手続による配当よりも多くの回収を得られる見込みがあるなど、対象債権者にとっても経済的な合理性が期待できること

　経営者保証GLを利用するためには、保証人らが破産した場合よりも多くの弁済を行える見込みが必要であり、「清算価値保障」の一つの表れとなります（清算価値保障については**第2章2.の8（7）**（80頁）を参照してください）。

　ここで注目すべき点は、経営者保証GLにおける清算価値保障については、「保証人単体」としてみるのではなく、「主たる債務者及び保証人」を合計して考えるということです。

　すなわち、保証人単体としてみた場合、保証人が破産したときは債権者に500万円配当できるにもかかわらず、経営者保証GLを利用した場合は

200万円しか配当できないというケースは往々にしてあります（インセンティブ資産が認められることによって、保証人の手元に破産時より多くの資産を残せるためです）。この場合、保証人単体でみると、経営者保証GLを利用したときのほうが、破産時より債権者への配当額が減っているため、清算価値保障を満たしていません。

しかしながら、上記のとおり、ここでいう清算価値保障は「主たる債務者及び保証人」の合算で考えることとなります。

例えば、主たる債務者である中小企業が、破産した場合は1,000万円しか配当できなかったが、再生を果たすことによって3,000万円の配当ができたとしましょう。そして、保証人は上の例と同じく、破産時は500万円の配当、経営者保証GLの利用時は200万円の配当とします。

この場合、主たる債務者及び保証人の破産時の合計配当額は1,500万円ですが、主たる債務者の再生時・保証人の経営者保証GL利用時の合計配当額は3,200万円となり、経営者保証GLの利用時のほうが債権者への配当額が上回っています。

この場合は、対象債権者にとって経済合理性が認められるため、経営者保証GLの利用が認められることとなります。

上記の例からも明らかなとおり、経営者保証GLを利用しようとする場合には、主たる債務者の債務整理手続において、破産時より多くの配当が行えるように努めることも重要となります。

【図表3-5】経営者保証GLにおける清算価値の保障の考え方

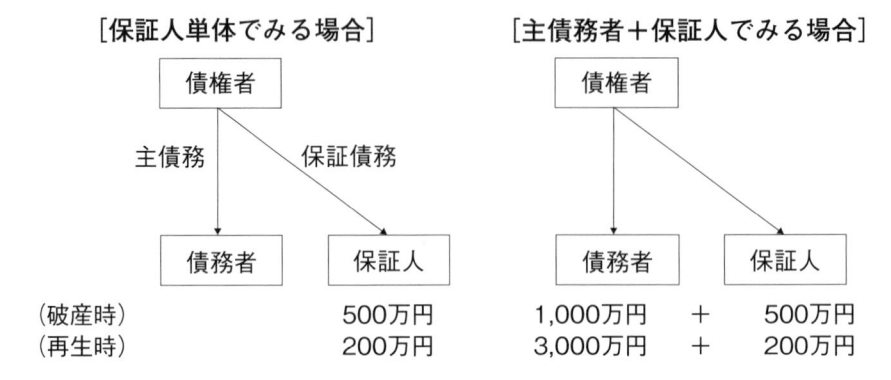

(6) 保証人に破産法252条1項（10号を除く）に規定される免責不許可事由が生じておらず、そのおそれもないこと

　破産についての解説でも述べましたが（本章1.の2 **(2)**（159頁）参照）、免責不許可事由というものに該当した場合、破産しても免責が受けられず、債務が消えないという事態があり得ます。

　経営者保証GLにおいても、この免責不許可事由に該当する場合には、経営者保証GLの手続を利用できなくなります。

　免責不許可事由は、破産法252条1項に規定されていますが、代表的なものとして財産隠匿行為、特定の債権者への弁済行為、虚偽の説明をすること等がこれにあたります。

　以下、破産法252条1項に挙げられている事由の概要を記載します。経営者保証GLを利用しようとする保証人は、これらにあたる事由を作らないよう注意してください。

①	債権者を害する目的で、破産財団に属し、又は属すべき財産の隠匿、損壊、債権者に不利益な処分その他の破産財団の価値を不当に減少させる行為をしたこと。
②	破産手続の開始を遅延させる目的で、著しく不利益な条件で債務を負担し、又は信用取引により商品を買い入れてこれを著しく不利益な条件で処分したこと。
③	特定の債権者に対する債務について、当該債権者に特別の利益を与える目的又は他の債権者を害する目的で、担保の供与又は債務の消滅に関する行為であって、債務者の義務に属せず、又はその方法若しくは時期が債務者の義務に属しないものをしたこと。
④	浪費又は賭博その他の射幸行為をしたことによって著しく財産を減少させ、又は過大な債務を負担したこと。
⑤	破産手続開始の申立てがあった日の一年前の日から破産手続開始の決定があった日までの間に、破産手続開始の原因となる事実があることを知りながら、当該事実がないと信じさせるため、詐術を用いて信用取引により財産を取得したこと。
⑥	業務及び財産の状況に関する帳簿、書類その他の物件を隠滅し、偽造し、又は変造したこと。
⑦	虚偽の債権者名簿を提出したこと。
⑧	破産手続において裁判所が行う調査において、説明を拒み、又は虚偽の説明をしたこと。
⑨	不正の手段により、破産管財人、保全管理人、破産管財人代理又は保全管理人代理の職務を妨害したこと。
⑩	次のイからハまでに掲げる事由のいずれかがある場合において、それぞれイからハまでに定める日から7年以内に免責許可の申立てがあったこと。 　イ　免責許可の決定が確定したこと　当該免責許可の決定の確定の日 　ロ　民事再生法（平成11年法律第225号）第239条第1項に規定する給与所得者等再生における再生計画が遂行されたこと　当該再生計画認可の決定の確定の日 　ハ　民事再生法第235条第1項（同法第244条において準用する場合を含む）に規定する免責の決定が確定したこと　当該免責の決定に係る再生計画認可の決定の確定の日 **※10号は経営者保証GLの利用要件ではありません。**
⑪	破産者の説明義務や重要財産開示義務等の義務その他この法律に定める義務に違反したこと。

3 支援専門家[8]

保証人が、経営者保証GLを用いて債務整理を行おうとする場合、債務整理を支援する専門家（以下「支援専門家」という。）を選任する必要があります。

支援専門家とは、経営者保証GL 5.（2）ロ）によれば、「弁護士、公認会計士、税理士等の専門家であって、全ての対象債権者がその適格性を認めるもの」とされています。

そして、「適格性」を認めるか否かの基準として、経営者保証QA各論Q 5-7によれば、「支援専門家の適格性については、当該専門家の経験、実績等を踏まえて、対象債権者が総合的に判断すること」とされており、特に選任するためのリストがあったり、具体的な基準があるわけではありません。

実務的には、対象債権者からの書面による積極的同意等を取ることはあまりないかと思われ、対象債権者から特段の異議がない限りは、保証人が選任した支援専門家がそのまま就任することが多いように思われます。

具体的に誰が支援専門家に就任するかについては、主たる債務者の債務整理手続における代理人弁護士や、保証人の代理人弁護士・顧問税理士が支援専門家に就任することが多いのではないかと思われます。経営者保証QA各論Q 5-8においても、代理人弁護士や顧問税理士が支援専門家に就任することが認められています。主たる債務者が中小再生GLの手続を利用し、同手続において弁護士等を外部専門家に選任している場合には、その外部専門家が、経営者保証GLの支援専門家にも就任することが比較的

---

8 中小再生GLにおける「第三者支援専門家」は、中小企業等の代理人ではなく、中小企業・債権者から独立した中立・公正な第三者的立場であるのに対して、経営者保証GLにおける「支援専門家」は、保証人側に立って、保証人の代理人的な立場で活動することとなりますので、両者は名称こそ似ているものの、両者の位置付けは異なる点に注意が必要です。

多いのではないかと思われます。

　ただし、主たる債務者と保証人の代理人（支援専門家）を同一人物とする場合、両者間の利益相反の顕在化等に留意する必要があるものとされています（経営者保証QA各論Q 5-8）。例えば、主たる債務者の代表者である保証人が、主たる債務者の事業遂行に際して悪質な粉飾や違法行為等を行っており、主たる債務者である中小企業等が、当該代表者に損害賠償請求をしなければならないようなケースですと、主たる債務者と保証人である代表者の利害が真っ向から対立することとなるため、このような場合は主たる債務者の代理人が保証人の代理人を兼ねることができません。

　また、経営者保証QA各論Q 5-7によれば、「当該専門家が弁護士でない場合には、支援内容が非弁行為[9]とならないように留意する必要があります。」とされており、保証債権の放棄を伴うような弁済計画を策定する場合には、弁護士を支援専門家に選任すべきでしょう。

▌4　対象債権者

(1) 主たる債務者が再生型手続を行う場合（主たる債務者が廃業しない場合）

　経営者保証GLの対象となる対象債権者は、中小企業に対する金融債権を有する金融機関等であって、現に経営者に対して保証債権[10]を有するもの、あるいは、将来これを有する可能性のあるものをいうものとされており、典型的には中小企業に貸付債権を有しており、当該債権に経営者の保証を取っている銀行等や、銀行等の貸付金を保証している信用保証協会（代位弁済前も含む）、既存の債権者から保証債権の譲渡を受けた債権回収会社（サービサー）等が該当します。

---

9 非弁行為については、**第2章2.の4**（40頁）を参照してください。
10 中小企業の金融債務について、経営者により、実質的に経営者保証と同等の効果が期待される併存的債務引受がなされた場合における、当該経営者に対する債権も含むものとされており、厳密に「保証債権」に限られるものではなく、実質的に「保証債権」と同視できるようなものも含まれると考えられます。

上記の考え方からすると、主たる債務が金融債務以外の保証債権、例えば取引先との間の取引債権を主たる債務とする保証債権や、リース会社との間のリース契約に係る保証債権等は、原則的には経営者保証GLの対象債権に含まれません。

　また、経営者保証GLの手続は、原則として「保証債権」を整理するための手続であるため、「保証債権以外の債権」（経営者自身の「固有債務」といいます）、例えば経営者自身が個人で借り入れているカードローン等の債務や、住宅ローン等の債務は原則として経営者保証GLの対象とはなりません。

　さらには、対象債権者に対して保証債務の減免を要請する場合（リスケジュールではなく、一定の債権カットを要請する場合）については、債権額が20万円未満[11]の債権者については原則として対象外となります。

　経営者が、このような金融債務以外の保証債務や、固有債務、20万円未満の債務を負担している場合は、そのような債務は除外した上で、対象となる保証債権を有する債権者のみを対象債権者として経営者保証GLの手続を進めることが原則形となります。

　ただし、経営者保証GLにおいては「弁済計画の履行に重大な影響を及ぼす恐れのある債権者については、対象債権者に含めることができる」とされています。

　例えば、保証債務1,500万円のうち、1,000万円を放棄してもらい、残りの500万円を分割で弁済していこうとした場合に、保証債務以外の保証人の固有債務が2,000万円ある、といった状況を考えると、500万円の分割弁済と並行して、2,000万円の保証人固有の債務が丸々残った状態で返済をしていかなければならないため、500万円の分割弁済の履行も覚束な

11　この金額は、その変更後に対象債権者となるすべての対象債権者の同意により変更することが可能です。例えば、18万円の保証債権を有している債権者Aがいた場合、本来的にはこの債権者Aは対象債権者ではありませんが、対象債権の基準を15万円以上の債権者とする場合、この債権者Aは新たに対象債権者に加わるため、基準を15万円以上に変更する場合は、債権者Aの同意が必要となります。

くなるかと思います。

　このような場合は、保証人の固有債務2,000万円を放置したまま、原則的な対象債権である保証債権のみを対象債権として債務整理を行うことは一般的には困難と考えられ、保証人の固有債務の債権者についても、経営者保証GLの対象債権者に加えた上で、一体としての債務整理が図れるように努めるべきでしょう。

　なお、このような場合の注意点として、金融機関以外の債権者に対する説得の困難性という問題があります。債務整理を図る保証人としては、保証人の固有債務や、取引先との取引債権を主債務とする保証債務等の、本来的な対象債権以外の債権を対象債権に含んで債権放棄を行ってもらったほうが、保証人の総負債額が減ることになるため、保証人にとってはメリットであることは間違いありません。

　もっとも、金融機関等の債権者については、経営者保証GLの手続が比較的浸透してきており、経営者保証GLの利用を打診したとしても（債権放棄について同意を得られるかについては、もちろん弁済計画の内容次第ではありますが）、少なくとも手続利用自体に否定的な反応を示されることは少なくなってきていると思われますが、他方で金融機関以外の取引債権者やカードローン債権者等については、通常、経営者保証GLの対象債権者として手続に関与することはあまりないため、経営者保証GLの手続利用を打診したとしても協力を得られないか、否定的な反応をされることも多いかもしれません。

　その意味で、経営者保証GLの本来的な対象債権者以外の債権者（特に金融機関以外の債権者等）を対象債権に加えるには、相応のハードルがある点には注意が必要でしょう。

　このような債権者を対象債権者に加えようとする場合、単に経営者保証GLを利用するので協力して欲しい、といった依頼をするのみでは不十分です。保証人及び支援専門家としては、経営者保証GLの内容や趣旨、経営者保証GLにおいて本来的な対象債権者以外も対象債権者として加える

ことができることになっていること等を丁寧に説明して、手続への理解を求めることが必要となります。

(2) 主たる債務者が廃業型私的整理手続を行う場合

経営者保証GLの対象債権者の考え方については、上記 **(1)** で記載したところが原則型となりますが、主たる債務者が廃業型私的整理手続を選択する場合には、上記とは異なる配慮が必要となります。

中小再生GLにおける廃業型私的整理手続の解説でも記載したとおり（第2章3.（107頁）参照）、主たる債務者である中小企業が廃業を選択する場合、事業継続のために用いていたリース物件については不要となることが一般的であり、リース物件を返却しようとする場合、残リース料の支払いが問題となります。

そのため、廃業型私的整理手続においては、リース債権者も対象債権者に含めることとされています。

経営者保証GLにおいても、上記と同様の考え方がとられており、令和4年3月に公表された「廃業時における『経営者保証に関するガイドライン』の基本的考え方」においては、リース債権者が保証債務整理に関する協議を求められた場合には、「ガイドラインに基づく対象債権者として参加することが強く求められる」とされています。

したがって、主たる債務者が廃業型手続を行う場合における経営者保証GLの利用にあたっては、経営者保証GLの対象債権者にリース債権者を加えるべきと考えられます[12]。

---

12 公益社団法人リース事業協会が公表している「中小企業向けのリース契約に関する経営者保証ガイドライン」においても、中小企業・小規模事業者及び保証人からリース契約の保証に関する要望がある場合において、上記ガイドラインが定める要件を充足する場合は、会員会社は、「その意向を真摯に検討の上、「経営者保証ガイドライン」の対象債権者として、保証債務の整理に誠実に対応する」ものとされています。なお、この規定は廃業型私的整理手続に限定された規定ではなく、再生型私的整理手続においても妥当する規定です。

　また、「廃業時における『経営者保証に関するガイドライン』の基本的考え方」においては、保証人の住宅ローンを含むその他の固有の債務の債権者（以下「固有債権者」という。）が、債務整理に関する協議を求められた場合、「誠実に対応することが望ましい」とされています。

　主たる債務者である中小企業等が廃業する場合、その経営者等である保証人は、一般的にはこれまでの収入を失うこととなり、その後の債務返済に困難を来すことが多いと思われることから、主たる債務者である中小企業等が廃業を行う場合は、その保証人についても、その後の生活再建を図るために、リース債権者や固有債権者も対象債権者に加え、保証人が負っている債務を一体として整理することが望ましいと考えられます。

5　経営者保証ガイドラインを利用する場合の手続選択

　経営者保証GLを利用する場合、「経営者保証GL」という独立した手続があるわけではないため、利用する手続としては、中小再生GL等の準則型私的整理手続、特定調停等の裁判所における手続、対象債権者との交渉による純粋私的整理のいずれかの手続を用いることになります。

　また、この場合、手続の進め方については、大きく分けて、①法人の債務整理と一体として保証債務整理を図る方法（以下「一体型」という。）と、②法人の債務整理とは別に、保証人単独で債務整理を図る方法（以下「単独型」という。）の２つがあります。

　後でも述べますが（本章2.の8（182頁）参照）、主たる債務の整理手続の終了後に保証債務の整理を開始したときには、破産手続における自由財産以上の財産、いわゆるインセンティブ資産を保証人の手元に残せなくなるため、主たる債務者の債務整理手続と一体で整理できないような特段の事情のない限りは、経営者保証GLの利用は主たる債務者との一体型の手続で利用することが望ましいといえます。また、主たる債務者が民事再生等の法的整理手続であるため、一体型の手続が選択できない場合において

も、主たる債務者の法的整理手続の終結前に、単独型の保証債務整理手続を開始することが望ましいといえます（単独型は、あくまで主たる債務者と手続が別というだけで、主たる債務者の手続と「並行して」行うことは可能であり、原則としてそうすべきです）。

　以下、一体型の手続と単独型の手続について解説します。

(1) 一体型

　保証人が経営者保証GLを利用して主たる債務者と一体での保証債務整理を図る場合、主たる債務者が利用する手続は、中小再生GL、事業再生ADR、地域経済活性化支援機構（REVIC）、特定調停手続（日弁連特定調停スキーム（一体再生型)[13] 及び中小企業活性化協議会といった私的整理手続の各手続となり、主たる債務者が法的整理手続を選択する場合には一体型の手続を利用することはできません。なぜなら、経営者保証GLの手続は私的整理手続であり、それと一体的に利用できる手続は私的整理手続である必要があるからです。

　上記の私的整理手続のうち、事業再生ADRは中堅～大企業を対象とすることが多い手続で、手続費用が相対的に高額であり、地域経済活性化支援機構（REVIC）は全国に拠点があるわけではなく、特定調停手続（日弁連特定調停スキーム）については、調停申立前に事前の債権者間の調整が必要となる等の難しさがあります。そのため、中小企業が一体型の手続を利用しようとする場合、保証人が住んでいる地域の中小企業活性化協議会か、中小再生GLの利用をまずは検討するのがよいのではないかと思われます。

　中小企業活性化協議会と中小再生GLとの主な相違点については、**第1**

---

13 日弁連特定調停スキーム（一体再生型）については、日本弁護士連合会ウェブサイト（https：//www.nichibenren.or.jp/activity/resolution/chusho/tokutei_chotei.html）に、「事業者の事業再生を支援する手法としての特定調停スキーム利用の手引（旧名称：金融円滑法終了への対応策としての特定調停スキーム利用の手引き）」が掲載されています。詳しくはそちらを参照してください。

章**5.**（21頁）を参照してください。

(2) 単独型

　上記 **(1)** の一体型のところで記載したとおり、一体型の手続について
は、主たる債務者が私的整理手続をしている場合にしか利用することがで
きません。したがって、何らかの理由で主たる債務者である中小企業等が
法的整理手続を選択したケースや、主たる債務者の債務整理手続の終了後
に保証債務整理手続を行おうとする場合（ただし、前述のとおり、保証債務
整理手続の開始が主たる債務者の債務整理手続終了後になることは、特段の事情が
ない限り避けるべきです）は、単独型の手続において経営者保証GLを利用
することになります。

　単独型として利用できる手続としては、特定調停手続（日弁連特定調停
スキーム（単独型）[14]）、中小企業活性化協議会、純粋私的整理（対象債権者
との交渉）の手続のいずれかとなります。

　特定調停手続の場合、裁判所が積極的に保証人の手続遂行をサポートす
るわけではなく、純粋私的整理についても手続をサポートしてもらえる第
三者機関等があるわけではないため、保証人の代理人弁護士等が手続に慣
れているような場合を除き、単独型の場合はまずは保証人が住んでいる地
域の中小企業活性化協議会に相談するのがよいでしょう。

┃ 6　経営者保証GLによる保証債務整理手続の流れ

　経営者保証GLにおける保証債務整理手続の一般的な流れは、次のとお
りとなります。

---

14 日弁連特定調停スキーム（単独型）については、日本弁護士連合会のウェブサイト
（https : //www.nichibenren.or.jp/activity/resolution/chusho/tokutei_chotei.html）
に、「経営者保証に関するガイドラインに基づく保証債務整理の手法としての特定
調停スキーム利用の手引」が掲載されています。詳しくはそちらを参照してくださ
い。

【図表3-6】経営者保証GLを用いた保証債務整理の流れ

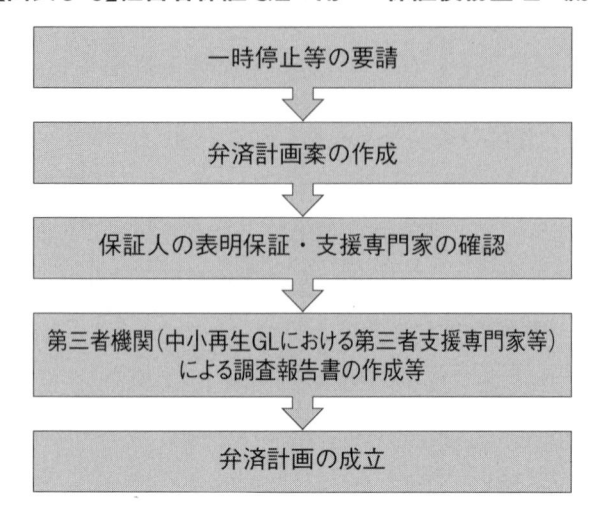

なお、**本章2.の5**（177頁）に記載のとおり、「経営者保証GL」という独立した手続があるわけではなく、実際上は、中小再生GLや中小企業活性化協議会等の手続を用いて経営者保証GLを利用することになるため、どの手続を用いるかによっても手続の進行が異なり得る点は留意してください。

中小企業活性化協議会等による経営者保証GLの手続進行については、「中小企業活性化協議会実施基本要領　別冊4　中小企業活性化協議会等の支援による経営者保証に関するガイドラインに基づく保証債務の整理手順」[15]が参考になります。

また、一体型か単独型かによっても変わってくることとなり、一体型の場合は、主たる債務者の債務整理手続と歩調を合わせながら保証人の債務整理手続を進めなければならないといった配慮も必要となります。

一体型の場合で、中小再生GL手続と並行して経営者保証GL手続を利用する場合には、例えば、中小企業の中小再生GLにおける事業再生計画

---

15 https : //www.chusho.meti.go.jp/keiei/saisei/download/yoryo_04.pdf

案の中に経営者の弁済計画案を記載する等の方法により、経営者保証GLの手続を中小再生GLの手続の中に取り込む等の対応が考えられます。

7　一時停止等の要請

保証人及び支援専門家は、経営者保証GLの手続を利用しようとする場合、対象債権者に対して保証債務に関する一時停止や返済猶予（以下「一時停止等」という。）の要請をする必要があります。

対象債権者は、以下のすべての要件を充足する場合には、一時停止等の要請に対して誠実かつ柔軟に対応するように努めるものとされており（経営者保証GL7.(3)①）、保証人及び支援専門家としては、以下の各要件を満たす一時停止等の要請を行うべきです。

イ)	原則として、一時停止等の要請が、主たる債務者、保証人、支援専門家が連名した書面によるものであること（ただし、全ての対象債権者の同意がある場合及び保証債務のみを整理する場合で当該保証人と支援専門家が連名した書面がある場合はこの限りでない）。
ロ)	一時停止等の要請が、全ての対象債権者に対して同時に行われていること。
ハ)	主たる債務者及び保証人が、手続申立て前から債務の弁済等について誠実に対応し、対象債権者との間で良好な取引関係が構築されてきたと対象債権者により判断され得ること。

上記のうち、ハ）の要件については、主たる債務者である中小企業等において、保証人である経営者が粉飾を主導していたといった事情がある場合や、保証債務の整理に着手する前に、主たる債務者又は保証人に債務不履行等があった場合に、「良好な取引関係が構築されてきた」といえるかが問題となり得ます。

この点を直接的に規定した経営者保証GLのQAはありませんが、経営者保証GLの対象となる保証人の要件で記載したところ（**本章2.の2(3)**（166頁））が基本的にここでも妥当し、「債務整理着手前や一時停止前において、主たる債務者又は保証人による債務不履行や財産状況等の不正確な開

示があったことなどをもって直ちにガイドラインの適用が否定されるものではなく、債務不履行や財産の状況等の不正確な開示の金額及びその態様、私的流用の有無等を踏まえた動機の悪質性といった点を総合的に勘案して判断すべき」という経営者保証QA各論Q 3-3の記載に基づき判断すべきと考えれます。

　したがって、一時停止等の要件を満たすか否かは、過去の粉飾等の態様や悪質性等から判断されるべきものであって、過去に粉飾等や債務不履行があったという事実のみをもって、一時停止等の要件を満たさないと判断すべきではないと考えられます。

　一時停止等を行うタイミングですが、単独型の場合は、保証債務整理に着手したときは速やかに一時停止等の要請を行うべきと考えられます。

　他方で、一体型の場合においては、中小再生GLや中小企業活性化協議会の手続を念頭に置くと、主たる債務者が行う債務整理手続の一時停止の要請と同じタイミングで保証人の一時停止等の要請を行うことも考えられますし、主たる債務者の一時停止の要請を先行させ、主たる債務者の債務整理手続がある程度進行した段階で、主たる債務者の一時停止の要請とは別に、保証人のみの一時停止等の要請を行うといった対応も考えられるでしょう。

8　保証人の手元に残せる資産（残存資産（インセンティブ資産））

(1)　残存資産の範囲

　経営者保証GLを利用する保証人については、破産法における自由財産（自由財産については**本章1.の2 (2)**（159頁）参照）に加えて、残存資産（保証人である経営者に、早期に主たる債務者の債務整理に着手するようインセンティブを与えるという趣旨があることから、経営者保証GLに直接的には出てこない言葉ですが、実務的には「インセンティブ資産」と呼ばれることも多いです）を保証人の手元に残すことができ、当該残存資産の制度が、信用情報機関に掲載

されないことと並んで、経営者保証GLの最大のメリットの一つといっても過言ではないでしょう。

　経営者保証GL上、以下の資産について、対象債権者の回収見込額の増加額（本項 **(7)** （193頁）で詳述します）を上限として、残存資産とすることが認められ得るとされています（経営者保証GL 7.(3)③、経営者保証QA各論Q 7-14）。

①	破産法上の自由財産
②	一定期間の生計費に相当する現預金
③	華美でない自宅
④	主たる債務者の実質的な事業継続に最低限必要な資産
⑤	その他の資産

　以下、詳述します。

(2) 破産法上の自由財産

　破産法上の自由財産の代表的なものとして、99万円以下の現金が挙げられますが、詳細は**本章1.の2 (2)**（159頁）を参照してください。

　これらの自由財産については、破産手続においても原則として保持したままとできるため、経営者保証GLにおいても残存資産として認められています。

(3) 一定期間の生計費に相当する現預金

　一定期間の生計費に相当する現預金についても、経営者保証GLにおける残存資産として認められ得ます（経営者保証QA各論Q 7-14）。

　「一定期間」とは、雇用保険の給付期間の考え方等を参考にするものとされています。

　「生計費」については、1月あたりの「標準的な世帯の必要生計費」として、民事執行法施行令で定める額（33万円）を参考にするものとされて

います。

　これらの考え方を図示すると、以下のとおりとなります。

【図表3-7】一定期間の生活費に相当する現預金

保証人の年齢	給付期間	目安額
30歳未満	90日〜180日	99~198万円
30歳以上35歳未満	90日〜240日	99~264万円
35歳以上45歳未満	90日〜270日	99~297万円
45歳以上60歳未満	90日〜330日	99~363万円
60歳以上65歳未満	90日〜240日	99~264万円

　保証人の年齢に応じて、**図表3-7**の目安額の範囲内の金額が「一定期間の生計に相当する現預金」として、残存資産として認められます。65歳以上については、経営者保証GLにおいて特段の定めがありませんが、これは経営者保証GLの制定時に65歳以上については雇用保険の対象外であったため記載されていないに過ぎないと考えられ、経営者保証GLにおいて、65歳以上の保証人については一定期間の生計費に相当する現預金が一切認められないと考える合理性はありません。そのため、65歳以上の保証人については、60歳以上65歳未満に準じるのが相当と考えられます。

　なお、当該金額は、破産法上の自由財産に「加えて」認められるものであり、実際は、上記の目安額に、破産法上の自由財産である99万円を加えた金額を、残存資産として保証人の手元に残すことが可能です。

　上記は経営者保証GLの一つの目安となる金額ですが、必ずこの金額に限られるというわけではありません。経営者保証QA各論Q7-14においても、「上記のような考え方を目安としつつ、保証人の経営資質、信頼性、窮境に陥った原因における帰責性等を勘案し、個別案件毎に増減を検討すること」とされています。

例えば、主たる債務者である中小企業等が窮境に陥った原因が、感染症の拡大等に伴う売上減少であり、経営者である保証人に帰責性がない（あるいは相対的に少ない）といった場合や、保証人やその家族が持病を抱えており、通院療養費等に相応の支出が見込まれる場合等については、上記の目安額を超えて残存資産とすることも経営者保証GLの趣旨からは許容されるものと考えられます。

(4) 華美でない自宅

❶自宅に担保が設定されていない場合

一定期間の生計費に相当する現預金に加え、「華美でない自宅」についても残存資産の範囲に含めることが可能です[16]。

何をもって「華美でない」というかについては、経営者保証GL上は特段の定めをしておらず、実務的には周辺相場や築年数、同居者の有無・人数、扶養家族や要介護者の有無等の諸般の事情を踏まえて判断されることが多く、この金額以下であれば華美でないといった基準があるわけではありません。

地域の実情等によっても大きく左右されると思われ、例えば、同じ金額（評価額）であっても、東京等の都市部の相場からすると「華美でない」とされるものが、地方では「華美である」と判断されることもあると思います。逆に、土地・建物の広さについては、都市部においては華美だとされるものが、地方では華美でないと判断されることもあると思われます。

地域の実情や、最終的には対象債権者の担当者の感覚的なところに左右

---

16 経営者保証QA各論Q7-14では、『自宅が店舗を兼ねており資産の分離が困難な場合その他の場合で安定した事業継続等のために必要となる「華美でない自宅」については、回収見込額の増加額を上限として残存資産に含めることも考えられます』とされており、自宅が事業継続のために必要となる場合が典型例として挙げられています。しかしながら、事業継続「等」のために必要となると記載されていることから、必ずしも自宅が事業継続に必要な場合でなくとも、「華美でない自宅」として残存資産の対象に含めることは経営者保証GL上否定されていないと考えられます。

されるという側面も否定できないため、自宅を「華美でない自宅」として残存資産に含めようとする場合は、保証人及び支援専門家は、当該自宅が「華美でない」ことを、上記に挙げたような考慮要素を用いつつ、対象債権者に丁寧に説明することが望ましいでしょう。

❷自宅に担保が設定されている場合
a．住宅ローン[17]の担保が設定され、住宅ローン残高が自宅の価値を上回る場合

【図表3-8】自宅の価値＜住宅ローン残高の場合

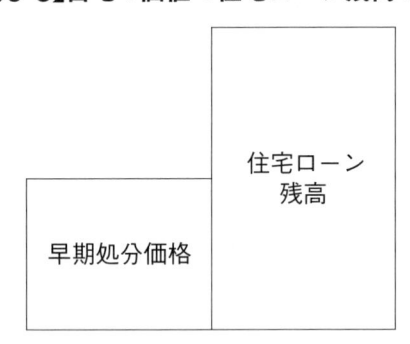

何らの担保も付いていない自宅の場合は、当該自宅を残存資産として残せるかは、前記❶のとおり、当該自宅が「華美でない自宅」かという基準で判断することとなります。

もっとも、自宅に担保権が付いている場合については、別の考慮が必要となります。

まず、保証人の資産価値については、「当該資産の価値−当該資産に設定された担保の被担保債務の額」でみることとなります。したがって、**図**

---

17 典型的に自宅に担保が設定されている場合として、住宅ローンを例に挙げていますが、住宅ローン以外の保証人に対する債権者が担保を設定している場合についても同じです。保証人ではなく主債務者に対する債権者が保証人の住宅に担保を設定している場合については、後記**d.**を参照してください。

表3-8のような「自宅の価値[18]＜住宅ローン残高」の場合、自宅の価値はマイナスですので、経営者保証GLの手続上は、保証人は当該資産を持っていない（自宅を処分して、対象債権者への弁済原資とする必要はない）と考えることになります。

　もっとも、自宅を経営者保証GLにおける資産としてみないことと、担保権者への弁済は別の話です。

　担保権は、倒産した場合でも優先される権利であり、経営者保証GLにおいてもその優先権は変わりません。したがって、担保権が設定されている場合、その担保権を無視して債務整理を行うことはできません。

　担保権が住宅ローンの担保の場合、住宅ローン債権は保証債権ではないため、原則として経営者保証GLの対象債権者に含まれません[19]。

　したがって、**図表3-8**の場合、経営者保証GLの手続上は自宅は除外して考えることができ、保証人は、住宅ローン債権者以外の対象債権者と、債務整理の弁済計画について合意を図ることとしつつ、住宅ローン債権者に対しては住宅ローンを従前どおり支払い続ける（または住宅ローン債権者と返済スケジュールの緩和を合意する）ことによって、自宅を保持することが可能となります。

　保証人の住宅ローンの支払継続が困難な場合は、親族等に自宅を売却して、当該売却代金で住宅ローンを返済し、親族等から賃借して自宅に住み続けるという方法もあります。売却代金をもって住宅ローンを完済できな

---

18 ここでいう価値は、不動産を通常の市場で売却するような金額（以下「正常価格」という。）ではなく、不動産の保有者が倒産した状況を前提に、早期に不動産を処分することを前提とした価格（以下「早期処分価格」という。）で判断することとなります。不動産の状況にもよりますが、早期処分価格は正常価格の6~7割程度の価格となることも多いです。

19 経営者保証GLにおいては「弁済計画の履行に重大な影響を及ぼす恐れのある債権者については、対象債権者に含めることができる」ものとされているため、住宅ローン債権者を対象債権者とすることは可能です。ただし、その場合でも、住宅ローンの担保価値（＝自宅の価値）相当分の弁済は必ず必要となり、担保価値部分の債権放棄を求めることはできません。

いときは、売却代金相当額を超える住宅ローンを住宅ローン債権者に免除してもらうような交渉も必要となります（一般的に「任意売却」といいます）。

b．住宅ローンの担保が設定され、住宅ローン残高が自宅の価値を下回る場合（回収見込額の増加額の範囲内）

【図表3-9】自宅の価値＞住宅ローン残高の場合

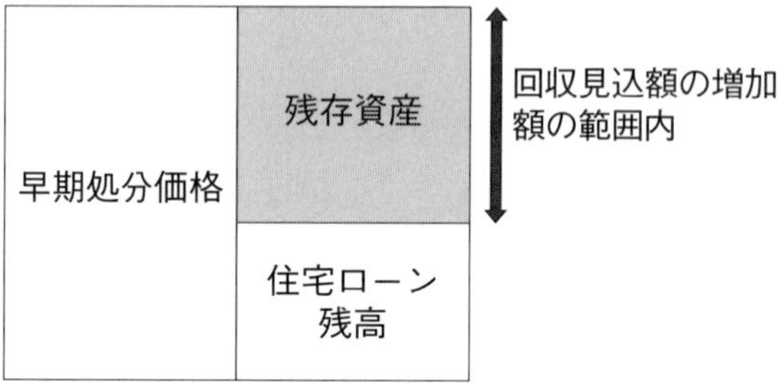

a．に記載のとおり、保証人の資産価値については、「当該資産の価値−当該資産に設定された担保の被担保債務の額」でみることとなるため、**図表3-9**のような「自宅の価値＞住宅ローン残高」の場合、自宅の価値と住宅ローン残高の差額部分は経営者保証GLの手続上、保証人の資産としてみなされ、対象債権者への弁済原資となります。

もっとも、保証人の自宅については、上記❶で記載したとおり、「華美でない自宅」であれば残存資産として手元に残すことが可能です（ただし、当該自宅の価値が回収見込額の増加額の範囲内である必要があります。回収見込額の増加額については、本項**(7)**（193頁）で詳述します）。

したがって、**図表3-9**の場合、「自宅の早期処分価格−住宅ローン残高」の残存資産の部分が「華美でない自宅」であり、かつ、当該価値相当分が「回収見込額の増加額の範囲内」であれば、その部分は自宅として保持し続けることができます。

住宅ローン残高については、原則として経営者保証GLの対象債権には含まれないため、この部分は従前同様の支払いを継続する（または住宅ロー

ン債権者と返済スケジュールの緩和を合意する）必要があります。

c. 住宅ローンの担保が設定され、住宅ローン残高が自宅の価値を下回る場合（回収見込額の増加額を超過する場合）

【図表3-10】自宅の価値＞住宅ローン残高だが回収見込額の増加額は超過する場合

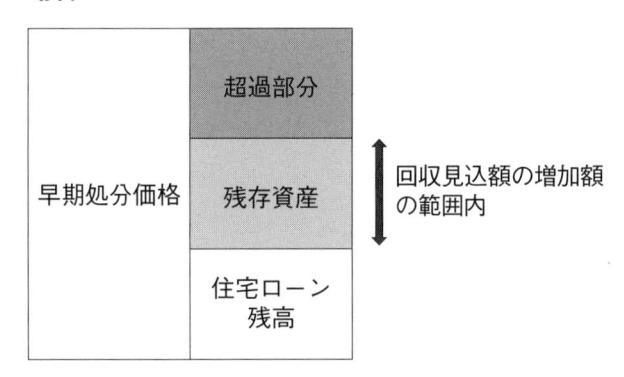

　図表3-10の場合も、b.の場合と同様に、「自宅の価値＞住宅ローン残高」であるため、当該差額部分は経営者保証GLの手続上、保証人の資産としてみなされ、原則として対象債権者への弁済原資となります。ただし、当該差額部分が「華美でない自宅」といえれば、保証人の残存資産として保証人の元に残すことが可能です。

　もっとも、b.との違いは、当該差額部分が回収見込額の増加額の範囲に収まっていないという点です。

　詳しくは本項（7）（193頁）に記載しますが、華美でない自宅を残存資産として手元に残すためには、当該資産の価値が「回収見込額の増加額の範囲内」である必要があり、**図表3-10**の場合は、このままだと自宅を残存資産として保証人の元に残すことができません。

　では、この場合は自宅を諦めるしかないのでしょうか。

　この点、経営者保証GLにおいては、保証人が保有するすべての資産（残存資産として認められるものを除きます。）を処分・換価して、得られた金

銭をもって対象債権者に弁済する必要があるとされていますが、処分・換価することの代わりに、処分・換価対象資産の「公正な価額」に相当する額を弁済して、処分・換価を免れることができることとされています（以下「公正価額弁済」という）。

　例えば、「華美でない自宅」とはいえない5,000万円の自宅を保証人が保有していた場合、本来であれば売却して5,000万円を対象債権者への弁済原資としなければなりませんが、この5,000万円を第三者から借りる又は5年（個別事情等を考慮して、関係者間の合意により5年を超える期間の弁済計画を策定することも可能です（経営者保証QA各論Q 7-24））の分割弁済によって対象債権者に支払うことによって、この5,000万円の自宅の処分を免れることができます。

　図表3-10の場合、「自宅の早期処分価格－住宅ローン残高」の部分が「回収見込額の増加額の範囲内」を超えるため、このままだと残存資産として自宅を保持することができません。もっとも、回収見込額の増加額の範囲を超える「超過部分」を一括又は分割弁済により対象債権者に公正価額弁済を行うことによって、自宅を保持し続けることが可能となります。

　なお、住宅ローン残高については、原則として経営者保証GLの対象債権には含まれず、この部分は従前通りの支払いを継続（または住宅ローン債権者と返済スケジュールの緩和を合意）する必要がある点は**b.**と同じです。

d. 住宅ローンではなく、主たる債務者に対する貸付金の担保が設定されている場合

【図表3-11】自宅に主要債務者のための担保が設定されている場合

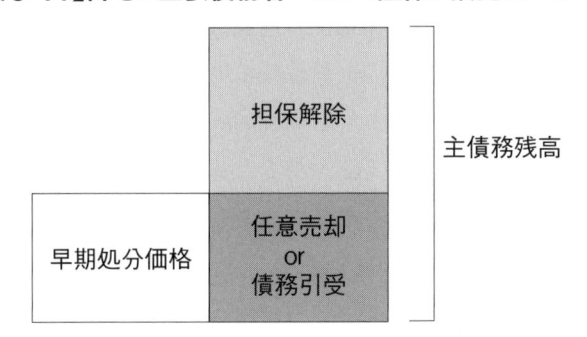

a.からc.の場合と異なり、主たる債務者に対する債権についての担保が自宅に設定されているというケースもあります。

図表3-11の場合、「自宅の価値＜主債務残高」で、自宅の価値はマイナスであるため、経営者保証GLの手続上は、自宅を保証人の資産から除外して考えることができます。

他方で、自宅に設定された担保権の被担保債務について、主たる債務者である中小企業等が債権放棄等を求めずに、リスケジュール等で残債務を完済する場合は、自宅について担保実行されることはありませんが、主たる債務者の債務整理手続において債権放棄を求める場合は、主債務の担保が設定された自宅についても担保権が実行されることとなります。

保証人の自宅に設定された担保権が実行され、自宅が売却されるのを避けるためには、①親族等に自宅の任意売却を行い[20]、売却代金で担保権者に弁済し、残額の免除を要請するか、②自宅評価額（早期処分価格）の範囲内で保証人が債務引受（主たる債務者の債務を保証人の債務に切り替えるこ

---

20 売却の際には、保証人の譲渡所得税等にも留意する必要があります。保証債務履行の特例（所得税法64条２項）の適用も検討されますが、保証人の税務については、**第7章4.**（426頁）を参照してください。

と）を行い、その後の弁済方法について担保権者と協議する、といった方法が考えられます。

(5) 主たる債務者の実質的な事業継続に最低限必要な資産

　主たる債務者の債務整理が再生型手続の場合で、本社、工場等、主たる債務者が実質的に事業を継続する上で最低限必要な資産が保証人の所有資産である場合は、原則として保証人が主たる債務者である法人に対して当該資産を譲渡し、当該法人の資産とすることにより、保証債務の返済原資から除外することが認められています。

　なお、保証人が当該法人から譲渡の対価を得る場合には、原則として当該対価を保証債務の返済原資とした上で、保証人の申出等を踏まえつつ、残存資産の範囲を検討することとされています（経営者保証QA各論Q7-14）。

(6) その他の資産

　一定期間の生計費に相当する現預金に加え、残存資産の範囲を検討する場合において、生命保険等の解約返戻金、敷金、保証金、電話加入権、自家用車その他の資産については、破産手続における自由財産の考え方や、その他の個別事情を考慮して、回収見込額の増加額を上限として残存資産の範囲を判断するものとされています。

　したがって、経営者保証GLの手続において、保証人の手元に残せる資産は必ずしも上記（2）〜（5）に記載した資産に限られるわけではなく、事案に応じて柔軟に資産を残すことが検討可能となっています。

　例えば、保証人が高齢で、同じ条件では医療保険に入れないといった場合に、当該医療保険を残存資産とすることや、生活の足となっている乗用車などは、この「その他の資産」として残存資産に加えることも、経営者保証GL上は許容されます。

(7) 残存資産の上限額

　残存資産として保証人の手元に残せる資産として、上記 **(2)** ～ **(6)** までを挙げましたが、これらに該当すれば無条件で残存資産として認められるわけではなく、対象債権者の「回収見込額の増加額」が上限となります。

　この「回収見込額の増加額」とは、「主たる債務者の債務整理が再生型手続の場合には、破産手続等の清算型手続に至らなかったことによる対象債権者の回収見込額の増加額、又は主たる債務者の債務整理が清算型手続の場合には、当該手続に早期に着手したことによる、保有資産等の劣化防止に伴う回収見込額の増加額、について合理的に見積もりが可能な場合は当該回収見込額の増加額」をいうものとされています（経営者保証GL 7.(3)③)。

　具体的には、以下の計算式により算出されます（経営者保証QA各論Q 7-16)。

　イ　主たる債務者が再生型手続の場合、合理的に見積もりが可能な場合には、①から②を控除して算出します。

　　①主たる債務の弁済計画（案）に基づく回収見込額

　　②現時点において主たる債務者が破産手続を行った場合の回収見込額

　※保証人の資産の売却額が、現時点において保証人が破産手続を行った場合の保証人の資産の売却額に比べ、増加すると合理的に考えられる場合は、当該増加分の価額も加えて算出することができます。

　ロ　主たる債務者が第二会社方式により再生を図る場合、合理的に見積もりが可能な場合には、①から②を控除して算出します。

　　①会社分割（事業譲渡を含む）後の承継会社からの回収見込額及び清算会社からの回収見込額の合計金額

②現時点において主たる債務者が破産手続を行った場合の回収見込額

※保証人の資産の売却額が、現時点において保証人が破産手続を行った場合の保証人の資産の売却額に比べ、増加すると合理的に考えられる場合は、当該増加分の価額も加えて算出することができます。

ハ　主たる債務者が清算型手続の場合、合理的に見積もりが可能な場合には、①から②を控除して算出します。

①現時点において清算した場合における主たる債務及び保証債務の回収見込額の合計金額

②過去の営業成績等を参考としつつ、清算手続が遅延した場合の将来時点（将来見通しが合理的に推計できる期間として最大3年程度を想定）における主たる債務及び保証債務の回収見込額の合計金額

※準則型私的整理手続を行うことにより、主たる債務者又は保証人の資産の売却額が、破産手続を行った場合の資産の売却額に比べ、増加すると合理的に考えられる場合は、当該増加分の価額も加えて算出することができる。

上記のそれぞれの考え方を図示すると、**図表3-12**のとおりです。

【図表3-12】回収見込額の増加額の考え方

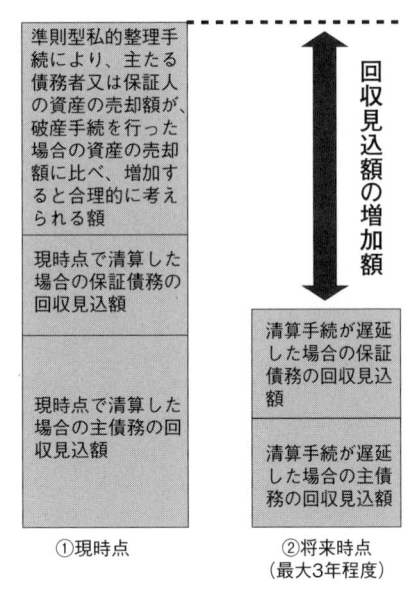

例えば、主債務者が再生型手続の場合、主たる債務者が現時点において破産したと仮定した際の対象債権者の回収見込額が1,000万円であったが、中小再生GL等の私的整理手続における再生計画において対象債権者に2,500万弁済できるという場合、両者の差額は1,500万円であるため、保証人の残存資産の上限額はこの1,500万円が上限となります。

仮に、保証人の自宅が「華美でない自宅」であったとしても、「自宅の価値－住宅ローン残高」の金額が1,500万円を超過している場合は、「回収見込額の増加額の上限」を超過しているため、華美でない自宅を残存資産として残すことはできません（ただし、超過分を「公正価額弁済」することによって、自宅を保持することは可能です。詳しくは、**本章2.の8（4）❷c.**（189頁）を参照してください）。

主たる債務者が、中小再生GLにおける廃業型私的整理手続を利用する等、清算型手続の場合は、少し異なった考え方となります。

すなわち、主たる債務者及び保証人が現時点で清算した場合の対象債権者の回収見込額は主たる債務者からの回収が1,000万円、保証人からの回収が500万円であったものの、主たる債務者が廃業型私的整理手続等の清算型手続に着手するのが遅れ、その間資金流出が続き、仮に3年後に清算型手続に着手したとした場合、主たる債務者からの回収が500万円、保証人からの回収が200万円に目減りしていたとします。この場合、現時点で清算すれば主たる債務者と保証人との合計で1,500万円の回収が見込めたものの、清算手続の着手が遅れることより700万円まで回収見込額が目減りすることが想定されることから、この場合の回収見込額の増加額は800万円となります。

これらの例からも明らかなとおり、保証人の残存資産の範囲を拡大するためには、主たる債務者が再生型手続の場合は、主たる債務者の再生計画において、破産時よりもより多くの弁済を行えるような計画を作成することが重要となり、また、主たる債務者が清算型手続の場合には、早期に清算に着手することが重要になることが分かります。

もっとも、主たる債務者の再生計画によって、対象債権者の回収見込額が2億円増えたからといって、2億円の残存資産を残そうとしても、対象債権者の理解は得られません。

「回収見込額の増加額」は、あくまで上限としての意味合いを有するものであって、当該上限以内であれば無制限に認められるというわけではなく、保証人としては、上記 **(2)〜(6)** に記載したような資産について、残存資産に含めることの必要性等も勘案した上で、残存資産の範囲を決定する必要があります（経営者保証GL 7.（3）③ a ））。

(8) 残存資産が認められるための時的限界

残存資産が認められるためには、経営者保証GLの手続開始について、時的限界がある点には注意が必要です。

経営者保証GLによれば、「主たる債務の整理手続の終結後に保証債務

の整理を開始したとき」には、残存資産は認められないものとされています（経営者保証GL 7.（3）③）。

　経営者保証GLの利用手続が一体型の場合は、保証債務の整理開始前に主たる債務の整理手続が終結するという事態は通常ないと思われますが、経営者保証GLを単独型で利用しようとする場合には注意が必要です。

　経営者保証GLを単独型で利用しようとする保証人は、主たる債務者の債務整理手続が終結するまでに、少なくとも経営者保証GLにおける一時停止等の要請が行えるよう、主たる債務者の債務整理手続のスケジュールも意識しながら、準備を進めることが望ましいといえます。

9　資産開示・表明保証

　保証人は、すべての対象債権者に対して、保証人の資力に関する情報を誠実に開示し、開示した情報の内容の正確性について表明保証を行うとともに、支援専門家は、対象債権者からの求めに応じて、当該表明保証の適正性についての確認を行い、対象債権者に報告しなければならないものとされています（経営者保証GL 7.（3）⑤イ））。

　また、保証人は自らの資力を証明するために必要な資料を提出することが求められています[21]（経営者保証GL 7.（3）⑤ロ））。

　本章2.の**8**（182頁）で記載した残存資産を対象債権者に認めてもらう前提として、保証人が有する資産を正確に開示しなければ、対象債権者としても残存資産の範囲の適否を判断することができないため、支援専門家となった者は、保証人の資産を正確に確認するよう努めるとともに、保証人

21　保証人の預金通帳等の資産内容を疎明する資料を対象債権者に開示する必要があるかについては、保証人が選択する手続等も踏まえてケースバイケースの判断となるでしょう。例えば、中小再生GLを利用する場合においては、公正中立な第三者として第三者支援専門家が存在するため、第三者支援専門家に対してのみ疎明資料を提示することをもって、保証人の資産内容の正確性を説明するという方法も許容されると考えられます。

自身も虚偽等を述べることがないよう、正確な資産開示に努めるべきです。

　保証人の表明保証と支援専門家の確認について、日本弁護士連合会のウェブサイト[22]に、「経営者保証に関するガイドラインに基づく保証債務整理の手法としての特定調停スキーム利用の手引」が掲載されており、同手引内の書式2-1及び2-2に表明保証及び確認書、資産目録が添付されていて、特定調停以外の他の手続においても用いることが可能と思われるため、以下引用します。

---

22 https : //www.nichibenren.or.jp/activity/resolution/chusho/tokutei_chotei.html

資産に関する表明保証書

●●●●銀行　御中

　私の資産は，別紙資産目録のとおりであり，その余の資産を有しない旨を表明し保証します。

　　　　　年　　　月　　　日

　　　　　　　　　（保証人）
　　　　　　　　　　住　所

　　　　　　　　　　氏　名　　　　　　　　　　　　　　　　□

- -

【保証人名】による上記の表明保証が適正であることを確認いたしました。
　　　　　年　　　月　　　日

　　　　　　　　　（支援専門家）
　　　　　　　　　　住　所

　　　　　　　　　　氏　名　　　　　　　　　　　　　　　　□

（出典）日本弁護士連合会「経営者保証に関するガイドラインに基づく保証債務整理の手法としての特定調停スキーム利用の手引」書式2-1

資 産 目 録
(●年●月●日時点)

1 現金

2 預金

金融機関・支店名	口座の種類	口座番号	残額（評価額）
			円

3 不動産

種別	所在地	地目／構造・規模	地積／床面積（㎡）	評価額	備考（借入状況, 担保状況等）

4 貸付金

相手方	評価額	備考（回収見込み等）

5 保険

保険会社名	証券番号	解約返戻金額	備考

6 有価証券, ゴルフ会員権等

種類	数量	評価額	備考
			円

7 その他資産 （貴金属, 美術品等）

品名	購入金額	備考（換価可能性等）

※住宅, 車両リース等担保付資産がある場合, 担保資産の価値と被担保債務額を比較し, (余剰)の資産価値を試算した金額を備考欄に記載ください。

負債目録[1]
(●年●月●日時点)

1 弁済計画により権利変更の対象となる債権者（経営者保証に関するガイドラインの対象債権者）に対して負担する債務

金融機関名	残高	備考(担保状況等)

2 1以外の債務（住宅ローンやカードローン等）

債権者名	残高	備考(担保状況等)

※日常的に発生する少額債務を除く

1 固有の債権者を対象債権者に含めない場合，弁済計画案の履行可能性や相当性の検証や説明のため，「表明保証書」に「負債目録」を添付することを検討ください。

(出典) 日本弁護士連合会「経営者保証に関するガイドラインに基づく保証債務整理の手法としての特定調停スキーム利用の手引」書式2—2

　仮に、保証人が表明保証した資産の内容等に誤りがあった場合ですが、経営者保証GLにおいては、「保証人が開示し、その内容の正確性について表明保証を行った資力の状況が事実と異なることが判明した場合（保証人の資産の隠匿を目的とした贈与等が判明した場合を含む。）には、免除した保証債務及び免除期間分の延滞利息も付した上で、追加弁済を行うことについて、保証人と対象債権者が合意し、書面での契約を締結すること」が求められています（経営者保証GL 7.（3）⑤ニ））。

　保証人と支援専門家が作成した弁済計画について、対象債権者の合意を

得て、保証債務の免除を得られたとしても、後日、表明保証の対象に含まれていなかった保証人の新たな資産が発覚する等、表明保証の誤りが判明した場合は、せっかく得られた保証債務の免除が後日取り消されることとなり、追加弁済を求められることになるため、資産開示・表明保証等については事実と異なる内容が記載されないように慎重に対応する必要があります。

なお、「保証人が開示し、その内容の正確性について表明保証を行った資力の状況が事実と異なることが判明した場合」には、保証人による「故意」の財産隠匿のみならず、保証人の「過失」により、表明保証を行った資力の状況が事実と異なる場合も含まれるものとされています。ただし、当該過失の程度を踏まえ、当事者の合意により、当該資産を追加的に弁済に充当することにより、免除の効果は失効しない取扱いとすることも可能とされています。また、そのような取扱いとすることについて保証人と対象債権者が合意し、書面で契約しておくことも考えられるとされています（経営者保証QA各論Q7-31）。

例えば、保証人が1億円の保証債務免除を受けた後に、表明保証の対象となっていない1,000万円の資産が新たに判明した場合において、当該表明保証の誤りが、保証人の故意ではなく過失であるときは、1億円の保証債務免除の効果が全部失効するとはせずに、1,000万円の部分に限って保証債務が復活し、保証人はこの1,000万円部分のみを対象債権者に追加弁済することで足りる、という点を弁済計画案に定めておくことが考えられます。

具体的には、弁済計画案に「保証人が対象債権者に対し開示し、その内容の正確性について表明保証を行った資力の状況が事実と異なることが判明した場合には、免除を受けた保証債務額及び免除期間分の遅延損害金を付した上で追加弁済をいたします。もっとも、資産の状況が事実と異なることが保証人の故意又は重過失によるものでないときは、新たに判明した財産等により弁済可能な範囲に限って、追加弁済を行います。これらの場

合、当該追加弁済が行われる範囲で、保証債務の免除の効力は失われるものとします。」といった規定を設けることが考えられます。

10　弁済計画案

(1) 弁済計画案の提出時期

保証人及び支援専門家は、残存資産の範囲や対象債権者への弁済内容、対象債権者に求める金融支援の内容等を示した弁済計画案を作成する必要があります。

弁済計画案の提出時期については、中小再生GLなど、実際に利用する手続に則って提出することとなりますが、主たる債務と保証債務の一体整理を図る場合（一体型の場合）は、主たる債務の弁済計画案の提出と同時に提出することが想定されています（経営者保証QA各論Q7-22）。

(2) 弁済計画案において定めるべき内容

経営者保証GLにおいては、弁済計画案に以下の内容を定めることが原則とされています（経営者保証GL 7.（3）④）。

a）	保証債務のみを整理する場合には、主たる債務と保証債務の一体整理が困難な理由及び保証債務の整理を法的債務整理手続によらず、このガイドラインで整理する理由
b）	財産の状況（財産の評定は、保証人の自己申告による財産を対象として、本項（3）③に即して算定される残存資産を除いた財産を処分するものとして行う。なお、財産の評定の基準時は、保証人がこのガイドラインに基づく保証債務の整理を対象債権者に申し出た時点（保証人等による一時停止等の要請が行われた場合にあっては、一時停止等の効力が発生した時点をいう。）とする。）
c）	保証債務の弁済計画（原則5年以内）
d）	資産の換価・処分の方針
e）	対象債権者に対して要請する保証債務の減免、期限の猶予その他の権利変更の内容

上記も踏まえ、実務上、弁済計画案において定められることが多い項目としては、次のような内容となります。

---

①　保証人の概要等（経歴・収入・家族構成・住居の状況等）

②　経営者保証GL要件該当性

③　（保証債務のみを整理する場合）一体整理が困難な理由及び経営者保証GLにて整理する理由

④　対象債権者、対象債権の範囲・額及び基準日

⑤　資産の状況

⑥　残存資産

⑦　弁済計画

⑧　対象債権者に対して要請する保証債務の減免、期限の猶予その他の権利変更の内容

⑨　表明保証違反があった場合の措置

⑩　経済合理性

---

(3) 弁済計画の定め方

　経営者保証GLでは、弁済計画について、次のような考え方が示されています（経営者保証GL 7.（3）④ロ））。

ロ）保証人が、対象債権者に対して保証債務の減免を要請する場合の弁済計画には、当該保証人が上記の財産の評定の基準時において保有する全ての資産（本項（3）③に即して算定される残存資産を除く。）を処分・換価して（処分・換価の代わりに、処分・換価対象資産の「公正な価額」に相当する額を弁済する場合を含む。）得られた金銭をもって、担保権者その他の優先権を有する債権者に対する優先弁済の後に、全ての対象債権者（ただし、債権額20万円以上（この金額は、その変更後に対象債権者となる全ての対象債権者の同意により変更することができる。）の債権者に限る。なお、弁済計画の履行に重大な影響を及ぼす恐れのある債権者については、対象債権者に含めることができるものとする。）に対して、それぞれの債権の額の割合に応じて弁済を行い、その余の保証債務について免除を受ける内容を記載するものとする。

　上記の考え方を実際の例に則して考えると、例えば保証人に対象債権者Ａ（債権額5,000万円・担保権2,000万円）、対象債権者Ｂ（債権額1,500万円）、対象債権者Ｃ（債権額500万円）の３社が存在し、保証人の資産が3,500万円あったとします。

　この保証人の資産3,500万円のうち、まず対象債権者Ａが有している2,000万円分の担保権については対象債権者Ａに対して優先的に返済する必要があります。

　保証人の資産からこの担保権部分2,000万円を除いた1,500万について、500万円を残存資産とする場合、残りの1,000万円の資産については、処分・換価して現金化し、対象債権者への弁済原資とする必要があります。

　対象債権者への弁済方法は、「それぞれの債権の額の割合に応じて」弁済をするものとされています（このような弁済方法を「（非保全残高）プロラタ方式」といいます。詳細は**第5章2.の4 (7)**（330頁）を参照してください）。上記の例に則していうと、保証人の資産から担保部分と残存資産部分を除いた1,000万円について、対象債権者Ａ（担保を除いた債権額3,000万円）、Ｂ（債権額1,500万円）、Ｃ（債権額500万円）の割合（3,000 : 1,500 : 500）に応じた弁済をすることとなり、具体的には対象債権者Ａに600万円、Ｂに300万円、Ｃに100万円の弁済を行うこととなります。

　この弁済については、一括での支払いももちろん可能ですが、5年以内の分割弁済とすることも可能です。また、個別事情等を考慮して、関係者間の合意により5年を超える期間の弁済計画を策定することも可能とされています（経営者保証QA各論Q 7-24）。

　これらの弁済により弁済を受けられなかった部分については、対象債権者より保証債務の免除を受けることとなります。

(4) 経済合理性
　保証人の弁済計画案については、対象債権者にとって経済合理性が認

められるものである必要があります。

　経営者保証GLにおける経済合理性は、以下のように考えられています（経営者保証QA各論Q 7-13[23]）。

---

a．主たる債務者の整理が再生型手続の場合

　主たる債務者が再生型手続の場合、以下の①の額が②の額を上回る場合には、ガイドラインに基づく債務整理により、破産手続による配当よりも多くの回収を得られる見込みがあるため、一定の経済合理性が認められるとされています。

①　主たる債務及び保証債務の弁済計画（案）に基づく回収見込額
（保証債務の回収見込額にあっては、合理的に見積もりが可能な場合。以下同じ。）の合計金額

②　現時点において主たる債務者及び保証人が破産手続を行った場合の回収見込額の合計金額

b．主たる債務者の整理が第二会社方式の場合

　主たる債務者が第二会社方式により再生を図る場合、以下の①の額が②の額を上回る場合には、ガイドラインに基づく債務整理により、破産手続による配当よりも多くの回収を得られる見込みがあるため、一定の経済合理性が認められるとされています。

①　会社分割（事業譲渡を含む）後の承継会社からの回収見込額及び清算会社からの回収見込額並びに保証債務の弁済計画（案）に基づく回収見込額の合計金額

②　現時点において主たる債務者及び保証人が破産手続を行った場合の回収見込額の合計金額

---

23 経営者保証QA各論Q 7-13は、厳密には残存資産の範囲の判断基準としての「経済合理性」に関するQAですが、この考え方と弁済計画案における経済合理性の考え方を分けて考える合理性はないため、弁済計画案における経済合理性についても、経営者保証QA各論Q 7-13に準じて考えてよいものと思われます。

c. 主たる債務者の整理が清算型手続の場合

主たる債務者が清算型手続の場合、以下の①の額が②の額を上回る場合には、ガイドラインに基づく債務整理により、破産手続による配当よりも多くの回収を得られる見込みがあるため、一定の経済合理性が認められるとされています。

① 現時点において清算した場合における主たる債務の回収見込額及び保証債務の弁済計画（案）に基づく回収見込額の合計金額

② 過去の営業成績等を参考としつつ、清算手続が遅延した場合の将来時点（将来見通しが合理的に推計できる期間として最大3年程度を想定）における主たる債務及び保証債務の回収見込額の合計金額

残存資産の範囲の上限としての「回収見込額の増加額」（**本章2.の8 (7)**）（193頁）参照）の計算式と似ていますが、主たる債務者が再生型手続の場合、「回収見込額の増加額」については、主たる債務者のみの弁済額を考慮して計算するのに対して、「経済合理性」については、主たる債務者と保証人を合わせて計算する等、内容が少し異なる点に注意が必要です。

なお、経済合理性との関係で、弁済計画において対象債権者への弁済を0円とし、保証債務等の対象債権全額の免除を求めるという弁済計画（いわゆる「ゼロ円弁済」）が、経営者保証GL上許容されるかという点は一応問題となり得ます。

上記a.からc.のいずれの計算式においても、「①＞②」という関係性にありましたが、②の破産時等の回収見込額が0円である場合に、①も0円として「①＝②＝0円」という弁済計画が認められるか、とも置き換えることができます。

この点、経営者保証GL 7.（1）ハ）においては、「主たる債務者の資産及び債務並びに保証人の資産及び保証債務の状況を総合的に考慮して、主たる債務及び保証債務の破産手続による配当よりも多くの回収を得られる

見込みがある『など』、対象債権者にとっても経済的な合理性が期待できること」とされており、上記a.からc.の計算式における「①＞②」は、経済合理性が認められる一例に過ぎず、必ずしもこれのみに限定されているわけではありません。

「廃業時における『経営者保証に関するガイドライン』の基本的考え方」においても、「保証人が対象債権者に対し、弁済する金額が無い弁済計画（いわゆるゼロ円弁済）もガイドライン上、許容され得ることに留意する」と明記されており（なお、当該文言は「廃業時における『経営者保証に関するガイドライン』の基本的考え」に記載されているものの、文脈上は「廃業時」に限定された記載となっておらず、主債務者が「再生型手続」の場合のゼロ円弁済も否定されていないものと考えられます）、経営者保証GLにおいてはゼロ円弁済を内容とする弁済計画も許容されていると考えてよいでしょう。

第 **4** 章

第 **4** 章

事業再生のための方法

1. 事業再生のための方法

1　過去の私的整理手続で使われた事業再生の方法

　本章では、中小企業の事業再生のための主な方法を解説します。中小企業の事業再生の方法には様々な方法がありますが、実際にはどのような方法が使われるのでしょうか。

　過去に中小企業活性化協議会が関与した案件で利用された方法は、**図表4-1**のとおりです。

　図表4-1によれば、「金融機関による条件変更（リスケジュール（以下「リスケ」という。））」が87.8％と圧倒的に多いことが分かります。次に多いのは、「第二会社方式による債務免除の実施」の7.1％となります。金融機関による直接放棄は2.1％となっており、債務免除の実施は合計で9.2％となっています。このように事業再生の方法としてはリスケが多く、債務免除は少ないといえます。また、債務免除の場合にも、直接放棄ではなく、第二会社方式を通じて債務免除がなされている事例が多いことが分かります。

【図表4-1】中小企業活性化協議会が関与した案件で利用された方法

金融支援	累積		2022年度	
	企業数	割合	企業数	割合
債務免除の実施	1,624	9.2%	115	10.8%
直接放棄	368	2.1%	4	0.4%
譲渡・分割による第二会社方式	1,256	7.1%	111	10.4%
金融機関、取引先からの借入金の株式化（DES）	80	0.5%	1	0.1%
金融機関による借入金の資本的劣後ローン（DDS）	457	2.6%	2	0.2%
協議会版資本的借入金	597	3.4%	14	1.3%
金融機関による条件変更（リスケジュール）	15,524	87.8%	949	88.9%
2005年税制改正適用	45	0.3%	1	0.1%
RCCや債権管理会社からの卒業	190	1.1%	0	0.0%
ファンド活用	435	2.5%	23	2.2%
※完了案件総数	17,675		1,067	

（注1）同一案件で複数に該当する場合があるため、上記の合計は完了案件総数と一致しない。

（注2）債務圧縮や減免を伴う抜本的な支援（債務免除の実施、金融機関、取引先からの借入金の株式化（DES）、金融機関による借入金の資本的劣後ローン（DDS）、協議会版資本的借入金）の割合は15.7%。

（出典）中小企業庁金融課「中小企業活性化協議会の活動状況について〜2022年度活動状況分析〜」2023年7月

2　中小企業の事業再生のための主な方法

　中小企業の事業再生のための主な方法は、その目的・効果によって、①会社のキャッシュフローを改善する方法、②会社のキャッシュフローを改善し、かつ財務内容を再構築する方法、③資金調達をするための方法の3つに大きく分類することができます（**図表4-2**）。

【図表4-2】事業再生のための具体的な方法の分類

	目的・効果	具体的な方法
①	会社のキャッシュフローを改善	リスケ
②	会社のキャッシュフローを改善＋財務内容を再構築	債権放棄、DDS、DES、第二会社方式
③	資金調達	DIPファイナンス、ABL、増資

　中小再生GL手続では、中小企業は、外部専門家のアドバイスを得ながら、どの方法によるのかを決めていくことになります。外部専門家は事案に応じて、これらの方法のメリット・デメリットを考慮の上、どの方法を取るのかについて中小企業者にアドバイスをし、必要な作業を行います。

　①「会社のキャッシュフローを改善する方法」としては、リスケがあります。リスケをすることにより金融機関への返済額が減少するため、キャッシュフローが改善し、会社の資金繰りに余裕が生まれます。もっとも、負債額は変動しませんので、財務内容は従来通りのままです。例えば、会社が債務超過の場合には、リスケをしても債務超過状態は解消されません。

　②「会社のキャッシュフローを改善し、かつ財務内容を再構築する方法」としては、債権放棄（＝債務免除）があります。債権放棄は、金融機関等から借入金の放棄を受ける方法です。債権放棄により会社のバランスシートの負債部分が減少するため、財務内容が改善されます。そのため、

リスケよりも踏み込んだ抜本的な措置といえます。また、債権放棄により元利金の支払額も減少するため、キャッシュフローを改善する効果もあります。

②の方法として、債権放棄以外には、DDS（デット・デット・スワップ）やDES（デット・エクイティ・スワップ）があります。

DDS（デット・デット・スワップ、Debt Debt Swap）とは、従来の借入金（デット）を資本性借入金（デット）に転換（スワップ）することです。「ディーディーエス」と呼ばれることがあります。

DDSは、一部の借入金を他の借入金より返済条件について劣後する資本性借入金（劣後ローン）に変更することです。これにより、会社のキャッシュフローを改善し、かつ財務内容を改善します。劣後条件の典型例は、長期間元本の弁済が不要で配当可能利益に応じた金利設定がされているという条件です。また、会社が破産などの法的整理をした場合には、配当を受ける権利について一般債権より劣後することが定められるのが一般的です。そのような劣後条件付きの借入金は、会計上は負債であることに変わりありませんが、金融機関の取扱いとしては、一定の要件を満たす場合には、資本と同視してよいことになっており、金融機関から見た会社の財務状況は改善することになります。

DES（デット・エクイティ・スワップ、Debt Equity Swap）とは、従来の借入金（デット）を株式（エクイティ）に転換（スワップ）することです。「デス」と呼ばれることがあります。

DESは、借入金を株式に転換するため、会社には借入金の返済義務がなくなります。また、貸借対照表において、DESをした部分が負債から資本に振り替わることになります。これにより、財務内容について会計上も改善することになります。金額にもよりますが、DESにより債務超過を解消することが可能になり、一般的には、債務超過を解消するためにDESが行われます。

債務超過を解消するには債権放棄をするのが一番シンプルですが、金融

機関が何らかの事情で債権放棄ができない場合に、その代替手段として DDS や DES を利用することがあります。

このように、DDS や DES により従来の借入金が資本性借入金や株式に変換されるため、キャッシュフローや会社の財務内容が改善されます。

また、②の方法として、第二会社方式というものがあります。これは、会社から全部又は一部の事業を別法人（第2会社）として切り出して、その事業を別会社に承継させる一方で、旧会社は特別清算・破産などで清算するというスキームです。旧会社を清算する際には、債権カットがなされるのが通常であり、実質的には債権放棄スキームの一類型といえます。金融機関との調整や税務上の理由などから、このスキームが選択されることがあります。

①②については、「リスケ」「債権放棄」という言葉はネガティブな印象を与えかねないため、ポジティブな印象を与えることを狙って、「金融支援」という言葉が使われることもあります。

最後に③の「資金調達をするための方法」として、株式による調達方法には増資があり、借入による調達方法には DIP ファイナンスや ABL（アセット・ベースト・レンディング（Asset Based Lending））があります。

事業再生の局面において、資金調達は極めて重要です。収益力が悪化した会社は、資金が外部流出することで次第に資金繰りが苦しくなってきますが、それに追い打ちをかけるように、金融機関から融資を断られたり、貸し剥がしにあうことがあります。しかし、通常の融資を受けることができない場合であっても、DIP ファイナンスや ABL といった資金調達手段を活用することで、資金調達することができる場合があります。

DIP ファイナンスとは、財務状況が悪化した会社に対する貸付けのことをいいます。この名称は、アメリカでチャプター11と呼ばれる再建型の倒産手続の申立てをした債務者が、申立後も会社の経営権と会社財産の処分権限を有しているため、DIP（会社財産の占有保持者。Debtor in Possession）と呼ばれており、この DIP に対する貸し付けを「DIP ファイナン

ス」と呼んだことに由来します。DIPファイナンスは、金融機関にとって、高い金利が取れる一方で、法的に保護されているために貸し倒れになることが少なかったため、魅力的な融資として米国では広まりました。日本においても、いくつかの金融機関がDIPファイナンスを提供しています。なお、法的整理手続開始前のDIPファイナンスを「プレDIPファイナンス」と呼ぶこともあります。

ABLとは、売掛金や在庫といった資産（アセット）に対して担保を設定した融資（レンディング）のことをいいます。つまり、売掛金と在庫を担保として、金融機関から資金調達をするという資金調達方法です。資金調達には様々な方法があり、ABLもその一つですが、新たな資金調達手段として注目されています。

本章では、資金調達方法のうち、ABLについて取り上げます。DIPファイナンスも、貸付の方法自体は主にABLで行われます。

DIPファイナンスやABLは、あくまで資金調達であり、資金調達ができたことがそのまま会社の収益力の向上につながるものではなく、その資金を使って、どのように会社の収益力を向上させるかが重要となります。その意味で、DIPファイナンスやABLは、中小企業の再生を側面支援するものであり、これだけで会社自体が立ち直るわけではありません。

2. リスケジュール

1 リスケとは

　リスケとは、借入金の借入条件（一般的には元本の返済スケジュール）を変更することです。「条件変更」や「貸付条件緩和」と呼ばれることもあります。リスケは、あくまで返済日を延ばしてもらうだけであり、返済日を延ばしてもらった分は、いずれ金融機関に返済する必要があります。

　会社がリスケを申し出た場合、すでに合意済みの従来の貸付条件を変更することになるため、金融機関がリスケに同意することによって初めてリスケが成立します。会社側が一方的に支払いを停止したとしても、それは単なる「延滞」であって、金融機関が合意しない限り、リスケとはいえません。

　リスケに限らず貸付条件の変更に関する金融機関の同意は「書面」でしかなされません。貸付条件の変更は、その性質上、担当者が口頭で「いいですよ」と同意することはあり得ません。もし、リスケの同意があったかどうかについて裁判で争われた場合、裁判所は書面がない限り、金融機関がリスケに同意したという判決を書くことはないでしょう。なぜなら、裁判所は、その経験に照らし、金融機関は貸付条件の変更について書面によってのみ合意するのが通常であるとの認識を持っているからです。そのため、リスケが成立したというためには、金融機関との間で書面による合意が成立している必要があります。

2 リスケのメリット・デメリット

　リスケをした場合のメリットとしては、リスケをすることにより金融機

関への返済額が減少する結果、キャッシュフローが改善し、会社の資金繰りに余裕が生まれることが挙げられます。また、毎日、経営者が資金繰りのために時間を奪われて経営に専念できないという状態が解消され、経営に専念して事業再生に取り組むことができるというメリットもあります。

他方で、デメリットとしては、リスケをすると、原則として、金融機関から新規の融資を受けることが難しくなることが挙げられます。既存の借入金すら返済できない危ない会社に金融機関が新規融資をすることは難しいです。それゆえ、リスケを申し出る場合には、新規融資を受けなくても資金が回っていくのかを十分に検討しておく必要があります。特に、近い将来、設備投資等により確実な資金需要がある場合には、設備投資等の必要性について十分に説明できるかどうか慎重に検討した方がよいでしょう。もっとも、リスケをすると、将来、融資が一切受けられないということではありません。いくつかの条件を満たせば、リスケをしても、再び融資を受けることは可能です。

その他のデメリットとしては、信用保証協会付融資の場合には、リスケをすると新たに保証料を支払わなければならないことが挙げられます。保証料は、リスケごとに支払わなければなりません。保証料がそれなりの金額になることもあります。資金繰りが厳しい中で保証料を支払わなければならないのは負担となります。この保証料は、原則として一括前払いです。ただし、信用保証協会との交渉により、分割払いが認められることもあります。

また、リスケすることと引き換えに、金利引き上げや、追加担保・保証人を求められることがあります。リスケを申し出ることによって、サービサーへの貸付債権の譲渡や預金ロックなどの債権回収が強化されることもあります。

リスケを申し出る場合には、これらのデメリットが生じる可能性があることを理解するとともに、先を見越して、これらのデメリットが生じないように事前に手を打っておくことも重要です（その方法については後に解説します）。

【図表4-3】リスケのメリット・デメリット

リスケのメリット	リスケのデメリット
・キャッシュフローが改善する。 ・資金繰りに余裕が生まれる。 ・経営に専念する時間ができる。	・金融機関から新規の融資を受けることが難しくなる。 ・信用保証協会付融資の場合には、新たに保証料が発生する。 ・金融機関から、金利引き上げや追加担保、保証人を求められることがある。 ・金融機関の債権回収が強化されることがある。

3 リスケの条件

　リスケをするにあたっては、主に、①元本の返済額・返済時期、②利息の返済額・返済時期について変更を依頼するわけですが、大きく分類すると以下の3パターンに分けることができます。

①　元本・利息ともに全額について一定期間の返済猶予を求める方法

②　元本全額について一定期間の返済猶予を求めるが、利息については従来通り支払う方法

③　元本の一部について一定期間の返済猶予を求めるが、一部は従来通り弁済し、利息についても従来通り支払う方法

　この難易度は、③→②→①の順番で上がっていきます。金融機関からは利息は支払ってほしいとの要求がされるのが一般的です。

　リスケは、あくまでも返済猶予を受けているにすぎないため、いずれは返済しなければなりません。そのため、いつ、どのようにして返済を再開するかということも問題となります。また、返済猶予を受けてきた期間中の未返済部分をどのように返済するかということも問題になります。特に①の場合には、利息も未払いとなるため、リスケ対象期間が長くなると、

利息分が積み上がってきます。

　まず、返済の再開の仕方については、主に、一段階方式と多段階方式の2つの方式があります（**図表4-4**参照）。

（Ａ）一段階方式：ある日を基準として従前の弁済を再開する方式

（Ｂ）多段階方式：例えば、2年目は元本の3分の1、3年目は元本の3分の2、4年目に従前どおりの元本弁済とするというように段階的に弁済額を上げる方式

　どちらの方式によるかは、会社のキャッシュフローの見込み次第です。もっとも、会社の立て直しが十分に済んでいないのに弁済を開始して資金不足に陥ることは避けるべきであり、会社の状況を見極める必要があります。

【図表4-4】返済の再開の仕方（リスケ前の元本弁済額合計を300万円とした場合の例）

	リスケ前	1年目	2年目	3年目	4年目
一段階方式	300万円	0円	0円	0円	300万円
多段階方式	300万円	0円	100万円	200万円	300万円

　次に、未返済分の返済方法については、

　(a)リスケ対象期間の未返済分を、従前の弁済に上乗せして弁済する

　(b)リスケ対象期間の未返済分は返済期間を後ろ倒しにすることによって対応する

という方法があります。

　(a)は、例えば、リスケ前の元本弁済額が月100万円であれば、その100万円に加えて、リスケ期間中に支払猶予を受けた借入金の返済分として20万円上積みして、合計120万円を弁済するということです。従前の弁済額から上積みするため、会社の返済能力が上がっていなければできない方法です。

これに対して、(b)は、例えば、リスケ前では５年後に完済予定であった借入金について、２年間の弁済猶予を受けた場合には、最終弁済日を２年分後ろにスライドし、７年後に完済するという方法です。この方法は返済期間が長くなるため、トータルの利息の支払額が増えることになります。なお、ある時点で会社の再建が完了していることが想定できる場合に、金融機関から借り入れて一括弁済する方法もあります（リファイナンス）。

4 リスケ期間

リスケを受ける場合、会社は一定の期間、元金又は利息の返済について猶予を受けるため、その「期間」が問題となります。これは「リスケ期間」ともいわれますが、リスケ期間については２つの異なる意味があるため、混同しないように気をつける必要があります。

「リスケ期間」の意味の一つは、「金融機関から借入金の条件変更を受ける期間」という意味であり、もう一つは、「リスケの合意が有効に存続している期間」という意味で用いられています。両者は一致することもありますが、異なることもあります。

具体例で解説すると、ある会社が金融機関とリスケ交渉をしたところ、最初の３年間は、毎月の元本弁済は猶予を受けて利息のみの支払いをすればよく、３年後からは約定の元本と利息を支払うリスケの合意が成立し、このリスケの合意書の有効期間は１年とし、１年ごとに協議してリスケを延長するかどうかを決めるという合意が成立したとします。このリスケ合意では、元本の弁済が猶予される期間は３年ですが、リスケ合意の有効期間は１年です。そのため、リスケ合意期間中の１年の間に、会社の経営状況が悪化したような場合には、金融機関はリスケの合意を更新せず、貸付条件について元の条件を復活させることができます。つまり、元本弁済が猶予されている期間は３年ありますが、その猶予の合意の有効期間は１年しかないことになります。

本書では、上記の例で3年の元本弁済が猶予される期間を「リスケ対象期間」と呼び、リスケの合意の有効期間を「リスケ有効期間」と呼ぶことにします。

(1) リスケ対象期間

　「リスケ対象期間」とは、金融機関から条件変更（≒弁済猶予）を受ける期間を意味します。「リスケ対象期間」は、会社の経営・財務状況や借入状況によって変わってきます。会社の返済可能額がどれくらいあるのか、借入金がどれくらいあるのか、金利がいくらなのかなどにより、リスケ対象期間が決まってきます。

　リスケ対象期間を決定するにあたっては、会社の返済可能額がどれくらいあるのか、という点が最も大きな決定要因となり、会社のキャッシュフローの中からどれくらい返済可能なのか、という観点から返済計画を立てることになります。

　返済可能額について、「経営が厳しいので、とりあえず利息は払いますが、元本の返済はゼロでお願いします」という交渉もあり得ますが、事業計画を作成して、それに基づいた会社の返済能力を提示したほうが説得力があり、金融機関の納得を得やすいことは間違いありません。

　リスケ対象期間の計算方法については、大まかな数字を把握するとすれば、借入金の総額を返済可能額で割って出てきた数字がリスケ対象期間となります。つまり、次のような計算式となります[1]。

> **リスケ対象期間 ＝ 借入金総額 ÷ 返済可能額（年間）**

　もっとも、返済可能額は将来の収益に依存していて変動可能性が高いため、見通しが立たないことが多く、逆に「いくら返済すればよいのか」と

---

1 もっとも、弁済方法について、先ほど解説した段階的方式をとった場合には、このような単純な計算にはなりません。

いう問題設定がされることがあります。つまり、「リスケを認めてもらうためには、いくら返済すればよいのか」という観点から返済金額が決められることがあります。その場合、リスケ対象期間を想定して、そこから返済可能額（返済する金額）を逆算することになります。

　その場合、リスケ対象期間として何年くらいを設定すればよいのか、ということが問題になります。この点について、一般的には、①実質債務超過を解消するために必要な期間と、②「債務償還年数」という2つの要素が、リスケ対象期間を決定するための目安となります。

　①の実質債務超過の解消については、財務状態の健全性という観点から、金融機関が注目するポイントとなっています。債務者が中小企業である場合、大企業と比べて債務超過解消までに時間がかかることが多いことなどを考慮して、事業計画が概ね計画どおり進捗しているケースでは、5～10年以内に実質債務超過が解消されていればよいと考えられます。

　②の「債務償還年数」とは、会社が借入金を完済するのにどれくらいの期間を要するかを判断するための指標であり、金融機関実務ではよく用いられています。

　「債務償還年数」の計算式には様々なバージョンがありますが、典型例は次のとおりです（第5章2.の2 (1) ❹（289頁）に詳細な債務償還年数と過剰債務の算出過程を解説していますので、そちらも参照してください）。

債務償還年数 ＝ （有利子負債－運転資金） ÷ 営業キャッシュフロー
有利子負債 ＝ 短期借入金 ＋ 長期借入金 ＋ 社債 ＋ 割引手形
運転資金 ＝ 売掛金 ＋ 受取手形 ＋ 割引手形 ＋ 在庫 － 買掛金
　　　　－ 支払手形
営業キャッシュフロー ＝ 経常利益 ＋ 減価償却費 － 税金

　金融機関の視点からは、業種によって異なるものの、一般的には、この債務償還年数が10年以内であれば会社は正常であり、10年を超えると注意が必要とされています[2]。したがって、債務償還年数が10年未満となるようなリスケが望ましいといえます。

つまり、リスケ対象期間は短ければ短いほどよいですが、10年程度なら許容範囲であり、15年になると長いという印象を金融機関に持たれます。リスケ対象期間が15年を超えてしまうような場合には、借入金の全額を返済することが現実的ではないと想定されるため、債権放棄などの抜本的対策をとることも視野に入れるべきでしょう。

(2) リスケ有効期間

リスケの合意の有効期間である「リスケ有効期間」は、一般的には、6ヶ月から1年です。1年を超えて有効期間が認められることもありますが、それほど一般的ではないと思われます。

リスケの合意が成立して6ヶ月から1年のリスケ期間が満了した時点で、会社は再度、金融機関と話し合いをして、リスケの更新について金融機関の合意を得る必要があります。このように金融機関がリスケ有効期間を短期間で区切るのは、金融機関側としては、その時々の会社の状況をみて判断する権利を留保しておきたいからです。

逆に、リスケ有効期間が6ヶ月から1年だとしても、その期間が満了すれば必ず元のとおり返済を開始しなければならないというものではありません。金融機関は、有効期間ごとに会社の事業の状況を判断して、リスケを更新していくことになります。会社が事業計画をそれなりに達成していれば、金融機関もリスケの更新に応じてくれるものと思われます。

▌5 金融機関との交渉

(1) 弁済金額の決定基準

リスケするにあたっては金融機関と交渉することになりますが、ここで

---

2 設備産業であり、長期の借入金に依存しているホテル業や不動産賃貸業では、債務償還年数が20~30年で判断されることもあります。

は、リスケ固有の金融機関との交渉における問題事項について解説します（金融機関との交渉の留意事項は第6章で解説します）。

　会社が複数の金融機関から借入をしていて、リスケ対象期間中に元利金の一部を支払う場合に、各金融機関に返済する金額をどのような基準で決めるべきなのかが問題になります。なぜなら、その基準によって金融機関が受け取る返済額が異なってくるからです。

　返済する金額の決定基準としては、①貸出残高、②非保全債権残高、③従来の返済額の3つがあります。

【図表4-5】リスケの考え方

	貸出残高	担保評価額	非保全債権残高	元利弁済額	リスケ時弁済額
A銀行	5億円(62.5%)	3.5億円	1.5億円(33.3%)	400万円	?
B銀行	2億円(25%)	無担保	2億円(44.4%)	300万円	?
C信用金庫	1億円(12.5%)	無担保	1億円(22.2%)	200万円	?
合　計	8億円(100%)	3.5億円	4.5億円(100%)	900万円	300万円

　ある会社で、A銀行の貸出残高が5億円、B銀行の貸出残高が2億円、C信用金庫の貸出残高が1億円の合計8億円の借入残高があり、毎月900万円の元利金の支払いをしているという事例を考えてみます（**図表4-5**）。

　この会社がリスケを申し出て、従前の3分の1の月額弁済額である300万円の弁済を開始するという弁済計画を立てたとします。この場合、この300万円の弁済金を各金融機関にどのように割り振るかが問題となります。

　①の貸出残高を基準にする場合、A銀行の貸出残高が5億円、B銀行の貸出残高が2億円、C信用金庫の貸出残高が1億円だった場合のこれらの各貸出残高を基準に返済額を決定します。この場合には、各貸出残高の比

率に応じて各金融機関に返済する金額を割り当てます。比率に応じた割り当てのことを「プロラタ」（比例配分）方式と呼びます。

②の非保全債権残高を基準にする場合、これらの貸出債権のうち、担保で保全されていない部分の金額を基準に返済額を決定します。この事例では、Ａ銀行が3億円の不動産担保と5,000万円の預金担保をとっており、Ｂ銀行とＣ信用金庫が無担保貸し出しであったとすると、担保で保全されていない非保全債権残高は、Ａ銀行が1億5,000万円、Ｂ銀行が2億円、Ｃ信用金庫が1億円となります。非保全債権残高でみると、Ｂ銀行の残高がＡ銀行の残高よりも多くなるという逆転現象が起こっています。

③の従来の返済額を基準にする場合、リスケ前にＡ銀行には月400万円、Ｂ銀行には月300万円、Ｃ信用金庫には月200万円を会社が弁済していたときには、その金額を基準にして返済額を決定します。この方法には、元本を基準にする場合と元利金の総額を基準にする場合が考えられます。

①の貸出残高を基準にすると、Ａ銀行への割り当ては、総貸出残高8億円のうちの5億円の貸出残高（62.5％）である月187万5,000円となり、Ｂ銀行は月75万円、Ｃ信用金庫は月37万5,000円となります。Ｂ銀行やＣ信用金庫からすれば、この弁済金額は、従前の弁済額を単純に3分の1にした金額（Ｂ銀行100万円、Ｃ信用金庫66.6万円）よりもかなり少なくなっており、この弁済額では納得できないと言われる可能性があります。

②の非保全債権残高を基準にすると、300万円は、Ａ銀行に100万円、Ｂ銀行に133万3333円、Ｃ銀行に66万6666円を分配することになります。しかし、これでは最も貸出残高の多いＡ銀行の納得を得ることは難しいと思われます。

③の従来の返済額を基準にした場合、全金融機関がリスケを甘受しなければならない中で、弁済期間が短い貸付金ほど早く弁済されてしまうことや、貸付金の弁済期間がバラバラであるために各金融機関のリスケ対象期間もバラバラになってしまうことから、金融機関を取りまとめるのが難し

いと思われます。

　以上から、リスケの場合、基本的に①がとられることが多いと考えられますが、貸出状況や従前の経緯に照らして、全金融機関の納得を得るために、何らかの形で修正が加えられることもあります（シェア調整と呼ばれることもあります）。

(2) 弁済期日

　リスケ後に元利金を支払う場合に、その弁済期日をいつにするのかということも問題になります。従前の弁済期日どおりとするのが分かりやすいかもしれませんが、会社からすると、弁済期日がバラバラだと管理が大変になるため弁済期日をそろえたいという要望があることがあります。

　この点、従前の借入金の弁済期が、毎月、3ヶ月に1回、一括弁済とバラバラであった場合に、従前の弁済期日を維持すると、例えば、弁済期が一括弁済のローンを出している金融機関は、他の金融機関が毎月弁済を受けるのにもかかわらず、約定弁済日までの当分の間、弁済を受けることができなくなるということになります。そうすると、一括弁済のローンを出している金融機関が、このような条件ではリスケに応じないことも想定されます。そのような場合には、弁済期を揃える必要が生じます。

6　リスケを申し出る前に

　リスケを申し出ることによって、サービサーへの債権譲渡や預金ロックなどの債権回収が強化されることもあります。

　債権者が貸付金をサービサーへ債権譲渡することは、債権者の自由な判断でできるため、これを阻止することは難しいといえます。もっとも、サービサーへの債権譲渡は、必ずしもマイナス面ばかりではありません。サービサーは、額面額よりかなり安い金額で債権を購入しているため、それ以上の金額を弁済すれば債権放棄に応じてくれやすいからです。

また、預金ロックがされる可能性もゼロとはいえません。預金ロックをしそうな金融機関があるのであれば、リスケ申出前に、その金融機関から、他の金融機関（特に借入残高のない金融機関）に資金を移動させておくという対策をしておくことが考えられます。

7　融資の復活の条件

　リスケした場合、一般論として、当分の間、金融機関から融資を受けることは難しくなります。もっとも、次の条件を満たした場合には、融資を再び受けることが可能となることがあります。

　その条件とは、第1に、返済がリスケ前の従来の条件どおりの返済に戻っていること、第2は、リスケ対象期間中に弁済猶予を受けた借入金もきちんと返済していること（融資残高がリスケをしなかった場合と同じ状態に戻っていること）、第3は、従来の条件の弁済に戻ってから一定期間が経過していること、第4は、会社の経営状態が通常化していることです。

　つまり、会社が正常化して、金融機関がしばらく様子を見てから、融資が復活することになります。

8　取引先との交渉

　以上のとおり、金融機関とのリスケについて解説してきましたが、金融機関からの借入金のリスケだけでは資金が回っていかない場合には、他の手段を考える必要があります。その一つとして、取引先からの買掛金の支払い猶予を求めることが考えられます。つまり、買掛金のリスケです。手形のジャンプなどもこれに含まれます。

　取引先は、気心が知れていることも多く、無理を頼みやすい場合もありますし、また、相互依存の関係もあるため、リスケに応じてくれる可能性はそれなりにあり、リスケ先としては有力な候補です。もっとも、取引先

の買掛金をリスケした場合には、取引先としても信用リスクを減らすために、原材料や商品の納品が減らされたり、保証金や前払いが求められたりするなど取引に悪影響が出たり、取引先には金融機関と違って守秘義務はないため、「あそこは危ない」という噂が流れて、信用不安が広がったり、保証金の差し入れや前払いを求められ、逆にキャッシュフローが悪化するなどのリスクがあることに注意する必要があります。

3. 債権放棄

1 債権放棄とは

　債権放棄とは、金融機関が、その貸付金の一部を直接的に放棄すること
をいいます。会社からの視点では、借入金について金融機関から債務免除
を受けることを意味します。債権放棄は、金融機関から借りた金を返さな
いということであるため、リスケに比べて格段にハードルが高くなりま
す。

　債権放棄のメリット・デメリットは基本的にリスケと同じですが、リス
ケにはない検討事項として税務問題があります。会社が債権放棄を受ける
と、免除額が益金であるとして課税される場合があります。この点につい
ては第7章で解説します。

2 債権放棄額（総額）の決定

(1) 債権放棄額の決定根拠が必要な理由

　金融機関に対して、債権放棄を求める場合、その金額をどのように決め
ればよいのでしょうか。会社からすれば、債権放棄を受ける金額は多けれ
ば多いほど良いということになりますが、金融機関からすれば、債権放棄
をすることに同意する判断をするには合理的な根拠に基づく必要がありま
す。そこで、会社から、合理的な根拠に基づいて債権放棄額を提示する必
要があります。

　以下では、取引のあるすべての金融機関に債権放棄を求める金額の総額
について解説します。なお、個別の金融機関にいくらの債権放棄額を求め
るのかについては、次の項で解説します。

郵便はがき

料金受取人払郵便

小石川局
承認

6246

差出有効期間
2025年8月27
日まで

（切手不要）

1 1 2 - 8 7 9 0

0 8 1

東京都文京区小石川 1 - 3 - 25
小石川大国ビル 9 階

株式会社 清文社 行

ご住所 〒 （ 　　　　　　　 ）

ビル名 （ 　 階 　　　 号室）

貴社名

部 　　　　　　 課

ふりがな
お名前

電話番号 | ご職業

E－mail

※本カードにご記入の個人情報は小社の商品情報のご案内、またはアンケート等を送付する目的にのみ使用いたします。

┌ 愛読者カード ──────────

ご購読ありがとうございます。今後の出版企画の参考にさせ
ていただきますので、ぜひ皆様のご意見をお聞かせください。

■本書のタイトル（ご購入いただいた書名をお書きください）

1.本書をお求めの動機

1.書店でみて（　　　　　　　　）2.案内書をみて

3.新聞広告（　　　　　　　　）4.インターネット（　　　　　　）

5.書籍・新刊紹介（　　　　　　）6.人にすすめられて

7.その他（　　　　　　　　　）

2.本書に対するご感想（内容・装幀など）

3.どんな出版をご希望ですか（著者・企画・テーマなど）

■小社新刊案内（無料）を希望する　1.郵送希望　2.メール希望

(2) 債権放棄額を決める基準

　債権放棄額を決める基準には２つのアプローチがあります。一つは、キャッシュフローから決めるアプローチです。もう一つが、バランスシート（貸借対照表）から決めるアプローチです。

　キャッシュフローから決めるアプローチとは、会社の返済可能額から決めるアプローチで、「返済可能な金額はこれだけなので、それ以上の借入金については債権放棄してください」というアプローチです。

　もう一つのバランスシートから決めるアプローチは、「債務超過を解消するだけの負債を債権放棄してください」というアプローチです。そのロジックは、「会社を健全化するためには、債務超過を解消する必要があるので、債務超過を解消するために必要な額だけ債権放棄してください」というものです。ここでの「債務超過」は、通常は「実質債務超過」を意味します。実質債務超過とは、決算書に記載のとおりのバランスシートで債務超過を判断するのではなく、不良在庫や長期滞留の売掛金について減価し、減価償却費も適切に計上するなどした上での企業の実態を示したバランスシートで債務が超過していることを意味します。このバランスシートは、実態バランスシート（略称「実バラ」）とも呼ばれます。企業の実力を示したものが実態バランスシートであるため、実態バランスシート上で債務超過が解消して初めて、企業が健全化したと考えます。

　実際には、債務超過額と同額を債権放棄した場合には、資本がゼロとなるため、一定の資本を確保することを考慮して債権放棄額を決めたり、増資などの資本増強策を考えたりする必要があります。

　債務超過の解消は、金融機関の借入をしたり、取引先との取引を開始・継続するにあたり、会社の財務状況が健全であることが求められることがあるため、債務超過を解消しておくことは重要です。また、例えば、建設業などにおいて入札の条件として債務超過でないことが要求されるなど、債務超過でないことがビジネスを行う上で不可欠な業種においては、特に重要になります。

なお、スポンサー型の場合、スポンサーによる支援額・買収額が債権放棄額を決める基準となります。

【図表4-6】債権放棄による債務超過の解消

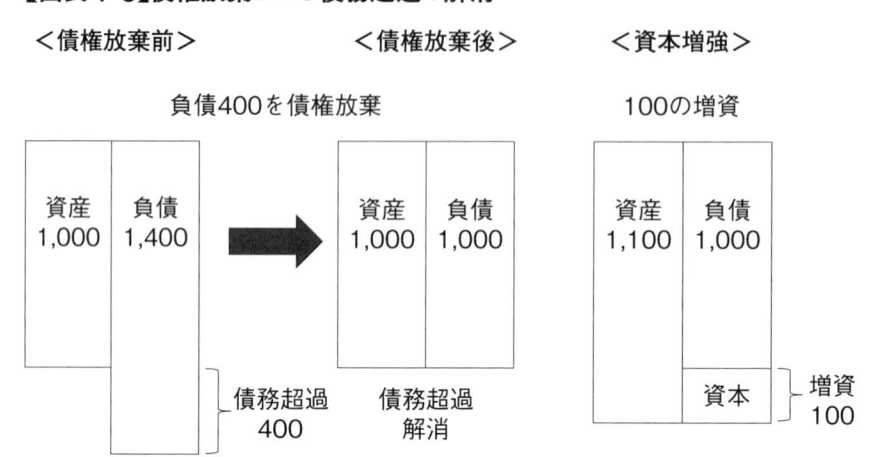

(3) キャッシュフロー・アプローチとバランスシート・アプローチ

　では、会社が債権放棄額を算出するにあたって、キャッシュフロー・アプローチとバランスシート・アプローチのどちらのアプローチを利用すべきなのでしょうか。

　キャッシュフロー（返済可能額）によるアプローチは、会社の返済能力から債権放棄額を算定するという意味で説得力のある方法ですが、将来予想の数値となり、不確実性が高いという弱点があります。これに対して、バランスシートによるアプローチは、金融機関にしてみれば、返済能力と債権放棄額が直接リンクしていないため、「返済できる最大限まで返済する」ことを求める金融機関に対する説得力は若干落ちますが、ある程度固まった数値が把握できるという点で優れています。どちらのアプローチが正しいということではなく、会社の状況によってケース・バイ・ケースで判断します。

　もっとも、後述のとおり、債権放棄の場合には、債務免除益が発生する

ため、債務免除益も債権放棄額に影響してきます。

　債権放棄を受ければ債務免除益が発生しますが、債務免除益により税金支払いが発生してしまうと、会社には支払うための資金的余裕がないのが通常です。債務免除益は、それと相殺できる繰越欠損金などがあれば税金の支払いは発生しないことから、原則として、繰越欠損金、期限切れ欠損金、当期の損益も加味してタックスプランニングした上で債権放棄額を検討することになります。

　そこで、債務免除益が繰越欠損金を上回る場合には、どのようにすればよいのかが問題となります。この場合には、DDS・DESや第二会社方式という方法の利用を検討することになります。

▎3　債権放棄額の割り振りの基準

　金融機関に対する債権放棄の総額が決まると、次に、個別金融機関にそれぞれいくらの債権放棄額を求めるかということが問題になります。リスケの項目でも解説したとおり、債権放棄額の割り振りの決定基準として、①貸出残高、②非保全債権残高、③従来の返済額の3つが考えられます。リスケの場合の個別金融機関の割り振りの基準は、一般的には①貸出残高でしたが、債権放棄の場合も、同じように貸出残高によるのでしょうか。

　この点、債権放棄の金額は、②非保全債権残高によって決定されることが一般的です。金融機関は、「会社が破産した場合に債権カットの対象となるのは無担保の非保全債権であるのだから、非保全債権を基準に債権放棄額を決定すべきである」と考える傾向にあるからです。また、保全部分については、100％弁済することが前提になるため、保全部分を含めて債権放棄額の基準とすることは理論的にも適切ではないと考えられます。

　非保全債権とは、抵当権や質権などの物的担保により担保されていない債権のことを意味しますが、債権放棄額の場面における非保全債権残高を計算するにあたっては、定期預金などの拘束性のある預金や、仮登記や登

記留保されている抵当権についても保全債権として取り扱うことがあります。これらは、破産や民事再生手続などの法的整理手続では有効な担保権として認められないため、不完全な担保といえますが、法的整理手続を利用していない段階では、債権者の話し合いによって柔軟に決めることができます。そのため、このようなグレーゾーンの担保については、どのようなものを保全債権とし、非保全債権とするかについても、金融機関と会社の話し合いによって決めることになります。

■ 4 債務免除益課税について

　会社が金融機関から債権放棄を受けると、税務上、債権放棄された部分は「債務免除益」として益金として取り扱われます。その結果、この益金についての課税がなされます。法人税ですから税率は約30％です。債務免除益は、キャッシュフローの増加を伴わない利益のため、一円のキャッシュも生じていないのにもかかわらず課税されることになります。

　もっとも、実際には、債権放棄を受けても結果的には課税されずに済むことが多いようです。その理由は、債権放棄を受ける会社は、長年、赤字が続いているため「繰越欠損金」が積み上がっていることが多く、この繰越欠損金（＝損金）と債務免除益（＝益金）を相殺することによって、結果的には課税所得が生じないことが多いからです。

　繰越できる欠損金額は、各事業年度開始の日前10年以内[3]に開始した事業年度において生じた欠損金額です。

　この繰越欠損金については、平成23年度及び平成28年度の税制改正で改正され、①繰越控除期間の7年から9年（平成23年度改正）、9年から10年への延長（平成28年度改正）、②繰越欠損金の使用制限がなされました。繰越欠損金の使用制限により、繰越欠損金の使用が、繰越欠損金控除前の

---

3 平成30年3月31日以前開始事業年度までに生じた欠損金は9年となります。

所得の50%[4]に制限されることとなりましたが、中小法人等[5]には適用がありません。

これらの税制改正により、中小法人等にとっては、繰越欠損金を従来どおり100%使用することができる上に、繰越控除期間が3年間延長されて10年となったため、より使いやすいものとなりました。

なお、会社が繰越欠損金を利用するためには、欠損金額が生じた事業年度において青色申告書である確定申告書を提出し、かつ、その後の各事業年度について連続して確定申告書を提出していなければなりません。

また、債務免除益課税の検討にあたっては、期限切れ欠損金も利用することができます（税務の詳細については、**第7章**を参照してください）。

4　新設法人の設立の日から7年を経過する日までの各事業年度については、100%の控除割合となります。
5　中小法人等とは、普通法人のうち資本金の額又は出資金の額が1億円以下の法人のうち100%子法人等及び大通算法人を除く法人等です。100%子法人等とは、資本金の額若しくは出資金の額が5億円以上の法人又は相互会社等（以下「大法人」という。）による完全支配関係（一の者が、法人の発行済株式等の全部を直接又は間接に保有する関係をいいます）がある普通法人、完全支配関係がある複数の大法人に発行済株式等の全部を保有されている法人をいいます。

4. 資本性借入金／DDS

1 資本性借入金／DDSとは

　資本性借入金とは、貸付条件が資本に準じた十分な資本的性質が認められる借入金のことであり、他の借入金よりも返済条件等が劣後する、いわゆる「劣後ローン」の一種です。資本性借入金は、他の借入金よりも返済が劣後するなどから、資本的な性質を持つ借入金です。**図表4-7**のとおり、資本性借入金は、通常の借入金と資本の中間的性格を有しています。

【図表4-7】資本性借入金

通常の借入金	←返済順位1位
資本性借入金	←返済順位2位（通常の借入金より劣後）
資　本	←返済義務なし

　DDS（デット・デット・スワップ、Debt Debt Swap）とは、従来の借入金（デット）を返済条件の異なる他の借入金（デット）に転換（スワップ）することです。通常、DDSでは、既存の通常借入金を資本性借入金に転換し

ます。債権者の観点からすれば、DDSでは、債権放棄やDESと異なり、将来的には債権全額の返済を受けることができる地位を保持できるという点に特徴があります。そのため、債権放棄を嫌がる金融機関に対しては、有用な方法の一つであるといえます。

　資本性借入金とDDSは混同して語られることがありますが、厳密には、資本性借入金とDDSの意味するところは異なります。資本性借入金は、DDSによって既存借入金をスワップ（交換する）する対象のことをいいます。つまり、資本性借入金は結果であり、DDSはその手段という関係にあります。

　資本性借入金は、あくまで借入金であって資本ではありません。資本性借入金を資本とみなすことができるのは金融機関の取扱いにおける話であり、会社法、企業会計、税務の取扱いにおいて、資本性借入金が資本として取扱われるわけではない点に注意が必要です。

　資本性借入金について、事業の再生を重視する観点からは、計画終了時点で債務超過を解消できる「長期債務超過解消型」を一般的に用いますが、当面の資金繰りを安定させ、事業の見極めを行う方法として「暫定型」を用いることもあります。

【図表4-8】暫定型DDSと長期債務超過解消型DDS

暫定型DDS	計画期間後、債務超過を解消しない資本性借入金
長期債務超過解消型DDS	計画期間後、債務超過を解消する資本性借入金

　DDSを活用する例としては、以下のケースが想定されます。
① 　債権放棄スキームにおいて、財務基盤の脆弱な下位行が債権放棄に代えてDDSをするケース
② 　リスケスキームにおいて、メイン行が下位行のリスケを促すため、メイン行の貸付金の一部をDDSするケース

③　一行取引先や圧倒的なメイン行がたとえ一行でも、貸出先を支援するために、既存貸付金の一部をDDSにするケース

　DDSが利用される場面としては、メイン行やサブメイン行がDDSを行い、他行がリスケで対応する②に相当するケースが多いようです。

2　資本性借入金を利用するメリット

　DDSにより既存の借入金を資本性借入金に変換することは、中小企業の再生にどのようなメリットがあるのでしょうか。

　資本性借入金の返済期日は、通常の借入金が全額返済された後となるのが一般的です。既存の借入金の資本性借入金へのDDSは、リスケの一類型といえます。返済期日が先延ばしになることにより、会社には資金繰りの余裕が生まれます。また、金利も業績変動型であれば、経営状態が改善するまでは金利支払いも抑制されます。そのため、DDSを使って既存借入金を資本性借入金に変換することによって、会社を再生する途が開けます。

　また、先に述べたとおり、金融機関に対して債権放棄を求める場合に、債権放棄額が繰越欠損金の金額を超えてしまうことを防ぐために、一部の債権については債権放棄とせずに資本性借入金にするという利用法も考えられます。

【図表4-9】DDSによる債務超過の解消（金融機関の視点）

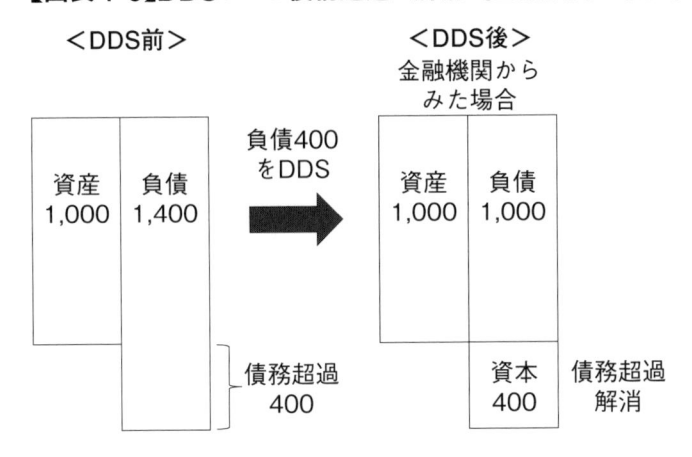

3　協議会版資本的借入金とは

　資本性借入金の要件は、どのようなものでしょうか。中小企業再生支援協議会は、協議会版「資本的借入金」として、3つの資本性借入金のパターンを公表しており、資本性借入金の要件を標準化することにより、再生スキームとして利用しやすいようにしています（**図表4-11**参照）。

　協議会版資本的借入金は、協議会スキームにおいて、借入金が、①償還条件、②金利設定、③劣後性の点において、資本的な性質を満たした上で、中立・公正な立場から中小企業再生支援協議会が策定支援する事業再生計画における金融支援のひとつの方法として活用されるものです。中小再生GL手続においても、協議会版資本的借入金の考え方が参考になります。

　上記3つの要件のうち、①償還条件（弁済条件）については、償還期間が5年を超え、また、期限一括償還である必要があります。資本であれば償還義務はないため、借りてからすぐに償還しなければならない借入金に資本性は認められないことから、この要件が設けられています。

　②金利設定については、株式と同様に、配当可能利益に応じた金利設定となることが要請されます。したがって、業績連動型が原則であり、赤字

の場合は、基本的には金利を発生させない設計をすることが求められます。もっとも、株式の株主管理コストに準じた事務コスト相当の金利は認められています。

③劣後性については、会社が破産など法的破綻をした場合、資本性借入金に対する返済は、通常の借入金よりも劣後する設計にすることが求められます。会社が破産など法的整理手続になった場合、残余財産の分配において株主は債権者よりも劣後することから、このような劣後性が要件となっています。

もっとも、既存の担保付借入金をDDSする場合で、担保解除を行うことが事実上困難であるため、「法的破綻時の劣後性」を確保できないような場合には、少なくとも法的破綻に至るまでの間において、他の債権に先んじて回収しない仕組みが備わっていれば、「法的破綻時の劣後性」が必ずしも確保されていなくても差し支えないとされています。

【図表4-10】「十分な資本的性質が認められる借入金」とみなすことができる一定の要件

償還条件	原則として、「長期間償還不要な状態」となることが必要です。具体的には、契約時における償還期間が5年を超えるものであることが必要です。また、期限一括償還が原則です。
金利設定	原則として、「配当可能利益に応じた金利設定」となることが必要です。具体的には、業績連動型が原則であり、赤字の場合には利子負担がほとんど生じないことが必要となりますが、その場合、株式の株主管理コストに準じた事務コスト相当の金利であれば、差し支えありません。「事務コスト相当の金利」については、債務者の状況等に応じたコスト計算を行い、事務コストを算出することが原則です。ただし、こうしたコスト計算を行っていない場合には、簡便法として、「経費率」を用いて事務コストを算出して差し支えありません。
劣後性	原則として、「法的破綻時の劣後性」が確保されていることが必要です。ただし、既存の担保付借入金から転換する場合などのように、担保解除を行うことが事実上困難であるため、「法的破綻時の劣後性」を確保できないような場合には、少なくとも法的破綻に至るまでの間において、他の債権に先んじて回収しない仕組みが備わっていれば、「法的破綻時の劣後性」が必ずしも確保されていなくても差し支えありません。

【図表4-11】協議会版「資本的借入金」の主な特徴

	協議会版「資本的借入金」（15年・無担保型）	協議会版「資本的借入金」（5年超・無担保型）	協議会版「資本的借入金」（5年超・有担保型）
対象先	再生計画策定支援対象企業（一行取引先を含む）		
計画要件	『基本要領』に基づいた数値基準を満たす再生計画の策定が必要		
	実質債務超過解消年限3~5年以内 ➡「実抜計画」に相当	実質債務超過解消年限10年以内 ➡「合実計画（実抜計画)」に相当	実質債務超過解消年限10年以内 ➡「合実計画（実抜計画)」に相当
適用金利	事務コスト相当の金利設定可能、当初5年間は固定金利		
貸出期間	15年一括返済	5年超に設定した期限に一括返済	
期限前弁済の可否	原則として当初10年間は期限前弁済することはできない	債務者の申し出があり、全債権者の同意があればできる	
担保の取扱い	無担保		有担保【金融庁FAQ参照】
保証の取扱い	無保証	無保証ただし、例外あり【金融庁FAQ参照】	

（出典）中小企業再生支援全国本部「中小企業再生支援協議会版『資本的借入金』の取扱いについて」（平成24年4月）より作成

　協議会版資本的借入金は、協議会スキームにおける利用を主に想定して作成されています。しかし、協議会以外の私的整理や中小再生GL手続においても、協議会版資本的借入金と同じ内容を持つ資本性借入金を利用すれば、金融機関への説明がしやすくなると考えられます。

4 資本逓減ルール

　資本性借入金において、金融機関は「資本逓減ルール」に注意する必要があります。「資本逓減ルール」とは、資本とみなされた部分が契約期間の最後の5年間で、資本から負債に順次振り替えられるルールのことをいいます。

　例えば、資本性借入金の一括償還期限が、DDS時から15年後に設定されたとします。この場合、「資本逓減ルール」により、償還期限の15年後から遡った5年前の11年目から資本とみなすことができる部分が5分の1ずつ減少していき、最終年度では、DDS前と変わらず、すべて負債となります。

【図表4-12】資本性借入金による純資産への影響と資本逓減ルール

	①	②	③	④	⑤	⑥	⑦	⑧	⑨	⑩	⑪	⑫	⑬	⑭	⑮
資本性借入金の利用額	50	50	50	50	50	50	50	50	50	50	40	50	50	50	50
資本と考える金額	50	50	50	50	50	50	50	50	50	50	40	30	20	10	0
DDS考慮前の純資産	-50	-46	-42	-38	-34	-30	-26	-22	-18	-14	-10	-6	-2	2	6
DDS考慮後の純資産	0	4	8	12	16	20	24	28	32	36	30	24	18	12	6

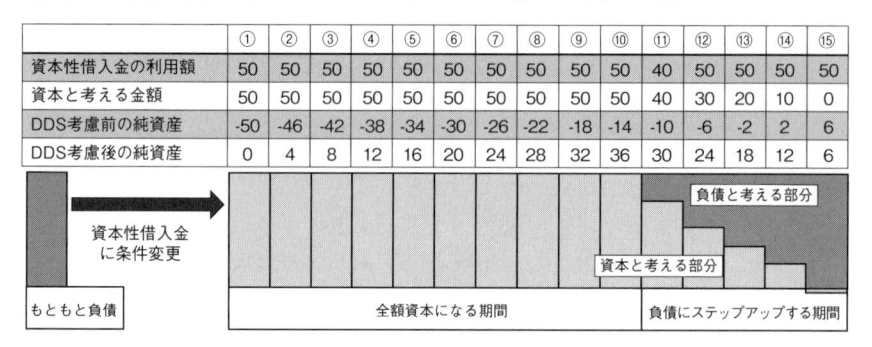

資本性借入金
に条件変更

もともと負債　　　全額資本になる期間　　　負債にステップアップする期間

負債と考える部分

資本と考える部分

5 DDSの法的構成と契約条項

　DDSにより既存の借入金を資本性借入金に変換することの法律構成としては、①従来の貸付契約の条件変更として構成した契約を締結する方法（条件変更構成）と、②準消費貸借として構成した契約を締結する方法（準消費貸借構成）があります。

　条件変更構成では、DDSをリスケと同様に貸付条件の緩和と考えま

す。準消費貸借構成では、DDSを既存の借入金をいったん返済して、新しい条件で貸付したと考えます。

　条件変更構成では、既存借入金と資本性借入金との間に連続性が保たれることになりますが、準消費貸借構成では、既存借入金と資本性借入金との間に連続性がないことになります。そのため、例えば、準消費貸借構成では、DDSをした時点で、既存借入金の時効の進行は一度中断すると考えられています。

　もっとも、準消費貸借構成であっても、既存借入金の保証人や抵当権は、新しい借入金に承継されると考えられているため、実質的には大きな差異はありません。

　一般論としては、基本的に、DDSをするには条件変更契約で締結すればよいのですが、既存の貸付契約が複数あり、それを一本化してDDSする場合や、一つの貸付債権の一部をDDSする場合には、準消費貸借契約を締結するのがよいと考えられています。

　DDSの契約条項としては、DDSの転換先となる資本性借入金について、①償還条件、②金利設定、③劣後性の点において、資本的な性質を有することが必要であるとされている関係から、DDSの契約では、これらの点について、資本的な性質を有するように変更する条項が設けられていることが不可欠となります。

　典型的なDDS契約書の項目としては、以下のものが含まれると考えられます。

　①契約の目的

　②既存債権の確認条項

　③貸付条件を変更することの合意

　④変更後の弁済条件（元本、利息、遅延損害金について）

　⑤他の借入金より劣後する旨の特約

　⑥期限前弁済の禁止

　⑦相殺の禁止

⑧不担保特約（資本性借入金のために担保権を設定しないという特約）

⑨表明保証

⑩誓約事項

6 DDSと債務減免

　DDSがリスケにあたるのか、債務減免にあたるのかが問題になることがあります。この点について、中小再生QA-Q 58は、債務減免でない場合が多いが、ケースバイケースの判断となるとしています。

> 　DDSは、基本的には、借入（負債）を一定の劣後条件の付された借入（負債）に切り替えるものです。したがって、債務減免等には含まれないと考えることが合理的な場合が多いと思われますが、DDSには多様な形態があり、またその定義や範囲も画一的なものはなく、その法的効果も様々です。例えば、DDS実施後に当該中小企業者が法的整理に入った場合に、倒産法上の約定劣後債権（破産法第99条第2項、第194条第1項）となるような定めがあるDDS（一般的な無担保DDS）の場合は、倒産時には債権の部分的な回収も事実上困難になるため、衡平性の観点での慎重な調査検討が求められ、対象債権者としてもより慎重な判断が必要になるものと考えられるため、債務減免等に含むとの考え方もあり得ると考えられます。このように、DDSが債務減免等に含まれるかどうかは一義的には判断できないため、第三者支援専門家の助言も踏まえながら、個別に判断することになると考えられます。
>
> 　なお、上記はあくまで「本手続において債務減免等に含まれるか」という論点であって、本手続はその判断の結果に沿って進めることになります。対象債権者の社内手続・処理における債権区分や決裁及び会計処理などは当該対象債権者自身の取扱いに基づいて別途進めることになります。

（出典）中小企業の事業再生等に関する研究会「『中小企業の事業再生等に関するガイドライン』Q&A」Q 58（令和4年4月制定、令和6年1月一部改定）

5. DES

1　DESとは

　DES（デット・エクイティ・スワップ）とは、債権者が債務者に対して有する債権を債務者が発行する株式に転換することをいいます。債務の株式化ともいわれています。DESによって債権者が受け取る株式は普通株式に限られず、配当について優先性が付されている種類株式（いわゆる「優先株式」）が利用されることもあります。

2　DESを利用するメリット

　事業再生の方法としてのDESには、債権放棄を行うスキームに比べて、いくつかのメリットがあります。

　債権者側としては、将来的にも保有株式の売却や配当収入などから利益を得ることや、議決権がある場合には株主として債務者企業の経営への関与が可能になることが期待できるなどのメリットが存在します。

　債務者側としても、金利負担が減少することに加え、債権者が株主として関与を続けることから、今後の取引関係の維持が期待できます。

　これらのメリットがあることから、DESは上場企業のような大型の再生案件において、しばしば利用されています。もっとも、中小企業では、非上場の中小企業は株式を株式市場で売却できないため、経営者一族等への売却や将来的な株式上場の可能性がない限り、保有した株式を換金することが困難であり、株式は紙切れに等しいといえます。したがって、債権者目線では中小企業は、上場企業ほど債務者の株式を保有するメリットがありません。金融機関としては、中小企業の株式という処分できない資産

を抱え込みたくないと考えることが多いでしょう。また、後述のとおり、銀行には株式保有について「5%ルール」の規制もあります。

そのため、DESは上場会社の抜本的再生スキームとして利用されることはあっても、中小企業の再生スキームとしてはあまり利用されないのが実情です。中小企業においてDESが実際に利用される場合としては、金融機関が債務者の債権を中小企業ファンドに売却した結果、そのファンドが、債務者へのガバナンスを強化するために株式を保有するような事例が考えられます。

したがって、中小企業の再生においてDESを利用するためには、債権者に対して将来における株式の処分方法についても説得的な提案をすることが重要となります。

3 DESの手続

DESをする場合の手続としては、債権者の有する債権を会社に対して現物出資し、それと引き換えに、債権者は株式の発行を受けることになります。債権の現物出資にあたり、払込金額が簿価を超えず、弁済期が到来していれば（会社が期限の利益を放棄して到来させることは可能）、検査役の検査は不要です（会社法207条9項5号）。また、株式発行にあたっては会社法所定の手続が必要となっています。

【図表4-13】DESの方法

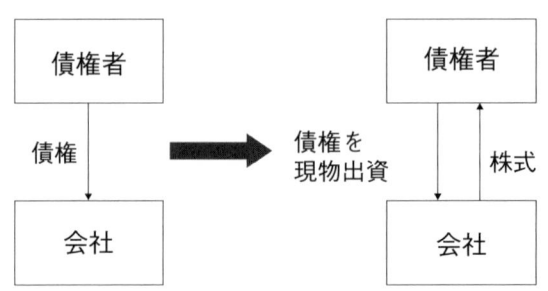

4 DESを利用する場合の留意点

　銀行が保有する債権を株式化する場合、いわゆる「5%ルール」という株式保有規制が問題になります。この5%ルールは、銀行法と独占禁止法の2つに定められています。銀行に対してDESをするためには、5%ルールをクリアする必要があります。

　まず、銀行法において、銀行又はその子会社は、原則として、国内の一般の事業会社について、合算して当該会社の総株主の議決権の5%を超える議決権を取得又は保有してはならないとされています（銀行法16条の4第1項、52条の24第2項、2条6項）。これは銀行が、貸付先の経営を支配することを防止するために設けられています。もっとも、事業再生中の会社や地域活性化のための会社の株式保有について一定の例外があります。

　また、独占禁止法においても、銀行又は保険業を営む会社は、原則として、国内の一般の事業会社について、合算して当該会社の総株主の議決権の5%を超える議決権を取得又は保有してはならないとされています（独禁法11条1項）。

　これらの5%ルールはいずれも議決権を基準にしており、無議決権株式には適用されないため、DESにおいて無議決権株式を発行することでクリアできます。

　なお、金融商品取引法において、原則として、株式の引受けを50名以上の者に対して勧誘する場合には、有価証券届出書を財務局に届け出る必要があります。しかし、実際には、中小企業に有価証券届出書を作成することは困難なため、株式の引受けの勧誘をする相手方を50名未満に抑える必要があります。

6. 第二会社方式

1 第二会社方式とは

　第二会社方式とは、収益性のある事業（Good事業）を事業譲渡や会社分割により会社から切り離して、受け皿会社（第二会社）に引き継がせるとともに、不採算事業（Bad事業）を従来の会社に残したまま、従来の会社が特別清算や破産することによって清算する方法です。中小企業においては、単一事業のみを営んでいる会社も多いため、その場合には、全事業を新会社（第二会社）に承継させることになります。

　この第二会社方式により、収益性のある事業は新会社で再出発できる一方で、旧会社が抱えていた過剰債務や不採算事業は、特別清算や破産により処理されます。金融機関の有する貸付金は清算手続の中で処理され、清算配当されない部分は結果として債権放棄と同じ効果になります。その意味で第二会社方式は、実質的には債権放棄を受けるための一手段といえます。

【図表4-14】第二会社方式の方法

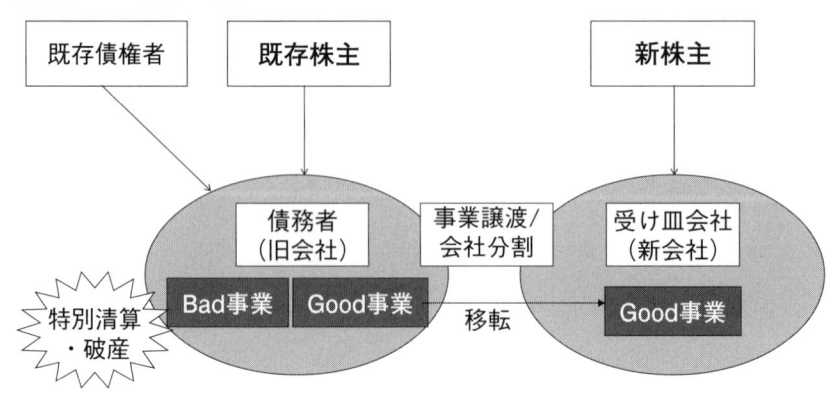

2　第二会社方式のメリット

　第二会社方式には、以下に述べるメリットがあります。

　第1に、収益性のある事業については、過去の簿外債務や粉飾決算といった旧会社のしがらみから逃れて、フレッシュな状態で事業をスタートすることができます。そのため、新会社においては、金融機関からの新規借入や、スポンサーを見つけることが容易になります。

　第2に、第二会社方式の場合には、事業譲渡や株式譲渡などの対価として、一括で現金が入ってくることが多く、これを原資として債権者に一括弁済をすることができます。債務者が事業収益の中から長期分割弁済する場合には、事業環境の変化によって収益が悪化し、弁済が滞ってしまうリスクがあります。一括弁済は、債権者にとっても債務者にとっても、早期に確実な弁済を受けることができるという点でメリットがあります。

　第3に、法的整理手続では、法律によって強制的に債権カットされますが、私的整理手続では、金融機関は「任意」で債権放棄をすることになります。しかし、第二会社方式を使えば、債権放棄の手続自体は、特別清算や破産といった法的整理手続の中で行うことが可能となります。

　第4に、債権放棄を受けた場合、その際に生じる債務免除益について、それを相殺できるだけの繰越欠損金がないと債務免除益課税が生じますが、第二会社方式を利用すれば、旧会社に債務免除益課税が生じたとしても、それは旧会社の問題であって、旧会社の清算（特別清算・破産）手続で処理すればよく（債務超過の法人の清算手続においては、債務免除益課税は適切な税務処理をする限りにおいては、多くの場合、発生することはありません）、事業を譲り受けた新会社は、債務免除益課税について基本的に心配する必要はありません。

　このように第二会社方式には様々なメリットがあることから、中小企業の再生においてよく利用されています。

3 事業譲渡型と会社分割型

　第二会社方式には、事業を受け皿会社に承継させる方法についての違いから、①事業譲渡型と、②会社分割型があります。

　①事業譲渡型は、Good事業を事業譲渡という法形式で受け皿会社に移転させます。事業譲渡とは、売主と買主との間で、取引先との契約、従業員との契約、各種資産といった事業全体について、売買契約を締結して譲渡する方法です。これに対して、②会社分割型は、収益力のある事業を会社分割という法形式で受け皿会社に移転させます。会社分割型は、会社分割の方式によって、さらに単独分割型（株式譲渡型）と吸収分割型にわけることができます。

　単独分割型とは、会社分割により、Good事業を移した新会社の株式を旧会社が一度取得し、旧会社がその株式を新たな株主に譲渡するというスキームです。吸収分割型は、新株主が設立した受け皿会社に対して、旧会社がGood事業を吸収分割し、吸収分割の対価として現金を受け取るというスキームです。

【図表4-15】事業譲渡と会社分割の違い

事業譲渡

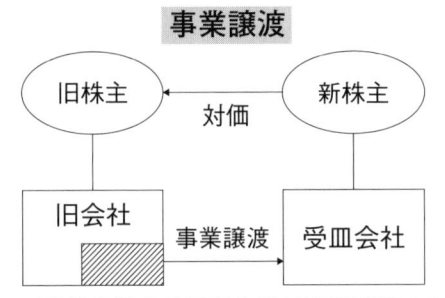

Good事業を買主の受皿会社に事業譲渡する。

会社分割（単独分割型）

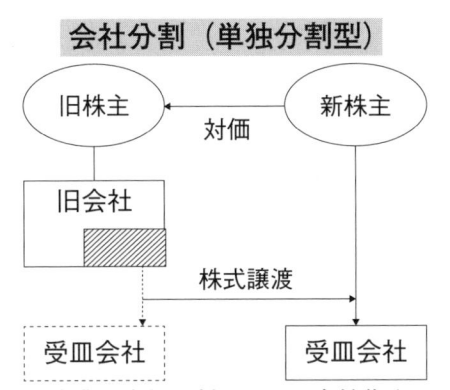

Good事業を会社分割により子会社化する。
その後、子会社の株式を新株主に譲渡する。

会社分割（吸収分割型）

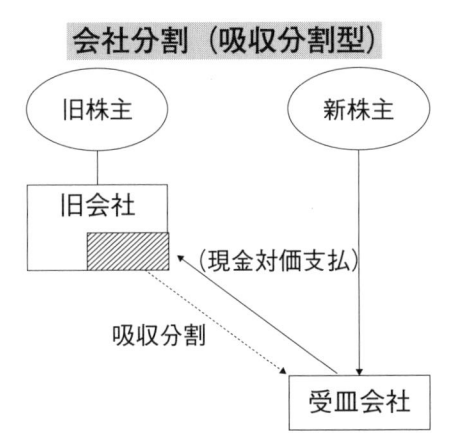

Good事業を会社分割により、新株主の保有する
受皿会社に吸収分割させる。

事業譲渡方式と会社分割方式の長所・短所を比較すると、**図表4-16**のとおりとなります。

　事業譲渡は、契約、資産、負債について個別に譲渡するという発想に基づいています。これに対して、会社分割は、会社法の規定により、契約、資産、負債をまるごと移転するという発想に基づいています。それにより、これらの違いが生じます。そのため、事業譲渡の場合には、契約や負債の移転には相手方の同意が必要なのに対し、会社分割では、相手方の同意が不要とされる場合が多いようです。

　許認可については、一般論として、会社分割の方が移転が認められやすいといえます。

【図表4-16】事業譲渡と会社分割の比較

	事業譲渡（特定承継）	会社分割（部分的包括承継）
長所	・契約、資産、負債等の選択承継が可能 ・スピーディーに実行可能 ・従業員の選択承継が可能 ・労働契約承継法の手続履践が不要	・契約、資産、負債等の選択承継が可能 ・契約、資産、負債等の移転について相手方の同意は原則として不要 ・資産の移転コストが低い ・許認可が承継できる場合がある
短所	・契約、資産、負債等の移転に相手方の同意が必要 ・資産の移転コストがかかる場合がある	・労働契約承継法の手続履践が必要 ・会社分割の手続履践が必要であり、時間もある程度必要となる

　事業譲渡と会社分割のどちらを選ぶかについては、以下の点が選択のポイントとなります。

　・契約の相手方は契約の移転に同意する見込みがあるか

　・負債を移転するか

　・従業員についてリストラを行う予定があるか

　・移転する資産に不動産が含まれているか

・迅速に実行する必要があるか

・事業の遂行に許認可が必要か

▌4　移転対象とする資産・負債の決定

　第二会社方式おける旧会社から新会社への移転する資産と負債の範囲で
すが、資産については、Good事業を運営するのに必要な資産を移すこと
になります。例えば、運転資金として必要な現預金、売掛金、在庫、設
備・備品、不動産といったものを移転させます。

　他方、借入金といった負債については、旧会社に残すことになります。
もっとも、中小再生GL手続では、債権カットの対象となるのは借入金だ
けであり、買掛金などの借入金以外の負債については、場合によっては新
会社に承継することも考えられます。その場合には、譲渡代金から承継す
る負債の金額が差し引かれることになります。

▌5　譲渡対価の算定

　第二会社方式では、旧会社は、Good事業を失ってしまい、後は清算す
るだけの会社となります。旧会社の借入金の処理について、旧会社にすべ
て残す場合には、債権者に対する弁済は、事業譲渡や会社分割によって受
け皿会社などから受け取る譲渡代金と、旧会社に残った事業や資産を換金
したものなどから支払われることになります。事業譲渡や会社分割の対価
をいくらとするかが、債権者への配当額と直結するため、対価の決定が非
常に重要となります。

　事業譲渡と会社分割のいずれの方法をとるにせよ、譲渡手続の中で「譲
渡対価を決定する」というプロセスが入るため、移転するGood事業の事
業価値はいくらなのか、という議論が伴うこととなります。

　事業価値の算定には、一般的に、DCF法、EBITDAマルチプル法、類

似業種比較法、純資産法などがあります。

　なお、最終的な譲渡価格は、事業価値評価をベースにしつつも、買い手との交渉によって決まることになります。もっとも、通常の事業の譲渡においては、売り手である会社の判断のみで譲渡価格を決めることができますが、中小再生GL手続の中での事業の譲渡をする場合には、譲渡価格は対象債権者への弁済額に直接的に影響するため、なぜその譲渡価格となったかについて、対象債権者への説明が求められることになります。

　事業売却手続のなかで、競争入札を実施することができるのであれば、入札価格は市場価格を示すものとして、客観性のある数値を用いることができます。しかし、中小企業の事業の売却においては、そもそも積極的な買い手がおらず、競争入札ができないことも多いという現実があります。

　その場合には、公認会計士や税理士などの専門家に事業価値評価を依頼し、その評価書をもって対象債権者に納得してもらうという方法も考えられます。

▎6 事業譲渡・会社分割の手続

(1) 事業譲渡

　事業譲渡をする場合には、会社法上、譲渡対象が事業の全部又は重要な一部の場合には、株主総会の特別決議が必要となります。特別決議とは、原則として、株主総会に議決権の過半数を有する株主が出席し、出席した株主の議決権の3分の2以上の賛成による決議です。

　ここでの「重要な一部」とは、量的基準と質的基準の2つの観点から決定されることになります。ただし、譲渡対象資産の簿価が会社の総資産額の簿価の5分の1以下の場合には、簡易事業譲渡として、株主総会の特別決議は不要となります。

　なお、株主総会において事業譲渡に反対する株主は、会社に対して株式を買い取るように請求する権利があります（株式買取請求権）。

　事業譲渡においては、契約や負債を移転するには、相手方の個別同意が必要です。また、資産の移転については、登記や登録といった資産移転の手続が必要な場合があります。

(2) 会社分割

　会社分割をする場合には、会社法等の要請により、一定の手続を踏む必要があります。手続全体の流れは**図表4-17**のとおりです。

　会社分割については、①原則として、株主総会の特別決議が必要なこと、②会社分割において承継させる資産の簿価が分割会社の総資産額の簿価の5分の1以下の場合には、株主総会の特別決議は不要なこと、③反対株主には株式買取請求権があります。これらの点は、事業譲渡と同様です。

【図表4-17】会社分割の流れ

分割計画承認の取締役会
↓
労働者・労働組合との協議開始
↓
株主総会招集通知の発送
↓
分割計画承認の株主総会（特別決議）
↓
[債権者異議申述公告]（場合による）
↓ 1ヶ月後
分割効力発生日
↓
事後備置書類の備置

7 旧会社の清算方法

　第二会社方式では、事業を譲渡した後に、旧会社を清算することになります。その清算の方法として、特別清算と破産が考えられます。破産は広く知られている手続であり、申立てをした後は破産管財人が手続を進めることになるため、ここでは特別清算について簡単に解説します。

　特別清算とは、債務超過の可能性などがある株式会社について、裁判所の監督の下で行われる清算手続です。特例有限会社など非株式会社は特別清算をすることができないため、株式会社に組織変更する必要があります。

　特別清算では、協定型と和解型があり、株主総会で選任された清算人が、債権放棄について定めた協定案（協定型）又は個別の和解案（和解型）を作成します。

　協定型の場合には、協定案は債権者集会において債権者の決議にかけられ、債権者集会に出席した議決権者の過半数かつ議決権総額の3分の2以上の多数の賛成があり、裁判所が認可すれば、協定案はすべての債権者を拘束します。つまり、協定案に反対した債権者に対しても、債権放棄を強制することができます。

　和解型の場合には、債権者全員の同意が必要となりますが、協定型と比べて債権者集会が開催されないなど、手続の負担が軽く、また迅速に進めることが可能です。

　特別清算は、裁判所が監督する法的整理手続であり、手続の公平性・透明性が確保されています。また、特別清算手続の中で行われた債権放棄は、協定型については、税務上も損金処理ができるとされているため、債権者にとっても税務上のリスクがありません。もっとも、和解型については、子会社に対する債権放棄額の損金算入を認めないとした裁判例（東京高裁平成29年7月26日税務通信3474号10頁）があるため注意が必要です。

　第二会社方式では、旧会社の清算方法として、特別清算と破産のいずれ

を選ぶのかが問題となりますが、一般的には、特別清算が好まれます。

　その理由としては、①特別清算のほうが世間的に破綻というイメージを持たれていないためマイナスのイメージが少ないこと、②株主総会で選任した清算人が手続を進めるため手続のコントロールがしやすいこと、③破産よりも手続が柔軟であり使い勝手が良いことが挙げられます。

　もっとも、先ほど述べたとおり、特別清算では、協定案の可決には3分の2以上の債権者の賛成が必要であり、その賛成が取れる見込みがあることが必要となります。賛成が取れる見込みがない場合には、特別清算手続は選択肢から外さざるを得ません。

　また、旧会社において、租税等の滞納があり、それらを全額弁済ができない場合には清算手続を結了することができないため、特別清算手続は選択肢から外さざるを得ません。

　これらの場合には、破産手続を選択せざるを得ないことになります。ただし、租税債権等は法的整理手続においても優先債権であり、租税については第二次納税義務（事業の承継者の納税義務を負う）もあり得ることを考慮する必要があります。

▌8　濫用的会社分割

　会社分割については、その制度を悪用して、債権者の知らない間に、会社分割により Good 事業部門を他の会社に移して借金を踏み倒すという方法が問題となります。

　このような会社分割の方法は、「濫用的会社分割」と呼ばれています。

　会社法では、会社分割をしても、会社分割後も債権者が旧会社に対して債権全額を請求できる場合には、会社は、その債権者に対して会社分割することを通知する義務がありません。

　そこで、経営者が債権者に知らせずに、こっそりと会社分割をして、自分や親族がオーナーになっている新会社に Good 事業を移し、もぬけの殻

にした旧会社の借金を踏み倒すことが一応は可能となります。

かつては、「再生コンサルタント」を自称する者が、経営難の会社の経営者に近づき、「会社を再生させる良い方法がありますよ」と、経営者に濫用的会社分割の利用を（高いコンサルタント料とともに）持ちかけ、悩んでいる経営者がこれに飛びついてしまい、濫用的会社分割を実施してしまうということが起こっていました。

しかし、そのような濫用的会社分割については、債権者は、詐害行為取消権（民法424条以下）という権利を行使して、会社分割による資産の移転を取消しすることができます。そのため、債権者に黙って会社分割をしてGood事業を他の会社に移すことができたとしても、それに気が付いた債権者が詐害行為取消権を行使すれば、その移転行為が取り消されてしまうことになります。

最高裁判所も、濫用的会社分割に対して債権者が詐害行為取消権を行使した事案について、詐害行為取消権の行使を認めています[6]。

また、会社法も平成26年の改正により、分割会社が残存債権者を害することを知って会社分割をした場合は、事業を承継した会社に対し、承継した財産の価額を限度として債務の履行を請求できるという規定が設けられました（会社法759条4〜7項、761条4〜7項、766条4〜7項）。

このような対策が取られたことから、濫用的会社分割の問題は沈静化しています。濫用的な会社分割をして、その瞬間は上手くやったように見えても、後で債権者との間でトラブルとなり、最終的にはGood事業の移転の効力も否定されてしまうため、濫用的会社分割は避けるべきです。

---

6 最高裁平成24年10月12日判決

7. ABL

1 ABLとは

ABLとは、売掛金や在庫といった資産（アセット）に対して担保を設定した融資（レンディング）のことをいいます。つまり、売掛金と在庫を担保として、金融機関から資金調達をするという資金調達方法です。再生局面で用いられるDIPファイナンスもABLの一種といえます。

従来、金融機関の融資の担保の主力は不動産であり、その他は上場株券や預金程度でした。

過去の高度成長期やバブル期の不動産価格が上昇している時代には、中小企業も不動産価格の上昇に伴って不動産を担保にして事業拡大のための資金を容易に調達することができましたが、現在は、そのような状況ではありません。従来の不動産担保主義の下では、中小企業が資金を調達することに限界があります。

一方、目を転じると、中小企業には、在庫や売掛金など、今までは担保として利用されていなかった資産があります。これらを活用して、中小企業に対する資金供給を活発化させ、日本を支える中小企業の活動を支えようというのがABLです。

もっとも、今までABLがそれほど利用されなかったのには、それなりの理由があります。

第1に、不動産と比較して、在庫・売掛金・設備は評価が難しいという点があります。不動産の場合には、近隣の取引事例や路線価などの目安となる数値があり、評価は比較的容易ですが、在庫・設備については実際にいくらで売れるかというのは、なかなか分かりません。また、売掛金については、実際に売掛先が払ってくれるのか、相殺による減額はされないの

かを考える必要があります。

　第2に、在庫・設備については、不動産と比べて、処分が必ずしも容易ではないという点があります。在庫・設備を売却するには、店舗・人員・ノウハウ・管理などが必要で、これにはコストがかかります。

　これらの理由により、ABLは今まで広く利用されてきませんでした。しかし、これらの問題点をクリアすることは不可能ではありませんし、最近では、中小企業の資金調達手段として積極的にABLを活用しようという動きもあります。現在、担保法改正の議論が進んでおり、改正されればABLがますます使いやすくなるものと思われます。

　また、ABLにより、中小企業が金融機関から借入を行うと、金融機関は中小企業の在庫や売掛金の状況をタイムリーに把握することができるようになります。そのため、金融機関が中小企業の間で、密度の高いコミュニケーションを行うことが可能となり、金融機関によるコンサルティング機能を発揮できる場面も増えると期待されています。

┃ 2　ABLの仕組み

　ABLでは、金融機関が融資をする際に、在庫・売掛金・設備といった会社の事業で実際に利用している資産を担保として取ります。在庫・売掛金・設備のうち、中心は在庫・売掛金であり、仕掛品・設備は処分や評価が難しいことから、担保対象にならないことがあります。

　売掛金・在庫については、会社が事業活動をする中で回転するものであり、日々入れ替わるものです。つまり、売掛金であれば、取引先に商品・サービスを販売した時点で売掛金が発生し、回収日に入金されることにより消滅します。在庫については、仕入れ・製造により、顧客に販売することにより消滅します。ABLでは、このように回転する売掛金・在庫に対して担保を設定します。そのため、個別の売掛金や在庫に担保を設定するのではなく、日々変わりゆく売掛金・在庫全体に対して担保を設定するこ

とになります。

　また、担保設定の法律形式としては、抵当権や質権ではなく、「譲渡担保」という法形式を用いるのが一般的です。譲渡担保とは、担保権者に対して、形式的に譲渡したことにするという担保提供方法です。譲渡担保では、抵当権や質権と異なり、担保処分をするのに裁判所での競売の必要がないなどのメリットがあることから、広く利用されています。

　そのため、ABLで利用される担保は、「集合的譲渡担保」と呼ばれるものとなります。

　担保目的物については、担保権者が他の債権者よりも優先的に弁済を受けることができます。そこで、担保目的物は何らかの方法で特定する必要がありますが、日々変動する売掛金・在庫については、次の方法で特定することになります。

①債権（売掛金）

（a-1）債権の債務者が特定しているときは、債務者及び債権の発生の時における債権者の数、氏名及び住所（法人にあっては、氏名及び住所に代え商号又は名称及び本店等）

（a-2）債権の債務者が特定していないときは、債権の発生原因及び債権の発生の時における債権者の数、氏名及び住所（法人にあっては、氏名及び住所に代え商号又は名称及び本店等）

（b）貸付債権、売掛債権その他の債権の種別

（c）債権の発生年月日

（d）すでに発生した債権のみを譲渡し、又は目的として質権を設定する場合には、債権の発生の時及び譲渡又は質権設定の時における債権額

②動産（在庫）

（a）動産の特質によって特定する方法

　・動産の種類

・動産の記号、番号その他の同種類の他の物と識別するために必要な特質
（ｂ）動産の保管場所の所在地によって特定する方法
　・動産の種類
　・動産の保管場所の所在地

　この「集合的譲渡担保」については、登記をすることができます。この登記をしないと、会社が破産した場合に担保権者の優先権が認められません。そこで、ABLの融資をする金融機関は、集合的譲渡担保の登記を求めてきます。この登記を取り扱う登記所として、東京中野区にある東京法務局が指定されており、全国の債権・動産の譲渡登記に関する事務を取り扱っています。実際に東京まで出向く必要はなく、電子ファイリングも認められています。

　この登記をしたこと自体は、登記時点で取引先に通知されることはないため、通常は知られることはありません。もっとも、登記されているため、誰かが積極的に調べれば登記されたことは分かってしまいます。

■ 3　ABLを利用する際の注意点

　ABLを利用する場合、在庫については、担保の対象となった在庫と、担保の対象となっていない在庫を区別して管理する必要があります。動産については、登記上、その種類・特質・場所で特定しますが、実際には、きちんと管理をしていないと、どの商品が担保対象であり、どの商品が担保対象でないのかが分からなくなってしまいます。

　このように、在庫を担保にして借入をするABLについては、借主においても様々な作業をする必要があるという点が、特にそのような作業が不要な不動産担保融資と異なっている点といえます。

　また、在庫・売掛金の評価額の100％の金額を融資してもらえるわけではありません。一定の「掛け目」をかけた金額が借りることができる上限

とされるのが一般的です。

　ABLにおいては、売掛金や在庫といった流動的な資産を担保としていることから、貸し手の金融機関としても、頻繁に売掛金や在庫の状況についての報告を求めてきます。借り手の中小企業としては、その要求に応えて様々な報告をしなければなりません。場合によっては、売掛金の回収口座を貸し手の金融機関の口座に移して、金融機関が常時モニターできるような体制を求められることもあります。

　なお、令和6年の通常国会に、会社の総財産を担保として担保権を設定して融資をすることができる企業価値担保権を創設する「事業性融資の推進等に関する法律案」が提出されて成立し、令和6年6月14日に公布されました。同法の施行は公布から2年6ヶ月を超えない範囲内で政令で定める日とされています。将来的には、会社の全財産を担保に融資を受けることも考えられるようになります。

第5章

第 5 章

事業再生計画の作成方法

1. 総　論

1 再生型私的整理手続における事業再生計画

　中小再生 GL 手続のうち、再生型私的整理手続においては、中小企業者は、自ら又は外部専門家から支援を受ける等して、事業再生計画案を作成する必要があります。事業再生計画案を作成するにあたっては、現状把握、課題認識、改善施策の検討、数値化等、一連のプロセスを踏んで、必要な要件を備えたものでなければいけません。そのため、まずは「事業再生計画案作成の前提となる」財務及び事業の状況に関する調査分析（DD＝デューデリジェンス、以下「DD」という。）を行う必要がありますが、第三者支援専門家以外の外部専門家（弁護士、公認会計士、税理士、中小企業診断士、不動産鑑定士、その他の専門家等）に依頼するのが一般的です。

　これらの作業は、会社の規模や作成の難易度等によってケースバイケースではあるものの、第三者支援専門家による支援等の開始時点から3〜6ヶ月程度で行うことが想定されているため、スピード感をもって進めていく必要があります。

　なお、事業再生計画案に求められる内容は、ほぼ中小企業活性化協議会実施基本要領に沿ったものとされているため[1]、実務上では中小企業活性化協議会の業務内容が参考になっていくものと考えられます。

　まずは全体的な手続の流れを解説し、次に財務 DD・事業 DD における調査事項や、それらの調査事項をどのように事業再生計画に反映していくか、という観点で解説を行っていきます。

---

1 小林信明「『中小企業の事業再生等に関するガイドライン』の解説」（NBL No. 1219、2022年6月）

2 廃業型私的整理手続における弁済計画

　廃業型私的整理手続においても、弁済計画案を策定していく必要がありますが、廃業を前提としていることから、債務の弁済計画案の策定が必要となります。この場合においても、現状把握、数値化、他の手続との比較等を行う必要があるため、外部専門家（弁護士、公認会計士、税理士、中小企業診断士、不動産鑑定士、その他の専門家等）に依頼するのが一般的です。また、作業期間も再生型私的整理手続と同様に3〜6ヶ月程度と想定されていますが、廃業型私的整理手続の場合には、弁済計画案の作成が遅延すると、弁済原資となる財産が流出する危険性が増大するため、長期化しないように留意する必要があります。

2. 再生型私的整理手続の事業再生計画

1　業務の流れ

　事業再生計画の作成のために、まずはDDを進めていき、事業再生計画作成の基礎となる必要な情報を整理していきます。DDとは、調査の対象となる企業の状況を調査することで、会社の現状を明らかにして実態を把握する調査手続のことです。中小再生GL手続では、第三者支援専門家以外の外部専門家が実施する必要があります（中小再生QA-Q 38）。DDには、財務・事業・法務・不動産・環境・人事・IT等、様々な種類がありますが、中小再生GLにおいては、主に「経営・財務及び事業の状況に関する調査分析」を行うことが想定されています。また、債務免除を伴う計画を策定する場合には、不動産鑑定士による鑑定評価[2]を実施することが一般的です。

　実際の業務のおおまかな流れは、**図表5-1**のようになります。なお、ここではDDの開始から、事業再生計画案の作成までを想定しています。

　DD・計画案の作成について、中小企業活性化協議会による私的整理手続の場合、まず協議会担当者による一次対応があり、その中である程度の情報が整理され、二次対応から本格的なDD等の手続が開始します。したがって、協議会スキームに基づきDD・計画案の作成に着手する場合、外部専門家は協議会の一次対応に関する情報を参照した上で作業に着手す

2　不動産鑑定士等による不動産DDは、鑑定評価業務、土壌汚染調査、エンジニアリングレポート等多岐にわたっています。金融支援において債務免除を要請する事案の場合には、鑑定評価書を入手することが一般的ですが、不動産DDの範囲をどこまで実施するかについては、不動産DDによるコスト・効果・事案の性質等を検討した上で決める必要があります。

ることが想定されますが、中小再生GLの場合には、この一次対応に相当する段階がないため、このような手続についても外部専門家が実施していく必要があると思われます。

【図表5-1】業務の流れ

```
経営者ヒアリング
    ↓
業種・業界等、外部経営環境の理解
    ↓
税務申告書・決算書等、比較的容易に準備可能な基礎資料の入手
    ↓
依頼資料・質問事項リストの作成・依頼（適宜リストを更新し、作業進捗
に役立てる）
    ↓
現場調査（経営者ヒアリング・資料依頼・現場視察）
    ↓
入手資料・ヒアリング事項の分析
    ↓
調査報告書（財務DD・事業DD）の作成
    ↓
経営者への調査報告書の報告
    ↓
調査報告書（財務DD・事業DD）を踏まえた事業計画（数値計画）の作成
    ↓
中小再生GLが規定する「事業再生計画案」の作成
```

以下、簡潔に初期の準備段階における対応を解説していきます。

(1) 経営者へのヒアリング

最初にヒアリングする事項としては、中小企業活性化協議会実施基本要領の窓口相談（第一次対応）において把握を要請している事項が参考になります（**図表5-2**参照）。

【図表5-2】事前相談・窓口相談の内容

	相談内容
1	企業の概要
2	直近３年間の財務状況（財務諸表、資金繰り表、税務申告書等）
3	株主、債権債務関係の状況（取引金融機関等）
4	事業形態、構造（主要取引先等）
5	会社の体制（ガバナンス体制の確認を含む）、人材等の経営資源
6	現状に至った経緯
7	改善に向けたこれまでの努力及びその成果
8	取引金融機関との関係
9	収益力改善、経営改善、事業再生、再チャレンジに向けて活用できる会社の資源
10	収益力改善、経営改善、事業再生、再チャレンジに向けた要望、社内体制の準備の可能性

（出典）中小企業庁事業環境部金融課「中小企業活性化協議会実施基本要領」
　　　（2023年４月１日改正）第２章第２３.（2）より作成

　最初に経営者等からヒアリングする段階においては、専門家側は情報をほとんど持ち合わせておらず、「法的整理なのか私的整理なのか」「事業継続なのか廃業なのか」「中小再生GLを適用して進めるべきか他の手続を適用すべきかどうか」も分からずにヒアリングをする段階です。したがって、「会社の基礎的な情報」「窮境原因（会社の見解）」「現状確認」等に関する情報を入手し、相談を受けた会社に適したスキームを選択するための判断材料になる情報の入手を心がける必要があります。経営者からのヒアリングや手続の進行に伴って、中小再生GL等の私的整理手続ではなく、民事再生手続等の法的整理手続が適していることもあり得ます。なお、筆者が最初に経営者にヒアリングする際の質問例として使用しているものは、**図表5-3**となります。

【図表5-3】経営者へのヒアリング事項

Ⅰ．会社の基本的な情報
- ・会社の沿革
- ・事業内容や商流
- ・過去の決算の状況
- ・関係会社の有無、ある場合はその内容
- ・株主概要（特殊な株主の有無、オーナーとの関係等）
- ・従業員の状況
- ・役員や株主の状況
- ・過去の再生手続経験の有無

Ⅱ．窮境原因（会社の見解）
- ・直接的な窮境原因
- ・資金繰り概況
- ・コロナ禍の影響
- ・今後の方向性についての会社の見解（事業を継続したいか否かの見解も含む）

Ⅲ．現状確認
【外部との状況】
- ■金融機関との交渉状況
  - ・金融機関との信頼関係の程度の確認
  - ・弁護士、税理士、中小企業活性化協議会等への相談の有無
- ■スポンサー支援の見込みや意向

【業績（損益計算書関連）・財務（貸借対照表関連）・資金繰り関連】
- ■経理全般
  - ・会計や税務処理の状況（経理業務、申告業務）
  - ・仮装経理の有無、ある場合はその内容
  - ・現在の会社の経営危機の状況や代表者が外部に相談をしていることについて、社内で他に知り得る人物の有無、いる場合は協力状況（情報管理・協力体制）
- ■業績（損益計算書関連）
  - ・足元の業績状況（改善傾向or悪化傾向及びその要因）
  - ・黒字化の可能性（経営者見解、その理由も含む）
- ■財務（貸借対照表関連）
  - ・債務の状況（滞納状況等も含む）
    - ・金融機関債務
    - ・公租公課
    - ・取引債務
    - ・リース取引
    - ・退職金債務
  - ・担保や保証の状況の確認
  - ・簿外債務の有無（例：退職金の状況、損害賠償等）
- ■資金繰り関連
  - ・資金繰り表作成状況（月別・日別）
  - ・資金ショート見込
  - ・手形やでんさい利用の有無
  - ・口座用途（入金口座、支出用途、借入金との対応等）
  - ・つなぎ資金対応の状況

Ⅳ．その他
- ・重要な契約内容の確認（取引先、賃貸借契約等）
- ・許認可の内容、承継の可否
- ・知的財産権の状況
- ・訴訟の有無等

(2) 業種・業界等、外部経営環境の理解

　業種・業界等、外部経営環境を理解するためには、経営者からのヒアリングや会社のウェブサイト等から入手した基礎的な情報を手掛かりにして、東京商工リサーチや帝国データバンク等から信用情報を入手し、業種別審査辞典[3]や業界団体のウェブサイト等からの入手情報によって業種について習熟し、関連業界に関する書籍等で情報入手するといったことをするのが一般的です。事業DDのみならず、財務DDにおいても業種・業界等の外部経営環境を理解することで、収益力、窮境原因とその除去可能性、事業計画の策定支援等の場面で、より説得力のある分析・調査・構成・説明が可能になります。

(3) 資料依頼リストの作成

　ある程度、基礎的な情報を入手でき、中小再生GL手続で進めることが適切と判断した場合には、それを前提にして財務DD・事業DDを進めることになります。依頼資料リストのサンプルは、**図表5-4**のとおりです。あくまでも一例であるため、対象企業の状況に応じて加除していく必要があります。なお、上記「(1) 経営者へのヒアリング」の段階で入手したものがあれば、適宜リストを調整していきます。

　DDを受ける会社にとっては、普段から頻繁にDDを受けているわけではなく慣れないことばかりです。そのため、手続内容を理解してもらえるように、必要に応じて経営者や担当者の方々に資料の内容に関して説明をしていくことや、入手した資料に対して適宜質問等を行うことで必要な情報を引き出せるようにすることが重要です。

---

3 2024年7月1日時点で、一般社団法人金融財政事情研究会より第15次まで発行されています。https://www.kinzai.jp/books/15jiten/

株式会社●▲■
依頼資料一覧

令和x年yy月zz日
公認会計士・税理士 ●●●

No	依頼資料	資料準備の方法 PDF化し、メールでのご送付をお願い致します。Excel等のデータがある場合には、Excelでのご送付をお願い致します。スキャン等の作業とPDFでの送信が困難な場合には、本社への訪問を検討致します。	対象事業年度							資料受領日	備考
			それ以前	平成31年3月	令和2年3月	令和3年3月	令和4年3月	令和5年3月基準日	直近		
	【全般】										
1-1	会社案内		—	—	—	—	—	—	○		HPがない場合
1-2	法人商業登記簿謄本		—	—	—	—	—	—	○		
1-3	会社定款		—	—	—	—	—	—	○		
1-4	株主名簿		—	—	—	—	—	—	○		
1-5	会社組織図		—	—	—	—	—	—	○		
1-6	役員名簿		—	—	—	—	—	—	○		
1-7	従業員名簿		—	—	—	—	—	—	○		
1-8	就業規則		—	—	—	—	—	—	○		
1-9	給与規程		—	—	—	—	—	—	○		
1-10	退職金規程		—	—	—	—	—	—	○		
1-11	賞与規程		—	—	—	—	—	—	○		
1-12	経理規程		—	—	—	—	—	—	○		
1-13	保有不動産一覧・登記簿謄本		—	—	—	—	—	—	○		
1-14	不動産鑑定評価書		—	—	—	—	—	—	○		
1-15	担保資産一覧（不動産以外）		—	—	—	—	—	—	○		
1-16	株主との取引一覧		—	—	—	—	—	—	○		
1-17	役員との取引一覧		—	—	—	—	—	—	○		
1-18	関係会社との取引一覧		—	—	—	—	—	—	○		
1-19	特許、許認可、資格等		—	—	—	—	—	—	○		
1-20	事業計画		—	—	—	—	—	—	○		
	【資金繰り】										
2-1	資金繰り実績表		—	—	—	—	—	○	○		
2-2	資金繰り予定表		—	—	—	—	—	○	○		

	【経理全般】										
3-1	過去10年分の税務申告書（法人税、住民税、事業税、消費税）										修正申告・更正通知がありましたらあわせてお願い致します。
	法人税等	（事前送付のお願い）※3	◎	◎	◎	◎	◎	◎	－		10年より前の資料は必要に応じて依頼予定
	法人住民税・事業税等	（事前送付のお願い）※3	◎	◎	◎	◎	◎	◎	－		10年より前の資料は必要に応じて依頼予定
	消費税等	（事前送付のお願い）※3	◎	◎	◎	◎	◎	◎	－		10年より前の資料は必要に応じて依頼予定
3-2	過去10年分の決算書（B/S、P/L、株主資本変動計算書）	（事前送付のお願い）※3	◎	◎	◎	◎	◎	◎	－		10年より前の資料は必要に応じて依頼予定
3-3	過去10年の勘定内訳書	（事前送付のお願い）※3	◎	◎	◎	◎	◎	◎	－		10年より前の資料は必要に応じて依頼予定
3-4	過去5年の事業報告書		－	○	○	○	○	○	－		
3-5	令和5年3月（基準日）以降直近までの月次試算表	Excelでご提供ください。	－	－	－	－	－	－	○		
3-6	総勘定元帳	Excelでご提供ください。	－	○	○	○	○	○	○		
3-7	仕訳帳	Excelでご提供ください。	－	○	○	○	○	○	○		
	【経理詳細】										
	資産関係										
4-1	現金実査表（金種表）		－	－	－	－	－	○	－		
4-2	預金通帳（ネットバンクデータ）		－	－	－	－	－	○	－		
4-3	売掛金台帳		－	－	－	－	－	○	－		
4-4	売掛金回収サイト一覧		－	－	－	－	－	○	－		
4-5	滞留売掛金リスト		－	－	－	－	－	○	－		回収サイトから遅延している売掛金
4-6	棚卸資産一覧		－	－	－	－	－	○	－		
4-7	滞留在庫一覧		－	－	－	－	－	○	－		
4-8	固定資産台帳		－	－	－	－	－	○	－		
4-9	有価証券台帳		－	－	－	－	－	○	－		
4-10	有価証券現物又は不所持証明等		－	－	－	－	－	○	－		有価証券の所有を示す資料をご準備ください。
4-11	保険契約一覧		－	－	－	－	－	○	－		
4-12	保険証書		－	－	－	－	－	○	－		

No.	資料名								備考
4-13	保険解約返戻金を把握できる資料	─	─	─	─	─	○	─	
	負債関係								
5-1	買掛金台帳	─	─	─	─	─	○	─	
5-2	未払金台帳	─	─	─	─	─	○	─	
5-3	買掛金・未払金支払サイト一覧	─	─	─	─	─	○	─	
5-4	滞留負債一覧	─	─	─	─	─	○	─	支払サイトから遅延している負債（公租公課含む）
5-5	借入金残高一覧	─	─	─	─	─	○	─	
5-6	借入金契約書	─	─	─	─	─	○	─	
5-7	担保設定契約	─	─	─	─	─	○	○	
5-8	保証契約一覧	─	─	─	─	─	○	─	
5-9	保証契約書	─	─	─	─	─	○	○	
5-10	引当金計算資料	─	─	─	─	─	○	─	
	損益関係								
6	店舗別PL、商品別PL	─	─	─	─	─	○	○	
	【オフバランス項目】								
7-1	保証関係の一覧資料（会社保証）※他者に対する保証・他者からの保証・保証予約・債務引受・経営指導念書等	─	─	─	─	─	─	○	
7-2	偶発債務、簿外債務（潜在的な債務）	─	─	─	─	─	─	○	土壌汚染、耐震工事、大規模修繕等に関する記録及び計画がある場合には、当該資料をお願い致します。
7-3	紛争、クレーム資料	─	─	─	─	─	─	○	当事者となっている裁判その他紛争等の記録をお願い致します。
	【契約関連】								
8-1	割賦及びリース契約一覧及び契約書	─	─	─	─	─	─	○	
8-2	デリバティブ契約一覧及び契約書	─	─	─	─	─	─	○	
8-3	不動産、設備賃貸借	─	─	─	─	─	─	○	
8-4	取引基本契約書（販売取引、業務提携）	─	─	─	─	─	─	○	

			—	—	—	—	—	—	○	
8-5	取引基本契約書（外注、業務委託）		—	—	—	—	—	—	○	
8-6	その他主要取引先との契約書		—	—	—	—	—	—	○	その他、当事者となっている重要な契約
	【人事関係】									
9-1	給与台帳・賞与台帳		—	—	—	—	—	—	○	
	【その他】									
10-1	過去にDDを受けたことがある場合は当該DD報告書									
10-2	過去に税務調査を受けたことがある場合は関連資料									
10-3	過去に労働基準監督署から調査を受けたことがある場合は関連資料									
	【個人関係（状況に応じて）】									
11-1	個人資産一覧		—	—	—	—	—	—	○	
11-2	不動産がある場合は登記簿謄本		—	—	—	—	—	—	○	
11-3	個人負債一覧		—	—	—	—	—	—	○	
11-4	借入金がある場合は借入金契約書・保証契約書		—	—	—	—	—	—	○	

※1. 資料について、作成していない、該当がない等ありましたら、その旨ご指摘ください。

※2. 上記依頼資料以外にも、必要に応じて依頼させていただく可能性があります。

※3. No.3-1・3-2・3-3の資料は、他の資料に優先して、事前に送付いただけますと幸甚です（PDFでのメール送信）。

※4. 内容についてご不明な点があれば、お問い合わせください。

2　財務DD（税務DD含む）

　上記のとおり、事業再生計画案策定のためには、まず会社の「実態」を把握していく必要があります。以下では、財務DDにおける主な調査事項について列挙していきます。

(1) 主要な財務指標の調査項目

❶実質債務超過額（実態貸借対照表の作成）

a．算出意義

　実態貸借対照表や実態純資産額は「時価」に近い概念であり、実態純資産額は基準日における貸借対照表について「財務会計上の修正」「含み損益等の修正」を行い、当該修正後の資産合計から負債合計を差し引くことにより算出されます。この際、実態純資産額がマイナスの場合における額が実質債務超過額となります。これは、金融支援額の基準となる金額を算出するために必要不可欠な指標であり、実質債務超過額以上を支援すると金融機関にとっては過剰支援と評価される可能性があります。また、中小再生GLにおける事業再生計画案（**本章2.の5 (2) ❼**（335頁）参照）の作成において、「実質債務超過を5年以内に解消すること」とする支援基準があることからも、実態貸借対照表の作成が必要になります。実態貸借対照表は中小再生GLで定義する有事[4]において作成されますが、平時において財務諸表をどのように作成しているかも確認していきます。

　平時においては、会社の規模等により財務諸表の作成目的と適用する会計基準に差があります（**図表5-5参照**）。証券取引所に株式を上場している会社、会社法上の大会社（資本金が5億円以上、又は負債金額が200億円以上）及び指名委員会等設置会社及び監査等委員会設置会社等（以下「上場会社等」という。）は会計監査を受ける義務があるため、「一般に公正妥当と認められた会計基準」によって財務諸表が作成されます。上場会社等が依拠する会計基準は、時価を意識したものであり、実態貸借対照表との乖離は少ないと考えられます。中小企業における財務諸表は「中小企業の会計に関する指針」や「中小企業の会計に関する基本要領」により作成されますが、中小企業における財務諸表の主な作成目的は、税務申告を行うことを

---

4 有事とは、中小再生GLにおいて「収益力の低下、過剰債務等による財務内容の悪化、資金繰りの悪化等が生じたため、経営に支障が生じ、又は生じるおそれがある場合」と規定しています。

主目的としたものであり、取得原価を基礎とした考え方であることから、実態貸借対照表との乖離は大きいものと考えられます。

【図表5-5】企業規模と適用される会計基準の対応関係

	企業規模		
	上場会社・大会社等	中小企業（中規模）	中小企業（小規模）
適用される会計基準	一般に公正妥当と認められた会計基準	中小企業の会計に関する指針	中小企業の会計に関する基本要領

b．算出過程

　一般的には、**図表5-7**のように帳簿ベースの貸借対照表から、「財務会計上の修正」と「含み損益」の反映を加えて実態貸借対照表を作成し、実態純資産額を導出します。

　上場会社や大会社は会計監査を受ける義務がある一方で、上場会社等に該当しない中小企業者の場合は、会計監査を受ける義務はありません。そのため、間接部門への人員配置が手薄いケースが多く見受けられ、そもそも会計基準に従って作成していないケースも多く、税務申告書作成のための決算となっている中小企業者が多い状況にあります。中小企業として様々な事情から会計基準どおりの財務諸表が作成できていない可能性があるため、財務会計上の修正を行う必要があります。**図表5-7**及び**図表5-8**においては、△142,940千円の調整が財務会計上の修正に該当します。

　また、中小企業における財務諸表の作成の基準となる会計においては、資産の大半は取得原価を基礎とした評価になり、不動産等の含み損益は反映されていないため、当該含み損益を反映させることになります。**図表5-7**及び**図表5-8**においては、△869,101千円の調整が含み損益の修正に該当します。不動産の鑑定評価額、保険契約の解約返戻金、電話加入権等が当該含み損益の調整に該当します。

　なお、中小再生GLでは、資産評定手続の軽減化とニーズの観点から

（当該趣旨については、**第7章2.の2（2）❹**（399頁）参照）、実態貸借対照表作成のための資産評定基準は設けられていないため、他の私的整理手続が参考になります。中小再生GLは「中小企業者の実態を踏まえ、中小企業活性化協議会実施基本要領にほぼ沿ったもの」であることから、当該基本要領別冊3[5]の資産評定基準が参考になるものと考えられます。ただし、中小再生GLの制度趣旨から、必ず従うことを求められたものではなく、あくまでも評価に迷いが生じた際の参考程度にすべき位置付けとなります。私的整理手続と資産評定基準の関係は、**図表5−6**のとおりです。

　実態貸借対照表の数値例サンプルは、**図表5−7**のとおりです（以下の数値はあくまでも理解のための参考値です。また、千円単位で作成している表は、表記上、端数が生じていることもあります。以下、**第5章**において同じ）。

　また、財務DDの結果報告を行う際に作成する調査報告書においては、報告書の冒頭にて実態純資産を要約した表として報告するのが一般的です（**図表5−8**参照）。

5　https : //www.chusho.meti.go.jp/keiei/saisei/download/yoryo_03.pdf

【図表5-6】各私的整理手続における実態貸借対照表作成のための資産評定基準

私的整理手続		資産評定基準
中小再生GL		該当なし
中小企業活性化協議会	別冊2 再生支援実施要領	該当なし
	別冊3 中小企業再生支援スキーム	（別紙）実態貸借対照表作成に当たっての評価基準（https：//www.chusho.meti.go.jp/keiei/saisei/2022/221226.html）
私的整理に関するガイドライン		「私的整理に関するガイドライン」Q&A Q10-2 実態貸借対照表作成にあたっての評価基準（https://www.zenginkyo.or.jp/news/2005/n2780/）
RCC企業再生スキーム		別紙5 再生計画における「資産・負債の評定基準」（https：//www.kaisyukikou.co.jp/intro/intro_006_23.html）
事業再生ADR	債権放棄がない場合	該当なし
	債権放棄がある場合	経済産業省関係産業競争力強化法施行規則第29条第1項第1号の資産評定に関する基準（https：//www.meti.go.jp/policy/jigyou_saisei/kyousouryoku_kyouka/adr.html）
地域経済活性化支援機構（REVIC）		（別紙1）再生計画における資産評定基準（https://www.revic.co.jp/pdf/news/2022/220701news-release.pdf）

【図表5-7】実態貸借対照表の数値例

STEP 1　会社の決算書や試算表等から、基準日の帳簿残高を記載します。
STEP 2　ヒアリングや証拠書類との突合等に基づいて検出された事項のうち、財務会計上の修正に基づく事項を反映します。その結果、財務会計上の修正反映後の実態純資産額は△102,224千円という結果が得られます。
STEP 3　不動産鑑定評価書や保険解約返戻金計算書等に基づいて検出された、帳簿残高と時価の差である含み損益に基づく事項を反映します。その結果、含み損益反映後の実態純資産額は△971,325千円という結果が得られます。

STEP 1		STEP 2		STEP 3

（単位：千円）

勘定科目	R 5.3期 帳簿BS	調整1 （会計基準等）	会計基準等 調整後BS	調整2 （含み損益等）	R 5.3期 実態BS
資産の部	2,338,561	△142,940	2,195,621	△869,101	1,326,520
【流動資産】	949,668	△47,000	902,668	―	902,668
現金及び預金	67,467		67,467		67,467
売掛金	354,330		354,330		354,330
棚卸資産	425,419		425,419		425,419
未収入金	55,452		55,452		55,452
仮払金	7,000	△7,000	―		―
仮払消費税等			―		―
短期貸付金	40,000	△40,000	―		―
【固定資産】	1,388,893	△95,940	1,292,953	△869,101	423,852
（有形固定資産）	1,258,362	―	1,258,362	△871,101	387,261
建物	150,291		150,291	△150,291	―
建物附属設備	58,310		58,310	△58,310	―
構築物	2,500		2,500	△2,500	―
機械装置	32,110		32,110		32,110
工具器具備品	15,151		15,151		15,151
土地	200,000		200,000	△100,000	100,000
遊休不動産	800,000		800,000	△560,000	240,000
（投資その他の資産）	130,531	△95,940	34,591	2,000	36,591
敷金	80,291	△60,700	19,591		19,591
保険積立金	15,000		15,000	2,000	17,000
保証金	4,500	△4,500	―		―
長期貸付金	30,000	△30,000	―		―
差入保証金	600	△600	―		―
長期前払費用	140	△140	―		―
資産合計	2,338,561	△142,940	2,195,621	△869,101	1,326,520
負債の部	2,297,845	―	2,297,845	―	2,297,845
【流動負債】	544,245	―	544,245	―	544,245
買掛金	253,500		253,500		253,500
未払金	201,191		201,191		201,191
預り金	51,110		51,110		51,110
未払法人税等	290		290		290
未払消費税等	38,154		38,154		38,154

【固定負債】	1,753,600	－	1,753,600	－	1,753,600
長期借入金	1,725,000	－	1,725,000	－	1,725,000
退職給付債務	13,600		13,600		13,600
預り保証金	15,000		15,000		15,000
純資産の部	40,716	△142,940	△102,224	△869,101	△971,325
【株主資本】	40,716	△142,940	△102,224	△869,101	△971,325
資本金	5,000		5,000		5,000
資本剰余金	5,000		5,000		5,000
資本準備金	5,000		5,000		5,000
利益剰余金	30,716	△142,940	△112,224	△869,101	△981,325
繰越利益剰余金	30,716	△142,940	△112,224	△869,101	△981,325
負債・純資産合計	2,338,561	△142,940	2,195,621	△869,101	1,326,520

【図表5-8】純資産調整表数値例

(単位：千円)

修正事項の内容	金　額
①会計帳簿上の純資産額	40,716
費用化すべき仮払金	△7,000
資力がなく住所が不明な貸付先への短期貸付金	△40,000
敷金の回収処理漏れ	△60,700
保証金の回収処理漏れ	△4,500
資力がなく住所が不明な貸付先への長期貸付金	△30,000
差入保証金回収処理漏れ	△600
費用化すべき長期前払費用	△140
②財務会計上の修正事項合計	△142,940
③財務会計上の修正事項反映後の実態純資産額	△102,224
不動産の含み損	△871,101
保険積立金の含み益	2,000
④含み損益の修正事項合計	△869,101
⑤含み損益反映後の実態純資産額	△971,325
代表取締役所有の自宅不動産	50,000
⑥中小企業特性に基づく資産評価合計	50,000
⑦中小企業特性反映後の実態純資産額	△921,325

c．中小企業特性を加味した実態純資産額

中小企業特性とは、中小企業における企業と代表者等との一体性に着目した概念で、代表者等の資産内容等を加味した概念です。代表者が株主であり、連帯保証人である等、実質的に会社と一体であることを考慮し、中小企業の信用力・返済能力を補完した概念となりますが、現在は廃止されている「金融検査マニュアル別冊[6]」において明記されていたものです。同マニュアル上は廃止されたものの、中小企業の再生においては必要な概念であることから、実態純資産額をまとめる際に中小企業特性も加味されています。**図表5-8**における△971,325千円から代表者所有不動産50,000千円を加味し、△921,325千円を実態純資産額とする過程が該当します。

d．財務DDの実施基準日

財務DDは、会社の直近の決算日を基準日として実施することが一般的です。その理由は、DDの実施に必要な情報が揃っているからです。一方で、決算日は1年に1回であるため、DDの着手時点から基準日が1年近く離れてしまう可能性があり、その場合には重要な取引事象が反映できずに情報の鮮度が落ちる可能性があります。

そのようなデメリットを勘案し、直近の月次決算を基準日とすることもあります。その理由は、最新の取引事象が反映された月次決算を利用することができ、重大な取引情報のもれを防ぐことができるからです。ただし、会社の経理体制の整備状況により月次決算を基準日とできるかどうかは左右されます。上記のとおり、中小企業では間接部門への人員配置が手

---

6 金融検査マニュアルは、金融検査官が金融機関を検査する際に用いる手引書として位置付けられるものであり、金融機関が当検査マニュアルを参考にすることで業務の健全性・適切性を確保してきました。さらに、金融検査マニュアルの具体的な運用例等が示されたものが別冊となります。しかし、一律のチェックリストであること等の弊害があることが指摘された結果、令和元年12月18日に廃止され、同日に「検査マニュアル廃止後の融資に関する検査・監督の考え方と進め方」が金融庁から公表されています。

薄いケースが多く見受けられるため、月次決算等の情報の精度がどの程度のレベルであるかが不明です。中小企業の多くは棚卸資産や固定資産の移動管理ができていない可能性があり、また、棚卸手続や固定資産台帳の整備等は決算手続のみで実施されることが一般的です。一方で、これらの科目は金額的に重要なことが多いため、重要な勘定科目の検証が困難となる可能性があります。

　したがって、基準日を直近の決算日とするか直近の月次決算日とするかは、決算日からの経過期間、会社の経理体制、DDの調査期間等を考慮の上で決定することになります。

❷収益力

a．意　義

　収益力とは、会社の収益獲得能力であり、収益に関連する様々な指標によって表現されます。会社の平常時にはROA（Return On Asset、総資産利益率）やROE（Return On Equity、自己資本利益率）等の投下資本に対する利益率に関する指標が重視される傾向にありますが、再生フェーズにある会社の調査としては、「正常時において会社がどの程度の収益獲得能力を有しているかの実態」に関する調査が重要となります。会社の損益は税務申告書に添付される損益計算書をみれば分かりますが、必ずしも「正常な収益」を表しているとは限りません。そのまま利用すると判断を誤る可能性があるため、各段階利益に含まれている臨時的な要因等を排除し、「正常な」売上・売上総利益・営業利益・経常利益を把握することが、会社の事業価値等の算出にあたっては必須となります。

　具体的には、財務DDの主要指標であるフリーキャッシュ・フロー（以下「FCF」という。）や過剰債務、債務償還年数の策定のために正常収益力の把握が必要となりますし、後述する事業計画のベースとなる数値であることからも、重要な調査事項といえます。

b．算出過程

　一般的には、過去の損益計算書を用いて作成します。実務上は3年から5年程度の損益計算書を入手し、会社の総勘定元帳や仕訳帳等の会計帳簿をみながら、過去の損益計算書の数値についての「処理誤り」や「経常的に発生するものではない臨時的な事項」等を調整し、平均的な収益力を算定します。調整を行うべき項目としては、一般的に以下のような項目が挙げられます。

- ・決算操作や会計処理誤りの補正
- ・一過性取引の補正（毎期経常的に発生しないもの）
- ・経済合理性のない取引の補正（代表者・関連当事者との取引等）

　正常的な収益力は、絵に描いた餅であってはならないため、過去の裏付けのある実績値から算定をすることが一般的です。また、決算期を基準に分析を行うことが一般的ですが、月次決算を行っている会社であれば進行期の会計データは最新の状況を示すものであるため、参考にすることは大変有用です。

　なお、近年のコロナ禍が招いた混乱状況による影響をどのように考えるかは非常に難しい問題であり、コロナ禍期間中そのものが「異常な期間」ともいえますが、業種によってコロナ禍の影響は様々であるため、影響を慎重に検討すべきとともに、コロナ禍が原因であるか、会社独特の原因かは慎重に見極める必要があります。数値例は**図表5-9**のとおり、「修正前損益計算書（3期分）」に「修正項目」を加味して「修正後損益計算書（3期分）」を導出し、さらに3期平均を算出します。

【図表5-9】正常収益力の算出過程

STEP 1　会社の過去3年間における損益計算書データを入手する。

修正前損益計算書　　　　　　　　　　　　　　　（単位：千円）

勘定科目	R 3.3期	R 4.3期	R 5.3期
売上高	4,450,721	4,228,185	4,016,776
売上原価	3,369,196	3,221,877	3,113,001
売上総利益	1,081,525	1,006,308	903,775
販売費及び一般管理費	986,569	975,460	926,687
うち、減価償却費	34,568	33,221	31,564
営業利益	94,956	30,848	△22,912
営業外収益	17	2,001	1,060
営業外費用	35,791	33,139	23,767
うち、支払利息	24,242	23,742	23,262
経常利益	59,182	△290	△45,620
特別利益	28	—	—
特別損失	500,035	—	2,414
税引前当期純利益	△440,826	△290	△48,034
法人税等	290	290	290
当期純利益	△441,116	△580	△48,324

売上総利益率	24.30%	23.80%	22.50%
営業利益率	2.13%	0.73%	−0.57%
経常利益率	1.33%	−0.01%	−1.14%
当期純利益率	−9.91%	−0.01%	−1.20%

STEP 2 会社の会計帳簿から、修正項目を抽出して調整する。

修正金額集計表　　　　　　　　　　（単位：千円）

勘定科目	R3.3期	R4.3期	R5.3期
売上高		△51,253	45,907
売上原価		△38,799	38,799
売上総利益	**－**	**△12,455**	**7,108**
販売費及び一般管理費	7,070	70	
うち、減価償却費			
営業利益	**△7,070**	**△12,525**	**7,108**
営業外収益			
営業外費用			
うち、支払利息			
経常利益	**△7,070**	**△12,525**	**7,108**
特別利益		1,000	4,347
特別損失			
税引前当期純利益	**△7,070**	**△11,525**	**11,455**
法人税等			
当期純利益	**△7,070**	**△11,525**	**11,455**

修正項目

勘定科目	R3.3期	R4.3期	R5.3期	勘定科目
売上高		△50,253	50,253	売上帰属期間の誤りを修正
売上高			△4,347	陳腐化在庫の値引き販売
売上高		△1,000		売上計上されていた補助金収入を修正
売上高修正合計		△51,253	45,907	
売上原価		△38,799	38,799	売上原価帰属期間の誤りを修正
販売費及び一般管理費	7,000			費用化すべき仮払金
販売費及び一般管理費		70	70	費用化すべき長期前払費用
販売費及び一般管理費修正合計	7,070	70	－	
特別利益		1,000		売上計上されていた補助金収入を修正
特別利益			4,347	陳腐化在庫の値引き販売
特別利益　修正合計	－	1,000	4,347	

STEP 3 各年度の正常収益力を算出し、算出期間の平均的な収益力を算出する。

修正後損益計算書　　　　　　　　　　（単位：千円）

勘定科目	R3.3期	R4.3期	R5.3期		3年平均値
売上高	4,450,721	4,176,931	4,062,682		4,230,112
売上原価	3,369,196	3,183,078	3,151,800		3,234,691
売上総利益	**1,081,525**	**993,853**	**910,882**		**995,420**
販売費及び一般管理費	993,639	975,530	926,687		965,285
うち、減価償却費	34,568	33,221	31,564		33,118
営業利益	**87,886**	**18,323**	**△15,805**		**30,135**
営業外収益	17	2,001	1,060		1,026
営業外費用	35,791	33,139	23,767		30,899
うち、支払利息	24,242	23,742	23,262		23,749
経常利益	**52,112**	**△12,814**	**△38,512**		**262**
特別利益	28	1,000	4,347		1,792
特別損失	500,035	－	2,414		167,483
税引前当期純利益	**△447,896**	**△11,814**	**△36,579**		**△165,430**
法人税等	290	290	290		290
当期純利益	**△448,186**	**△12,104**	**△36,869**		**△165,720**

	R3.3期	R4.3期	R5.3期		3年平均値
売上総利益率	24.30%	23.79%	22.42%		23.53%
営業利益率	1.97%	0.44%	−0.39%		0.71%
経常利益率	1.17%	−0.31%	−0.95%		0.01%
当期純利益率	−10.07%	−0.29%	−0.91%		−3.92%

❸フリーキャッシュ・フロー（FCF）

　フリーキャッシュ・フロー（FCF）とは、企業本来の営業活動により獲得したキャッシュ・フロー（営業キャッシュ・フロー）から、現事業維持のための投資にまわしたキャッシュ・フローを差し引いたもので、企業が事業活動から獲得したキャッシュのうち自由に使うことができるキャッシュを意味します。

　一般的には、FCFの算出方法はいくつかありますが、中小企業活性化協議会の手続上の計算式は以下のとおりです。❹で後述する計算の際にも利用します。

　　FCF　＝　経常利益
　　　　　　　－みなし法人税及び住民税（経常利益に実効税率を乗じて計算する）
　　　　　　　＋支払利息
　　　　　　　＋減価償却費
　　　　　　　±運転資本の増減
　　　　　　　－設備投資額

　なお、後記❹とあわせて、計算例は**図表5-10**のようになります。

❹**過剰債務及び債務償還年数**

　過剰債務及び債務償還年数は、金融機関の金融支援の要否等を判断する際の参考情報となるものです。過剰債務及び債務償還年数算出の基礎となる要償還債務は「有利子負債合計額　－　現預金　－　信用度の高い有価証券等の評価額　－　運転資金」で算出します。

　過剰債務は、要償還債務からFCFの10倍を差し引いて算出します。

　また、債務償還年数は要償還債務を借入金返済原資で除して計算します。過剰債務及び債務償還年数については、**図表5-10**のような表を作成し、算出過程と計算結果を示すことが一般的です。

【図表5-10】FCF・過剰債務・債務償還年数の数値例

（過剰債務）　　　　　　　　　　　　　　（単位：千円）

項　目		金　額		導出過程
1	有利子負債		1,725,000	直近実態BS残高より引用する。
2	正常運転資金（マイナスの場合ゼロ）			
	売上債権	354,330		直近実態BS残高より引用する。
	棚卸資産	425,419		直近実態BS残高より引用する。
	仕入債務	△253,501	526,248	直近実態BS残高より引用する。
3	現金預金		67,467	直近実態BS残高より引用する。
4	非事業用資産			
	保険積立金		17,000	直近実態BS残高より引用する。
5	要償還債務（＝1－2－3－4）		1,114,285	計算式で算出する。
6	FCF			
	経常利益	262		正常収益力で算定した3年間平均より引用する。
	みなし税金費用（実効税率は34％と仮定）	△89		経常利益×実効税率で算出する。
	支払利息	23,749		正常収益力で算定した3年間平均より引用する。
	減価償却費	33,118		正常収益力で算定した3年間平均より引用する。
	年間必要な最低限の設備投資概算額	△30,000	27,040	3年間の設備投資額平均値を算出する。
7	過剰債務（＝5－（6×10倍））	－	843,885	計算式で算出する。

（債務償還年数）　　　　　　　　　　　　（単位：千円）

項　目		金　額		導出過程
5	要償還債務（＝上表の5）		1,114,285	計算式で算出する。
6'	借入金返済原資			
	経常利益	262		正常収益力で算定した3年間平均より引用する。
	みなし税金費用（実効税率は34％と仮定）	△89		経常利益×実効税率で算出する。
	減価償却費	33,118		正常収益力で算定した3年間平均より引用する。
	年間必要な最低限の設備投資概算額	△30,000	3,291	3年間の設備投資額平均値を算出する。
7'	債務償還年数（＝5÷6'）		339年	計算式で算出する。

　なお、過剰債務の計算等でキャッシュ・フロー倍率の10倍とされる計算式が私的整理の実務においては定着していますが、これは2002年12月19日付「企業・産業再生に関する基本指針（産業再生・雇用対策戦略本部決定）」及び2003年4月10日付「我が国産業の活力の再生に関する基本的な指針」の定義によっています（中小企業活性化協議会実施基本要領　別冊2　再生支援実施要領Q&A　Q 26）。

$$\frac{有利子負債合計額 - 現預金 - 信用度の高い有価証券等の評価額 - 運転資金の額}{留保利益 + 減価償却費 + 前事業年度からの引当金の増減額} \leqq 10$$

※1　有利子負債

　　有利子負債 ＝ 短期借入金 ＋ 割引手形 ＋ 長期借入金（1年以内に返済予定のものを含む。）

　　　　　　　　＋ 社債（1年以内に償還予定のものを含む。)

※2　運転資金

　　運転資金 ＝ 売掛債権 ＋ 棚卸資産 － 仕入債務

　　ただし、運転資金の計算において、売上債権中の回収不能額や棚卸資産中の不良在庫などは控除する。

※3　留保利益

　　留保利益 ＝ 経常利益 － 法人税及び住民税等（注イ）－ 社外流出（配当・役員賞与）（注ロ）

　　（注イ）法人税及び住民税等

　　　　　法人税及び住民税等とは、経常利益に対する法人税、住民税及び法人事業税（以下「法人税等」という。）のことであり、その予想額算出に当たっては、経常利益に法人税等の実効税率を乗じて算出することができる。

　　（注ロ）社外流出

　　　　　社外流出の算定にあたっては、（算定時点における）予測数値を用いることとする。

※4　減価償却費

　　減価償却費は、過去の実績や今後の設備投資計画に基づき、その予想額を算出する。

※5　引当金

　　引当金に係る計算に関しては、次に揚げる引当金は含まないものとする。

　　・賞与引当金、退職給付引当金

　　・特別損益の部において繰り入れ又は取り崩しが行われる引当金

（出典）中小企業活性化協議会実施基本要領　別冊2再生支援実施要領Q&A　Q26

❺非保全額

　金融機関に対する有利子負債のうち、担保・保証等で保全されていない部分のことであり、金融機関ごとにいくらになっているかを把握する必要があります。作業ステップとしては、以下のようになります。

STEP 1　金融機関ごとの基準日時点の債務残高を把握する。

STEP 2　金融機関ごとの担保資産等の状況（保全額）を把握する。また、その評価額を算出する。

※債務免除を伴う計画が想定される場合には、担保評価額の算出に客観性を持たせるために、不動産鑑定士による鑑定評価を行うことが一般的です。

※個人資産の物上保証についても所有形態を把握した上で、記載します。

STEP 3　債務残高（STEP 1）から保全額（STEP 2）を差し引きし、非保全残高（信用残）を算出する。

　次のような表を金融機関ごとにまとめ、「信用残」として非保全額を算出します。

【図表5-11】信用残の数値例

（単位：円）

債権者	対象債権額(A)	保証協会代位弁済(B)	保全額(C)	法　人		個　人	信用残(非保全)(D)＝(A)－(B)－(C)
				不動産	遊休不動産	不動産	
A銀行	1,200,000,000		290,000,000	0	240,000,000	50,000,000	910,000,000
B銀行	100,000,000	50,000,000	0				50,000,000
C銀行	50,000,000	50,000,000	0				0
D信用金庫	30,000,000	30,000,000	0				0
E信用金庫	80,000,000		0				80,000,000
F信用金庫	120,000,000		20,000,000	20,000,000			100,000,000
G銀行	145,000,000		80,000,000	80,000,000			65,000,000
信用保証協会		−130,000,000	0				130,000,000
合計	1,725,000,000	0	390,000,000	100,000,000	240,000,000	50,000,000	1,335,000,000

（注）　A銀行の借入金については、個人の所有不動産に抵当権が設定されている。また、全行の借入金に代表取締役個人が保証している。

❻繰越欠損金等の税務情報

　税務関連の情報は会社の再生に重要な影響を及ぼすため、会社の過去の税務申告書を参考にし、情報を入手していく必要があります。主に入手すべき情報は、**図表5-12**のとおりです。

【図表5-12】税務関連で最低限入手すべき情報

項　目	内　容
青色欠損金	・法人税等申告書別表七（一）を参照します。 ・免除益課税の検討のため、必要となります。 ・各事業年度における税効果を把握するために必要となります。
期限切れ欠損金	・中小再生GLでは、青色欠損金を債務免除益に充当して不足する場合には、期限切れ欠損金の利用が可能であるため、把握しておく必要があります（算出方法については、第7章2.の2(2) ❷「期限切れ欠損金の利用」（394頁）参照）。
過去の税務調査の状況	・過去に税務調査を受けた実績があるかどうかを確認し、その際にどのような事項が問題になったか、その顛末等を確認します。
税務リスクの把握	・会社の財務諸表及び税務申告書から、追加納税の発生リスクがないことを確認します。

❼滞納公租公課・延滞税・延滞金の有無

　資金繰りに窮した会社では、税金や社会保険料を滞納することがしばしば見受けられます。特に、近年のコロナ禍の時期には、多くの会社で資金繰りが大変苦しい状況にあったため、その際に公租公課の納税猶予制度等により資金繰りの救済を図る動きがありました。そのため、滞納公租公課等の状況については、必ず確認する必要があります。

　そして、これらは再生スキームに重要な影響を与えるものです。なぜなら、再生型私的整理手続が成立し得る大前提として、以下の計算式が成立する必要があるからです。

私的整理手続による回収額　＞　破産手続による回収額

　滞納公租公課等がある場合には、私的整理手続による回収額を減少させる影響を与えるため、当初把握していたよりも多額に存在していたことを調査で検出したときは、必ずスキームの再検討を行う必要があります（後記 **(5)** スキーム再検討（306頁）参照）。

❽清算価値保障（債務免除を伴う場合）

債務免除を伴う場合、金融機関目線では債務免除の経済合理性が確保されなければいけないため、清算価値保障に関する情報が必須になります。「清算価値保障」とは、「会社が清算した場合よりも多く回収できること」を指しています。金融機関側からみて、例えば、会社を即時に清算した場合に融資残高の10％以上を回収できる場面において、再生型私的整理手続による事業再生計画に従った場合には融資残高の5％しか回収できないとすれば、どちらを選択するでしょうか。即時に清算したほうが経済合理性があるため、誰も事業再生計画に賛同することはないはずです。

中小再生GLでも、再生型私的整理手続の場合、債務減免等を要請する内容を含む事業再生計画案であるときは、破産手続で保障されるべき清算価値よりも多くの回収を得られる見込みがある等、対象債権者にとって経済合理性があることが求められています（中小再生GL第三部4.（4）①ト）。

したがって、中小再生GLで手続を進めるためには、必ず即時に清算した場合よりも多く回収できることが必要になります。必要な情報としては、以下のとおりです。

a．清算貸借対照表

先に作成した実態貸借対照表から、所要の調整を経て清算貸借対照表を作成するのが一般的です。

資産の部においては、まず資産を早期に回収していくことによる回収額の減少（一般的には「掛目」と呼びます）を反映し、評価した資産の種別を、担保資産（別除権[7]とも呼ばれています）等なのか、相殺される資産なのか、一般債権の弁済原資に充当される資産なのか、について識別していきます。

---

7 別除権：民事再生手続や破産手続において、手続外で別に権利行使できる担保権のことであり、抵当権、質権、先取特権、商事留置権等が該当します。

　負債の部においては、資産と見合いの相殺、別除権付債権等、租税債権・労働債権等の優先債権、それ以外の債権というように識別していきます（**図表5-13**の右表「資産の振り分け」「負債の振り分け」参照）。

ｂ．清算貸借対照表作成のための各勘定科目の評価の基準

　資産を早期に回収していくことによる回収額の減少の影響を勘定科目ごとに見積もっていきます。ただし、記載例はあくまでも一例です。同じ勘定科目であっても、会社によって特性が異なるため、評価基準も会社によって異なる可能性があります。例えば、生鮮食品を扱う業種であれば棚卸資産の価値はほとんどゼロに近い一方で、時の経過によっても価値が落ちない棚卸資産を扱う業種であれば、減額幅は少なくなります。売却が困難なために清算費用として撤去費用を見込むケースも考えられます。ここで決めた評価方針を数値に反映していくことになりますが、**図表5-13**のように、「掛目等調整」の欄で反映していきます。負債については、退職金制度がある場合で、自己都合退職と会社都合退職とで支給額が変動する場合には、当該状況を反映させる必要があります。

ｃ．清算配当率試算表

　作成した清算貸借対照表に基づき資産・負債の振り分けを行い、破産管財人報酬、破産手続費用、従業員の解雇予告手当等、破産した場合における費用を加味し、破産した場合の弁済率を算出していきます。

　図表5-13～図表5-15の事例の場合、一般破産債権の弁済率（清算配当率）は15.08％となります。これを下回る事業再生計画案の場合では、会社を継続できないため、15.08％を上回るように事業再生計画案を作成する必要があります。

【図表5-13】清算貸借対照表例

	実態貸借対照表作成過程参照			清算BS		清算配当率算出のための振り分け		
					(単位：千円)	資産の振り分け		
	5.3期 帳簿BS	実態BS 調整	R5.3期 実態BS	掛目等 調整	R5.3期 清算BS	うち、別除権	うち、相殺	弁済原資
資産の部	2,338,561	△1,012,041	1,326,520	△489,975	836,546			
【流動資産】	949,668	△47,000	902,668	△335,644	567,024			
現金及び預金	67,467	—	67,467		67,467		67,467	—
売掛金	354,330	—	354,330	△106,299	248,031			248,031
棚卸資産	425,419	—	425,419	△212,709	212,709			212,709
未収入金	55,452	—	55,452	△16,636	38,816			38,816
仮払金	7,000	△7,000	—		—			—
仮払消費税等	—		—		—			—
短期貸付金	40,000	△40,000	—		—			—
【固定資産】	1,388,893	△965,041	423,852	△154,331	269,522			
(有形固定資産)	1,258,362	△871,101	387,261	△144,535	242,726			
建物	150,291	△150,291	—	—	—	—		—
建物附属設備	58,310	△58,310	—	—	—			
構築物	2,500	△2,500	—		—			
機械装置	32,110	—	32,110	△28,899	3,211			3,211
工具器具備品	15,151	—	15,151	△13,636	1,515			1,515
土地	200,000	△100,000	100,000	△30,000	70,000	70,000		—
遊休不動産	800,000	△560,000	240,000	△72,000	168,000	168,000		—
(投資その他の資産)	130,531	△93,940	36,591	△9,796	26,796			
敷金	80,291	△60,700	19,591	△9,796	9,796			9,796
保険積立金	15,000	2,000	17,000		17,000			17,000
保証金	4,500	△4,500	—		—			
長期貸付金	30,000	△30,000	—		—			
差入保証金	600	△600	—		—			
長期前払費用	140	△140	—		—			
資産合計	2,338,561	△1,012,041	1,326,520	△489,975	836,546	238,000	67,467	531,078

	5.3期 帳簿BS	実態BS 調整	R5.3期 実態BS	掛目等 調整	R5.3期 清算BS	負債の振り分け		
						別除権/相殺	優先債権	一般債権
負債の部	2,297,845	—	2,297,845	6,800	2,304,645			
【流動負債】	544,245	—	544,245	—	544,245			
買掛金	253,500	—	253,500		253,500			253,500
未払金	201,191	—	201,191		201,191			
うち、未払給与							30,000	
うち、滞納公租公課							48,000	
うち、取引先債務								123,191
預り金	51,110	—	51,110		51,110		51,110	
未払法人税等	290	—	290		290		290	
未払消費税等	38,154	—	38,154		38,154		38,154	
【固定負債】	1,753,600	—	1,753,600	6,800	1,760,400			
長期借入金	1,725,000	—	1,725,000		1,725,000	305,467		1,419,533
退職給付債務	13,600	—	13,600	6,800	20,400		20,400	
預り保証金	15,000	—	15,000		15,000			15,000
純資産の部	40,716	△1,012,041	△971,325	△496,775	△1,468,100	305,467	187,954	1,811,224
【株主資本】	40,716	△1,012,041	△971,325	△496,775	△1,468,100			
資本金	5,000		5,000		5,000			
資本剰余金	5,000		5,000		5,000			
資本準備金	5,000		5,000		5,000			
利益剰余金	30,716	△1,012,041	△981,325	△496,775	△1,478,100			
繰越利益剰余金	30,716	△1,012,041	△981,325	△496,775	△1,478,100			
負債・純資産合計	2,338,561	△1,012,041	1,326,520	△489,975	836,546			

【図表5-14】清算貸借対照表作成方針

科　目	一般的な評価方針例	評価例
資産の部		
現金及び預金	・実際有高で評価 ・相殺見込のものは相殺見込額で評価	実態BS（相殺額）で評価した。
売掛金 未収入金	・早期回収可能価額で評価 ・金銭債権の売却による早期処分額で評価 ・滞留状況を踏まえた回収可能性に基づき評価 ・回収可能性が乏しいものはゼロで評価	実態BSの7割で評価した。
棚卸資産	・商製品：早期売却見込額から売却費用を控除して評価 ・原材料：再調達価額で評価 ・仕掛品：転売可能性を加味して評価	実態BSの5割で評価した。
建　物	不動産鑑定士による鑑定評価額（特定価格)[8] で評価 （取壊を前提とする場合は、土地と一体で評価）	取壊前提で土地と一体で評価した。
機械装置	・市場価値があれば早期処分額で評価 ・売却不能な場合には撤去費用を計上する	実態BSの1割で評価した。
工具器具備品	・市場価値があれば早期処分額で評価 ・売却不能な場合には撤去費用を計上する	実態BSの1割で評価した。
土　地	不動産鑑定士による鑑定評価額（特定価格）で評価	鑑定評価に基づく特定価格で評価した。
敷　金	原状回復費用、滞納家賃等を加味して評価	実態BSの5割で評価した。
保険積立金	解約返戻金相当額で評価	解約返戻金相当額で評価した。
負債の部		
買掛金	帳簿残高で評価	実態BSで評価した。
未払金		実態BSで評価した。
うち、未払給与	帳簿残高で評価	実態BSで評価した。
うち、滞納公租公課	帳簿残高で評価	実態BSで評価した。
うち、取引先債務	帳簿残高で評価	実態BSで評価した。
預り金	帳簿残高で評価	実態BSで評価した。
未払法人税等	帳簿残高で評価	実態BSで評価した。
未払消費税等	帳簿残高で評価	実態BSで評価した。
長期借入金	帳簿残高で評価	実態BSで評価した。
退職給付債務	退職金制度に基づく会社都合要支給額で評価	会社都合要支給額で評価した。
預り保証金	帳簿残高で評価	実態BSで評価した。

（注）上記勘定科目の評価方針はあくまでも一例であり、いずれも破産時にどのように換価するかを想定しながら決める必要があります。

【図表5-15】清算配当率試算表例

No.	項　目	金額(千円)	備　考
①	資産総額(清算価値)	836,546	
②	別除権	238,000	鑑定評価額 (特定価格)
③	相　殺	67,467	
④	優先債権	187,954	人件費・源泉税・社保預り・均等割・滞納税金
⑤	解雇予告手当	60,000	1ヶ月分の人件費相当額
⑥	清算手続費用	10,000	破産管財人報酬等
⑦	弁済原資	273,124	① － ② － ③ － ④ － ⑤ － ⑥
⑧	一般債権	1,811,225	
⑨	弁済率	15.08%	⑦ ÷ ⑧

d．清算貸借対照表の作成基準日

　一般的には、財務DDの基準日と同じ日です。ただし、会社の業績や資金繰り悪化等によって、事業価値が急速に低下する局面等がある場合には、作成基準日によって清算価値が大きく異なることになります。したがって、財務DDで作成した清算貸借対照表については、後述 (**図表5-35** (339頁) 参照) する事業再生計画案の作成時において必要に応じて事業再

---

8 特定価格：不動産鑑定評価基準 (国土交通事務次官通知) において、市場性を有する不動産の価格は正常価格と特定価格に分類されています。
　正常価格は 「市場性を有する不動産について、現実の社会経済情勢の下で合理的と考えられる条件を満たす市場で形成されるであろう市場価値を表示する適正な価格」 として定義されています。
　一方、特定価格は 「市場性を有する不動産について、法令等による社会的要請を背景とする鑑定評価目的の下で、正常価格の前提となる諸条件を満たさないことにより正常価格と同一の市場概念の下において形成されるであろう市場価値と乖離することとなる場合における不動産の経済価値を適正に表示する価格」 として定義されています。特定価格は一般的な市場での取引を前提とせず、法的措置又は契約上等の理由で債務者が資産の即時の売却を余儀なくされる等の場合を含みます。そのため、通常の正常価格とは乖離することがあります。

生計画案の作成時点の直前の決算日又は月次決算日を基準日として更新することも許容されます（中小再生 QA-Q 61-2）。

(2) 窮境原因の把握と除去可能性

❶窮境原因の調査

　事業再生計画案の記載事項に「経営が困難になった原因」という項目があり、DDにおいては「窮境原因」という用語が使われます。窮境原因は、業績が悪くなった原因（実質債務超過や過剰債務等になった理由）のことで、財務DD・事業DDそれぞれの切り口から分析を行います。窮境原因は、業種やその要因によって異なりますが、窮境原因を除去できるかどうかを検討して手続を進めることになります。

❷分析手法

　過去の財務情報を利用し、数値比較を行うことが最も標準的な分析方法です。ただし、会社が仮装経理等を行っている場合には、修正前の数値を分析に利用できないことに留意が必要です（仮装経理を解明させることで、傾向が分かる可能性はあります）。

　また、実態貸借対照表の作成にあたり、検出された調整すべき事項の内容分析を行うことによって、抽出することも可能です。一例として、**図表5-16**のような事例が挙げられます。

【図表5-16】純資産調整内容から算出される窮境原因の一例

勘定科目	調整内容	窮境原因の一例
売掛金	・売掛金の焦げ付き	・大口取引先の倒産等によって売掛金の回収が困難になり、資金繰りが厳しくなった。
棚卸資産	・不良在庫の損失 ・陳腐化在庫の損失	・在庫管理が甘い ・技術革新に伴う代替品への転換
固定資産	・多額の不動産投資の含み損 ・遊休固定資産がある	・設備投資や多角化の失敗 ・過剰な設備投資
関係会社	・関係会社投融資の損失	・多角化を目的にして子会社を設立したものの業績不良であり、結果的に子会社に多額の資金を投じてしまった。
その他	・経営者貸付が回収不能 ・仮装経理で実態が分かっていない状態になっている資産や負債項目がある（いつから始めたか、どのような方法で行ったか等を把握することにより、会社の窮境の契機が分かることもあります）	・経営者や従業員の不正

❸窮境原因の内容

　窮境原因を例示すると、次のようになります。ただし、記載例はあくまでも一例であるため、対象となる中小企業者に応じて検証を進める必要があります。財務DDと事業DDにおける経営環境の分析（本章2.の3 **(2)**（308頁）参照）との連携によって、導出することが有用です。

【図表5-17】窮境原因の種類

外部経営環境に起因するもの	・大口取引先の倒産や海外移転 ・技術革新に伴う代替品への転換 ・円安の影響による輸入コスト増加 ・円高の影響による輸出収入減少 ・世界的疫病の流行
内部経営環境に起因するもの	・設備投資や多角化の失敗 ・売上至上主義に伴う利益率の低下 ・経営管理や品質管理の弱体化（事業別、商品別損益管理の未実施） ・経営者や従業員の不正

❹窮境原因の除去可能性

　分析した結果をもとに、窮境原因を取り除ける可能性の有無についてとその対応策を分析します。内部的要因については、経営資源活用の改善策を記載していきますが、中小再生GLでは中小企業者の「自助努力」を前提としています（中小再生GL第三部4.(4)）。外部的要因については、経営判断の誤り等によって窮境を招いた可能性があるため、回避方法や対応策を検討していく必要があります。

　また、財務DD・事業DDに記載される窮境原因と除去可能性を参考にして関係者が事業再生計画案を作成していくことになるため、専門家と経営者間で認識のすり合わせができたものであることが必要です。

【図表5-18】業種別窮境原因

業　種	主な窮境原因
製造業	・売上の見通し判断の誤り、売上至上主義 ・過剰設備投資（生産能力と受注能力の乖離） ・原価管理、予実管理、在庫管理の甘さ ・過剰生産による固定費の在庫化と実態損益の見誤り
建設業	・入札競争の激化（受注減又は薄利化） ・過剰設備投資 ・ガバナンスの欠如 ・工事原価見積体制の不備 ・事業外の不動産等への多額投資 ・原価の付替、キックバック等の不正
小売業 飲食業	・店舗展開の失敗 ・商圏内競合店舗の出現 ・店舗オペレーション能力の脆弱性
宿泊業	・市場の変化（団体旅行等パッケージの減少）に対する対応能力 ・低価格業態の出現 ・旧態依然の大手エージェント頼みの営業体制 ・過剰設備投資

【図表5-19】窮境原因と除去可能性の一例

	窮境原因	除去可能性
①	海外市場における売上減少	・国内等、売上不振地域以外の売上拡大策の検討 ・売上不振地域のテコ入れ策の検討
②	工場の過剰投資による採算性の悪化	・売却による資金化 ・稼働率向上策の検討
③	過剰投資により遊休状態の不動産が存在する	・売却による資金化 ・有効利用策の検討
④	営業体制が脆弱であり新規顧客の獲得ができていない	・営業部の設置、人員採用等による営業体制の強化 ・営業方針の明確化
⑤	無駄な経費支出が多い	・経費の予算管理 ・予実報告体制の整備
⑥	コロナ禍による社会的混乱	・終息までの資金繰り確保 ・混乱の終息

(3) 資金繰り実績・予測

❶キャッシュ・フロー分析（資金繰り実績表）の作成

　税務申告書に添付されている書類は、貸借対照表・損益計算書・販売費一般管理費の内訳・製造原価の内訳・株主資本等変動計算書であり、キャッシュ・フローの実績については、会社が意識して作成しない限りは残されていないため、過去の資金分析についてはキャッシュ・フロー計算書（又は資金繰り実績表）を作成する必要があります。

　大会社等がキャッシュ・フロー計算書を公表する際には、一般に公正妥当と認められた会計基準に従って項目ごと（営業活動・投資活動・財務活動）に分類しますが、財務DD上は特に決まったフォームはありません。会社が資金繰り表を作成している場合は、それを補足する形で作成することも可能です。

　なお、後述❸において資金繰り予測表を作成する場合は、過去の実績を参考に作ることになるため、実績を作成する際には、予測表の作成に有用な情報も収集しながら作成することが有用かつ効率的です。

❷作成する際のポイント

　直近の現金残高については、金融機関からの残高証明や銀行通帳と照合を行います。

　また、財務情報（貸借対照表・損益計算書）との整合性を確認し、作成情報の信頼性を確保します。

　異常な資金の増減がある場合には、不正取引の可能性もあるため、別途検証します。

❸資金繰りが厳しい場合

　足元の資金繰りが苦しい場合、日次予測資金繰り表を作成することが有用です。月次ではなく日次で作成する理由は、1ヶ月単位でみれば資金が持つようにみえたとしても、入金日と出金日のタイミングによっては、

月の途中で資金ショートする可能性があるからです。入金（得意先からの回収サイト等の把握）と出金（仕入先・経費等の支払サイト、給与等の把握）の関連情報と、資金の傾向を把握することによって、入金と出金のタイミング等を的確に予測することが可能となります。また、事業再生の相談から事業再生計画の成立までにはそれなりの時間を要するため、再生手続に要する期間の資金繰りを作成する必要があります。

日繰りによる資金繰り表を作成する際には、できるだけ項目も細分化して把握したほうが有用です。また、私的整理手続に関与する専門家報酬の支払い、スポンサーを募集する場合のファイナンシャルアドバイザー報酬の支払い等、臨時的な支出が多くなるため、それらを盛り込んだらどうなるかの検討も必要となります。

上記のような必要性から、筆者は**図表5-20**のようなフォームで日繰り表を作成しています。

資金繰り予測を作成するにあたっては、予測の困難性からその効果にネガティブになりがちであり、中期から長期にかけての作成を疑問視する経営者等が存在することも考えられます。しかし、一定の仮定や前提条件を置き（資金繰り予測表上部にその記載を行い）、常に最新の状況に更新をしていくことによって、気が付けば会社の資金繰りの羅針盤としての役割を果たすものと筆者は考えています。

資金繰り計画表

■資金繰りの前提
【収入面の仮定】
・売上の前提（可能性の高いケース、下振れリスク・上振れ可能性）
・売掛金、手形、でんさいの回収サイト
・受取手形の割引有無と時期

【支出面の仮定】
・毎月の仕入高の金額　　（例：売上の●％、過去●月の仕入実績●円を参考にした。）
・仕入代金の支払額　　例：毎月●円等（例：過去●月の仕入実績●円を参考にした。）
・買掛金の支払サイト　　●日締め●日後払い
・人件費、家賃、運賃、その他の経費の支払サイト
・公租公課の納付（例：法定納期限どおり）
・借入金元本、利息の支払のタイミング
・その他の事項（資産処分収入、手続報酬の支払時期、他）

■想定し得る資金繰り上のリスク
・売掛金の入金遅延（配送遅延等の当社事情、得意先事情）
・売上が想定よりも低下するリスク
・仕入先からの現金取引／短縮要求の増加

■DIPファイナンス
1）借入時期、返済日
2）金額
3）借入枠、借入枠に対していつどのタイミングで利用するか

（単位：千円）

	経常収入					経常支出									③経常収支 （①－②）	④財務収入	⑤財務支出	⑥総収支 （③＋④－⑤）	資金残高
	売掛金 （公共）	売掛金 （一般）	現金売上	その他	①収入計	外注費	資材仕入	従業員 人件費	賃料	倉庫料 運賃	リース料	公租公課	その他	②支出計					
月初残高	―	―	―	―	―	―	―	―	―	―	―	―	―	―	―	―	―	―	
2月1日 水																			
2月2日 木																			
2月3日 金																			
2月4日 土																			
2月5日 日																			
2月6日 月																			
2月7日 火																			
2月8日 水																			
2月9日 木																			
2月10日 金																			
2月25日 土																			
2月26日 日																			
2月27日 月																			
2月28日 火																			
計	0	0	0	0	0	0	0	0	0	0	0	0	0	0	0	0	0	0	

（4）経営者とのすり合わせ

　一連の調査結果については、経営者との事実確認を行い、認識離齬等がないことを確認しておくことが重要です。基本的には、会社の経営に関与していない外部の専門家が分析しているため、過去の経営内容、窮境原因と除去可能性等は、特に経営者との認識合わせを行っていく必要があります。

（5）スキーム再検討（優先債権・税務の状況等も踏まえる）

　DDの着手から報告書作成を行う過程の中で、再生型私的整理手続における再生スキームが成立するかどうかの検討を常に行っていく必要があります。例えば、想定外の滞納公租公課・延滞税・延滞金、簿外債務、仮装経理等が検出された場合には、それらの影響を勘案した上で、私的整理手続スキームを継続できるかどうかの検討をする必要があります。

　簡便的な目安は、優先債権（公租公課・人件費等）・別除権（担保等）価値相当額・手続費用・商取引債務等の支払原資を確保した上で、破産した場合よりも金融機関への弁済を多くすることができるか（清算価値保障を満たせるか否か）が判断基準となります。

　想定外の仮装経理は、金融機関との信頼関係の問題に発展し、手続の透明性の確保という視点で問題になることがあります。なぜ事前に知らせなかったのか、隠していたのか、他にもあるのではないかというように、債権者に不信感を与え、それまで構築してきた信頼関係が崩れる状況に陥ってしまう可能性があります。対応を誤ると私的整理手続ではなく、裁判所の監視下での手続移行を求められる可能性があるため、金融機関への説明を丁寧に行う必要があります。

3 事業DDにおける調査事項

(1) 事業DDの概略

　事業DDの概略は、**図表5-21**のようになります。財務DDと同様に、まず事業DDにおける本格的な分析に着手する前に、基本的な情報の入手や初期ヒアリング等の準備を行い、ビジネスモデルの把握等をしていきます。そして、事業DDにおける分析結果から今後の方向性が導出され、事業再生計画案作成のベースとなる事業計画の策定に業務のフェーズが移っていくことになります。

【図表5-21】事業DDの流れ

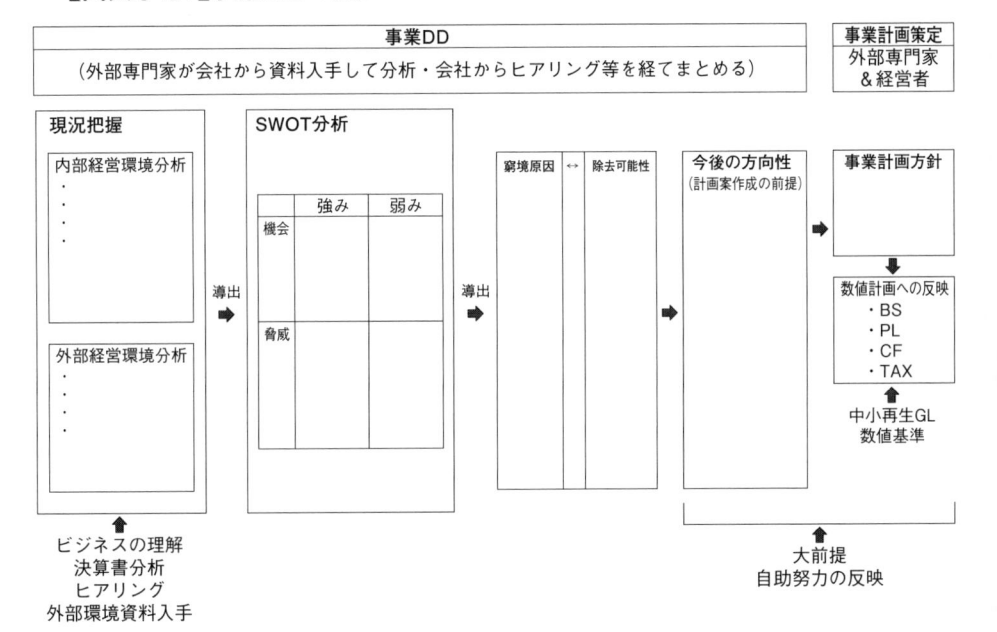

(2) 経営環境の分析・SWOT分析

❶経営環境分析

　経営環境の分析は、内部経営環境と外部経営環境の両方を分析します。内部経営環境とは、事業者の内部の状況を分析することであり、具体的には、企業活動の分析、採算性分析等を行います。また、外部経営環境の分析は、事業者を取り巻く経営環境の状況を分析することです。具体的には、次のような視点から分析を行っていきます。

【図表5-22】事業DDで分析すべき主な経営環境分析項目

内部経営環境分析	外部経営環境分析
ビジネスモデルの分析 　取扱商品 　生産拠点 　販売拠点 　人員 　生産設備 　主要取引先（仕入先・得意先） 収益性分析 　収入構造 　　・商品別 　　・拠点別 　　・得意先別 　費用構造 　　・人件費 　　・経費 　　・固定費・変動費分解 　損益分岐点	マクロ分析 業界動向分析 マーケット分析 競合他社分析 商圏分析 顧客分析

❷SWOT分析

　SWOT分析は、目標を達成するために意思決定を必要としている組織等における、強み（Strengths）、弱み（Weaknesses）、機会（Opportunities）、脅威（Threats）を評価するのに用いられる戦略計画ツールです。まず、上記❶経営環境分析の結果を振り分けていきます。内部経営環境分析の結果として、それが会社内部の「強み」にあたるのか、「弱み」にあたるのかを振り分けていきます。また、外部経営環境の分析結果も同様に振り分けていき、それが「機会」にあたるのか、それとも「脅威」にあたるのかを振り分けていきます。企業をとりまく経営環境を分析し、窮境原因や経営課題の把握・今後の方向性の検討に役立てていきます。

【図表5-23】SWOT分析

		プラス面	マイナス面
経営環境	内部経営環境	強み(S)：自社が他社より優れている点	弱み(W)：自社が他社より劣っている点
	外部経営環境	機会(O)：市場での優位な環境	脅威(T)：市場での不利な環境

　それぞれの一例としては**図表5-24**のとおりです。

【図表5-24】SWOT 各項目の一例

項 目	内 容
強 み (S)	・販売基盤や顧客層 ・技術力 ・知名度やブランド力 ・店舗立地
弱 み (W)	・従業員の高齢化 ・商品のコモディティ化や価格競争力低下（差別化できていない） ・従業員の離職率の高さ ・生産効率の低さ ・営業力の弱さ ・IT化の遅れ
機 会 (O)	・景気回復による個人消費の増加、設備投資増加 ・IT技術の発達によるオンライン市場の拡大 ・減税、金利引き下げ ・競合企業の経営不振、撤退、顧客離れ ・疫病を起因とした混乱の終息によるインバウンドの消費拡大 ・在宅勤務増加による新たな需要の増加
脅 威 (T)	・インフレ又はデフレの進行 ・競合他社の新規出店等により競争力が激化 ・海外製品の流入 ・原材料価格の上昇 ・戦争の勃発 ・疫病の発生による混乱の発生

(3) 窮境原因とその除去可能性

　上記（2）❶及び❷における分析結果から、窮境原因とその除去可能性を導出します。会社が窮境に陥った原因が「外部にあるのか」「内部にあるのか」を分析しているため、その原因をどのようにしたら除去できるかを検討します。

　まず、窮境原因が外部にある場合には、外部環境の変化に追いついていけずに判断を誤ったわけであり、「何もしなかった」のか「対処方法を誤った」のかになるため、その処方箋を検討し、コメントしていきます。

　窮境原因が内部にある場合においても、会社内部のヒト・モノ・カ

ネ・情報といった経営資源を「使用しなかった」のか「誤って使用した」のかになるため、その処方箋を検討し、コメントしていきます。その際に、数値面から分析した財務DDにおける窮境原因の導出内容と齟齬・矛盾がないかどうか、認識合わせすることが重要になります（窮境原因・除去可能性の一例は、**本章 2.の 2 (2)**（299頁）参照）。

(4) 今後の方向性（事業計画策定の前提条件）の導出

　窮境に陥った会社が、業績を回復していくための「今後の方向性」を検討していく必要があります。ここまでは、過去・現在の分析を行うことによって、主に経営の失敗原因の把握を中心に解説してきました。しかし、過去・現在の分析だけでは不十分であり、窮境原因を取り除けば十分なのか、それだけでは十分ではなく未来に向けても対応策が必要か等の分析を行い、それを行動に移していく必要があります。中小再生GLにおいて定義する「本源的な収益力の回復」を目指すために、窮境原因を取り除くための策を導出し、より具体化していくことになります。

　また、**(1)** から **(3)** においては、弱みだけではなく強みについても分析しているわけですから、「窮境原因の除去＝短所を消す」という観点以外に、長所を伸ばすことも同時に検討していきます。大きく分けて、収益面をどう改善していくか、費用面をどう改善していくか、それらを支える経営や組織をどう改善していくか、という観点から示すこととなります。

　これらの分析・提案を受けて、会社と外部専門家が協力しながら事業計画を作成することになるため、事業計画の策定内容を想定しながら進めることが有用です。

4 事業計画の作成

(1) 総　論

　事業DDの結果を受け、事業再生計画案の作成に向けて、事業計画を作成していくことになります。窮境原因の除去可能性や今後の方向性を参考にして、「何をすべきか」を具体化した上で、「数値計画」に反映していくことになります。「何をすべきか」については、より詳細に収益と費用の両方の側面から検討します。

　また、一連の自助努力による改善策を検討しても回復可能性が見込めない場合には、金融支援を要請すれば解決できるのか、無理であれば自助努力だけでなくスポンサーの支援を仰ぐか等を検討し、自社の方向性を決めていくことになります。事業の撤退・廃業等も視野に入れていかねばなりません。会社の運命を左右することであるため、すべて外部専門家に任せるのではなく、経営者自身も真摯に対応していく必要があります。

(2) 対応策の考え方

　自助努力による場合には、収益を増加させるか、費用を削減するか、いずれかの方策を具体化していくことが必要になります。

　近年の日本の経済環境では、マクロ経済全体の成長が鈍化しているため、既存の市場成長に伴う売上増加を見込むことはかなり困難な状況にあります。一方で、中小企業であっても、ニッチな市場の発見により急激に成長する可能性があるのも事実です。現代のSNS全盛の時代においては、発信力や創意工夫等によってヒット商品が突然生まれることもあります。したがって、会社の再生可能性を少しでも引き上げるためには、事業DDや財務DDの分析結果を参考に創意工夫を凝らし、収益を増加させるための検討策を考えることが重要です。

　一方で、収益の増加が期待できない場合は、費用の削減を行うこともやむを得ません。多くの中小企業の売上は、マクロ経済に起因する消費者の

動向や基幹産業からの需要に大きく左右されることもあり、不景気が続く
と、従業員の人件費や経営者自らの役員報酬を減額することで、費用削減
を行わなければならない場合も多いようです。中小再生GLでは、まず自
助努力をすることが前提であるため、事業DDや財務DDの分析結果を
参考に、効率的かつ効果的な費用削減を行っていくことが必要になりま
す。

❶売上の増加

　まずは、売上の増加について検討していきます。事業が苦しくなって
いる会社の多くが、売上の増加策に悩み苦しんでいますが、売上高増加策
を結実させるには、売上内容を分析していくことが必要と考えられます。

　事業再生計画を作成する際に一番難しいのは売上（販売）予測ですが、
多くの場合は過去数年の売上の平均や成長率から予測します。計画数値を
実現可能かつ説得力のあるものにするためにも、事業DDの分析結果に
基づき、経営者と専門家が連携しながら売上予測を検討する必要がありま
す。

　売上の予測のためには、売上分解という手法があります。車や家電販売
のような商品別分析が容易な場合には、売上を商品別に単価と販売数量に
分解することで、売上の減少要因が販売単価の下落にあるのか、販売数量
の減少にあるのかが分かります。それぞれの減少要因の解決手段について
の仮説を作ることで、次の戦略につなげることが可能になります。一方、
商品別分析が難しい場合には、客数や座席数等の分析単位を用いて売上分
解を行います。不特定多数の顧客を対象とする業種であれば、客毎の売上
（客単価）と来客数に分けてみると分析が進みます（**図表5-25**参照）。

【図表5-25】売上予測と売上分解

商品別分析が容易な場合	商品別分析が困難な場合
A 商品売上高（A商品単価×数量） B 商品売上高（B商品単価×数量） 積上による売上	例えば 小売業　客数×客単価×日数 　　　　　（新規客：商圏の人口× 　　　　　来店頻度＋顧客：顧客 　　　　　リスト×リピート率） 飲食店業　客単価×席数×日数

内部経営環境	外部経営環境

また、売上を増加させるには値上げも一つの方法です。特に昨今の物価高の影響は、多くの再生会社が窮境原因の一因として列挙する一因ともなっているため、商品価格に転嫁可能かどうかは企業にとって死活問題になります。取引先を失うことを恐れて値上げできないことはよくあることですが、窮境原因の一因として利益率が低いことが要因となるのであれば、値上げの必要性と可能性を検討する必要があります。

❷固定費の変動費化と変動費の削減

次に、費用の削減について検討していきます。事業や経営改善を行う際に、まず、毎月固定的に発生している費用を変動費化できるかを考えるのが一般的です。順調に事業が進んで、売上が増加している場合は気になりませんが、仕事量が激減したり、乱高下するような状態だと、毎月固定的に生じている費用をいかに減らすかが課題になります。固定費を変動費化できているビジネスモデルは、経営環境が厳しい状況にあっても比較的強いといえます。ただし、固定費が十分に削減できていることが前提です。

一方、変動費化させていても余計に払っているものはないでしょうか。例えば、製造業や建設業では、外注費が多額になっていることがあり、従来からお付き合いしている外注先に同業他社に比べて高い値段で仕事を発

注していることがあります。また、小売業等他の業種においても、材料、商品、食材の仕入先を見直すことで変動費を圧縮して利益を生む体質に変えることができます。

さらに、固定費である地代家賃、給与手当、交際費、役員報酬の削減について解説します。

第一に、比較的手を付けやすい費用として、地代家賃があげられます。長期間賃借を継続している場合、過去の契約をベースとした高い賃料となっている場合があります。また、関連会社から不動産を借りている場合は、種々の理由で、通常相場より高い相場で借りている場合があります。貸主との賃貸契約如何では解約金が生じることもありますが、今後の賃料とのバランスを考えて交渉に望む必要があります。

第二に、給与手当は、会社経営においても比較的金額が大きい傾向にあるため、最も費用削減を要請されることが多い項目です。しかし、リストラ策等による急激な削減は従業員のモラルハザードの問題を引き起こす可能性があり、十分な説明と将来的なビジョン（給与の回復を含む）を提示して対応する必要があります。

第三に、交際費は、得意先等の事業関係者に対する接待費その他の支出ですが、古くからの取引先との縁やお付き合い等により生じた費用が含まれます。そのため、業績の良い時期に多額に支出する習慣があった場合等も想定されるため、支出内容ごとにその必要性を検討する余地があります。

第四に、役員報酬は、すでに経営に関与していない親族に報酬を支払っている場合は、役員から外れてもらう必要があります。また、従業員給与の切り下げを行う場合は、経営者自らの襟を正す意味でも、報酬額の切り下げが必要になります。

最後に、その他の固定費です。販売促進費と広告宣伝費は、削減しやすい費用でもあります。しかし、闇雲に減額すると販売チャネルを失う可能性もあります。必要なものとその効果を十分に検討した上で、費用の削減

を検討する必要があります。

　支払利息は、金融機関の債務を圧縮することで減額します。しかし、減額を交渉するためにも、会社の業績が悪くなった要因の除去に取り組み、事業者自らの自助努力を織り込んだ経営改善計画を作成する必要があります。

　経営改善という意味で、例えば、製造業や宿泊業等の設備産業の場合、老朽化した設備に対してどの程度の設備投資や修繕費をかけるかが重要になります。資金繰りが厳しい状況での支出は削減する方向になりがちですが、ある程度の資金を振り分けないと収入の先細りを招き悪循環に陥ることになるため、事業計画の中で設備投資額や修繕費の必要性を客観的に説明できるようにしておく必要があります。

　支出の削減をメインに解説してきましたが、取引先との交渉にあたっては、単に一方的に値引の主張をするだけではなく、取引の内容面も含めて検討することが交渉を成功させることのカギにもなります。例えば、輸送費を減額したい場合には、輸送頻度を少なくすることによって取引先の負担や手間を減らす方向で検討する等、取引先にもメリットのある話をすることにより、相手先が交渉のテーブルにつくようにする工夫が必要と考えられます。資金繰り状況をみながらサイト変更を検討することも、一つの方向です。

　また、値引交渉等を行う際の交渉材料が得られるように、自社が利用しているサービス等の総点検を行う過程の中で、実は不要なサービスがあるかもしれませんし、結果的にはこのような一連の検討を行うことが余計な支出の削減につながるものと考えられます。

【図表5-26】業種別勘定科目別の改善検討策

項　目		製造業	建設業	運送業	宿泊業	飲食業	卸売・小売業
【損益計算書項目】							
売上高		商品や製品の販売先ごとの単価や販売数量を分析して、市場にあった戦略を行う					
変動費	原材料等	材料仕入	材料仕入	燃料費	食材費	食材費	商品仕入
		従来から高値仕入の場合は、業者変更や交渉により減額可能。					
	外注費外注加工費	無駄がある場合が多い。					製造業等と比較すると無駄がある場合が相対的に少ないが、内容確認はする必要がある。
		従来から高値仕入の場合は、業者変更や交渉により減額可能。					
固定費	役員報酬	合理的な水準への減額を検討する。					
	給与手当	合理的な水準への減額を検討する。ただし、従業員のモチベーション等とのバランスを検討する必要がある。					
	地代家賃	従来から高額な場合は、交渉により減額可能。					
	支払利息	金融債務圧縮により減額可能（ただし、金融支援後の項目として織り込む）					
	減価償却費	設備投資額に左右されるため、合理的な水準を検討する。					
	その他経費	不要な費用は減額する必要があるが、販売促進や広告費用の減額は、将来の売上減となる恐れがある。効果を見極める必要がある。					
【貸借対照表項目】							
運転資本	棚卸資産の増減	在庫圧縮により、資金繰りが改善する。保管料や運送料とのバランスも検討する必要がある。					
	売上債権の増減	販売先からの回収期限を早くすれば資金繰りが改善する。ただし、実現可能性は、販売先との関係や販売先の財務状況に左右される。					
	仕入債務の増減	仕入先への支払期限を長くすれば資金繰りが改善する。ただし、実現可能性は、仕入先との関係に左右される。					
投資	設備投資	設備投資を行わないと売上の拡充・拡大や維持は難しい。					
	資産売却	不要な資産を売却すると資金繰りが改善する。					

(3) 金融支援内容の検討

　金融支援の方法については、第4章の事業再生の手法の中で解説していますが、金融支援がリスケだけで不足する場合には、債務免除等の金融支援策を検討する必要があります。収入の増加策及び支出の減少策を検討した上で自助努力を盛り込んだ数値計画を策定する必要がありますが、数値計画を策定してもなお十分でない場合には、次の点を考慮に置いた上で、債務免除額を計算していくことになります。

---

① 　実質債務超過額
② 　非保全額
③ 　清算価値保障原則
④ 　中小再生GL（再生型）の充足要件
　・実質的に債務超過にある場合には5年以内の実質債務超過解消（貸借対照表）
　・経常利益が赤字である場合は3年以内の黒字転換（損益計算書）
　・事業再生計画の終了年度における有利子負債の対キャッシュ・フロー比率10倍以内（貸借対照表・キャッシュ・フロー計算書）
⑤ 　事業価値（第二会社方式の場合）

---

❶実質債務超過額

　実質債務超過額については、本章2.の2 (1) ❶（278頁）で解説したとおりです。実態貸借対照表は時価に近い概念ですが、理論上は事業が継続することを前提として保たれる価値であるため、事業継続の中で一定の時間を使って資産・負債の処分をすることによって、実態貸借対照表に近い額での換価・回収が見込まれることになると考えられます。したがって、実質債務超過額を超える金融支援額では、原則として金融機関にとっては過剰支援となって金融支援の合理性が失われる可能性が高いことになるため、実質債務超過額は、金融機関にとっての債務免除額の最大値としての機能を有することになります[9]。

❷非保全額

非保全額については、**本章2.の2（1）❺**（291頁）で解説したとおりです。非保全額は、金融機関に対する有利子負債のうち担保・保証等で保全されていない部分となりますが、非保全額を超えて保全部分まで債務免除を要請することは金融機関にとっての経済合理性がないため、金融機関にとっての債務免除額の最大値としての機能を有することになります。

❸清算価値保障原則

清算価値保障原則については、**本章2.の2（1）❽**（294頁）で解説したとおりです。事業再生計画に基づく債権回収率が破産した場合の清算配当率よりも下回ってしまったら、事業を継続する場合よりも破産したほうが経済合理性があることになるため、清算配当率を下回るような債務免除額の要請はできません。

❹中小再生GL（再生型）の充足要件

中小再生GLの再生型では、次のように事業再生計画の充足要件を定めているため、これをすべてクリアできるように金融支援額を検討する必要があります。

・5年以内の実質債務超過解消（貸借対照表）
・3年以内の黒字転換（損益計算書）
・有利子負債の対キャッシュ・フロー比率10倍以内（貸借対照表、キャッシュ・フロー計算書）

❺事業価値（第二会社方式の場合）

第二会社方式は、債務者企業の優良事業を切り離した上で、会社分割

---

9 ただし、負ののれん（343頁、345頁参照）が出るケース等では、実質債務超過額を超えた金融支援が許容されるケースもあります。

又は事業譲渡によって新会社に承継するスキームです（第4章6.「第二会社方式」（248頁）参照）。自主再建型の第二会社方式の場合、DCF法等で算出した事業価値に見合う額を新会社への承継負債とし、旧会社の金融機関の借入金額との差を金融支援額とするケースが一般的です。そのため、実質的な債権放棄を行う金融機関にとっては、事業価値の評価次第で事実上の債権放棄額が決まることになります。したがって、別会社へ承継させる借入金を増やすことで回収額を増やしたい債権者側と、金融支援額をできるだけ増やすことで新会社における借入金の負担を減らしたい債務者側の利害が対立することになることからも、事業価値の算定は必須となります。なお、スポンサー型の第二会社方式については、**本章2.**の**5（3）**（339頁）で解説します。

（4）数値計画の策定
❶**貸借対照表、損益計算書、キャッシュ・フロー計算書等の作成**

　検討した事業計画や金融支援を含む債務弁済計画を数値に具現化する作業が必要であり、具体的には、損益計算書、貸借対照表、キャッシュ・フロー計算書を作成します。その際に、将来における税金計算書（タックスプラン）や実態純資産の推移表、さらに中小再生GLにおいて必要となる債務弁済計画（後記 **（7）**「金融機関別返済額の算定」（330頁）、**本章2.**の**5（2）** ❼（335頁）参照）も作成します。

　作成にあたっては、数値計画のシミュレーションを何度も繰り返すことになるため、Excelのような表計算ソフトで作成するのが一般的であると思われます。その際には、各計算シートに計算式を組み込んだ上で、関連性を持たせるようにすることがポイントです。

【作成する際のポイント】
・損益計算書、貸借対照表、キャッシュ・フロー計算書、税額計算書及び弁済計画は連動させて作成します。
・貸借対照表のスタートは、会計帳簿上の貸借対照表になりますが、実態貸借対照表作成の過程で検出された財務会計上の修正事項を反映していきます（含み損益は、対象資産が売却等処分された際に実現損益等として反映されます）。
・損益計算書は、正常収益力をベースに、今後の方向性から導き出した施策を反映していきます。数値例においては、R 5.3 期は正常収益力分析の際に使用した損益計算書であり、ここから施策を反映しています。売上・売上原価・販売費及び一般管理費において、施策を盛り込んだ数値にしています。
・必要に応じて、細分化することが有用です。複数の商品種別がある場合には、売上を細分化して計画を立てたり、費用面において、人件費、設備投資等の重要な項目は、より詳細な計画を立てて数値の作成に役立てることが有用です。

❷自助努力を盛り込んだ数値計画と金融支援の必要性

　前記の（2）❶売上の増加及び❷費用の削減を検討し、自助努力を盛り込んだ数値計画例は**図表5-28**のようになります。ただし、自助努力を盛り込んだ数値計画を策定した結果、中小再生GLにおける支援基準は満たしていない状況にあります。したがって、これらの達成に向けて、金融支援の必要性と再生スキームを検討する必要があります。

【図表5-27】自助努力を盛り込んだ数値計画による支援基準の達成状況

支援基準	計画値	達成状況
5年以内の実質債務超過解消	計画5年目　△790,403千円	×
3年以内の黒字転換	計画3年目　43,617千円	◎
事業再生計画の終了年度における有利子負債の対キャッシュ・フロー比率10倍以内	計画5年目　17.1倍	×

【図表5-28】自助努力を盛り込んだ数値計画（金融支援なし）

計画損益計算書　　　　　　　　　　　　　　　　　　　（単位：千円）

勘定科目	R5.3期 （実績）	R6.3期 計画0期 （進行期）	R7.3期 計画1期	R8.3期 計画2期	R9.3期 計画3期	R10.3期 計画4期	R11.3期 計画5期
売上高	4,062,682	4,022,056	4,062,276	4,102,899	4,143,928	4,185,367	4,227,221
売上原価	3,151,800	3,137,203	3,127,953	3,159,232	3,190,824	3,222,733	3,254,960
売上総利益	910,882	884,852	934,324	943,667	953,103	962,634	972,261
販売費及び一般管理費	926,687	898,886	890,886	890,886	890,886	890,886	890,886
うち、減価償却費	31,564	31,564	31,564	31,564	31,564	31,564	31,564
営業利益	△15,805	△14,034	43,437	52,780	62,217	71,748	81,374
営業外収益	1,060	1,060	1,060	1,060	1,060	1,060	1,060
営業外費用	23,767	23,767	20,401	20,178	19,660	19,004	18,209
うち、支払利息	23,262	23,262	19,896	19,673	19,155	18,500	17,704
経常利益	△38,512	△36,742	24,096	33,662	43,617	53,804	64,225
特別利益	4,347						
特別損失	2,414	142,940	560,000				
税引前当期純利益	△36,579	△179,682	△535,904	33,662	43,617	53,804	64,225
法人税等	290	290	290	290	290	290	290
当期純利益	△36,869	△179,972	△536,194	33,372	43,327	53,514	63,935

粗利率	22.42%	22.00%	23.00%	23.00%	23.00%	23.00%	23.00%
営業利益率	−0.39%	−0.35%	1.07%	1.29%	1.50%	1.71%	1.93%
経常利益率	−0.95%	−0.91%	0.59%	0.82%	1.05%	1.29%	1.52%
当期純利益率	−0.91%	−4.47%	−13.20%	0.81%	1.05%	1.28%	1.51%

回転期間							
売上債権	0.96	0.96	0.96	0.96	0.96	0.96	0.96
仕入債務	1.04	1.04	1.04	1.04	1.04	1.04	1.04
棚卸資産	0.62	0.62	0.62	0.62	0.62	0.62	0.62

PL数値の考え方

売上

計画1期〜5期までの売上成長率	1.0%

売上原価

計画0期における粗利率	22%
計画1期〜5期までの粗利率	23%

販売費及び一般管理費

R6.3期は企業の自助努力により前年比3%のコスト削減
R7.3期以降は役員報酬を年間800万円削減

営業外費用

借入金残高に応じた支払利息を計算

特別利益

金融機関による債務免除

特別損失

R6.3期、財務DDによる「財務会計上の修正」を反映
R7.3期、遊休不動産売却に伴う売却損

3年以内の黒字転換

計画貸借対照表

勘定科目	R5.3期 (実績)	R6.3期 計画0期 (進行期)	R7.3期 計画1期	R8.3期 計画2期	R9.3期 計画3期	R10.3期 計画4期	R11.3期 計画5期	BS数値の考え方
資産の部	2,338,561	2,140,662	1,342,921	1,350,686	1,358,529	1,366,450	1,374,450	
【流動資産】	949,668	847,709	849,969	857,734	865,576	873,497	881,497	
現金及び預金	67,467	18,022	18,022	18,022	18,022	18,022	18,022	CF計算書の期末現預金残高
売掛金	354,330	350,787	354,295	357,838	361,416	365,030	368,680	売上と売上債権回転期間の関係から算出
棚卸資産	425,419	423,448	422,200	426,422	430,686	434,993	439,343	売上原価とたな卸資産回転期間の関係から算出
未収入金	55,452	55,452	55,452	55,452	55,452	55,452	55,452	毎期一定を仮定
仮払金	7,000	－	－	－	－	－	－	財務DD指摘を反映
短期貸付金	40,000	－	－	－	－	－	－	財務DD指摘を反映
【固定資産】	1,388,894	1,292,953	492,953	492,953	492,953	492,953	492,953	
(有形固定資産)	1,258,363	1,258,362	458,362	458,362	458,362	458,362	458,362	
建物	150,291	150,291	150,291	150,291	150,291	150,291	150,291	R5.3期残高＋設備投資額－減価償却費
建物附属設備	58,310	58,310	58,310	58,310	58,310	58,310	58,310	R5.3期残高＋設備投資額－減価償却費
構築物	2,500	2,500	2,500	2,500	2,500	2,500	2,500	R5.3期残高＋設備投資額－減価償却費
機械装置	32,110	32,110	32,110	32,110	32,110	32,110	32,110	R5.3期残高＋設備投資額－減価償却費
工具器具備品	15,152	15,152	15,152	15,152	15,152	15,152	15,152	R5.3期残高＋設備投資額－減価償却費
土地	200,000	200,000	200,000	200,000	200,000	200,000	200,000	R5.3期残高＋設備投資額
遊休不動産	800,000	800,000	－	－	－	－	－	R7.3期に鑑定評価額での売却を仮定
(投資その他の資産)	130,531	34,591	34,591	34,591	34,591	34,591	34,591	
敷金	80,291	19,591	19,591	19,591	19,591	19,591	19,591	財務DD指摘を反映/毎期一定を仮定
保険積立金	15,000	15,000	15,000	15,000	15,000	15,000	15,000	毎期一定を仮定
保証金	4,500	－	－	－	－	－	－	財務DD指摘を反映
長期貸付金	30,000	－	－	－	－	－	－	財務DD指摘を反映
差入保証金	600	－	－	－	－	－	－	財務DD指摘を反映
長期前払費用	140	－	－	－	－	－	－	財務DD指摘を反映
資産合計	2,338,561	2,140,662	1,342,921	1,350,686	1,358,529	1,366,450	1,374,450	
負債の部	2,297,845	2,279,918	2,018,371	1,992,764	1,957,279	1,911,687	1,855,752	
【流動負債】	544,245	526,318	514,388	505,320	508,282	511,273	514,294	
買掛金	253,501	252,327	251,582	254,098	256,639	259,206	261,798	売上原価と買掛金回転期間の関係から算出
未払金	201,191	189,191	177,191	165,191	165,191	165,191	165,191	滞納公租公課の納付/毎期一定を仮定
預り金	51,110	51,110	51,110	51,110	51,110	51,110	51,110	毎期一定を仮定
未払法人税等	290	290	290	290	290	290	290	繰越欠損金を加味して算出
未払消費税等	38,154	33,400	34,214	34,631	35,051	35,476	35,905	消費税計算に基づき算出
【固定負債】	1,753,600	1,753,600	1,503,983	1,487,444	1,448,997	1,400,414	1,341,458	
長期借入金	1,725,000	1,725,000	1,475,383	1,458,844	1,420,397	1,371,814	1,312,858	金融機関借入金残高
退職給付債務	13,600	13,600	13,600	13,600	13,600	13,600	13,600	毎期一定を仮定
預り保証金	15,000	15,000	15,000	15,000	15,000	15,000	15,000	毎期一定を仮定
純資産の部	40,716	△139,256	△675,450	△642,078	△598,750	△545,237	△481,302	
【株主資本】	40,716	△139,256	△675,450	△642,078	△598,750	△545,237	△481,302	
資本金	5,000	5,000	5,000	5,000	5,000	5,000	5,000	
資本剰余金	5,000	5,000	5,000	5,000	5,000	5,000	5,000	
資本準備金	5,000	5,000	5,000	5,000	5,000	5,000	5,000	
利益剰余金	30,716	△149,256	△685,450	△652,078	△608,750	△555,237	△491,302	
繰越利益剰余金	30,716	△149,256	△685,450	△652,078	△608,750	△555,237	△491,302	
負債・純資産合計	2,338,561	2,140,662	1,342,921	1,350,686	1,358,529	1,366,450	1,374,450	

有利子負債の対CF比率
1,312,858÷76,660
＝17.1（10倍超）

純資産推移（帳簿ベース）

勘定科目	R5.3期 （実績）	R6.3期 計画0期 （進行期）	R7.3期 計画1期	R8.3期 計画2期	R9.3期 計画3期	R10.3期 計画4期	R11.3期 計画5期
帳簿－純資産（期首）	77,585	40,716	△139,256	△675,450	△642,078	△598,750	△545,237
当期純利益	△36,869	△179,972	△536,194	33,372	43,327	53,514	63,935
帳簿－純資産（期末）	40,716	△139,256	△675,450	△642,078	△598,750	△545,237	△481,302

純資産推移（実態純資産ベース）

勘定科目	R5.3期 （実績）	R6.3期 計画0期 （進行期）	R7.3期 計画1期	R8.3期 計画2期	R9.3期 計画3期	R10.3期 計画4期	R11.3期 計画5期
実態－純資産（期首）	△934,456	△971,325	△1,008,357	△984,551	△951,179	△907,851	△854,338
当期純利益	△36,869	△37,032	23,806	33,372	43,327	53,514	63,935
実態－純資産（期末）	△971,325	△1,008,357	△984,551	△951,179	△907,851	△854,338	△790,403
帳簿ベースとの差異	△1,012,041	△869,101	△309,101	△309,101	△309,101	△309,101	△309,101

> 実質債務超過

計画キャッシュ・フロー計算書

項目	R5.3期 （実績）	R6.3期 計画0期 （進行期）	R7.3期 計画1期	R8.3期 計画2期	R9.3期 計画3期	R10.3期 計画4期	R11.3期 計画5期
営業CF		5,381	61,077	67,777	89,165	98,647	108,224
当期利益		△179,972	△536,194	33,372	43,327	53,514	63,935
特別損失（DD反映）		142,940					
遊休不動産売却損			560,000				
減価償却費		31,564	31,564	31,564	31,564	31,564	31,564
支払利息		23,262	19,896	19,673	19,155	18,500	17,704
未払消費税（滞納公租公課）		△12,000	△12,000	△12,000			
未払消費税増減		△4,754	814	416	421	425	429
売掛金増減		3,543	△3,508	△3,543	△3,578	△3,614	△3,650
買掛金増減		△1,174	△744	2,516	2,541	2,566	2,592
棚卸資産増減		1,970	1,249	△4,222	△4,264	△4,307	△4,350
投資CF		△31,564	208,436	△31,564	△31,564	△31,564	△31,564
設備投資額		△31,564	△31,564	△31,564	△31,564	△31,564	△31,564
遊休不動産売却収入			240,000				
FCF		△26,183	269,513	36,213	57,601	67,083	76,660
財務CF							
借入金の返済			△9,617	△16,539	△38,446	△48,584	△58,956
借入金の返済 （遊休・担保分）			△240,000				
支払利息		△23,262	△19,896	△19,673	△19,155	△18,500	△17,704
合計（当期増減額）		△49,446	—	—	—	—	—
期首現預金残高		67,467	18,022	18,022	18,022	18,022	18,022
期末現預金残高	67,467	18,022	18,022	18,022	18,022	18,022	18,022

> 有利子負債の対CF比率
1,312,858÷76,660
＝17.1（10倍超）

繰越欠損金

項目	R5.3期 （実績）	R6.3期 計画0期 （進行期）	R7.3期 計画1期	R8.3期 計画2期	R9.3期 計画3期	R10.3期 計画4期	R11.3期 計画5期
R3.3期発生	447,896	447,896	447,896	414,233	370,616	316,812	252,588
R4.3期発生	11,814	11,814	11,814	11,814	11,814	11,814	11,814
R5.3期発生	36,579	36,579	36,579	36,579	36,579	36,579	36,579
R6.3期発生		179,682	179,682	179,682	179,682	179,682	179,682
R7.3期発生			535,904	535,904	535,904	535,904	535,904
R8.3期発生				—	—	—	—
R9.3期発生					—	—	—
R10.3期発生						—	—
R11.3期発生							—
合計	496,289	675,971	1,211,875	1,178,213	1,134,595	1,080,792	1,016,857

(5) 自主再建型＋直接債権放棄における数値例の検討

　自助努力を盛り込んだ数値計画を策定した結果、金融支援策の検討が必要な状況において、どのように支援基準をクリアできるかを検討します（ここでは、自主再建型かつ直接債権放棄を仮定した数値例でみていきます）。数値策定の結果、要件を満たしていないのは、「5年以内の実質債務超過解消」及び「事業再生計画の終了年度における有利子負債の対キャッシュ・フロー比率10倍以内」という項目だったため、有利子負債をどれだけ減少させれば要件を満たすかを検討します。先ほどの**図表5-28**（純資産推移-実態純資産ベース）の数値例における計画5項目（最終年度）実質債務超過額は△790,403千円だったため、まずは800,000千円の金融支援を得た場合のシミュレーションをしてみます。実際には、債務免除に伴う支払利息の減少効果等が予測され、800,000千円よりも金融支援額が低い可能性があります。シミュレーションの結果において支援基準をクリアできた場合であったとしても、金融機関側の観点からみた「過剰支援かどうか」の検討をする必要があるため、金融支援額の下限を検討します。金融支援額と実態純資産額等支援基準の関係性を数値例を用いて10,000千円刻みでシミュレーションした結果は**図表5-29**となり、この場合、金融支援額の下限は、730,000千円と740,000千円の間にあるということになります。

【図表5-29】金融支援額と支援基準の関係性

金融支援額	数値基準適合性		
	5年後の 実態純資産額	3年後 黒字転換	5年後 有利子負債 CF倍率
800,000千円	◎(65,792千円)	◎(54,854千円)	6.0倍
⋮			
740,000千円 (図表5-30参照)	◎(1,577千円)	◎(54,011千円)	6.8倍
730,000千円	×(△9,125千円)	◎(53,871千円)	6.9倍

【図表5-30】金融支援を盛り込んだ数値計画（金融支援額740,000千円の場合）

計画損益計算書 （単位：千円）

勘定科目	R5.3期 (実績)	R6.3期 計画0期 (進行期)	R7.3期 計画1期	R8.3期 計画2期	R9.3期 計画3期	R10.3期 計画4期	R11.3期 計画5期
売上高	4,062,682	4,022,056	4,062,276	4,102,899	4,143,928	4,185,367	4,227,221
売上原価	3,151,800	3,137,203	3,127,953	3,159,232	3,190,824	3,222,733	3,254,960
売上総利益	910,882	884,852	934,324	943,667	953,103	962,634	972,261
販売費及び一般管理費	926,687	898,886	890,886	890,886	890,886	890,886	890,886
うち、減価償却費	31,564	31,564	31,564	31,564	31,564	31,564	31,564
営業利益	△15,805	△14,034	43,437	52,780	62,217	71,748	81,374
営業外収益	1,060	1,060	1,060	1,060	1,060	1,060	1,060
営業外費用	23,767	23,767	10,285	9,924	9,265	8,468	7,529
うち、支払利息	23,262	23,262	9,781	9,419	8,761	7,963	7,024
経常利益	△38,512	△36,742	34,212	43,916	54,011	64,340	74,905
特別利益	4,347		740,000				
特別損失	2,414	142,940	560,000				
税引前当期純利益	△36,579	△179,682	214,212	43,916	54,011	64,340	74,905
法人税等	290	290	290	290	290	290	290
当期純利益	△36,869	△179,972	213,922	43,626	53,721	64,050	74,615
粗利率	22.42%	22.00%	23.00%	23.00%	23.00%	23.00%	23.00%
営業利益率	−0.39%	−0.35%	1.07%	1.29%	1.50%	1.71%	1.93%
経常利益率	−0.95%	−0.91%	0.84%	1.07%	1.30%	1.54%	1.77%
当期純利益率	−0.91%	−4.47%	5.27%	1.06%	1.30%	1.53%	1.77%

回転期間							
売上債権	0.96	0.96	0.96	0.96	0.96	0.96	0.96
仕入債務	1.04	1.04	1.04	1.04	1.04	1.04	1.04
棚卸資産	0.62	0.62	0.62	0.62	0.62	0.62	0.62

PL数値の考え方

売上	
計画1期～5期までの売上成長率	1.0%

売上原価	
計画0期における粗利率	22%
計画1期～5期までの粗利率	23%

販売費及び一般管理費
R6.3期は企業の自助努力により前年比3%のコスト削減
R7.3期以降は役員報酬を年間800万円削減

営業外費用
R6.3期金融支援(債務免除)に伴い金利減少

特別利益
金融機関による債務免除

特別損失
R6.3期、財務DDによる「財務会計上の修正」を反映
R7.3期、遊休不動産売却に伴う売却損

3年以内の黒字転換

計画貸借対照表

勘定科目	R5.3期 (実績)	R6.3期 計画0期 (進行期)	R7.3期 計画1期	R8.3期 計画2期	R9.3期 計画3期	R10.3期 計画4期	R11.3期 計画5期	BS数値の考え方
資産の部	2,338,561	2,140,662	1,342,921	1,350,686	1,358,529	1,366,450	1,374,450	
【流動資産】	949,668	847,709	849,968	857,733	865,575	873,496	881,497	
現金及び預金	67,467	18,022	18,022	18,022	18,022	18,022	18,022	CF計算書の期末現金残高
売掛金	354,330	350,787	354,295	357,838	361,416	365,030	368,680	売上と売上債権回転期間の関係から算出
棚卸資産	425,419	423,448	422,200	426,422	430,686	434,993	439,343	売上原価とな卸資産回転期間の関係から算出
未収入金	55,452	55,452	55,452	55,452	55,452	55,452	55,452	毎期一定を仮定
仮払金	7,000	−	−	−	−	−	−	財務DD指摘を反映
短期貸付金	40,000	−	−	−	−	−	−	財務DD指摘を反映
【固定資産】	1,388,893	1,292,953	492,953	492,953	492,953	492,953	492,953	
(有形固定資産)	1,258,362	1,258,362	458,362	458,362	458,362	458,362	458,362	
建物	150,291	150,291	150,291	150,291	150,291	150,291	150,291	R5.3期残高＋設備投資額−減価償却費
建物附属設備	58,310	58,310	58,310	58,310	58,310	58,310	58,310	R5.3期残高＋設備投資額−減価償却費
構築物	2,500	2,500	2,500	2,500	2,500	2,500	2,500	R5.3期残高＋設備投資額−減価償却費
機械装置	32,110	32,110	32,110	32,110	32,110	32,110	32,110	R5.3期残高＋設備投資額−減価償却費
工具器具備品	15,152	15,152	15,152	15,152	15,152	15,152	15,152	R5.3期残高＋設備投資額−減価償却費
土地	200,000	200,000	200,000	200,000	200,000	200,000	200,000	R5.3期残高＋設備投資額
遊休不動産	800,000	800,000	−	−	−	−	−	R7.3期に鑑定評価額での売却を仮定
(投資その他の資産)	130,531	34,591	34,591	34,591	34,591	34,591	34,591	
敷金	80,291	19,591	19,591	19,591	19,591	19,591	19,591	財務DD指摘を反映/毎期一定を仮定
保険積立金	15,000	15,000	15,000	15,000	15,000	15,000	15,000	毎期一定を仮定
保証金	4,500	−	−	−	−	−	−	財務DD指摘を反映
長期貸付金	30,000	−	−	−	−	−	−	財務DD指摘を反映
差入保証金	600	−	−	−	−	−	−	財務DD指摘を反映
長期前払費用	140	−	−	−	−	−	−	財務DD指摘を反映
資産合計	2,338,561	2,140,662	1,342,921	1,350,686	1,358,529	1,366,450	1,374,450	

勘定科目	R5.3期	R6.3期	R7.3期	R8.3期	R9.3期	R10.3期	R11.3期	BS数値の考え方
負債の部	2,297,845	2,279,918	1,268,255	1,232,394	1,186,515	1,130,387	1,063,772	
【流動負債】	544,245	526,318	514,388	505,320	508,282	511,273	514,294	
買掛金	253,501	252,327	251,582	254,098	256,639	259,206	261,798	売上原価と買掛金回転期間の関係から算出
未払金	201,191	189,191	177,191	165,191	165,191	165,191	165,191	滞納公租公課の納付/毎期一定を仮定
預り金	51,110	51,110	51,110	51,110	51,110	51,110	51,110	毎期一定を仮定
未払法人税等	290	290	290	290	290	290	290	繰越欠損金を加味して算出
未払消費税等	38,154	33,400	34,214	34,631	35,051	35,476	35,905	消費税計算に基づき算出
【固定負債】	1,753,600	1,753,600	753,868	727,074	678,234	619,114	549,478	
長期借入金	1,725,000	1,725,000	725,268	698,474	649,634	590,514	520,878	金融機関による債務免除を想定
退職給付債務	13,600	13,600	13,600	13,600	13,600	13,600	13,600	毎期一定を仮定
預り保証金	15,000	15,000	15,000	15,000	15,000	15,000	15,000	毎期一定を仮定
純資産の部	40,716	△139,256	74,666	118,292	172,014	236,063	310,678	
【株主資本】	40,716	△139,256	74,666	118,292	172,014	236,063	310,678	
資本金	5,000	5,000	5,000	5,000	5,000	5,000	5,000	
資本剰余金	5,000	5,000	5,000	5,000	5,000	5,000	5,000	
資本準備金	5,000	5,000	5,000	5,000	5,000	5,000	5,000	
利益剰余金	30,716	△149,256	64,666	108,292	162,014	226,063	300,678	
繰越利益剰余金	30,716	△149,256	64,666	108,292	162,014	226,063	300,678	
負債・純資産合計	2,338,561	2,140,662	1,342,921	1,350,686	1,358,529	1,366,450	1,374,450	

有利子負債の対CF比率
520,878÷76,660
＝6.8（10倍以内）

純資産推移（帳簿ベース）

勘定科目	R 5.3 期 (実績)	R 6.3 期 計画 0 期 (進行期)	R 7.3 期 計画 1 期	R 8.3 期 計画 2 期	R 9.3 期 計画 3 期	R 10.3 期 計画 4 期	R 11.3 期 計画 5 期
帳簿－純資産（期首）	77,585	40,716	△139,256	74,666	118,292	172,014	236,063
当期純利益	△36,869	△179,972	213,922	43,626	53,721	64,050	74,615
帳簿－純資産（期末）	40,716	△139,256	74,666	118,292	172,014	236,063	310,678

純資産推移（実態純資産ベース）

勘定科目	R 5.3 期 (実績)	R 6.3 期 計画 0 期 (進行期)	R 7.3 期 計画 1 期	R 8.3 期 計画 2 期	R 9.3 期 計画 3 期	R 10.3 期 計画 4 期	R 11.3 期 計画 5 期
実態－純資産（期首）	△934,456	△971,325	△1,008,357	△234,435	△190,809	△137,087	△73,038
当期純利益	△36,869	△37,032	773,922	43,626	53,721	64,050	74,615
実態－純資産（期末）	△971,325	△1,008,357	△234,435	△190,809	△137,087	△73,038	1,577
帳簿ベースとの差異	△1,012,041	△869,101	△309,101	△309,101	△309,101	△309,101	△309,101

> 実質債務
> 超過解消

計画キャッシュ・フロー計算書

項目	R 5.3 期 (実績)	R 6.3 期 計画 0 期 (進行期)	R 7.3 期 計画 1 期	R 8.3 期 計画 2 期	R 9.3 期 計画 3 期	R 10.3 期 計画 4 期	R 11.3 期 計画 5 期
営業CF		5,381	61,077	67,777	89,165	98,647	108,224
当期利益		△179,972	213,922	43,626	53,721	64,050	74,615
特別損失(DD反映)		142,940					
遊休不動産売却損			560,000				
債務免除益			△740,000				
支払利息		23,262	9,781	9,419	8,761	7,963	7,024
減価償却費		31,564	31,564	31,564	31,564	31,564	31,564
未払金(滞納公租公課)		△12,000	△12,000	△12,000			
未払消費税増減		△4,754	814	416	421	425	429
売掛金増減		3,543	△3,508	△3,543	△3,578	△3,614	△3,650
買掛金増減		△1,174	△744	2,516	2,541	2,566	2,592
棚卸資産増減		1,970	1,249	△4,222	△4,264	△4,307	△4,350
投資CF		△31,564	208,436	△31,564	△31,564	△31,564	△31,564
設備投資額		△31,564	△31,564	△31,564	△31,564	△31,564	△31,564
遊休不動産売却収入			240,000				
FCF		△26,183	269,513	36,213	57,601	67,083	76,660
財務CF							
借入金の返済			△19,732	△26,793	△48,840	△59,120	△69,636
借入金の返済 （遊休・担保分）			△240,000				
支払利息		△23,262	△9,781	△9,419	△8,761	△7,963	△7,024
合計（当期増減額）		△49,446	－	－	－	－	－
期首現預金残高		67,467	18,022	18,022	18,022	18,022	18,022
期末現預金残高	67,467	18,022	18,022	18,022	18,022	18,022	18,022

> 有利子負債の対CF比率
> 520,878÷76,660
> ＝6.8（10倍以内）

繰越欠損金

項目	R 5.3期 (実績)	R 6.3期 計画0期 (進行期)	R 7.3期 計画1期	R 8.3期 計画2期	R 9.3期 計画3期	R 10.3期 計画4期	R 11.3期 計画5期
R 3.3期発生	447,896	447,896	233,684	189,768	135,756	71,417	–
R 4.3期発生	11,814	11,814	11,814	11,814	11,814	11,814	8,326
R 5.3期発生	36,579	36,579	36,579	36,579	36,579	36,579	36,579
R 6.3期発生		179,972	179,972	179,972	179,972	179,972	179,972
R 7.3期発生			–	–	–	–	–
R 8.3期発生				–	–	–	–
R 9.3期発生					–	–	–
R 10.3期発生						–	–
R 11.3期発生							–
合計	496,289	676,261	462,049	418,133	364,122	299,782	224,877

　また、(3)（318頁）で金融支援の考慮要素を解説しました。それらについても数値を満たしているかどうかを検討する必要がありますが、**図表5-31**のようにいずれの数値基準も満たしています。

【図表5-31】図表5-30の数値例における金融支援の考慮要素との適合状況

考慮要素	数値例	比較金額	結　　論
実質債務超過額	971,325千円	金融支援額 740,000千円	金融支援額は実質債務超過額を下回っており、問題なし。
非保全額	1,335,000千円	同　上	金融支援額は非保全額を下回っており、問題なし。
清算価値保障原則	15.08% （図表5-15参照）	44.57% （後記(7)より）	清算価値保障原則を上回っており、問題なし。

(6) 自主再建型＋第二会社方式の場合

　事案によっては、債務免除益課税の問題等で、自主再建及び直接放棄が利用できない場合等があります（第7章2.の2 (2) ❹（399頁）参照）。その場合には、第二会社方式を検討することになりますが、自主再建型で第二会社方式を採用する場合には、旧会社のみではなく新会社の数値計画を策定します。さらに本章2.の4 (3) ❺（319頁）に記載のとおり、事業価

値を算出し、承継する負債の額と金融支援額を決めることが一般的です。事業価値の算出にあたっては、新会社承継を想定した事業計画に基づき行うこととなります。また、中小再生GLにおける支援基準と、**本章2.の4(3)**（318頁）❶から❹の考慮事項についても数値を満たしているかどうかを検討する必要があります（数値例は割愛します）。

(7) 金融機関別返済額の算定

　金融支援額が決まると返済総額も決まるため、取引金融機関ごとの返済額の配分を行うことになります。この配分方法は、通常プロラタ方式になります。

　プロラタとは、「比例配分」という意味ですが、債権残高プロラタと非保全残高プロラタの2種類があります。再生スキームによって、配分方法が変わってきます。

　財務DDの主な調査事項である非保全額が参考になります（**本章2.の2(1)** ❺「非保全額」（291頁）参照）。

【図表5-32】返済額の配分方式

配分方法	内　容
債権残高プロラタ方式	返済総額を金融機関別の債権残高割合で按分し返済額を決定する方法です。継続企業を前提にした配分方法で、主に条件変更の金融支援を行う際の返済額の設定に利用されます。
非保全残高（信用）プロラタ方式	返済総額を金融機関別の非保全残高割合で按分し返済額を決定する方法です。非継続企業を前提にした配分方法で、主に債権放棄等の金融支援を行う際の返済額の設定に利用されます。

　本数値例において、金融支援額と返済額の関係をまとめると、次のようになります。

【図表5-33】非保全額算出

（単位：円）

債権者	対象債権額（A）	保証協会代位弁済（B）	保全額（C）	法人		個人	信用残(非保全)(D)=(A)-(B)-(C)
				不動産	遊休不動産	不動産	
A銀行	800,000,000		290,000,000	0	240,000,000	50,000,000	510,000,000
B銀行	100,000,000	50,000,000	0				50,000,000
C銀行	50,000,000	50,000,000	0				0
D信用金庫	30,000,000	30,000,000	0				0
E信用金庫	80,000,000		0				80,000,000
F信用金庫	120,000,000		20,000,000	20,000,000			100,000,000
G銀行	545,000,000		80,000,000	80,000,000			465,000,000
信用保証協会		−130,000,000	0				130,000,000
合計	1,725,000,000	0	390,000,000	100,000,000	240,000,000	50,000,000	1,335,000,000

債権者	非保全弁済額	非保全弁済率	債務免除額	非保全免除率	摘要
A銀行	227,303,371	44.57%	282,696,629	55.43%	
B銀行	22,284,644	44.57%	27,715,356	55.43%	
C銀行	0	−	0	−	
D信用金庫	0	−	0	−	
E信用金庫	35,655,431	44.57%	44,344,569	55.43%	
F信用金庫	44,569,288	44.57%	55,430,712	55.43%	
G銀行	207,247,191	44.57%	257,752,809	55.43%	
信用保証協会	57,940,075	44.57%	72,059,925	55.43%	
合計	595,000,000	44.57%	740,000,000	55.43%	

　金融支援総額（債務免除額）740,000千円が確定するため、信用残（非保全額）から金融支援額を差し引いて非保全弁済総額を算出しています。数値例においては、金融債務の非保全部分に対する弁済額は595,000千円で、弁済率は44.57%となるため、ここで清算価値保障もクリアできていることが確認でき、一連の基準をクリアしている数値計画ということになります。

5 事業再生計画案への反映(中小再生GL第三部4.(4)①イ)

(1) 事業再生計画案に記載すべき事項

　中小再生GLでは、事業再生計画案の必要な内容を次のように列挙していますが、事業再生計画案に求められる内容は、中小企業活性化協議会実施基本要領にほぼ沿ったものとされています。

> ・企業の概況
> ・財務状況（資産・負債・純資産・損益）の推移
> ・保証人がいる場合はその資産と負債の状況（債務減免等を要請する場合）
> ・実態貸借対照表
> ・経営が困難になった原因
> ・事業再生のための具体的施策
> ・今後の事業及び財務状況の見通し
> ・資金繰り計画（債務弁済計画を含む）
> ・債務返済猶予や債務減免等を要請する場合はその内容

　なお、事業再生計画案を作成する前提として、会社の「自助努力」を行うことが前提にあります。「自助努力」とは、不採算部門の整理・撤退等の事業の再構築やコスト構造の見直し、収益機会の拡大、過剰設備や遊休資産の処分、役員報酬等の減額を含む人件費・管理費用等の経費の削減等を行う必要があります（中小再生QA-Q 55）。

(2) 財務DD・事業DDをどのように反映させるか

　以下、実際に財務DD・事業DDによって調べた事項や、それらをもとにして策定した事業計画等の内容を、事業再生計画案に反映していくことになります。

❶企業の概況

　会社の基礎情報であり、登記簿や税務申告書等を基礎として調べていきます。財務DD・事業DD実施時の情報を参考に記載していきます

が、変更があった場合にはその旨を反映していくことが必要です。一般的には、次の事項が記載対象となります。

- ・会社の沿革
- ・業種や事業内容
- ・株主構成
- ・役員構成
- ・組織図
- ・従業員の状況
- ・関係会社
- ・事業所（本店・支店）の状況

❷財務状況

過去数年の決算書数値より抜粋した情報を用いて作成しますが、キャッシュ・フロー分析資料は税務申告書に添付されている資料ではないため、別途作成が必要です（本章2.の2 **(3)**（303頁）参照）。過去の数値の変動をとらえ、窮境原因の把握を数値面等から行うことに役立つものであり、大きな数値の変動があった場合には説明を付するのが一般的です。

❸保証人がいる場合はその資産と負債の内容

保証人の資産と負債内容についても調査を行い、事業再生計画案への記載を行う必要があります。中小再生GLでは、保証債務整理については、既存の経営者保証に関するガイドラインを活用することを想定しています。中小企業者の債務の保証に係る保証債務がある場合には、主たる債務との一体整理を図るよう努めることとされています（中小再生GL第三部4.（7）参照）。具体的には、ガイドラインに基づき主たる債務者の事業再生計画又は弁済計画を策定する際に、保証人による弁済もその内容に含めることとするのが相当であるため、弁済に充当することができる基礎情報が必要となります。

なお、対象となる保証人は個人であり、かつ主たる債務者である中小企業の経営者等であることとされています（経営者保証GL 3.（2）参照）。財務DDで実質債務超過を算出する際には、「中小企業特性」も考慮する必要があり（本章2.の2（1）❶c.（284頁）参照）、その際には保証人たる会社の代表者の個人資産に関する情報も参考になります。

例えば、**図表5-33**の数値例において、会社の代表取締役がすべての銀行に対して保証していたとすると、代表取締役が所有する不動産5,000万円だけでは借入の完済も保証債務を弁済することもできません。したがって、このような場合には、保証人たる代表取締役の弁済計画を作成し、主たる債務との一体整理を図るよう努める必要があります（第3章参照）。

❹実態貸借対照表

実態貸借対照表は、財務DDで調査する事項であり、財務DDによって判明した実態貸借対照表、実質債務超過額を事業再生計画案に記載します。

なお、中小再生GLにおいて実態貸借対照表作成のための資産評定基準が設けられていない点については、**本章2.の2（1）❶b.**「算出過程」（279頁）の解説のとおりになります（当該趣旨については、**第7章2.の2（2）❹**（399頁）参照）。

❺経営が困難になった原因

財務DD及び事業DDの調査事項において「窮境原因」として解説しましたが、その結果を参考にして記載していくことになります。両DDにおいて調査した内容についてすり合わせ、整合的で矛盾のないようにしておく必要があります。

❻事業再生のための具体的な施策

会社の強み・弱み、経営が困難になった理由は何かを導き出します。

強みを伸ばすのか、弱みをなくしていくのか、方法は様々ですが、外部環境と内部環境と会社の置かれた境遇を勘案し、最も有効かつ効率な方法で実現可能性のある施策を検討していきます。

　会社の経営に関することであり、この部分は外部専門家に任せるのではなく、会社も積極的に関与する必要があります。**本章2.の3 (4)**「今後の方向性の導出」（311頁）で検討した事項に基づいて記載していきます。

❼今後の事業及び財務状況の見通し・資金繰り計画（債務弁済計画を含む）

　❻における施策を実行に移した場合、どのような効果が得られるかについて数値計画に落とし込んでいきます。将来の貸借対照表・損益計算書・キャッシュフロー計算書の推移及び税金の状況（タックスプランニング）についての数値計画を検討します。前項「4 事業計画の作成」で検討した事項に基づいて記載していきます。

　なお、中小再生GLにおいては、数値策定にあたっての必要な要件（中小再生GL第三部4. (4) ①ロ・ハ・ニ参照）を満たすように作成する必要があります。

「合理的かつ実現可能性の高い経営改善計画」であるために（中小再生QA-Q
65）
・5年以内の実質債務超過解消（貸借対照表）
・3年以内の黒字転換（損益計算書）
・事業再生計画の終了年度における有利子負債の対キャッシュ・フロー比率
　10倍以内（貸借対照表およびキャッシュ・フロー計算書）
（注）リスケ（債務減免等の要請を含まない）の場合は数値基準を満たさなくてもよ
　　い（中小再生GL第三部4. (4) ②）。

　事業・財務状況の見通し・資金繰り計画とともに、**本章2.の4 (7)**「金融機関別返済額の算定」（330頁）で算定した金融支援額及び非保全弁済額を参考に、債務弁済計画についても策定します。債務免除後の残高プロラタを弁済することが一般的です。数値例は、次のとおりです。

【図表5-34】債務弁済計画

（単位：円）

債権者	対象債権額 （A）	金融支援額 （B）	金融支援後 （C）＝A－B
A銀行	800,000,000	282,696,629	517,303,371
B銀行	50,000,000	27,715,356	22,284,644
E信用金庫	80,000,000	44,344,569	35,655,431
F信用金庫	120,000,000	55,430,712	64,569,288
G銀行	545,000,000	257,752,809	287,247,191
信用保証協会	130,000,000	72,059,925	57,940,075
合計	1,725,000,000	740,000,000	985,000,000

債権者	R7.3期 計画1期 別除権処分 による弁済 会社		事業収支 による弁済	R8.3期 計画2期 事業収支 による弁済	R9.3期 計画3期 事業収支 による弁済	R10.3期 計画4期 事業収支 による弁済	R11.3期 計画5期 事業収支 による弁済
	会社	個人					
A銀行	240,000,000	50,000,000	10,363,090	14,071,394	25,650,049	31,048,638	36,571,505
B銀行			446,426	606,174	1,104,965	1,337,528	1,575,445
E信用金庫			714,282	969,879	1,767,944	2,140,045	2,520,712
F信用金庫			1,293,510	1,756,377	3,201,613	3,875,460	4,564,819
G銀行			5,754,396	7,813,536	14,242,908	17,240,626	20,307,353
信用保証協会			1,160,708	1,576,053	2,872,909	3,477,573	4,096,157
合計	240,000,000	50,000,000	19,732,412	26,793,413	48,840,388	59,119,870	69,635,991

❽債務返済猶予や債務減免等を要請する場合はその内容

　財務DDで調査した「非保全額」と弁済原資を金融機関ごとに割り付けます。事業再生計画案における権利関係の調整は、債権者間で平等であることを原則とします。

　具体的には、**本章2.**の**4（7）**「金融機関別返済額の算定」（330頁）で検討した事項に基づいて記載していきます。金融債務の非保全額に対する弁済率は44.57％と算定されるため、債務免除を伴う計画案となり、債務の減免等を要請することになります。

❾債務減免等を要請する場合に追加で必要な内容

ａ．経営責任の明確化

　経営責任の検討過程については**第2章2.の8 (8) 〜 (10)**（85〜94頁参照）で解説してきましたが、財務・事業DDで調査した窮境原因や、窮境原因への経営者への関与度合い等を参考にして決めていきます。事業再生計画案へ記載する際には、経営者責任・株主責任・保証人責任を記載する必要があります。

　中小再生GLでは、債務減免等の抜本的な金融支援を要請する場合には、原則として経営責任と株主責任を明確化することが求められます。ただし、例外を一切許容しない趣旨ではありません。本手続においては、経営者の退任を必須としておらず、経営責任を負う範囲やその妥当性・程度も含め、個別に対応することになります。その際の考慮要素は、次のとおりになります。

【検討すべき構成要素】

・中小企業者の規模や特性（事業継続における経営者の関与の必要性、後継者の不在や資本の入替の困難性等）

・中小企業者の自助努力の内容や程度等種々の事情

・窮境に至る原因と経営者の関与度合

・対象債権者の意向、金融支援の内容

・自然災害や感染症の世界的流行等といった外的要因の影響度合

【経営者責任の明確化の例】

・役員報酬の削減

・経営者貸付の債権放棄

・私財提供

・支配株主からの離脱等

ｂ．清算価値保障

　財務DDで調査した事項を反映します（**本章2.の2 (1) ❽**（294頁）及び

4 **(7)**（330頁）参照）。

　数値例をみていくと、数値例**図表5-30**及び**図表5-33**での数値計画に基づく弁済では44.57%となります。一方、数値例**図表5-13～15**の清算貸借対照表に基づいて算出した弁済率は15.08%となります。数値計画に基づく弁済のほうが上回っているため、清算価値保障が保たれている状態ということになります。

　なお、財務DDにおける清算貸借対照表の作成基準日から、事業再生計画の作成・提出までの間に資産・負債の状況が変動することによって、事業再生計画の内容や清算価値に影響を及ぼす可能性があることも考えられます。

　そのような場合には、事業再生計画案を提示する直近時点を基準日とする清算貸借対照表に基づいて算出された清算配当率の提示を受け、当該時点の清算配当率と事業再生計画案の弁済率を比較すること、客観的な一時点を基準日として清算配当率と事業再生計画案の弁済率を比較したとしても実質的な公平性を害さないものと考えられます（中小再生QA-Q 61-2）。

　想定として例示すると、以下のようなことが考えられます。

【図表5-35】財務DD基準日と事業再生計画案における清算価値比較の関係性

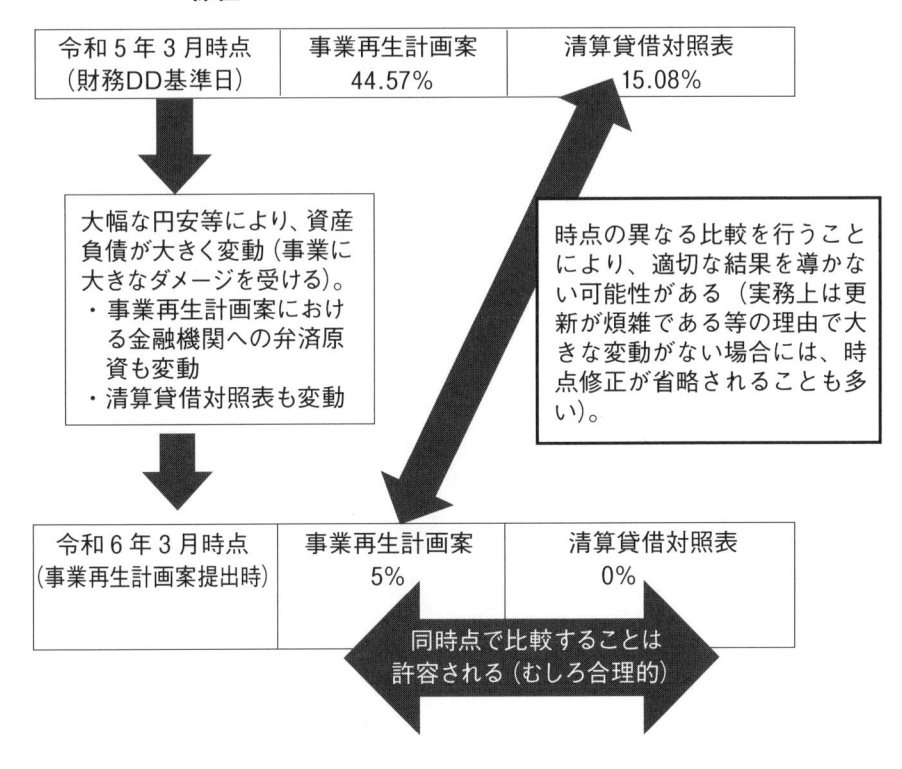

令和5年3月時点 (財務DD基準日)	事業再生計画案 44.57%	清算貸借対照表 15.08%

大幅な円安等により、資産負債が大きく変動（事業に大きなダメージを受ける）。
・事業再生計画案における金融機関への弁済原資も変動
・清算貸借対照表も変動

時点の異なる比較を行うことにより、適切な結果を導かない可能性がある（実務上は更新が煩雑である等の理由で大きな変動がない場合には、時点修正が省略されることも多い）。

令和6年3月時点 (事業再生計画案提出時)	事業再生計画案 5%	清算貸借対照表 0%

同時点で比較することは許容される（むしろ合理的）

❿**必要に応じて記載すべき事項**（地域経済への影響等）

　中小再生GLを利用して事業再生や廃業を図ることが、対象債権者の経済合理性の確保はもとより、地域経済への影響を少なくすることができ、地域経済の維持・活性化や地域での雇用維持に資することが見込まれる場合、雇用の確保・取引先への影響等から再生を果たすことに対する社会的意義を記載します。

(3) スポンサー型の場合

❶**スポンサーの必要性**（中小再生GL第二部2.（1）④）

　中小再生GLでは、スポンサー支援について、「返済猶予等の条件緩和

が必要な段階」「債務減免等の抜本的な金融支援が必要な段階」において対応策を講じてもなお事業再生が困難な場合は、スポンサー支援等により迅速・確実に事業再生を実行できるときは真摯に検討する必要があるとしています。

　スポンサー支援を求める場合、金融機関や実務専門家の支援・助言を得つつ、透明性のある手続でスポンサーを選定するように努める必要があります。それでもなお事業再生が困難な場合、スポンサー支援により赤字を脱却し事業継続を図ることができる場合には、スポンサーへの事業譲渡等も検討する必要があり、これらの見込みがない場合には早期の事業廃止や清算を検討する必要があります。

❷スポンサー型の実績・増加の理由

　中小企業庁では、債権放棄案件における自主再建・スポンサー支援の状況について、過去の実績データを公表しています。それによれば、債権放棄案件における自主再建型・スポンサー支援型のうち、スポンサー支援型が占める割合が約8割にも及ぶ状況となっており、次のような分析コメントがなされております[10]。

---

10 2022年度に認定支援機関が実施した中小企業再生支援業務（事業引継ぎ分を除く）に関する事業評価報告書　2023年10月18日　独立行政法人中小企業基盤整備機構　2.（7）債権放棄案件における自主再建・スポンサー支援別推移について

コロナ禍からの出口支援を踏まえ、増大する債務に苦しむ事業者、特に、事業及び財務面での棄損度合いの大きい案件の増加を背景に、抜本再生においてはスポンサー支援による事業再生にも積極的に取組を行ったことは前述のとおりであるが、債権放棄案件においても、近年、スポンサー支援を伴った案件の増加が顕著となっていることが見てとれる。2022年度においては、債権放棄案件115件のうち自主再建が27件、スポンサー支援が88件の実績となっている。年度別の推移を見ても、スポンサー支援の件数と割合は、自主再建と比較して、全体的には高水準にて推移しており、事業及び財務面の棄損度合いの大きい中小企業者の案件が増加していることからも、この傾向は今後も継続していくと考えられる。スポンサー支援案件増加の背景には、再生支援における金融支援手法の選択において債権放棄がDDSを上回る状況が続くなど、金融機関の支援企業に対しての踏み込んだ支援が定着化する一方で、スポンサー支援による安定的な事業継続を目指す再生を志向していること等が考えられる。加えて2020年度以降においては、コロナ禍により先行きが不透明な中、自主再建による再生計画の策定が困難であったことも、スポンサー支援案件の増加につながったものと推測できる。

他方、2021年度、2022年度においては自主再建を目指す案件も増加していることが見てとれるが、これは、再生ファンドを利用して金融機関への一括弁済を実現しつつ、ガバナンス強化やファイナンス支援を受けた上で自主再建を目指す案件も出てきていることが要因となっていると考えられる（自主再建27件のうち、17件が再生ファンド利用）。親族等が主要株主であり、取引先との関係においても、経営者などの人的繋がりによるところが大きいという中小企業者の特性も検討しつつ、協議会としては、決してスポンサー支援ありきではなく、中小企業者にとって最善となるよう自主再建の可能性についても見極めていく必要があるものと考える。

このように、スポンサー支援案件増加の背景として、事業の棄損度合いの大きい案件の増加やスポンサー支援による着実な再生を志向する動きが挙げられています。

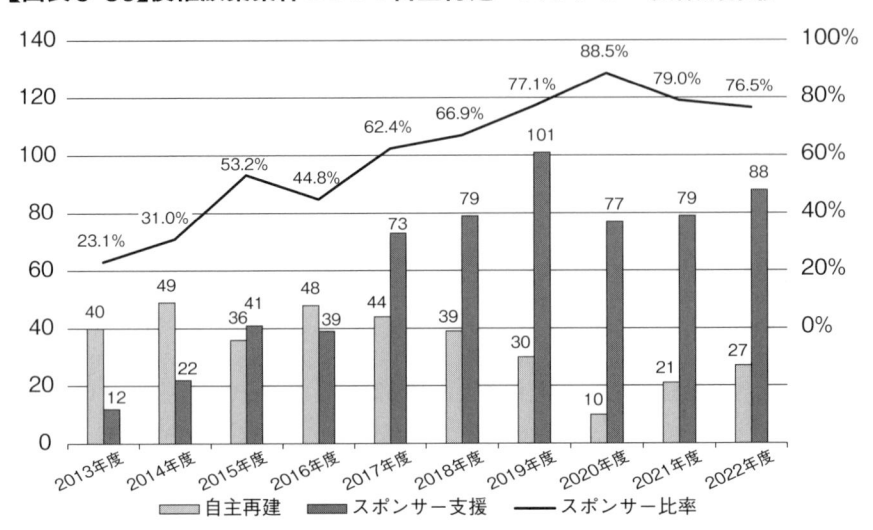

【図表5-36】債権放棄案件における自主再建・スポンサー支援別推移

（出典）独立行政法人中小企業基盤整備機構「2022年度に認定支援機関が実施した中小企業再生支援業務（事業引継ぎ分を除く）に関する事業評価報告書」（2023年10月18日）

❸スポンサー型における事業再生計画

【手続・内容面における重要な記載事項】
・スポンサーの選定手続の公正性・透明性（入札手続を経ているか又は複数の候補者から選定したものであるか。選定した理由は妥当なものであるか。入札・複数候補者からの選定を行っていない場合にはその理由。債権者におけるスポンサー選定機会の確保等）
・スポンサー契約の概要（契約額等含む。守秘義務の範囲内）
・スポンサー支援スキームの内容（スポンサーは今後どのような方法で債務者を支援するのか）
・地域経済への影響や雇用確保等
【金額面における重要な記載事項】
・スポンサー支援額の決定方法（どのような方法で決めたものであるか）
・清算価値保障原則（スポンサー供出額によって債権者に弁済した際に、清算価値保障原則を保つことができるかどうか）

　スポンサー型において重要な点は、手続の公正性・透明性であり、その選定プロセス、内容についての明確化、債権者におけるスポンサー選定機会の確保等が重要になります。令和6年1月17日の改定時においても、

「スポンサー候補者選定については、中小企業者は第三者支援専門家及び主要債権者（必要に応じて、主要債権者以外の対象債権者）に丁寧に経緯を説明するとともに十分に協議を行うなど、透明性の確保に努めることとする。」（中小再生GL第三部4.（3）②）と改定されています。

　スポンサー型の場合、適切なプロセスを経て交渉により決まった金額が支援額（事業価値相当額）といえると考えられます。スポンサーが提示する金額の背景には、スポンサー自身が立案した事業計画が存在すると考えられます。当該事業計画は、スポンサーのノウハウやシナジー効果を見込んで策定されるものであり、その価値はスポンサーに帰属するものであってスポンサー寄与分と譲渡会社の寄与分を切り分けることも現実的ではありません。また、承継される事業はスポンサーのリスクの下で継続することになるため、事業価値の算出過程はスポンサーの想定する前提条件での算定にならざるを得ません。したがって、自助努力を反映した数値計画で算出した事業価値は、あくまでも中小企業者の自助努力を前提として算定された数値であって、スポンサーが想定する前提の下で計算した場合には異なる結果になることが想定されます。ただし、自助努力を反映した数値計画で算出した事業価値については、自主再建型かスポンサー型かの選択について、いまだ確定していない場面等には、判断基準として利用される可能性はあります。

　なお、昨今のコロナ禍により、多くの事案で承継会社の事業価値算定の前提となるFCFの算出ができず、事業価値がかなり傷んでいるケースも見受けられます。このような場合には、承継する資産・負債を基準としてスポンサー支援額の交渉に臨むこともありますが、スポンサーからみれば、このような事業を譲り受けるということは、将来における一定の赤字を引き受けることになるため、スポンサー側のディスカウントを求める行動が想定されます（いわゆる「負ののれん」が発生することになります）。このような場合でも、清算価値保障原則を満たす場合であれば、地域経済に与える影響や雇用の確保等、他の要素も勘案の上で許容されることもあり、

ケースバイケースといえます。

❹スポンサー型の事業再生計画に対しての検証範囲

　スポンサー型の場合、事業を承継するにあたって簿外債務を遮断することが大変重視されるため、第二会社方式での再生スキームであることが多くなります。この場合、スポンサーによる譲渡対価で一括弁済する方法が一般的であり、スポンサーが金融債務を引き受けて分割弁済するスキームは少ないと考えられます。

　一方で、第三者支援専門家の事業再生計画案の検証対象については、事業再生計画案の相当性及び実行可能性が含まれているため（中小再生GL第三部4.（5）②参照）、スポンサーが譲渡対価を決めた際の事業計画の内容まで第三者支援専門家の検証対象になるのかが論点になります。

　この点については、スポンサーによる譲渡対価で一括弁済を行うときは、スポンサーのもとでの具体的な事業再生計画の提案が得られないこともあり得ます。このような場合には、対象債権者と協議の上、調査対象が限定されることもあり得ると考えられ、主にその対価の支払いの蓋然性とスポンサーのもとでの事業再生の蓋然性が検討対象となると考えられます。

　一方、スポンサーのもとで事業を継続して事業再生計画に基づく弁済をするときは、スポンサーのもとでの事業再生計画の相当性や実行可能性を調査することが必要となりますが、その場合であっても、スポンサーの事業と統合されることが予定されるなど、例外的に譲渡対象事業の事業計画の提案が得られないこともあり得ます。このような場合においても、合理的な理由があれば対象債権者と協議の上、調査対象が限定されることもあり得ると考えられます。（中小再生QA-Q 15及びQ 68）。

❺スポンサー型の数値例

　金融機関の債務をスポンサーが承継しない一括弁済を前提とするスポン

サー型が成立する場合には、自主再建を前提とした数値基準（**本章2.の5 (2)❼**（335頁）参照）を考慮する必要はなく、清算価値保障が成立することが最低限の条件になります。数値例で考えた場合、**図表5-15**（298頁参照）に記載した清算配当率15.08%を上回る金額を弁済するに足るスポンサーからの資金提供があれば、検討材料に値する事業再生計画案を提出できる可能性があることになります。

　スポンサー型の場合の多くは第二会社方式かつ一括弁済スキームであるため、承継対象資産をいくらで譲渡できるのか、スポンサーから得た譲渡対価から手続費用等を支払っても清算価値保障を満たせるのか、ということが重要になります。したがって、実態貸借対照表の切り分けによる承継対象資産・負債と譲渡対価の関係性、譲渡対価と弁済率の関係性のシミュレーションにより、どの程度の弁済率が実現できるかをシミュレーションしていくことになります。また同時に、承継対象である資産・負債の実態純資産額を上回る譲渡価格であれば、債権者に対する納得感は得やすいことから、それらの金額も考慮において交渉を進めることが必要です。

　以下、数値例となりますが、令和5年3月期において第二会社方式で清算価値保障を担保するために必要な譲渡対価は、清算価値保障を担保する弁済率である15.08%から逆算して算出すると265,376千円と試算されるため、これを上回る必要があります（**図表5-38 ケース1参照**）。

　また、承継・非承継の区分を最も一般的な事例（運転資本・事業資産をすべて承継することを前提とした場合であり、実際に承継対象となる資産・負債はスポンサーとの交渉により決まることになります）で区分した場合（**図表5-37参照**）に実現する譲渡価格は460,200千円となり（**図表5-37**及び**図表5-38 ケース2参照**）、これを下回る場合には、上記のように将来における事業損失の一部を負担している状況であり、負ののれんが発生することになるため、なるべく460,200千円を上回る譲渡対価でのスポンサー支援の実現が望まれます（譲渡対価とのれんの関係は**図表5-38参照**）。

一方で、負ののれんは金融機関にとっては過剰支援に該当するとの評価を受けて抵抗を受ける場合がありますが、事業の社会的特性、会社の現状等を考慮して応諾されることもあるため、あきらめずに交渉をすることも重要です。

【図表5-37】資産負債切り分け

(単位：千円)

勘定科目	R 5.3期 含み損反映後 実態BS	譲渡対象切り分け	
		承継	非承継
資産の部	1,326,520	946,601	379,919
【流動資産】	902,668	779,749	122,919
現金及び預金	67,467		67,467
売掛金	354,330	354,330	
棚卸資産	425,419	425,419	
未収入金	55,452		55,452
【固定資産】	423,852	166,852	257,000
(有形固定資産)	387,261	147,261	240,000
機械装置	32,110	32,110	
工具器具備品	15,151	15,151	
土地	100,000	100,000	
遊休不動産	240,000		240,000
(投資その他の資産)	36,591	19,591	17,000
敷金	19,591	19,591	
保険積立金	17,000		17,000
資産合計	1,326,520	946,601	379,919
負債の部	2,297,845	486,401	1,811,444
【流動負債】	544,245	457,801	86,444
買掛金	253,500	253,500	
未払金	201,191	153,191	48,000
預り金	51,110	51,110	
未払法人税等	290		290
未払消費税等	38,154		38,154
【固定負債】	1,753,600	28,600	1,725,000
長期借入金	1,725,000		1,725,000
退職給付債務	13,600	13,600	
預り保証金	15,000	15,000	
純資産の部	△971,325	－	－
【株主資本】	△971,325	－	－
資本金	5,000		
資本剰余金	5,000		
資本準備金	5,000		
利益剰余金	△981,325		
繰越利益剰余金	△981,325		
負債・純資産合計	1,326,520		
資産・負債差額		460,200	△1,431,525

【図表5-38】数値（弁済率）の関係性と各ケースにおける弁済率試算表

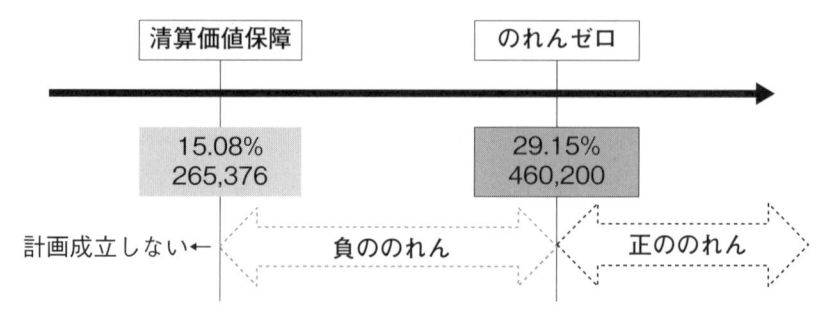

ケース1　清算価値保障を実現させるために必要な承継対価

No.	項　目	金額（千円）ケース1	備　考
1	現預金	67,467	
2	残資産処分見込額	312,452	非承継の遊休不動産・保険・未収入金
3	譲渡対価	265,376	←逆算して譲渡対価を算出
	小計	645,295	1+2+3
4	別除権	340,000	担保不動産の鑑定評価額（正常価額）
5	取引債権	―	取引債権は全額承継
6	優先債権	86,444	税金関連（非承継負債）
7	解雇予告手当	―	承継されるためゼロ
8	再生手続費用	10,000	専門家報酬等（補助金考慮後）
9	弁済原資	208,851	1+2+3-4-5-6-7-8
10	一般債権	1,385,000	
11	弁済率	15.08%	9÷10　←清算価値保障原則の弁済率

ケース2　実態BS価額で資産・負債が承継される場合（当該金額を下回ると負ののれんが発生する）

No.	項　目	金額（千円）ケース2	備　考
1	現預金	67,467	
2	残資産処分見込額	312,452	非承継の遊休不動産・保険積立金
3	譲渡対価	460,200	←実態BSを承継と非承継に区分し承継対象資産・負債差額から導出
	小計	840,119	1+2+3
4	別除権	340,000	担保不動産の鑑定評価額（正常価額）
5	取引債権	―	取引債権は全額承継
6	優先債権	86,444	税金関連（非承継負債）
7	解雇予告手当	―	承継されるためゼロ
8	再生手続費用	10,000	専門家報酬等（補助金考慮後）
9	弁済原資	403,675	1+2+3-4-5-6-7-8
10	一般債権	1,385,000	
11	弁済率	29.15%	9÷10　←承継する実態価値の弁済率（のれんゼロ）

3. 廃業型私的整理手続の弁済計画

1　総　論

(1) 廃業に対する一般的なイメージ

　世の中の経営者の方々は、廃業というと、どのようなイメージがあるでしょうか。

> ・身ぐるみはがされておしまい。
> ・破産して一文無しになる。
> ・ブラックリストに載ってしまうので、再起不能になる。
> ・クレジットカードが使えなくなる等、生活が不自由になる。
> ・夜逃げして見つからないように暮らさないといけないのでは。　　etc.

　以上のようなネガティブなイメージがあるかもしれません。そもそも、廃業する場合において何か選択肢があるのか、という印象を持つかもしれません。

　このような思考の原因となっている大きな理由としては、多くの経営者が会社の借入金の連帯保証人になっており、事業を廃業する場合には連帯保証人として責任を取る必要があり、その責任を履行する結果としてほとんど手元に財産が残らなくなるため、廃業することに対して躊躇せざるを得ない、ということにあると思います。

　実際に、「中小企業の倒産時に、個人保証を行う経営者が個人破産となるケースが多いことは、中小企業の経営者にとって事業再生の早期決断の大きな阻害要因になっているとの指摘がある。」という指摘が、政府の「成長戦略実行計画」(2021年6月18日閣議決定) でなされているようです。

　また、「民間調査会社の調査によれば、2020年度に破産した会社のうち、経営者も個人破産している案件が約7割といったデータもあり、廃業時

に経営者が個人破産となるケースが多いことは、中小企業の経営者にとっての早期決断の大きな阻害要因になっている」[11]可能性もあるようです。

【図表5-39】経営者の個人破産への対応

●中小企業の経営者の多くは経営者保証を求められているが、民間調査会社の調査によれば、2020年度に<u>破産した会社のうち、経営者も個人破産している案件が7割。</u>
●また、経営者保証の提供に伴う影響として、<u>前向きな投資や事業展開の抑制（51%）、早期の事業再生への着手の遅れ（45%）</u>を挙げる回答が多い。

破産会社の社長破産率（2020年度）

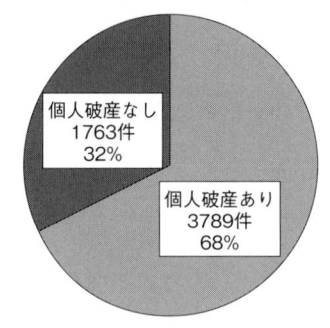

個人破産なし
1763件
32%

個人破産あり
3789件
68%

（注）2020年度（2020年4月1日〜2021年3月21日）の官報公告で、破産開始決定を受けた株式会社、有限会社、合同会社の5,552社が対象。同期間に破産開始決定を受けた個人のうち、TSRデータベースに収録された破産会社の代表者のほか、破産管財人、管轄裁判所などを条件に取材し、破産会社の社長としている。負債1,000万円未満も対象。同一社長で複数の会社が破産している場合、事件番号が若い1社のみを対象にしている。

---

11 横田直忠＝森本卓也「「廃業時における『経営者保証に関するガイドライン』の基本的考え方」の意義－中小企業政策の観点から」（NBL №1220）

経営者保証の提供に伴う影響（複数回答）

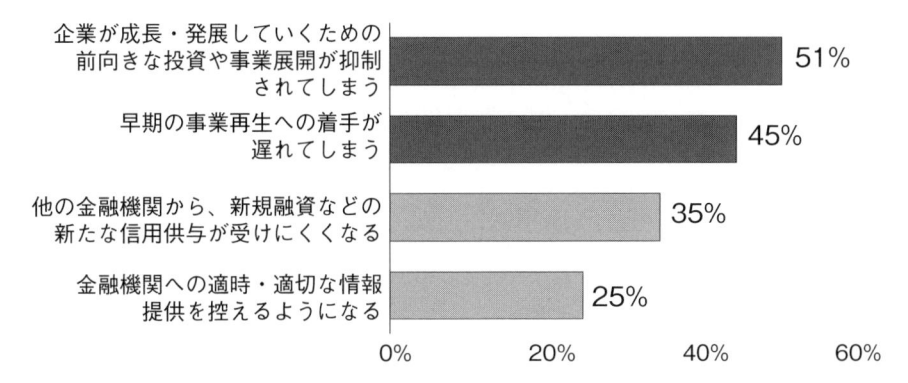

企業が成長・発展していくための前向きな投資や事業展開が抑制されてしまう　51%

早期の事業再生への着手が遅れてしまう　45%

他の金融機関から、新規融資などの新たな信用供与が受けにくくなる　35%

金融機関への適時・適切な情報提供を控えるようになる　25%

0%　20%　40%　60%

（注）「経営者保証を提供することは、以下の内容について、どの程度の影響を与えますか。」という設問への回答を集計。影響があると回答した割合は、「かなり影響がある。」、「それなりに影響がある」と回答した者の割合の和。調査対象は、地域銀行をメインバンクとする中小・小規模企業を中心に調査を行い、有効回答数は、9,371社。調査期間は2019年3月5日（火）〜2019年3月22日。

（出典）横田直忠＝森本卓也「「廃業時における『経営者保証に関するガイドライン』の基本的考え方」の意義－中小企業政策の観点から」（NBL No.1220）

(2) 保証人と個人破産への対応

　上記 **(1)** のようなイメージ＝中小企業廃業時における経営者の個人破産回避に向け、

　「廃業型私的整理手続を利用した場合の保証人が、破産をしなくてもよいケースもある」

　「経営者に対する懲罰的な自己破産を求めるような風潮をなくす」

　という趣旨から、2022年3月4日に「廃業時における『経営者保証に関するガイドライン』の基本的考え方」が公表されています。廃業時における経営者保証ガイドラインの基本的な考え方を策定していますが、その主な内容は次のとおりです。

① 　債権者の対応の明確化

　・個人破産の回避に向け、保証人等から、保証債務の整理の申出や協議

を受けた場合には、ガイドラインに基づく保証債務の整理に誠実に対応する。

- ・保証人の保証履行能力の状況によっては、保証人が対象債権者に対し、弁済する金額がない計画（ゼロ円弁済）も許容され得ることに留意する。

② 債務者・保証人の対応の明確化

- ・廃業の検討に至った場合、直ちに債権者に申し出るとともに、財産状況等について適宜適切に開示する。
- ・従業員や取引先等の地域経済への影響も踏まえ、迅速かつ誠実に対応する。

③ 債務整理を支援する弁護士等の支援専門家

- ・保証人に破産手続を安易に勧めるのではなく、ガイドラインに基づく保証債務の整理が可能であるか、保証人の意向を踏まえ、十分に検討する。

必ずしも会社の廃業＝個人の破産ではなく、会社を破産で廃業した場合でも再スタート可能であり、その中の1つの選択肢として、廃業型私的整理手続が中小再生GLとして明文化されています。「廃業時における『経営者保証に関するガイドライン』の基本的考え方」においては、その制度趣旨が徹底され、主たる債務者が廃業したとしても、保証人は破産手続を回避し得ることが周知されることで、経営者が早期に経営改善、事業再生及び廃業を決断し、主たる債務者の事業再生等の実効性の向上に資するとともに、保証人が新たなスタートに早期に着手できる社会を構築し、ひいては地域経済全体の発展に資することが期待されます。

2　廃業型私的整理手続の基本的な考え方

（1）適用対象となる中小企業者

　廃業型私的整理手続は、次のすべての要件を充足する中小企業者に対して適用されます（中小再生GL第三部3.（2）参照）。

---

①　過大な債務を負い、既に発生している債務（既存債務）を弁済することができないこと又は近い将来において既存債務を弁済することができないことが確実と見込まれること（中小企業者が法人の場合は債務超過である場合又は近い将来において債務超過となることが確実と見込まれる場合を含む）。

②　円滑かつ計画的な廃業を行うことにより、中小企業者の従業員に転職の機会を確保できる可能性があり、経営者等においても経営者保証に関するガイドラインを活用する等して、創業や就業等の再スタートの可能性があるなど、早期廃業の合理性が認められること。

③　中小企業者が対象債権者に対して中小企業者の経営状況や財産状況に関する経営情報等を適時適切かつ誠実に開示していること。

④　中小企業者及び中小企業者の主たる債務を保証する保証人が反社会的勢力又はそれと関係のある者ではなく、そのおそれもないこと。

（2）対象となる債権者

　廃業型私的整理手続の対象債権者は、原則として、銀行、信用金庫、信用組合、労働金庫、農業協同組合、漁業協同組合、政府系金融機関、信用保証協会（代位弁済を実行し、求償権が発生している場合。保証会社を含む）、サービサー等（銀行等からの債権の譲渡を受けているサービサー等）及び貸金業者で、必要なときはその他の債権者を含みます（中小再生GL第一部3.）。また、廃業型私的整理手続の場合には、リース債権者も原則として対象債権者に含まれます（中小再生GL第三部1.（1）及び中小再生QA-Q20）。

（3）基本的な仕組み

　廃業型私的整理手続で廃業できるケースとして、経済合理性の観点からは、破産手続を採用した場合よりも有利である必要があります。上記

（2）の債権者には、原則商取引債権者や公租公課は含まれないため、これらの債権者へ全額弁済した上で、上記対象債権者への弁済額が破産手続を上回る必要があります。

　廃業型私的整理手続によって、広く知れ渡ることなく廃業手続を進めることが可能となり、それによって中小再生GLが想定する「可能な限り事業価値（原料、仕掛品、在庫や売掛金等の価値）を維持」（中小再生QA-Q 88）した有利な資産の換価が可能になることで弁済率向上することが期待されます。その一方で、破産手続においては、会社の廃業が広く世の中に知れ渡るだけでなく、資産処分の主体が経営事情をよく知る経営者ではなく破産管財人に移ることになるため、取引先等も破産した会社とみて厳しい交渉を行ってくることになります。そのため、通常よりも回収・換価が困難になるケースも発生することが想定されます。

　また、破産手続の場合には次の**（4）**に記載の補助を受ける制度が存在しない一方で、廃業型私的整理手続を含む中小再生GLの場合には、手続費用の一部を補助金で賄うことが可能なため、手続費用についても比較考慮する必要があります。

（4）補助金の利用

　中小再生GLでは、外部専門家や第三者支援専門家の報酬について、補助金を利用することが可能であり、専門家への報酬の補助金が最大700万円まで支給されます（第8章1.（435頁）参照）。そのため、手持ち資金だけでは再生手続費用を支払えない場合であっても、補助金を加味することによって手続を進められる可能性があります。

（5）廃業型私的整理手続ではなく破産手続を選択すべきケース

　廃業型私的整理手続を利用できない場合で、破産手続を利用すべきケースは、次のような場合が想定されます。

❶清算価値が保障できない場合

　破産手続をしたほうが、廃業型私的整理手続をした場合よりも回収額が多くなる場合が考えられます。廃業型私的整理手続の場合、弁済原資から、優先債権・別除権・手続費用・商取引債権等の債務を支払った上で、破産した場合よりも金融機関への弁済を多くすることができるかが一定の目安となります。

・優先債権（公租公課や人件費）が多い
・商取引債権（有利子負債以外の買掛金・未払金等）が多い

　以上のケースは、清算価値が保障できなくなるケースに該当しやすいと考えられます。

　その点では、無理して事業を継続し、優先債権や商取引債権の滞納額を増加させてしまうと、むしろ廃業型私的整理手続を利用することが不可能となる可能性があるため、事業不振が継続する傾向にある場合には早期の決断をしたほうが、廃業型私的整理手続に限らず再生手続の選択肢の幅も広がることになります。

❷私的整理手続は「全員賛成」が原則であるため、方針に賛同が得られない場合

　賛同が得られないケースは様々想定されますが、特定の金融機関に有利な内容である、「自助努力」が不十分であると判断される、不公正な取引が疑われる等の理由が挙げられます。

　具体例としては、以下のような事例が考えられます。

➡看過できない不正等に起因する役員責任が存在する可能性があるケース

　　責任が不十分であり賛同できない、法的整理で透明性を確保したい、となる可能性があります。

➡重大な仮装経理等が存在するケース

　　私的整理手続のままでは、金融機関内部の稟議が通りづらい可能性

があり、法的整理で透明性を確保したい、となる可能性があります。

❸否認権行使を検討する必要がある場合

　私的整理手続の場合は、否認権の行使の制度がありません。そのため、過去の一定の時期に特定の債権者に優先的に弁済をした事実（偏頗弁済・いびつな担保設定）等がある場合で、破産手続に移行した場合には、破産管財人は否認権を行使して偏頗弁済をなかった状態に戻すことができます。このように破産手続でなければ対象債権者の公平性を確保できない場合には、私的整理ではなく破産手続で進めることを望む債権者が出てくる可能性があります。

3　手続の流れ

　手続の進め方としては、再生型私的整理手続の場合と基本的には同じです（**本章2.**の**1**「業務の流れ」（269頁）参照）。廃業型私的整理手続においても「財務及び事業の状況に関する調査分析」を行う必要がありますが（中小再生QA-Q 38）、後記**4（1）**「弁済計画案の内容」に記載のとおり、事業再生計画案に記載すべき事項よりも弁済計画案に記載すべき内容のほうが少なく、廃業型私的整理手続を前提としていることから継続を前提とした調査事項は省略されることが想定されます。

　なお、廃業型私的整理手続の場合、弁済計画案の作成が遅延したときは、弁済原資となる財産の流出する可能性が高くスピードが求められる状況下にあるため、長期化しないかつ可能な限り早期に進められるように留意する必要があります。

▎4　弁済計画

(1) 弁済計画案の内容

　中小再生GLでは、事業再生計画案に必要な内容を次のように列挙しています。

- ・企業の概況
- ・財務状況（資産・負債・純資産・損益）の推移
- ・保証人がいる場合はその資産と負債の状況
- ・実態貸借対照表
- ・資産の換価及び処分の方針並びに金融債務以外の債務の弁済計画
　対象債権者に対する金融債務の弁済計画
- ・債務減免等を要請する場合はその内容

　調査内容は、事業再生計画の作成のために必要な情報と弁済計画案の作成に必要な情報とで異なってきます。弁済計画案の作成にあたっては、再生型私的整理手続よりも必要な情報が少なくなります。再生型私的整理手続における事業再生計画案と廃業型私的整理手続における弁済計画案の比較を行ってみると、**図表5-40**のようになります。

【図表5-40】再生型と廃業型における計画案記載事項の比較

計画案記載事項	再生型 私的整理手続	廃業型 私的整理手続
企業の概況	◎	◎
財務状況（資産・負債・純資産・損益）の推移	◎	◎
保証人がいる場合はその資産と負債の状況（債務減免等を要請する場合）	◎	◎
実態貸借対照表	◎ 時価（継続価値）で評価する。	◎ ただし、実態に則した修正簿価で足りることもある。
経営が困難になった原因	◎	× 廃業型私的整理手続では記載事項として省略されている。ただし、その経緯は、債務減免の必要性を理解するために、一定の内容を調査して記載するものと考えられる。
事業再生のための具体的な施策	◎	× 廃業型私的整理手続は事業継続を想定していないため記載不要となる。
今後の事業及び財務状況の見通し	◎	× 同　上
資金繰り計画（債務減免計画含む）	◎	× 同　上
資産の換価及び処分の方針並びに金融債務以外の債務の弁済計画、対象債権者に対する金融債務の弁済計画	× 再生型私的整理手続で事業継続が想定されるため、資産の換価・処分方針等は不要となる。	◎
債務返済猶予や債務減免等を要請する場合はその内容	◎	△ 廃業するため、債務返済猶予という概念はない。
経営者・株主・保証人責任	◎	◎

◎：記載が必要　△：一部記載必要　×：記載不要

（2）調査事項を弁済計画案に反映

❶企業の概況

　再生型私的整理手続と同じです（本章2.の5 **(2)** ❶（332頁）参照）。

❷財務状況（資産・負債・純資産・損益）の推移

　再生型私的整理手続と同じです（本章2.の5 **(2)** ❷（333頁）参照）。

❸保証人がいる場合はその資産と負債の状況

　再生型私的整理手続と同じです（本章2.の5 **(2)** ❸（333頁）参照）。

❹実態貸借対照表

　再生型私的整理手続と同じ項目（**本章2.の5 (2)** ❹（334頁）参照）ですが、再生型私的整理手続における「事業の継続を想定した実態貸借対照表」を作成することは必ずしも必要ではないと考えられます。その理由は、廃業型私的整理手続を検討する会社にとっては、資金繰りが極めて厳しい状況である等により弁済計画立案までの時間的制約が大きいことや、すでに廃業を決断した会社の弁済計画案の水準は清算価値保障の確認ができれば足りると考えられるからです。このような場合、例えば、帳簿残高から実態に即した修正を施した修正簿価を用いて実態貸借対照表を作成することも考えられます（ただし、その作成にあたっては対象債権者等の関係者と目線合わせをしておくことが必要です。中小再生QA-Q 88-2）。基準日については、再生型私的整理手続と同様の考え方となります（**本章2.の5(2)** ❾ b.（337頁）参照）。

❺資産の換価及び処分の方針並びに金融債務以外の債務の弁済計画、対象債権者に対する金融債務の弁済計画

　上記❹の実態貸借対照表の内容に基づき、弁済原資及び金融債務以外の債務の弁済額を集計します。また、非保全額を算出し（**本章2.の2 (1)**

❻（292頁）参照）、金融機関ごとの弁済対象となる債権額を導出します。債権者平等の取扱いをする必要がある点においては、再生型私的整理手続と同様になります（**本章2.の5（2）❽**（336頁）参照）。

　仮に、**図表5-7**の実態貸借対照表に記載している金額が処分価値を示す金額と仮定した場合には、**図表5-41**のように弁済率が試算され、**図表5-43**のような弁済計画になることが想定されます（廃業型私的整理手続の場合と破産手続の場合を比較しています）。

【図表5-41】　廃業型私的整理手続に基づく弁済率計算

No.	項　　目	金額（千円）	備　　考
①	資産総額(実態BS)	1,326,520	
②	別除権	340,000	担保資産鑑定評価額（正常価額）
③	取引債権	391,692	取引債権は全額支払
④	優先債権	187,954	人件費・源泉税・社保預り・均等割・滞納税金 （退職金は会社都合とする）
⑤	解雇予告手当	0	事前予告するためゼロ
⑥	再生手続費用	10,000	専門家報酬等（補助金考慮後）
⑦	弁済原資	396,874	①－②－③－④－⑤－⑥
⑧	一般債権	1,335,000	
⑨	弁済率	29.73%	⑦÷⑧

【図表5-42】廃業型私的整理手続と破産手続における弁済率比較

廃業型私的整理手続の場合　　　　　　　　　　　　　　　　　　　　　　　　（単位：円）

債権者	対象債権額(A)	保証協会代位弁済(B)	保全額(C)	法人			個人	信用残(非保全)(D)=(A)-(B)-(C)
				不動産	遊休不動産	預金	不動産	
A銀行	800,000,000		290,000,000		240,000,000		50,000,000	510,000,000
B銀行	100,000,000	50,000,000	0					50,000,000
C銀行	50,000,000	50,000,000	0					0
D信用金庫	30,000,000	30,000,000	0					0
E信用金庫	80,000,000		0					80,000,000
F信用金庫	120,000,000		20,000,000	20,000,000				100,000,000
G銀行	545,000,000		80,000,000	80,000,000				465,000,000
信用保証協会		−130,000,000	0					130,000,000
合計	1,725,000,000	0	390,000,000	100,000,000	240,000,000	0	50,000,000	1,335,000,000

　　　　　　　　　　　　　　　　　　　　　　　　　　　　　　　　　　（単位：円）

債権者	非保全弁済額	非保全弁済率	債務免除額	免除率	摘要
A銀行	151,615,119	29.73%	358,384,881	70.27%	
B銀行	14,864,227	29.73%	35,135,773	70.27%	
C銀行	0	−	0	−	
D信用金庫	0	−	0	−	
E信用金庫	23,782,764	29.73%	56,217,236	70.27%	
F信用金庫	29,728,455	29.73%	70,271,545	70.27%	
G銀行	138,237,314	29.73%	326,762,686	70.27%	
信用保証協会	38,646,991	29.73%	91,353,009	70.27%	
合計	396,874,870	29.73%	938,125,130	70.27%	

破産の場合　　　　　　　　　　　　　　　　　　　　　　　　　　　　　　　（単位：円）

債権者	対象債権額(A)	保証協会代位弁済(B)	保全額(C)	法人			個人	法人への求償額(D)	信用残(非保全)(E)=(A)-(B)-(C)+(D)
				不動産	遊休不動産	預金	不動産		
A銀行	800,000,000		285,467,469		168,000,000	67,467,469	50,000,000		514,532,531
B銀行	100,000,000	50,000,000	0						50,000,000
C銀行	50,000,000	50,000,000	0						0
D信用金庫	30,000,000	30,000,000	0						0
E信用金庫	80,000,000		0						80,000,000
F信用金庫	120,000,000		14,000,000	14,000,000					106,000,000
G銀行	545,000,000		56,000,000	56,000,000					489,000,000
信用保証協会		−130,000,000	0						130,000,000
金融機関合計	1,725,000,000	0	355,467,469	70,000,000	168,000,000	67,467,469	50,000,000	0	1,369,532,531
商取引債権	391,691,623								391,691,623
求償権							50,000,000		50,000,000
一般破産債権合計	2,116,691,623	0	355,467,469	70,000,000	168,000,000	67,467,469	50,000,000	50,000,000	1,811,224,154

債権者	非保全弁済額	非保全弁済率	債務免除額	免除率	摘要
A銀行	77,589,188	15.08%	436,943,343	84.92%	
B銀行	7,539,775	15.08%	42,460,225	84.92%	
C銀行	0	—	0	—	
D信用金庫	0	—	0	—	
E信用金庫	12,063,640	15.08%	67,936,360	84.92%	
F信用金庫	15,984,323	15.08%	90,015,677	84.92%	
G銀行	73,738,997	15.08%	415,261,003	84.92%	
信用保証協会	19,603,414	15.08%	110,396,586	84.92%	
金融機関合計					
商取引債権	59,065,333	15.08%	332,626,290	84.92%	
求償権	7,539,775	15.08%	42,460,225	84.92%	
一般破産債権合計	273,124,445	15.08%	1,538,099,709	84.92%	

【図表5-43】廃業型私的整理手続における弁済計画案

債務弁済計画　　　　　　　　　　　　　　　　　　　　　　　　　　（単位：円）

債権者	対象債権額 (A)	金融支援額 (B)	金融支援後 (C)＝A－B	R7.3期 計画1期 別除権処分による弁済 法人	別除権処分による弁済 個人	資産処分等による弁済	弁済後残高
A銀行	800,000,000	358,384,881	441,615,119	240,000,000	50,000,000	151,615,119	0
B銀行	50,000,000	35,135,773	14,864,227			14,864,227	0
E信用金庫	80,000,000	56,217,236	23,782,764			23,782,764	0
F信用金庫	120,000,000	70,271,545	49,728,455	20,000,000		29,728,455	0
G銀行	545,000,000	326,762,686	218,237,314	80,000,000		138,237,314	0
信用保証協会	130,000,000	91,353,009	38,646,991			38,646,991	0
合計	1,725,000,000	938,125,130	786,874,870	340,000,000	50,000,000	396,874,870	0

❻債務減免等を要請する場合はその内容

　上記❺の内容に基づき、弁済原資の額が非保全額に満たない場合には、債務の減免を要請することになるため、金融支援を要請する内容を記載します。基本的には、再生型私的整理手続と同じです（本章2.の5 **(2)** ❽（336頁）参照）。経営責任の明確化（第2章3.の10 **(9) (10)**（143頁）及び本章2.の5 **(2)** ❾a．（337頁）参照）、清算価値保障（本章2.の5 **(2)** ❾b．（337頁）参照）についても明記します。清算貸借対照表作成の基準日は、再生型私的整理手続と同様の考え方となります（本章2.の5 **(2)** ❾b．（337頁）

参照）。

　なお、数値例に基づくと、清算手続で進めた場合の弁済率は15.08%（**図表**5-15（298頁）参照）となり、それを上回る計画である必要があります。**図表**5-41の弁済率計算によれば、廃業型私的整理手続による弁済率は29.73%となり、清算価値が保障されているといえます。

❼その他の必要に応じて記載すべき事項

　再生型私的整理手続と同じです（**本章**2.**の**5 **(2)** ❿（339頁）参照）。

　地域経済への影響等について、破産手続によるよりも、当該中小企業者の取引先の連鎖倒産を回避することができる等、社会的意義を記載する必要があります。

(3) 数値基準

　廃業型私的整理手続で進める場合でも清算価値保障原則を満たす必要はあり、そもそも満たさない場合には廃業型私的整理手続で進める意味がありません。また、廃業型私的整理手続の場合、再生型私的整理手続の場合と異なり、中小再生GLにおける数値支援基準はありません。再生型私的整理手続における数値基準は、すべて事業の継続を念頭に置いた上での指標となるからです。

　ただし、廃業型私的整理手続の場合、清算価値がゼロであり、債務者の有するすべての財産を換価・処分しても、公租公課や労働債権等の優先する債権を弁済することにより金融債務に対する弁済ができない場合も想定されますが、経済合理性があることの説明及びその調査報告が行われることを条件に金融債務の弁済が全く行われない弁済計画である「ゼロ円弁済」も許容されています（中小再生QA-Q 90）。

　基本的な仕組み（**本章**3.**の**2 **(3)**（353頁）参照）のとおり、中小再生GLでは、廃業型再生手続の場合においても「自助努力」を求めており、中小企業者は廃業が円滑に進むように努力をする必要があります。廃業型私的

整理手続によって、広く知れ渡ることなく廃業手続を進めることが可能となり、それによって中小再生GLが想定する「可能な限り事業価値（原料、仕掛品、在庫や売掛金等の価値）を維持」(中小再生QA-Q 88)した有利な資産の回収・換価が可能になることで弁済率向上することが期待されます。

　数値例でみると、仮に**図表5-7**で作成された実態貸借対照表が廃業型私的整理手続を前提として作成されたものと仮定した場合には、資産総額1,326,520千円が処分価値となる一方で、破産手続を選択することに伴う早期換金や広く知れ渡ることによる影響を加味し、破産した場合の回収見込額は836,546千円（**図表5-13**）で作成された清算貸借対照表という形でその差が表現されます。廃業型私的整理手続ではできるだけ1,326,520千円になるように丁寧に資産を回収・換価していくことになります。「早期換金や広く知れ渡ることによる影響」は業種によって異なるため、会社に応じて検討する必要があります。

【図表5-44】廃業型私的整理手続における数値のイメージ

（単位：千円）

	R5.3期 帳簿BS	実態BS 調整	R5.3期 実態BS	掛目等 調整	R5.3期 清算BS
資産の部	2,338,561	△1,012,041	1,326,520	△489,975	836,546
【流動資産】	949,668	△47,000	902,668	△335,644	567,024
略					
【固定資産】	1,388,893	△965,041	423,852	△154,331	269,522
(有形固定資産)	1,258,362	△871,101	387,261	△144,535	242,726
略					
(投資その他の資産)	130,531	△93,940	36,591	△9,796	26,796
略					
資産合計	2,338,561	△1,012,041	1,326,520	△489,975	836,546

実態価値
・一定時間かけて回収または処分した価値
・世の中に知られず商流の中で換価

清算価値
・早期処分価値
・世の中に知られる影響

丁寧な換価により可能限り回収を極大化

第6章

銀行交渉の方法

1. 銀行交渉の基本

　中小再生GLを実施するにあたっては、対象債権者である銀行との間で、再生計画案に対する同意取得などの様々な交渉をすることになります。

　リスケや債権放棄を内容とした再生計画案を、破産や民事再生などの法的整理手続を利用せずに行うには、基本的には会社と取引のある銀行すべての同意が必要となります。このことは、中小再生GL手続にも当てはまります。

　つまり、中小再生GL手続では、一つの銀行でも反対すると再生スキームが成立しないのが原則であり、全銀行を説得して、リスケや債権放棄をすることについて納得させ、同意を取り付けるほかありません。そのため、銀行との交渉を上手く行うことは、中小企業の再生において、極めて重要なポイントとなってきます。

　銀行と交渉して、リスケや債権放棄をしてもらうためには、それなりの交渉戦略が必要ですし、条件を勝ち取りやすい交渉方法があります。

　また、銀行を相手とする場合の特有の交渉の流儀があり、その流儀に反してしまうと、銀行が怒ってしまい、まとまる交渉もまとまらなくなる事態も起こり得ます。

　特に、銀行との交渉をまとめるためには、銀行が持っているロジックを理解して、そのロジックに合うように、会社側の説明を構築することが効果的です。銀行のロジックに合った提案は通りやすく、合わない提案は通りにくいのです。

　銀行との交渉方法が、中小企業の再生の死命を制することもあります。そこで、本章では、銀行と交渉する際の基本知識について解説します。

銀行にリスケや債権放棄をしてもらうためには、基本的に、それが銀行にとって何らかのメリットがあることが必要です。

銀行も、できれば中小企業を支援したいと思っています。そこで、中小企業側から銀行を説得する場合に、「そうすることで、銀行側にもこういうメリットがあります」ということを伝えることができれば、銀行も話に応じやすくなります。債権放棄の場合には、銀行に大きな負担をかけることになるため、銀行に対して、リスケよりも、より具体的で説得力のある理由を提示する必要があります。

説得のポイントとしては、次に挙げるものがあります。

(1) 経済合理性

説得のポイントとして最も一般的なものが、経済合理性です。具体的には、「当社が倒産したら、貸付金の大部分は貸し倒れになりますが、再建に協力してもらえれば、それよりも高い金額の回収ができます。ですから、再建に協力していただけませんか」というものです。

言い換えれば、破産配当率（清算配当率ともいいます）[1]と、提案する弁済計画による回収額を比較して、弁済計画による回収額が破産配当率を上回るため、銀行にとっても弁済計画による回収のほうが得ですよ、という損得勘定から攻める説得方法です。

もっとも、中小企業側が最初から「うちを倒産させるよりお得ですよ」と積極的に経済合理性を銀行に説くのは、「立場をわきまえていない」と悪印象を持たれる可能性があります。そのような説得をしなくても、銀行は経済合理性をしっかり計算していますので、わざわざ悪印象を持たれる

---

1 規模が大きくなると、民事再生時や会社更生時の予想配当率も計算する場合がありますが、手間がかかり、計算結果の妥当性も検証しにくいため、中小企業の場合には、破産した場合の配当率で十分なのが通常です。

ことを言う必要はありません。

　むしろ、中小企業がやるべきことは、銀行が経済合理性を計算するための情報とデータを銀行側に提供することです。

　つまり、中小企業側から弁済計画を基礎付けるための経営改善計画や破産配当率を計算した清算貸借対照表について信頼できる情報とデータを提供することによって、経済合理性をアピールするのです（当然、その弁済計画による弁済額は破産配当率を上回っていなければなりません）。

　このような情報提供を通じて、銀行に経済合理性を判断してもらうことが重要です。もし、中小企業側がそのような情報提供をしないのであれば、銀行側は、銀行が把握している情報だけで融資判断をしてしまいます。

　そのため、破産配当率を計算した清算貸借対照表を作成して、銀行に提出することが望ましいでしょう。

　清算貸借対照表の作成方法は、現在の貸借対照表について、資産を早期処分価格（分かりやすく言えば「叩き売り」した場合の価格）によって再評価することによって行います。そして、その評価に基づいて、会社が破産したと仮定した場合の破産配当率を計算します。

　ただし、この経済合理性の論理が通用しない場合が2つあります。

　第1は、弁済計画が信頼できないため、弁済計画に示されている配当額が破産配当率を下回る可能性があると銀行が考える場合です。

　第2は、経営者が会社資産を隠していたり、会計を粉飾しているため、提示されている破産配当率が低く提示されているのではないかと銀行が疑う場合です。

　これらは、究極的には、破産配当率が弁済計画による回収額よりも上回る可能性がある場合であるという点では同じです。中小企業側としては、銀行からこのような疑いを持たれないようにすることが重要です。

(2) 地域社会への影響

　銀行の中でも、地銀などの地域の銀行は、地域社会の影響を意識しています。

　例えば、ある会社が倒産してしまうと、その取引先も連鎖倒産してしまい、地域銀行の融資先が減ってしまうことが起こり得ます。また、従業員が解雇されれば、住宅ローンが焦げ付いたり、消費が減ります。地域銀行の中には、そのような積み重ねが地域社会全体の地盤沈下を引き起こすことを懸念しているところもあります。

　「地域社会への影響」というのは、経済合理性の話からすると抽象的な話ですが、中小企業が地域社会の一員であることは間違いありません。中小企業としては、自社が倒産した場合、周りにどのような影響を与えるのかをきちんと説明できれば、地域社会の影響を気にかけている銀行の心を動かすことができる場合もあります。

　そのため、中小企業は、自社がどのように地域社会に貢献しているのかという点を説明することも、銀行に対する説得方法の一つとして考えられます。

　中小再生GLにおいても、事業再生計画案の内容として、必要に応じて、地域経済の発展や地方創生への貢献、取引先の連鎖倒産回避等による地域経済への影響も鑑みた内容とするとされており、地域経済への影響が考慮されています（中小再生GL第三部4.（4）①チ）。

(3) 債務者区分・債権区分のランクアップ

　銀行にとっては、中小企業のリスケや債権放棄などに応じることで、貸付金の債務者区分・債権区分について、ランクアップや現状維持できれば、それもメリットとなります。

　債務者区分・債権区分とは、銀行は自己査定により、債務者の財務状況、資金繰り、収益力等により、返済の能力を判定して、その状況等により債務者を正常先、要注意先、破綻懸念先、実質破綻先及び破綻先に区分

し、その区分に応じて貸倒引当金の引当てを決めています。

　また、銀行は、銀行法と「金融機能の再生のための緊急措置に関する法律」（金融再生法）により、自己査定により貸付金を正常債権、要管理債権、危険債権、破産更生債権及びこれらに準ずる債権に4区分し、これを開示することが義務付けられています。

　そのため、債務者区分・債権区分のランクがダウンすれば、銀行の会計上の利益は減少し、また、外部からは「不良債権が多い銀行」という目でみられることとなります。銀行としては、貸付先の債務者区分・債権区分のランクダウンは望ましくなく、逆に、ランクアップが望ましいことになります。

　つまり、ランクダウンの回避やランクアップができるような事業計画を提案することができれば、銀行にとってもメリットがあるため、金融機関もその提案に応じやすくなります。

2　債権者平等の原則

(1) 債権者平等の原則とは

　銀行と交渉する場合、各銀行に提示する条件は、一律に同条件であることが原則です。

　会社が倒産した場合、裁判所の倒産手続では、債権者は平等に取り扱われるという「債権者平等の原則」があります。これと同様に、裁判外のリスケや債権放棄でも、「経営危機に陥った中小企業のリスケや債権放棄の条件も、各銀行について同一条件であるべきである」というルールがあります。

　逆に、各銀行について別々の条件でそれぞれ交渉しては、お互いの不平等感が高まってしまい、話がまとまらなくなります。そのため、借り手の中小企業側としては、複数の銀行と交渉しなければならない場合には、債権者平等の原則を掲げる必要があります。

昔の話になりますが、かつてはメイン行が多くの経済的負担をするという「メイン寄せ」という現象が一般的でした。例えば、債権放棄スキームでは、メイン行のほうが下位行よりもより多くの債権放棄を求められました。

　メイン寄せは、「メイン行は、会社の財務状況をよく知って融資していたのだから、より多くの負担をすべきである」「メイン行は、メイン行の立場を利用して、会社から担保をしっかりと取っており、非保全債権の金額が少ないのだから、非保全債権を基準とするのは不公平だ」という考えを背景に行われていました。

　しかし、最近では、メイン寄せは正面からは認められない傾向になっており、債権者平等が一般的な考えとなっています。私的整理ガイドラインの中小企業版である中小再生GLでも、債権者平等の考えに基づいています。もっとも、何が「平等」かについては状況によって変化します。つまり、この「平等」というのは形式的な平等ではなく、実質的な平等を意味します。

　中小再生GLにおいても、「事業再生計画案における権利関係の調整は、債権者間で平等であることを旨とし、債権者間の負担割合については、衡平性の観点から、個別に検討する。」とされています（中小再生GL第三部4.（4）①ヘ）。

　そして、この「債権者間の負担割合については、衡平性の観点から、個別に検討する」という点については、例として、実質的な衡平性を害さない限りで、債務者に対する関与度合、取引状況、債権額の多寡等を考慮して、例外的に債権者間の負担割合について差異を設けることが挙げられています（中小再生QA-Q61）。

(2) 債権者平等の原則の例外

　債権者平等の原則については、例外が認められないわけではありません。中小再生GLにおいても、例外的に、債権者間に差異を設けても実質

的な衡平性を害さない場合には、差異を設けることが直ちに否定されるものではないとされています（中小再生 QA‐Q 60）。

　先ほども触れましたが、例えば、メイン行が、メイン行の立場を利用して会社から担保をしっかりと取っているような場合に、非保全残高を基準に債権放棄額を決めると、下位行から不満が出て、話がまとまらないことがあります。そのような時には、債権者平等の原則を修正し、下位行に対する弁済を多くすることで、下位行の不満を抑えて話をまとめることもあります。

　しかし、原則を修正するには、明確な根拠とルールに基づくことがポイントです。単に、言われるがままに要求に応じてしまうと、結局、その要求すべてを受け入れることにならざるを得なくなります。しかし、それでは、そのしわ寄せを受けるメイン行の納得が得られず、再生スキームが頓挫してしまうことになりかねません。それを避けるために、債権者平等を修正するとしても、明確な根拠とルールに基づいて修正することが望まれます。また、形式的には債権者平等の原則を貫いた上で、実質的には修正するという方法もあります。

　このような債権者平等の原則との関係で問題になるものとして、優先的に取り扱うべき債権や劣後債権があります。

　優先的に取り扱うことが検討される債権としては、例えば、コロナ特例融資が考えられます。債務者の財務状況が悪化し、既存の銀行が元利金の返済猶予をしている中で、ある銀行がコロナ特例融資をしたような場合に、既存の銀行から優先的取扱いについて同意を得ていれば、中小再生 GL において、優先的に取り扱うことは可能です。他方で、そのような同意なしにコロナ特例融資をした場合における優先的取扱いが問題になります。なお、優先的な取扱いの要否は、リスケの場合と債権放棄の場合でも状況は異なります。

　また、劣後債権についても、中小再生 GL において、他の貸付債権より劣後して取り扱うべきかが問題となります。

劣後債権には、DDSにより劣後化された債権や、当初から資本性貸入金として貸し出された債権があります。また、劣後債権には、貸付契約において、私的整理の場合においても劣後することが明確に規定されている場合もあれば、法的整理の場合において劣後することが規定されているものの、私的整理の場合の劣後化については何ら規定されていない場合もあり、その劣後の態様は様々です。

　貸付契約において、私的整理の場合に劣後することが規定されている場合は、中小再生GLにおいて、劣後債権が他の債権に劣後して取り扱われるのは当然ですが、私的整理の場合に劣後することが規定されていない場合には、契約に従えば、中小再生GLにおいて劣後化はできないことになります。

　このように、中小再生GLにおいて、債権を優先化するか、劣後化するかについては、基本的に契約書にどのような規定がされているかによって取扱いが異なることになりますが、一律の基準があるわけではないため、個別事案において契約書の規定や、貸付がなされた経緯・状況を考慮して、どのように取り扱うのが公平といえるのかを踏まえて、ケースバイケースで対応することになります。

(3) 債権者平等原則を修正する方法

　債権者平等の原則を修正するための典型的手法としては、端的に弁済率を変えることも考えられますが、①少額債権の例外、②DDSやDESの活用、③DIPファイナンスがあります。

❶少額債権

　少額債権は、一定の少額の金額について全額弁済したり、各銀行に毎月最低いくらの弁済額を支払う形にしたりして、債権者平等の原則を修正するものです。

　例えば、リスケの際に、弁済金額を貸付債権残高に応じて単純に割り振

ると、下位行には月3万円の弁済ということになりますが、3万円ではあまりにも少ないため、すべての銀行に対して毎月最低10万円は弁済し、それ以上の金額については、貸付債権残高に応じて弁済するというような方法です。

　また、債権放棄の場合には、例えば、各銀行について3,000万円までは一律100％弁済し、3,000万円を超える貸付金については非保全残高に応じて債権放棄をするという方法です。

　いずれの場合も、結果的には、貸付債権残高が少ない下位行に対する弁済率が高くなります。

　このような手法が広く認められている根拠としては、「少額債権者は立場が弱いのだから、より厚い保護を受けるべきである。」「少額の債権について、いちいち大口の再建と同じように取り扱っていては事務的負担・管理コストが大きい。」といったことが挙げられます。

❷DDSやDESの活用

　外見的には、メイン行も下位行も同じ割合でのリスケや債権放棄をしますが、メイン行が一部の貸付金についてDDSやDESを行うことで、実質的にはより多く負担するという方法により、債権者平等の原則を修正することがあります。

　例えば、メイン行が2億円の貸付金を有し、下位行2行がそれぞれ5,000万円の貸付金を有している場合で、債権放棄スキームにより、放棄割合50％・総額1億5,000万円の債権放棄を求めるケースを考えてみます。この場合に、債権者平等の原則を形式的に適用すれば、メイン行は1億円を債権放棄、下位行2行はそれぞれ2,500万円を債権放棄することになります。

　しかし、下位行がそれで納得せず、債権者平等の原則を修正する必要がある場合には、メイン行が8,000万円の債権放棄と3,000万円のDDSを行い、下位行の債権放棄額をそれぞれ2,000万円ずつとすることで、債権

放棄額についての債権者平等を維持しながら、下位行の負担額を軽減するといった方法が考えられます。

この方法では、債権放棄の割合という点では債権者平等の原則が貫かれていますが、DDSにより資本性借入金となった3,000万円の貸付金は、下位行の貸付残高より劣後することになるため、経済的にはメイン行が実質的により多くの負担をしたことになります。すなわち、メイン行の負担額は、債権放棄額8,000万円＋DDS 3,000万円＝1億1,000万円となり、1,000万円の実質負担増となったことで、下位行はそれぞれ500万円の負担減となります。

❸DIPファイナンス

DDSやDESと同様に、メイン行が実質的な負担をする方法として、中小企業にDIPファイナンスをするという手法が考えられます。

リスケや債権放棄をした中小企業に対して、新規融資をするという銀行はなかなかありません。そこで、中小企業の今後の事業活動に必要な資金をメイン行が貸し出すことにより、中小企業が今後の弁済原資を生み出すことを容易にするという点で、メイン行が協力するという方法です。

下位行としても、リスケや債権放棄をした中小企業に融資することは難しいことは分かっているため、そのようなメイン行の協力は実質的な負担増であるとして、下位行に対する説得方法として利用することができます。

3 交渉はメイン行から

複数の銀行と交渉をする場合、どの銀行から話をすべきでしょうか。この場合は、メイン行から話をすべきです[2]。

なぜなら、メイン行が了解しない限り、再生スキームの成立はあり得ないからです。

　会社が提案した再生スキームについてメイン行が反対したり、修正を要求してくる場合もあります。下位行に、メイン行が反対・修正を要求するような生煮えの再生スキームを持って行っても時間の無駄です。また、後でひっくり返された場合に、下位行に与える印象は良くありません。

　メイン行の再生スキームに対する考え方を把握した後で、下位行に、メイン行がある程度了解しそうな再生スキームを持っていくという流れにしないと、通る再生スキームも通らなくなってしまいます。

　また、メイン行は、自行がその会社を支えているという意識が強ければ強いほど、リスケや債権放棄については、「その話は、まずメイン行であるうちに最初に持ってくるのが筋でしょう。」と考えるのが通常です。それにもかかわらず、会社が下位行から話をした場合には、メイン行がへそを曲げる可能性もあります。感情的な行き違いは、なるべく避けるに越したことはありません。

　中小再生GL手続でも、例えば再生型においては、第三者支援専門家の選任には主要債権者全員の同意が必要とされているなど、メイン行の理解と協力を得ることが想定されています。

▌4　書類・記録の重要性

　銀行との交渉では、書類が極めて重要です。

　銀行において、リスケや債権放棄を申し込んだ場合には、それを最終的に決裁するのは、本部の審査部等になるのが通常です。交渉の窓口になっている支店の担当者ではありません。

　直接の窓口ではない審査部は、会社が提出した書類や、担当者が作成した稟議書といった書面に書かれていることでしか判断できません。つま

2　通常は、どの銀行がメイン行かは明らかですが、明確でない場合には、①貸出残高、②返済額、③非保全残高の金額の大きさという量的な観点と、当座預金口座や売掛金回収講座の有無などの質的な観点を考慮して決めることになります。

り、銀行については、どんなに口で説明しても、書面に書かれていなけれ ば、最終決裁をする本部の審査部などには届きません。そのため、会社に とって有利な主張は書面にして、本部にきちんと伝わるようにしておく必 要があります。

これに対して、経営者からは、「とても書面化なんてできないし、する 時間もない」という話をされることがあります。

しかし、銀行は書面化できる能力を経営能力の一つとして評価していま す。つまり、書面化できないということは、銀行からすれば、経営管理能 力がないという見方をします。そのため、外部専門家の力を借りることも 選択肢の一つです。

また、銀行との交渉については交渉記録を作成し、いつ、どこで、誰と 会って、どのようなことを話し、どのような資料を渡したのかを記録して おくことが重要です。

リスケや債権放棄の交渉においては、複数の銀行と何回も話し合いをす ることもあります。

交渉する場面が多いため、交渉記録を付けていないと、いつ、どのよう な話をしたのか、記憶が混乱してしまいます。このようなことを避けるた めにも、交渉記録を付けることは必須です。

バンクミーティング（後述）を開催する場合には、配布資料を準備する とともに、終了後には議事録を作成して配布することが行われています。

2. 債権者会議か個別面談か

　債権者である銀行に対する説明や交渉をする場合には、個別に面談する方法と、銀行を一堂に集めて説明する債権者会議（バンクミーティングとも呼ばれます）を開催する方法があります。

　もっとも、バンクミーティングをする場合には、現実には、その前後に各銀行を個別訪問して回ることもあるため、この二つの方法は互いに排斥しあうものではありません。バンクミーティングには、次の効用があります。

① 　銀行を一堂に集めるため、多数の銀行に一度で説明でき、時間の節約になる。

② 　銀行は、自行が他の銀行と同様に取扱われていることを知ることができるため、銀行に、手続が透明であり、公平に進められているという安心感を持ってもらうことができる。

③ 　銀行としても他の銀行の動向を知ることができるため、それを判断の一助とすることができ、会社側としても、銀行の多数意見が会社の再建に協力的な場合は、そちらの方向に持っていきやすい。

④ 　銀行同士がお互いをけん制しあうため、銀行がお互いを出し抜くという動きがしにくくなり、会社側としても、事態の混乱を避けることができる。

　バンクミーティングをする場合には、気を付けなければならない点があります。まずは、バンクミーティングを開催すること自体について銀行の了解を取る必要があるということです。いきなりバンクミーティングの招集をかけても、「聞いていない」「勝手に開くな」と言われることもあり得ます。銀行に出席してもらえなければ、バンクミーティングを開く意味は

ありません。事前にバンクミーティングの開催を連絡して、全銀行が出席できるような日時を調整の上、開催することが望ましいといえます。

バンクミーティングは、出席者の日程調整、配布資料、質疑応答、会議室の手配、進行の司会などのロジスティックの部分も重要になります。司会進行は、外部専門家などの経営者本人でない者がやるとスムーズに進むと思われます。

また、中小再生GLでは、事業再生計画案又は弁済計画案を作成した後に、原則としてすべての対象債権者による債権者会議を開催するものとされています（中小再生GL第三部4.（6）①）。そして、債権者会議において、対象債権者に事業再生計画案又は弁済計画案を説明し、第三者支援専門家は調査結果を報告し、質疑応答・意見交換を行うものとされています。もっとも、債権者会議を開催せず、事業再生計画案の説明等を持ち回りにより実施することもできるとされています。また、開催方式につき、Webでの開催も認められています（中小再生QA-Q71）。

3. 信用保証協会

1 信用保証協会の仕組み

　中小企業の資金調達を考える場合、信用保証協会の保証制度を理解することは重要です。

　中小企業が銀行から借入をする場合、担保資産が不足したり、将来の事業性が十分にみえないこともあり、その信用を補完する制度が必要です。そこで、中小企業の資金調達を円滑化するために、信用保証協会が設立されました。

　信用保証協会は、信用保証協会法に基づき設立された公的機関です。現在、信用保証協会は、各都道府県を単位として47法人、市を単位として4法人（横浜、川崎、名古屋、岐阜）、全国であわせて51の法人があります。それぞれの信用保証協会は、全国的組織である全国信用保証協会に所属して、ネットワークを形成しています。ただし、どの信用保証協会を利用しても同じサービスを受けられるのではなく、個々の信用保証協会によってサービス内容に多少の違いがあります。

　信用保証協会による保証には、一般の銀行からの融資についての保証（一般保証）と、地方公共団体などが行う制度融資についての保証（制度保証）の2つがあります。制度融資とは、中小企業への資金供給の円滑化のために、地方公共団体が民間銀行を通じて行う融資のことです。

　信用保証制度は、一般保証を例にとると、中小企業者、銀行、信用保証協会の三者で成立しています。信用保証協会スキームであっても、中小企業に融資をするのはあくまでも銀行です。信用保証協会は、中小企業の借入金を保証し、中小企業が弁済できないときに、銀行に代位弁済するという位置付けになります。

平成19年以前は、信用保証協会は銀行の融資の100%を保証していましたが、平成19年以降、銀行と信用保証協会で責任を分担する責任共有制度が導入されました。具体的には、貸付先が返済できなくなった場合、貸付額の80%については信用保証協会が負担しますが、20%は銀行が負担することになりました。もっとも、コロナ融資ではまた100%保証が復活しています。このように、信用保証協会付融資であっても、銀行は一定程度のリスクを負担する場合があります。

2 求償権の放棄

信用保証協会が保証している融資を返済できないと、いわゆる「事故扱い」となり、3ヶ月延滞すると、信用保証協会が銀行に代位弁済することになります。この代位弁済によって、信用保証協会は貸付先に対する求償権を取得することになります。その場合、中小企業からみれば、交渉先が銀行から信用保証協会に移ることになります。

では、中小企業が信用保証協会に対して、求償権のリスケや債権放棄を求めた場合、信用保証協会はこれに応じてくれるのでしょうか。

リスケについては、状況次第ですが、比較的応じてくれる可能性があります。

債権放棄については、信用保証協会は銀行と異なり、債権放棄をした場合には、その損失は結局、国民負担になるため、自らの判断だけで債権放棄をすることができない事情があることを理解する必要があります。

信用保証協会と株式会社日本政策金融公庫との間には包括保証保険約款があり、信用保証協会が行った保証に対しては、包括保証保険約款に基づく保険が成立します。この保険により、信用保証協会が代位弁済をした場合には、一般保証か制度保証かにかかわらず、日本政策金融公庫が一定割合の保険金の支払いをすることになっています。保険金の支払いを受けた信用保証協会は、債務者に対して求償権を行使し、回収できた場合には、回収金の一部を日本政策金融公庫に納付することになっています。した

がって、信用保証協会が求償権を債権放棄してしまうと、日本政策金融公庫に納付する回収金が減ることになり、国民負担につながります。

そのため、信用保証協会は、求償権の放棄を一定の場合に限って認めています。具体的には、信用保証協会は以下のような求償権を放棄する基準（全国統一基準）を定めており、次に掲げるすべての基準を満たすものに限って求償権を放棄するものとしています。

1. 求償権元本の放棄を行わなければほぼ確実に経営が破綻すること。

2. 経営姿勢等が次に掲げるすべての基準を満たすこと。

 イ　債権者に対し必要な情報を開示しており、遊休資産の処分等の自助努力を誠実に行っていること。

 ロ　次に掲げる事項のいずれかに該当し、当該中小企業者の事業継続が地域産業全体にとっても利益があると認められること。

  イ）一定の雇用効果が認められる等、地域経済の産業活力維持に資する事業であること。

  ロ）地域住民の生活に密着した生活関連サービスの提供事業である等、地域社会にとって不可欠な事業であること。

  ハ）先進性、新規性又は技術力の高い事業であり、今後の発展が見込まれる有望な事業であること。

3. 当該中小企業者に係る再生計画等が次に掲げるすべての基準を満たすこと。

 イ　再生計画等において、各金融機関に求められている貸付金等の放棄等の権利変更が合理的かつ公正衡平なものである等、次のイ）からチ）までのすべての要件を充足する適正な内容・手続を踏んで策定されたものと考えられ、かつ各金融機関が再生計画に同意する意思を表明していること。

  イ）再生計画等の中で、達成可能と見込まれる事業計画が記載されていること。

  ロ）再生計画等の中に、実質債務超過解消期間が記載されており、

その期間が3年以内であること。ただし、3年超の場合であっても、合理的な理由があるものはこの限りでない。

ハ）再生計画等の中に、株主責任等を問うため増減資による割合的地位の減少又は消滅を行う記載があること。ただし、株主責任を問わない場合であっても、合理的な理由があるものはこの限りでない。

ニ）再生計画等の中に、経営陣の退陣についての記載があること。ただし、退陣していない場合であっても、合理的な理由があるものはこの限りでない。

ホ）再生計画等の中で、複数の金融機関に対し、放棄が認められており、各金融機関に求められている貸付金等の放棄額が合理的かつ公正衡平なものであること。

ヘ）再生計画等の中に、破産的清算又は法的再生手続によるよりも多い回収が得られる等経済合理性が期待できる内容が記載されていること。

ト）債権者集会等が実施される場合には招集される等、信用保証協会に適切な意見表明の機会が与えられていること。

チ）再生計画等の作成にあたり、弁護士、公認会計士、税理士等の専門家による財務面、事業面のデューデリジェンスが行われた調査報告書等が存在し、当該報告書について、合理的で実現可能性が高い等の意見が付与されていること。

ロ　従業員が再生計画等に協力的であること（労働組合がある場合は、原則として再生計画等につき、労働組合が同意していること）。

ハ　株式会社整理回収機構、株式会社地域経済活性化支援機構、主要取引行、独立行政法人中小企業基盤整備機構が中小企業再生ファンド出資事業により出資した再生ファンド及び債権回収会社等が再生計画等の合理的なモニタリングを行う意思を表明している等、再生計画等の円滑な実施が期待でき、かつ、再生計

画等の成果（経常損益の黒字転換、債務超過の解消等）が適正な期間内に達成される見通しであること。

　この基準の3. イにおいて、一定の要件を満たす再生計画の作成が求められています。

　制度保証の場合には、よりハードルが高くなります。なぜなら、信用保証協会が代位弁済をした場合には、地方公共団体がその一部を負担することになっているため、信用保証協会が求償権を放棄してしまうと、地方公共団体の回収額が減ってしまうからです。そのため、制度保証にかかる求償権を放棄するには、原則として地方議会の承認が必要とされています。もっとも、地方議会の承認を取るのは現実的ではないため、地方公共団体によっては、制度融資についての信用保証協会による求償権の放棄については、知事等の判断で足りるとする条例が制定されている場合があります。地方議会の承認を取るにせよ、知事の判断を経るにせよ、制度保証の場合には、これらの手続が必要となるため、制度保証にかかる債権放棄をしてもらうためには、スケジューリング等において対応が必要です。

▌3　求償権放棄及び求償権消滅保証

　再建スキームによっては、債権放棄後の貸付金について、信用保証協会による保証を維持してもらう必要が出てくる場合があります。その際に考えられるのが、求償権放棄＋求償権消滅保証（ランクアップ保証）です。

　これは、信用保証協会が信用保証協会の保有する求償権の一部を放棄するとともに、残った信用保証協会付債権について、銀行から借り換えた新規融資を信用保証協会が保証するというものです。

　もっとも、この求償権消滅保証については、信用保証協会の求償権の放棄を伴うため、先ほどの求償権放棄の基準を満たす必要があります。また、外部専門家と共に経営改善計画を作成することが必要とされています。

第 7 章

税 務

1. 総　論

　中小再生GLでは、収益力の低下、過剰債務等による財務内容の悪化、資金繰りの悪化等が生じたために経営に支障が生じているか、生じる恐れがある場合（有事）における中小企業者の対応策を以下の段階ごとにまとめています（中小再生GL第二部2.（1）④）。

　イ　返済猶予等の条件緩和が必要な段階

　ロ　債務減免等の抜本的な金融支援が必要な段階

　ハ　上記イ、ロの対応策を講じてもなお事業再生が困難な場合で、スポンサー支援や経営の共同化により事業再生を実行できる段階

　ニ　上記イ、ロ、ハの対応策を講じてもなお事業再生が困難な場合で、事業廃止（廃業）を検討する段階

　イにおいては、債務の返済猶予等の条件緩和のみを想定したものですが、ロ・ハ・ニとイから段階が進むにしたがって、中小企業者の債務の減免を伴うことになります。事業者の債務を減額する処理を行う場合には、債権者から債務者に価値の移転が生じ、税務的問題が生じます。例えば、金融機関が中小企業に対して債権放棄をした場合には寄付金課税のリスクが考えられますし、債務者側においては債務免除益課税のリスクが考えられます。

　これらの課税リスクは、どのような再生スキームを構築していくかに影響を与える一方で、再生途上にある会社の債務免除益に対して課税されると事業再生の阻害要因となることから、中小再生GLにおいては中小企業の再生を阻害しないようにバランスが調整された制度となっています。

2. 再生型私的整理手続の税務

■1 総　論

(1) 過去の私的整理手続における利用スキーム

　中小企業の事業再構築・事業再生手法には様々ありますが、その中でも中小企業活性化協議会は、数多くの中小企業の再生に関与しています。過去の中小企業活性化協議会が関与した私的整理手続における利用スキームは第4章の**図表4-1**のとおりです。当該**図表4-1**によれば、リスケ（第4章2.（217頁）参照）が最も多いスキームとなります。リスケの場合、債務免除を伴わず、債権者から債務者への価値の移転は生じないため、税務的な論点はそう多くはありません。次に多いのは、「第二会社方式による債務免除の実施」になります。様々な再生スキームがありますが、過去において第二会社方式の利用実績が多い理由について、また、今後も中小再生GLで第二会社方式を利用したスキームが多いと思われる理由を税務面からも検討していきます。

(2) 再生局面にある会社の貸借対照表

　まずは、貸借対照表の側面から考えていきます。業績がふるわず、再生局面にある会社の貸借対照表の実態は、**図表7-1**の貸借対照表（再生前）のような状況に陥っていることが一般的です（以下の数値はあくまでも理解のための参考値で、以下、**第7章**において同じです。また、資本金や資本準備金はゼロと仮定し、税務上の貸借対照表を意味しています）。

　このような過大債務の状況にある貸借対照表について、資産と負債を均衡する状況にし（**図表7-1**の貸借対照表（再生後））、企業が再スタートを図るために様々な手法を用いていきます。

【図表7-1】再生前と再生後の貸借対照表イメージ

貸借対照表（再生前）

資産	7,000	負債	10,000
うち、含み損	2,000		

欠損金	3,000

貸借対照表（再生後）

資産	5,000	負債	5,000

　(1) でもみましたが、再生スキームにおいて最も利用実績があるのはリスケですが、企業再生の局面においては、リスケだけでは不足する状況も多々あります。中小企業の過大債務を解消する過程において、債権者から債務者への経済的利益の移転が生じるため、税務的な側面も検討する必要があります。再生途上の会社が目指すべき方向性は、「本源的な収益力の向上」と貸借対照表の改善となりますが、そのプロセスは各会社の事情によって異なるため、最善のスキームを選択していくことが必要です。中小再生GL下における各再生スキームと貸借対照表の関係も参考にしながら、また、債権者側、債務者側それぞれの側面から、税務的な考察をしていきます（損益やキャッシュ・フローの改善は当然の前提としているため、ここでは議論を省略します）。

2 債務者の税務

(1) リスケ

　リスケについて、債務者においては、債務免除益等の課税問題は生じません。リスケを実施した場合の数値例は**図表7–2**のとおりです。

【図表7-2】リスケ前後の貸借対照表イメージ

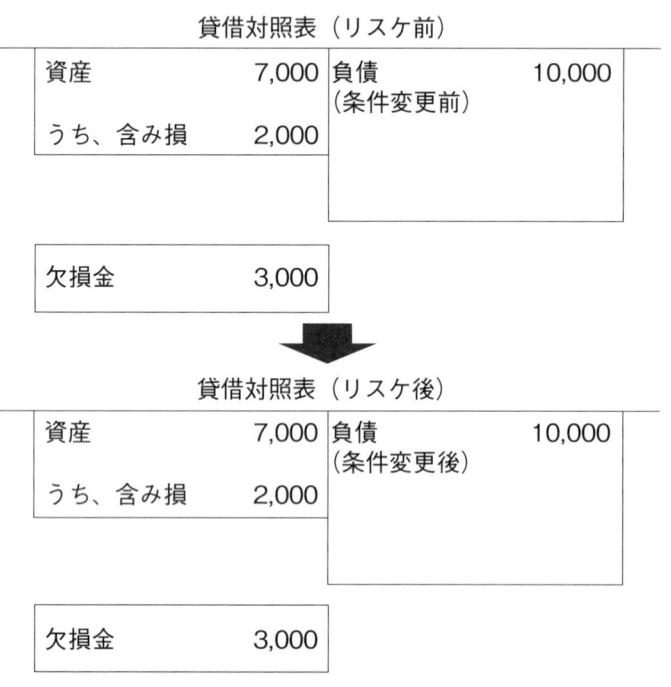

貸借対照表（リスケ前）

資産	7,000	負債	10,000
うち、含み損	2,000	（条件変更前）	

欠損金	3,000

貸借対照表（リスケ後）

資産	7,000	負債	10,000
うち、含み損	2,000	（条件変更後）	

欠損金	3,000

※リスケ前とリスケ後で貸借対照表の数値に変更はなく、負債の返済条件だけが変更になる。

　リスケの場合、リスケの前後において貸借対照表及び損益計算書の数値の影響はなく、借入金の返済条件のみの変更になります。借入金の返済スケジュールを緩和することによって、その間に会社のキャッシュ・フローを改善させ、それによって生じた資金余力を生かして収益力を向上させ、債務免除等を伴わずに自力で再建していくことになります。

(2) 債権放棄（直接放棄）

　リスケやDDSなど、既存の借入金の返済条件の変更では企業が再生できないケースにおいては、債権放棄も検討スキームの1つとなります。一方で、債権放棄を伴えば、債権者から債務者への経済的利益の移転が発生します。我が国における法人税法上、原則、債務免除益は益金に算入されますが（法人税法22条2項）、債務免除益に課税されてしまうと再生局面にある会社にとっては収益力回復が妨げられることになり、会社の再生を阻害する一因になります。

　中小再生GLにおいては、上記趣旨が加味されている一方で、手続が過度に重くなりすぎないような制度設計となっています。

❶欠損金の繰越控除制度（青色欠損金）

　欠損金の繰越控除は、各事業年度の法人税負担の平準化を図るための制度であり、事業年度開始の日前10年以内[1]に開始した事業年度に生じた欠損金額については、当期の所得金額の50％を限度に損金算入できる制度となりますが、中小法人等[2]については当該50％の制限はなく全額損金算入可能です。また、大法人についても、再建計画への影響や設立間もない法人の財務基盤の健全化・安定化に配慮し、再建中の法人[3]や新設法人[4]については、一定期間、全額損金算入可能です。

　なお、会社が繰越欠損金を利用するためには、欠損金額が生じた事業年

1　平成30年3月31日以前開始事業年度まで生じた欠損金額は9年となります。
2　中小法人等とは、普通法人のうち資本金の額又は出資金の額が1億円以下の法人のうち100％子法人等及び大通算法人を除く法人等です。100％子法人等とは、資本金の額若しくは出資金の額が5億円以上の法人又は相互会社等（以下、「大法人」という。）による完全支配関係（一の者が、法人の発行済株式等の全部を直接又は間接に保有する関係をいう。）がある普通法人、完全支配関係がある複数の大法人に発行済株式等の全部を保有されている法人をいいます。
3　会社更生手続の開始決定、民事再生手続開始決定等の事実が生じた日以後7年を経過する日までの各事業年度については、100％の控除割合となります。また、事業の再生が図られたと認められる事実が生じた場合には、特例の対象から除外されます（法人税法57条11項二号）。

度において青色申告書である確定申告書を提出し、かつ、その後の各事業年度について連続して確定申告書を提出し、欠損金の生じた事業年度に係る帳簿書類及び電子取引の取引情報を保存していることが必要です。

❷期限切れ欠損金の利用

期限切れ欠損金については、法人税法上、以下の事実があった場合に限り損金に算入することができます（法人税法59条、法人税法施行令117条の3）。

・更生手続の開始の決定があったこと

・再生手続の開始の決定があったこと

・特別清算開始の命令があったこと

・破産手続開始の決定があったこと

・上記に準ずる事実があったこと

・法人が解散した場合で、残余財産がないと見込まれること（法人税法59条4項、同法施行令117条の5）

再生型私的整理手続に基づき策定された事業再生計画により債務免除等を受けた場合、債務者（中小企業である法人）は、上記に準ずる事実があったことに該当し、期限切れ欠損金の利用が可能です（中小再生QA-Q 97）[5]。

次に期限切れ欠損金の算出方法ですが、期限切れ欠損金とは、通称で

---

4 新設法人の設立の日から7年を経過する日までの各事業年度については、100％の控除割合となります（法人税法57条11項三号）。

5 法人税基本通達12-3-1（3）に定める「債務の免除等が多数の債権者によって協議の上決められる等その決定について恣意性がなく、かつ、その内容に合理性があると認められる資産の整理があったこと」に該当し、法人税法施行令第117条の3第3号の再生手続開始の決定に準ずる事実等に該当することから、原則として、法人税法第59条第3項《会社更生等による債務免除等があった場合の欠損金の損金算入》の適用があり、これは国税庁に対する照会文書において確認されています（「『中小企業の事業再生等に関するガイドライン（再生型私的整理手続）』に基づき策定された事業再生計画により債権放棄等が行われた場合の税務上の取扱いについて」（令和4年4月1日）参照）。
https://www.nta.go.jp/law/bunshokaito/hojin/220311/index.htm

【図表7-3】法人税等申告書と期限切れ欠損金

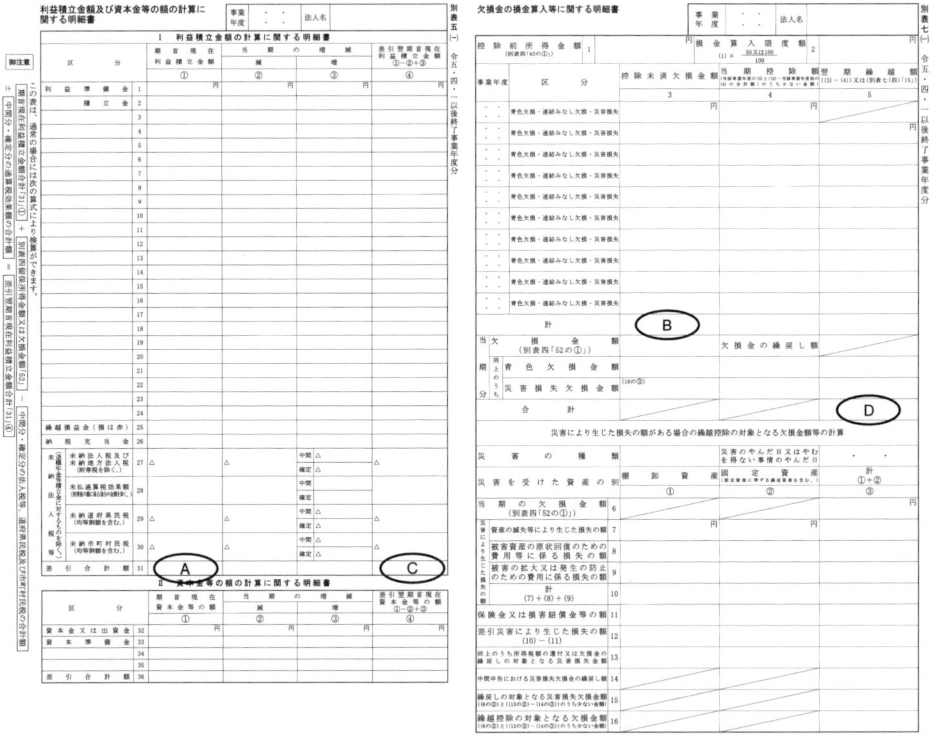

あって税法上の用語ではありません。法人税法上は、次の①から②を控除した金額として規定されています（法人税法施行令116条の2、117条、117条の4）。

① 　更生債権、再生債権等について債務免除を受けることになった事業年度の終了の時における前事業年度以前の事業年度から繰り越された欠損金額の合計額

② 　青色欠損金・災害欠損金

①は、法人税申告書別表五（一）の「利益積立金額及び資本金等の額の計算に関する明細書」に期首現在利益積立金額の合計額として記載されるべき金額で、当該金額がマイナスである場合の当該金額を指すとされてい

ます（法人税基本通達12-3-2）。この金額は、申告する事業年度の税務申告書（**図表7-3**参照）の**A**の絶対値から**B**を控除した額で算出されます。

　なお、申告する事業年度の「前」事業年度の**C**の絶対値から**D**を控除した額からでも算出可能という考え方もありますが、更正の請求を行う場合や**本章5.**の**3**（431頁）のように、期限切れ欠損金として期首現在利益積立金額で処理する場合が想定されるため、その点に留意が必要です。

　債務免除を受けた際には、（ⅰ）当期の損失、（ⅱ）青色欠損金、（ⅲ）期限切れ欠損金という順序で債務免除益に充当することで、課税の回避を図ることになります。数値例で考えると**図表7-4**のようになります。

❸企業再生税制

　我が国における法人税法上、原則、債務免除益は益金に算入される（法人税法22条2項）一方で、債務免除益に課税されると、再生局面の途上にある会社に多額の税金による資金流出が発生し、収益力回復が妨げられることになります。このような状況を勘案して企業再生税制が定められており、期限切れ欠損金を青色欠損金に優先して充当できる特例措置、資産の評価損の損金算入特例措置の2点が規定されています。

　企業再生税制を利用できる会社は、会社更生手続、民事再生手続のほか、「一定の私的整理手続」（法人税法施行令24条の2）の場合が該当します。「一定の私的整理」とは、私的整理に関するガイドライン、中小企業活性化協議会の支援による再生計画の策定手順（再生計画検討委員会が再生計画案の調査・報告を行う場合）、RCC企業再生スキーム、事業再生ADRの事業再生計画、株式会社地域経済活性化支援機構による再生計画等が該当しますが、中小再生GLはこれに該当しません。

　したがって、中小再生GLでは企業再生税制を利用することができません。

【図表7-4】〈ケース1　債務免除〉
事業価値＝承継資産、含み損がないケース、当期損益0

貸借対照表（再生前）

資産	7,000	負債	10,000
うち、含み損	0		

青色欠損金	2,500
期限切れ欠損金	500

事業価値は7,000と仮定し、負債のうち7,000を
承継するものとする。

貸借対照表（再生後）

資産	7,000	負債	7,000

税金計算

債務免除益	3,000
当期純損益（事業運営による損益） 注：債務免除益・資産評価損益は除く	0
資産評価損	なし
青色欠損金	-2,500
期限切れ欠損金	-500
課税所得	0

※中小再生GLでは、期限切れ欠損金の利用が可能である。そのた
め、債務免除益3,000に対して、青色欠損金・期限切れ欠損金の
利用により、課税されない。

【図表7-5】〈ケース2-1　債務免除　中小再生GL〉
事業価値＝承継資産、含み損があるケース、当期損益ゼロ

貸借対照表（再生前）

資産	7,000	負債	10,000
うち、含み損	2,000		

青色欠損金	2,500
期限切れ欠損金	500

事業価値は5,000と仮定し、負債のうち5,000を
承継するものとする。

貸借対照表（再生後）

資産	7,000	負債	5,000
うち、含み損	2,000		

税金計算

債務免除益	5,000
当期純損益（事業運営による損益） 注：債務免除益・資産評価損益は除く	0
資産評価損	損金算入不可
青色欠損金	-2,500
期限切れ欠損金	-500
課税所得	2,000

※当期損失・資産評価損・青色欠損金・期限切れ欠損金の順で、債
　務免除益に充当する。

※中小再生GLでは資産の評価損失が計上不可能。

※資産の評価損を計上できないため、益金と損金の差額2,000に対
　して免除益課税されることになる。

【図表7-6】〈ケース2-2　債務免除　企業再生税制〉
　　　　　事業価値＝承継資産、含み損があるケース、当期損益ゼロ

貸借対照表（再生前）

資産	7,000	負債	10,000
うち、含み損	2,000		

青色欠損金	2,500
期限切れ欠損金	500

事業価値は5,000と仮定し、負債のうち5,000を
承継するものとする。

貸借対照表（再生後）

資産	5,000	負債	5,000

税金計算

債務免除益	5,000
当期純損益（事業運営による損益） 注：債務免除益・資産評価損益は除く	0
資産評価損	-2,000
青色欠損金	-2,500
期限切れ欠損金	-500
課税所得	0

※当期損失・資産評価損・期限切れ欠損金・青色欠損金の順で、債
　務免除益に充当する。
※免除益に対して資産評価損・欠損金を充当して免除益課税は免れ
　る。

❹資産の評価損を計上できないデメリット

　中小再生GLは、中小企業の使い勝手の良さを考慮し、再生手続が過度
な負担にならないように策定しています。企業再生税制を適用するために
は、厳格な資産評価手続等が必要になるため、企業再生税制の適用がない
制度として設計されています。

　中小再生GLと企業再生税制のパターンの比較を数値例にしてみると、

図表7-5、図表7-6のとおりです。

　中小再生GLでは、資産の評価損を利用できる仕組みにする必要がないのかという疑問が生じますが、それは、過去の準則型私的整理手続の活用実績[6]等が関係しているようです。すなわち、厳格な資産評定が求められる等の「企業再生税制」の適用に必要な要件を前提とした手続は、より迅速かつ柔軟に中小企業者が事業再生に取り組めるように定められた「再生型手続」には馴染まないのではないか、「企業再生税制」を前提とした過去の準則型私的整理手続の活用実績を踏まえれば、「再生型手続」において「企業再生税制」を適用するニーズは限定的ではないか[7]、という議論があったことを踏まえて、中小再生GLでは企業再生税制は適用されないことになったようです。

　また、以下に述べる第二会社方式の利用によって、企業再生税制を利用せずとも目的を達することができると考えられます。以下、第二会社方式について解説していきます。

(3) 第二会社方式
❶第二会社方式が採用される理由

　第二会社方式については、**第4章6.**（248頁）で解説していますが、債務免除の一つの手段として利用されます。第二会社方式では、新会社で承継させる資産を切り出し、新会社に移転させることになるため、新会社に移転させる資産についての含み損益が旧会社で実現することになります。そのため、中小再生GLで評価損益を益金又は損金計上できないことのデメリットを解消することができます。

---

6 「中小企業の事業再生等に関する研究会」において、「企業再生税制」の適用を前提とした「中小企業再生支援スキーム」の活用は年間1~2件程度の実績が示されています。

7 工藤真裕「「中小企業の事業再生等に関するガイドライン」・「廃業時における『経営者保証に関するガイドライン』の基本的考え方」の意義－金融行政上の観点から」（NBL No.1219、2022年6月）

　第二会社方式において、事業譲渡又は会社分割後の旧会社は、最終的に特別清算等の方法により会社清算されます。その場合、債務者側においては、期限切れ欠損金の利用、損失の実現化が容易であるため、債務免除益に対する課税の可能性が低くなること、仮に、仮装経理がある場合においても、清算手続の中で損失を期限切れ欠損金として利用することができます。また、債権者側からみても、貸倒損失の要件該当性（**本章2.の3（2）❷**（415頁）及び**3.の4**（423頁）参照）の観点から受け入れやすい等の理由により、第二会社方式が採用されやすい環境にあります。

❷第二会社方式による税務

ａ．自主再建型の場合

　税務上の必要性等から、自主再建型であっても第二会社方式を使うケースがあります。その場合、旧会社が所有する正常な資産を「事業譲渡」又は「会社分割」によって新会社に承継させます。自主再建型の場合、承継させる資産及び負債の額は、事業価値を算出した上でそれに見合った金額で承継することになります。新会社に正常な資産を承継させたことから、実態のない抜け殻が旧会社に残ることになるため、特別清算等によって会社を清算させていくことになります。

　数値例は**図表7-7**のとおりですが、理解を単純化するために、承継資産額＝承継負債額＝事業価値としています。

　また、数値例は主に法人税に主眼を置いていますが、法人税以外にも、旧会社・新会社それぞれで税務的に考慮すべき点があることに留意が必要です（本項**（3）❸【事例2】**（407頁）参照）。

【図表7-7】〈ケース3-1　第二会社方式〉
事業価値＝承継資産、含み損が2,000あるケース、当期損益ゼロ

貸借対照表（再生前）

資産	7,000	負債	10,000
うち、含み損	2,000		

青色欠損金	2,500
期限切れ欠損金	500

事業価値は5,000と仮定し、負債のうち5,000を承継するものとする。

旧会社貸借対照表（再生後）

資産	0	負債	0

新会社貸借対照表（再生後）

資産	5,000	負債	5,000

旧会社税金計算

債務免除益	5,000
当期純損益（事業運営による損益） 注：債務免除益・資産評価損益は除く	(注)-2,000
資産評価損	0
青色欠損金	-2,500
期限切れ欠損金	-500
課税所得	0

（注）含み損失の実現による損失

※新会社では、事業価値に見合った
　負債のみを承継して、過大債務を
　解消した状況から再スタート可能
　となる。

※第二会社方式を採用し、旧会社を清算することで、資産の含み損失を実現させることが可能となる。

※この結果、免除益に対して資産譲渡損・欠損金を充当して免除益課税は免れる。

ｂ．スポンサー型の場合

　スポンサー型による場合、一般的には借入金の承継はされずに、承継に必要な対価が一括で支払われ、当該対価を借入金の弁済に充当することになります。

　第二会社方式の場合、分割対価又は事業譲渡対価と承継する資産・負債に差額が生じることがあります。この差額については、事業譲受会社又は分割承継会社の税務上差額のれんとなり、「支払対価＞資産承継額」の場合には資産調整勘定として計上され、「支払対価＜資産承継額」の場合には、負債調整勘定となります。資産調整勘定・負債調整勘定ともに、60ヶ月での強制償却が規定されています。

　数値例は以下のとおりであり、譲渡（分割）対価と承継資産の関係性に焦点をあてて解説します。

【図表7-8】〈ケース3-2　第二会社方式　スポンサー型の場合〉
事業価値＝承継資産、含み損が2,000あるケース、当期損益ゼロ

貸借対照表（再生前）

資産	7,000	負債	10,000
うち、含み損	2,000		

青色欠損金	2,500
期限切れ欠損金	500

事業価値は5,000と仮定し、スポンサーは事業価値に見合った対価を一括で支払うものとする。

旧会社貸借対照表（再生後）

資産 （スポンサー対価）	5,000	負債 （弁済対象）	5,000
		負債 （免除）	5,000

新会社貸借対照表（再生後）

資産	5,000	負債	ゼロ

旧会社税金計算

債務免除益	5,000
当期純損益（事業運営による損益） 注:債務免除益・資産評価損益は除く	(注)-2,000
資産評価損	0
青色欠損金	-2,500
期限切れ欠損金	-500
課税所得	0

（注）含み損失の実現による損失

※スポンサーが承継するケースでは、対価は一括弁済され、借入金を承継しないことが一般的である。

※第二会社方式を採用し、旧会社を清算することで、資産の含み損失を実現させることが可能となる。
※スポンサー対価5,000は、借入金の返済に充当される。
※この結果、免除益に対して資産譲渡損・欠損金を充当して免除益課税は免れる。

【図表7-9】〈ケース3-3　第二会社方式〉
　　　　のれんが出るケース（承継する資産＜事業価値）

貸借対照表（再生前）

資産	7,000	負債	10,000
うち、含み損	2,000		

青色欠損金	2,500
期限切れ欠損金	500

事業価値は6,000と仮定し、スポンサーは事業価値に見合った対価を一括で支払うものとする。

旧会社貸借対照表（再生後）

資産 （スポンサー対価）	6,000	負債 （弁済対象）	6,000
		負債 （免除）	4,000

新会社貸借対照表（再生後）

資産	6,000	負債	ゼロ
うち、のれん	1,000		

旧会社税金計算

債務免除益	4,000
当期純損益（事業運営による損益） 注：債務免除益・資産評価損益は除く	(注)-1,000
資産評価損	0
青色欠損金	-2,500
期限切れ欠損金	-500
課税所得	0

（注）譲渡による利益　1,000
　　　含み損の実現による損失　-2,000
　　　合計　-1,000

※スポンサーが承継するケースでは、対価は一括弁済され、借入金を承継しないことが一般的である。承継する資産5,000に対し、スポンサーは6,000を供出しており、差額はのれんとなる。

※第二会社方式を採用し、旧会社を清算することで、資産の含み損失を実現させることが可能となる。

※スポンサー対価6,000は、借入金の返済に充当される。

※青色欠損金は、債務免除益4,000から当期純損失2,000を控除した残額2,000に対して充当する（500は利用不要）。

※この結果、債務免除益に対して資産譲渡損・青色欠損金を充当して免除益課税は免れる。

【図表7-10】〈ケース3-4　第二会社方式〉
負ののれんが出るケース（承継する資産＞事業価値）

貸借対照表（再生前）

資産	7,000	負債	10,000
うち、含み損	2,000		

青色欠損金	2,500
期限切れ欠損金	500

事業価値は4,000と仮定し、スポンサーは事業価値に見合った対価を一括で支払うものとする。

旧会社貸借対照表（再生後）

資産 （スポンサー対価）	4,000	負債 （弁済対象）	4,000
		負債 （免除）	6,000

新会社貸借対照表（再生後）

資産	5,000	負債 （負ののれん）	1,000

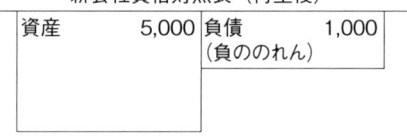

※スポンサーが承継するケースでは、対価は一括弁済され、借入金を承継しないことが一般的である。承継する資産5,000に対し、スポンサーは4,000を供出しており、差額は負ののれんとなる。

旧会社税金計算

債務免除益	6,000
当期純損益（事業運営による損益） 注：債務免除益・資産評価損益は除く	(注)-3,000
資産評価損	0
青色欠損金	-2,500
期限切れ欠損金	-500
課税所得	0

（注）譲渡による損失　-1,000
　　　含み損失の実現による損失　-2,000
　　　合計　-3,000

※第二会社方式を採用し、旧会社を清算することで、資産の含み損失を実現させることが可能となる。

※スポンサー対価4,000は、借入金の返済に充当される。

※この結果、免除益に対して資産譲渡損・青色欠損金及び期限切れ欠損金を充当して免除益課税は免れる。

❸第二会社方式のデメリット

　以上のような過程をみる限り、第二会社方式は万能なようにも思われますが、第二会社方式はすべての場合において利用できるスキームではありません。以下のような事例に該当する場合には、第二会社方式を採用できない可能性も考えられ、第二会社方式以外におけるスキームを検討する必要があります。筆者の過去における対応事例を以下に記載します。

【事例1】　許認可の承継

　第二会社方式を用いた場合、必ずしも許認可がそのまま承継されるとは限らず、新たな許認可の取得が必要となる可能性があります。特に、事業譲渡は新規で取得しなおす必要があるケースが多く、会社分割でも承継可能かを検討する必要があります。

　新たに許認可を取得するには、申請コストや申請時間がかかります。また、承継できる許認可もありますが、承継手続にコストや時間がかかることがあります。

　そのため、第二会社方式で許認可を承継する可能性がある場合には、事前に調査して許認可承継の可否の検討を行い、許認可の再取得や承継手続のコスト及び時間等について、詳細に把握しておく必要があります。

【事例2】　税金の問題

　第二会社方式では、会社の事業を事業譲渡又は会社分割によって承継会社に移転させる際に、一定の税金がかかります。事業譲渡及び会社分割の際に考慮すべき税負担は、**図表7-11**及び**図表7-12**のようになります。

　比較の際には、旧会社のコストのみならず、承継する新会社にかかる税務コストの観点からも判断することが必要になります。不動産の移転コスト等によって税金が多額にかかる場合には、第二会社方式を採用することが困難になる可能性があります。

【図表7-11】旧会社（事業譲渡会社または分割会社）における事業譲渡と会社分割の税金比較

税　目	事業譲渡	会社分割
法人税	時価譲渡	同　左
消費税	・課税資産の譲渡は課税対象取引となる。 ・のれんも課税取引となる。	消費税は対象外（不課税取引）となる。
不動産取得税	旧社会では課税されない	
登録免許税	同　上	
印紙税	契約書は1号文書になり、事業譲渡対価に応じて決定する。 ・1,000万円超～5,000万円以下 　→2万円 ・5,000万円超～1億円以下 　→6万円 ・1億円超～5億円以下 　→10万円 ・5億円超～10億円以下 　→20万円	契約書は5号文書になり、4万円がかかる。

【図表7-12】新会社（事業譲受会社または分割承継会社）における事業譲渡と会社分割の税金比較

税　目	事業譲渡	会社分割
法人税	時価譲渡。差額はのれん	同　左
消費税 （課税対象）	・課税資産の譲受は課税対象取引となる。 ・のれんも課税取引となる。	消費税は対象外（不課税取引）となる。
消費税 （納税義務）	事業譲受会社の納税義務は、事業譲受会社の基準期間の課税売上に基づき判定する。	分割承継会社の納税義務は、分割承継会社の納税義務に加え、分割会社の基準期間の課税売上も考慮の上で判定する。 （注）ただし、令和5年10月1日以降のインボイス制度や免税事業者となる基準が1,000万円であることを考慮すると、課税事業者となるケースが多いものと考えられる。
不動産取得税	土地：固定資産税評価額×4％（※1、※2） 建物：固定資産税評価額×4％（※2） （※1）令和9年3月31日までに宅地等（宅地及び宅地評価された土地）を取得した場合、当該土地の課税標準額は価格の1/2となります。 （※2）令和9年3月31日までは、土地、家屋（住宅）の税率は3％となります。	同左。ただし、以下の場合には非課税となる。 ・会社分割に伴って金銭等の交付がないこと ・分割事業に係る主要な資産及び負債が分割承継法人に移転していること ・分割事業が分割承継法人において引き続き営まれることが見込まれていること ・分割の直前の分割事業に係る従業員のうち、その総数の概ね80％以上に相当する数のものが分割後に分割承継法人の業務に従事することが見込まれていること
登録免許税	固定資産税評価額×2％	固定資産税評価額×2％
印紙税	旧会社と同じ	旧会社と同じ

【事例3】 公租公課の滞納（第二次納税義務）

　第二次納税義務とは、納税義務者が租税を滞納した場合において、その財産について滞納処分を執行してもなおその徴収すべき額に不足すると認められる場合に、納税義務者と一定の関係を有する者が、納税義務者に代わって租税を納税する義務のことです（国税徴収法33条ないし41条）。

　旧会社で公租公課を滞納したまま第二会社方式によって新会社へ事業を承継させた場合には「無償又は著しい低額の譲受人等の第二次納税義務」が定められています（国税徴収法39条）。新会社が当該要件に該当する場合には、譲受財産の価額を限度として、滞納公租公課の第二次納税義務を負うことになります。低廉譲渡でない場合には、当該納税義務を負うことはありませんが、負ののれんが出ている場合には、低廉譲渡とみなされるリスクがあるため、事業譲渡・会社分割対価の妥当性については、よく検討の上で実行する必要があります。

【事例4】 農地承継（農地委員会の承認）

　会社が農地を所有していた場合には、農地委員会の承認なしには、承継先へ事業譲渡・会社分割によって移転することはできません。事業譲渡・会社分割を実行する日程を勘案した上で、農地委員会の承認を計画的に取得しておく必要があります。

【事例5】 補助金規制（対象資産の譲渡による補助金返還義務発生の有無）

　会社で農業クラスター事業、畜産クラスター事業等を利用し、国・地方公共団体等から補助金を取得して建物を建設していて、利用している補助金対象建物の耐用年数が未経過の当該対象不動産を譲渡した場合には、補助金の全額返還を求められる可能性があります（「補助金等に係る予算の執行の適正化に関する法律」22条、「補助事業等により取得し、又は効用の増加した財産の処分等の承認基準について」）。

以上のように直接放棄だけではなく、第二会社方式においてもメリット・デメリットがあるため、スキームの採用にあたっては、これらの状況を勘案して総合的に検討していく必要があります。

(4) DDS

「資本性借入金」（第4章4.（236頁）参照）について、債務者においては、金融検査マニュアル上、資本とみなされた場合でも、税務上・会計上は負債のままのため、原則として債務免除益等の課税問題は生じませんが、中小再生QA-Q58に記載のとおり、DDSが債務減免等に含まれるかどうかは一義的には判断できないため、個別に判断することが必要となります。

なお、債務減免に該当しないDDSを実施した場合の数値例は、リスケの場合と同様になります。

(5) DES

DESは債権者が債務者に対して有する債権を債務者が発行する株式に転換することであり（第4章5.（245頁）参照）、一般的に債権を現物出資する手法で行われます。事業再生手法として利用する場合は非適格現物出資[8]とされることが一般的であるため、現物出資で給付を受けた債権額の評価は時価によって行われます。その際の税務上の仕訳は以下のとおりであり、時価評価金額と債務者の債務額面の差額について、債務免除益が生じますが、これに対して課税されると事業再生の阻害要因となります。

---

8 DESは税制適格要件を満たすかどうかによって、「適格現物出資」と「非適格現物出資」の2種類に分けられ、税制適格要件を満たすものは「適格現物出資」、そうでないものは「非適格現物出資」と区分されます。非適格現物出資による資産の移転は、税務上、時価譲渡とされています。

（借方）債務（額面金額）　　　（貸方）資本金等（時価）
（貸方）債務消滅益（評価差額）

　この点について、中小再生GLでは「期限切れ欠損金」を利用することが可能であり（中小再生QA-Q 97、「『中小企業の事業再生等に関するガイドライン（再生型私的整理手続）』に基づき策定された事業再生計画により債権放棄等が行われた場合の税務上の取扱いについて[9]」）、債務者側の課税がされないように手当がされています。

　ただし、DESの対象となる債権の時価の算定方法については、税務上、明確な規定がありません。経済産業省が平成22年1月に公表した「事業再生に係るDES（Debt Equity Swap：債務の株式化）研究会報告書[10]」が参考になるものと考えられますが、中小再生GLは資産評定基準に基づく実態貸借対照表は作成されない点に留意が必要となります。

　中小企業の再生におけるDESの利用実績は少ない状況です。税務面から考察した場合、本スキームにおける税務面の効果としては債権放棄による効果と大差ありません。その一方で、以下のようなデメリットがDESの利用実績の低い理由として挙げられるようです。

9　https：//www.nta.go.jp/law/bunshokaito/hojin/220311/index.htm
10　経済産業省が平成22年1月に公表しています。企業再生税制を念頭に置いた説明であり、資産評定基準に基づいた実態貸借対照表をベースに再生計画における収益の見込み等を考慮して、再生企業の合理的に見積もられた回収可能性を基礎にするとされています。

【図表7-13】DESのデメリット

	デメリット
債務者側	・債権者側からの経営内容の干渉が強化されることになる。 ・資本金等の増加によって地方税の税負担が増える可能性がある。
債権者側	・債権の株式化による評価の煩雑性 ・市場性がない株式の換金困難性 ・課題の先送り（債権が株式に形を変えたにすぎず、資金回収の問題は残る） ・5％ルールの問題が生じる（第4章5.の4（247頁）参照）

3 債権者の税務

(1) リスケ

　リスケの場合は、借入金の返済期限に関する契約条件の変更にすぎないため、原則として、税務上の問題は発生しません。ただし、著しく不合理な条件変更については、当該変更による経済的利益が「寄付金」として認定される可能性があるため、注意が必要です。

(2) 債務免除（直接放棄）・第二会社方式

　リスケやDDS以外のスキームについては、債権者に対しての債権放棄を伴うものとなります。したがって、債権者側の債権放棄の際における税務処理についても、税務上の検討が必要となってきます。債権者側の税務処理策として債権放棄が円滑に実施できない場合には、債権者側も容易に債権放棄に応じることができなくなります。

　債権者側からみた場合の論点は、債権が回収できなかった場合の税務処理がどのように適用されるかという点になります。

❶寄付金処理と貸倒損失処理の比較

　一般的に、回収できなかった場合には、貸倒損失としての処理が可能か、寄付金として認定されないかを検討します。寄付金として認定された場合には、損金に算入できる額がかなり異なるケースもあります。次の**例1**と**例2**で、収入金額を一定として寄付金とされた場合と貸倒損失とされた場合を比較してみます。

例1：寄付金として認定された場合

　　　寄付金控除前所得：10,000

　　　寄付金認定された額：5,000（実効税率35％とした場合）

　　　資本金等：1,000

　　　〈寄付金を計算する際の一般式〉

　　　　資本金等×0.25％＋所得（寄付金控除前）×2.5％）×1/4

　　　〈損金算入可能な寄付金額〉

　　　　1,000×0.25＋10,000×0.025×1/4＝312.5

　　　〈法人税額〉

　　　　（10,000−312.5）×35％＝3,390.625

　　　〈損金不算入額〉

　　　　5,000−312.5＝4,687.5

例2：貸倒損失として認定された場合

　　　寄付金控除前所得：10,000

　　　貸倒損失として認定された額：5,000（実効税率35％とした場合）

　　　法人税額（10,000−5,000）×35％＝1,750

　　　損金不算入額　ゼロ

　以上のように、債権者側からみると、債務免除による損失が寄付金認定

されてしまうと、税額が大幅に増えるケースもあるため、容易に損失処理できず、円滑な企業再生を阻害される可能性が生じることになります。

❷中小再生 GL における扱い（中小再生 QA-Q 95）

　中小再生 GL では、寄付金ではなく、再生型私的整理手続に基づき策定された事業再生計画により債権放棄等が行われた場合の債権者の税務処理については、原則として、法人税基本通達9-4-2における「合理的な再建計画（**図表7-14参照**）に基づく債権放棄等」に該当し、当該債権放棄等の額は損金の額に算入されることが、国税庁に対する照会文書において確認されています（中小再生 QA-Q 95、「『中小企業の事業再生等に関するガイドライン（再生型私的整理手続）』に基づき策定された事業再生計画により債権放棄等が行われた場合の税務上の取扱いについて」[11]参照）。

　したがって、中小再生 GL によって策定された事業再生計画に基づく債務免除は、原則として法人税基本通達9-4-2における「合理的な再建計画」に基づく債権放棄等に該当し、寄付金課税の問題がないと理解できます。

　なお、第二会社方式を採用した場合における旧会社に対する債権者の税務は、**本章3.の4（2）**（424頁）をご参照ください。

(3) DDS

　DDS（資本性借入金）は、債務者側における税務的な留意事項がほとんどない一方で、債権者側においては、一定の留意すべき事項があり、次のようになります。

　「資本性借入金」について、金融機関等の債権者においては、一定の場合[12]には、長期棚上債権として「当該事由が生じた日の属する事業年度終了の日の翌日から5年を経過する日までに弁済されることとなっている金

11　https://www.nta.go.jp/law/bunshokaito/hojin/220311/index.htm
12　法人税法52条1項、法人税法施行令96条1項1号及び法人税法施行規則25条の2の各要件を満たすもの。

【図表7-14】子会社等を整理又は再建する場合の損失負担等及び経済合理性を有しているか否かの検討プロセス

	項　目		ポイント
①	子会社等[注]の範囲		その会社と資本関係、取引関係、人的関係、資本関係等の事業関連性を有するか[注]。
②	子会社等[注]は経営危機に陥っているか（倒産の危機にあるか）	再建	・債務超過など、倒産の危機に瀕しているか。 ・支援がなければ自力再建は不可能か。
		整理	・実質債務超過か。 ・支援がなければ整理できないか。
③	損失負担等を行う理由の相当性 （支援者にとって相当な理由はあるか）	再建	・倒産した場合に比べて損失が軽減されるか。 ・支援者の信用が維持されるか。
		整理	支援することにより将来の大きな損失を回避することができるか。
④	損失負担額等の合理性 （過剰支援になっていないか）		・損失負担額等は必要最低限の金額となっているか。 ・支援により子会社等に課税所得は発生しないか。 ・子会社等は遊休資産の売却等、自助努力を行っているか。
⑤	整理・債権管理等の有無		支援者による再建管理、又は整理・管理が行われるか（子会社等の立ち直り状況に応じて支援額を見直すこととされているか等）。
⑥	支援者等の範囲の相当性		・事業関連性の強弱、支援規模、支援能力等から、当事者間の合意で決定されているか。 ・事業関連性を有するものが支援していない場合、合理的な理由があるか。
⑦	損失負担等の割合の合理性		事業関連性の強弱、支援規模、支援能力等から、当事者間の合意で決定されているか。

（注）「子会社等」に対して行う債権放棄等を対象としていますが、ここでの「子会社等」は、資本関係のある子会社のほか、取引関係、人的関係、資金関係等において事業関連性を有する者が含まれるとされているため（法人税法基本通達9-4-1）、金融機関にとっての貸出先は本通達に規定する子会社等に含まれると解釈されています。

額以外の金額」、つまり、6年目以降に弁済される金額（担保等による取立見込額を除く）については、原則として、当該事業年度の所得の金額の計算上、貸倒引当金勘定への繰入れにより損金の額に算入することができます（金融庁「資本性借入金の税務上の取扱いについて」平成25年2月5日[13]）。

　この一定の場合とは、以下に該当するものをいいます。

①「債権者集会の協議決定」で、合理的な基準により債務者の負債整理を定めているもの。

②「行政機関、金融機関その他第三者のあっせんによる当事者間の協議により締結された契約」で、その内容が①に準ずるもの。

　①の「合理的な基準」とは、基本的には、すべての債権者について概ね同一の条件で負債整理の内容が定められていることをいいますが、例えば、利害の対立する複数の債権者の合意により負債整理の内容が定められている場合は、一般的には「合理的な基準」に該当するものとして取り扱われます。また、少額債権について他の債権より有利な定めをする場合も、「合理的な基準」の範疇に含まれるものと考えられます。

　なお、上記の「資本性借入金」のほか、「更生計画認可の決定」「再生計画認可の決定」又は「特別清算に係る協定の認可の決定」に基づいて、弁済期限の延長が行われた「資本性借入金」についても、同様の取扱いが認められます（金融庁「資本性借入金の税務上の取扱いについて」平成25年2月5日）。

---

13 https://www.fsa.go.jp/news/24/ginkou/20130205-3/01.pdf

「資本性借入金の税務上の取扱いについて」に記載されている事例

> 3.各事案における税務上の取扱いについては、個別に判断することとなりますが、次のようなものについては、上記2.①又は②に該当するものと判断することができます。
> ・実質債務超過の状態にある債務者に係る「債権者集会の協議決定」又は「行政機関、金融機関その他第三者のあつせんによる当事者間の協議により締結された契約」において、負債整理が合理的な基準に基づいて行われ、債権者が債務免除とともに弁済期限の延長を行ったもの
> ・実質債務超過の状態にある債務者に係る「債権者集会の協議決定」又は「行政機関、金融機関その他第三者のあつせんによる当事者間の協議により締結された契約」において、負債整理が合理的な基準に基づいて行われ、他に債務免除を行った大口債権者が存在する一方で、債権者（少額債権者）が債務免除を行わず弁済期限の延長のみを行ったもの
> ・特定調停において、大部分の債権者が特定調停手続に参加し、負債整理が合理的な基準に基づいて行われ、いずれの債権者も債務免除を行わないものの、一定の金融支援を行う一方で、債権者が弁済期限の延長を行ったもの
> 4.なお、上記3に該当しないもの（例えば、特定調停以外において、いずれの債権者も債務免除を行わない場合であって、弁済期限の延長を行ったものなど）について、法人税法施行令第96条第1項第1号ニの事由に該当し、貸倒引当金勘定への繰入れにより損金の額に算入することができるかどうかは、法人税法施行規則第25条の2に定める事由に該当するかについて、個別に判断することとなります。

（出典）金融庁「資本性借入金の税務上の取扱いについて」平成25年2月5日

(4) DES

　前述（本章2.の2 **(5)**（411頁）参照）の債務者の税務で解説した内容と表裏一体となります。現物出資を行う債権額の評価は時価によって行われ、この時価評価金額と債権額面の差額について、債権譲渡損が生じます。その際の税務上の仕訳は、以下のとおりです。

（借方）有価証券　（時価）　　　　（貸方）債権（額面金額）

（借方）債権譲渡損（評価差額）

　債権譲渡損は、中小再生GLでは損金の額に算入することが可能です（中小再生QA-Q 95、「『中小企業の事業再生等に関するガイドライン（再生型私的整理手続）』に基づき策定された事業再生計画により債権放棄等が行われた場合の税務上の取扱いについて[14]」）。

　ただし、DESの対象となる債権の時価の算定方法に税法上明確な規定がない点や、中小再生GLでは資産評定基準に基づく実態貸借対照表は作成されない点に留意が必要となる点は、債務者側の税務と同様となります。

14　https : //www.nta.go.jp/law/bunshokaito/hojin/220311/index.htm

3. 廃業型私的整理手続の税務

1　総論 （中小再生QA-Q 82）

　廃業型私的整理手続の弁済計画が成立した時点で、債務者（法人）は弁済計画を実行する義務を負担し、対象債権者の権利は成立した弁済計画の定めに基づき弁済を受け、残存する債務について免除を受けることになります。したがって、債務者（法人）は、事業の廃止又事業の全部又は一部の譲渡（会社法467条以下）を行ったのち、債務減免を受けて通常清算（会社法475条以下）が可能となり、必ずしも裁判所の関与が必要な特定調停手続や特別清算手続に移行することは必須ではありません。

　逆に、弁済計画において残存する債務の免除を受けることなく、その後、特定調停手続や特別清算手続において残存債務の減免を受ける方法も考えられます（中小再生QA-Q 22及びQ 81参照）。

　ただし、いずれの方法においても、弁済計画の履行後に法人格を消滅させることになりますが、どのような手続を用いて法人格を消滅させるかについて、弁済計画案に記載することが望ましいと考えられます（第2章3.の10 **(7)**（139頁）参照）。

　廃業型私的整理手続で廃業を進める場合は、継続を前提とした再生スキームが利用されることはないため、リスケ、DDS、DES等のスキームが利用されることはありません。第二会社方式を利用することはありますが、事業を承継会社に承継させ、旧会社が清算するという効果は再生型私的整理手続の場合と同様ですし、再生型私的整理手続で第二会社方式を利用した場合であっても、旧会社は解散・清算の税務手続が必要です。

　ここでは、債権放棄における債務免除益についての税務、旧会社が清算する際の税務の概要について、また、債務者が個人事業主の場合について

も解説していきます。

2　債務者（法人）の税務（中小再生 QA-Q 97）

(1) 債権放棄

再生型私的整理手続の場合と同様に、廃業型私的整理手続に基づき策定された弁済計画により債務免除等を受けた場合、債務者は、法人税基本通達12-3-1（3）に定める「債務の免除等が多数の債権者によって協議の上決められる等その決定について恣意性がなく、かつ、その内容に合理性があると認められる資産の整理があったこと」に該当し、法人税法施行令117条の3第3号の再生手続開始の決定に準ずる事実等に該当することから、原則として、法人税法59条3項≪会社更生等による債務免除等があった場合の欠損金の損金算入≫が適用されます。

したがって、再生型私的整理手続と同様に、廃業型私的整理手続において債務免除を受けた場合においても、当該債務免除益に対して期限切れ欠損金を利用することが可能です。

また、弁済計画において特定調停又は特別清算で債権放棄を受けた場合においても同様に、期限切れ欠損金の利用は可能です（法人税法59条3項、法人税法施行令117条の3、法人税基本通達12-3-1）。

(2) 税務申告

会社が解散すると、税務上も従来とは異なった取扱いがされることになります。通常、手続は税理士に依頼することになりますが、手続の流れの概要は次のとおりです。税理士以外の専門家等にとって重要なのは、どのタイミングで税理士に申告作業その他の届出を依頼するかを知っておくことです。

❶解散事業年度

会社の株主総会において、解散決議や裁判所による破産手続開始決定がなされると、事業年度開始日から解散日までが「解散事業年度」として、1事業年度とみなされます（法人税法14条1項1号）。この解散事業年度は変則的な事業年度になります。解散日の翌日から2ヶ月以内（申告期限の延長特例は、3ヶ月以内または税務署長が指定する月数の期間で認められます）に解散事業年度の確定申告が必要となります。

❷所轄税務署長等への届出

清算人は、会社が解散した場合には、遅滞なく、所轄の税務署長と都道府県・市町村に対して、解散したことを届け出なければなりません。

❸清算事業年度の開始

解散日の翌日から清算事業年度が開始します。会社法の適用を受ける普通清算手続及び特別清算手続の場合には、定款に定める事業年度の規定にかかわらず、解散日の翌日から1年間が清算事業年度となります。他方、破産手続の場合には、会社法の清算の対象外となるため（会社法475条1項1号）、従来どおり定款に定められた事業年度が適用されます。清算中の各事業年度終了日から2ヶ月以内（申告期限の延長特例は、上記❶の場合と同様に認められます）に、清算事業年度の税務申告が必要です。

❹残余財産確定事業年度の確定申告書、清算結了届出書

清算事業年度の翌日から残余財産が確定する日（一般的には、財産が現金化され、債務の弁済が完了した日）については、残余財産確定日の属する事業年度の税務申告をする必要があります。残余財産確定日から1ヶ月以内に、税務申告書を提出する必要があり、通常の提出期限である「2ヶ月以内」と異なることに留意が必要です（申告期限の延長特例は認められていません）。

　また、所轄の税務署長と都道府県・市町村に対して、清算結了したことの異動届出書を提出しなければなりません。

3　債務者（個人事業主）の税務　（中小再生QA-Q 98）

　廃業型私的整理手続における対象債権者は、法人に限られず個人事業者も含まれています。個人事業者が債務免除を受けた場合については、各種所得の金額の計算上収入とすべき金額または総収入金額に算入すべき金額に該当し、所得税が課税されることになります。しかし、このような状況にある個人事業主は、すでに資力を喪失しており、債務免除益を所得計算に含めてしまうと納税資力がない状況になるものと考えられます。

　中小再生GLでは、廃業型私的整理手続に基づき策定された弁済計画により債務免除を受けた場合の個人事業主に対する債務免除が、所得税法44条≪免責許可の決定等により債務免除を受けた場合の経済的利益の総収入金額不算入≫に定める「資力を喪失して債務を弁済することが著しく困難である場合」に該当し、その債務免除益は総収入金額に算入されないものと考えられます。

4　債権者の税務　（中小再生QA-Q 96）

（1）中小再生GLに基づく債務免除

　廃業型私的整理手続に基づき策定された弁済計画により債権放棄が行われた場合、法人税基本通達9-6-1（3）ロにおける「行政機関又は金融機関その他の第三者のあっせんによる当事者間の協議により締結された契約で、その内容が債権者集会の協議決定で合理的な基準により債務者の負債整理を定めているものに準ずるものによる切り捨て」に該当し、当該債権放棄額は損金の額に算入されます。

(2) 特定調停又は特別清算で債権放棄を受けた場合

　廃業型私的整理手続の場合、債務減免を受けて通常清算（会社法475条以下）することが可能となり、必ずしも裁判所の関与が必要な特定調停手続や特別清算手続に移行することは必須ではありませんが、弁済計画において残存する債務の免除を受けることなく、その後、特定調停手続や特別清算手続において残存債務の減免を受ける方法も考えられます（第4章6.の7（256頁）参照)。その場合の貸倒損失の処理については、**図表7-15**のとおりです。

【図表7-15】特定調停・特別清算における貸倒損失の根拠

手　続	貸倒損失計上根拠
特定調停	法人税基本通達9-6-1（3）ロ、9-6-1（4）
特別清算　協定型	法人税法基本通達9-6-1
特別清算　和解型	法人税法基本通達9-6-1（2）が一般的と思われていたが、適用はないとする裁決事例（東京高裁平成29年7月26日判決）がある。したがって、法人税法基本通達9-6-1（4）及び9-6-2の適用を検討することになる。

【図表7-16】貸倒損失の要件

事　実	損金算入時期	損金算入額	法人税法基本通達
①更生計画認可の決定	その事実の発生した日の属する事業年度	切り捨てられることとなった部分の金額	法基通9-6-1
②特別清算に係る協定の認可の決定			
③再生計画認可の決定			
④債権者集会で合理的基準により協議決定			
⑤行政機関又は金融機関等の斡旋による協議契約			
⑥債務者の債務超過が相当期間継続し、弁済不能のため書面で債務免除		債務免除通知をした金額	
⑦債務者の資産状況、支払能力等からみて全額が回収不能と認められる場合（担保物のある場合は担保物が処分された後に限ります）	回収できないことが明らかとなった事業年度	金銭債権の全額（一部は認められません）	法基通9-6-2
⑧継続取引していた債務者につきその資産状況、支払能力等が悪化したために取引を停止し、その後原則として1年以上経過	取引停止後原則として1年以上経過した日以後	売掛債権の額から備忘価額（1円）を控除した金額	法基通9-6-3
⑨同一地域の債務者について有する売掛債権の回収に要する旅費等の金額よりも売掛債権額のほうが小さい	催促したにもかかわらず弁済がないとき以後		

・売掛債権とは、売掛金、受取手形その他これらに準ずる債権をいい、貸付金その他これに準ずる債権は含まれません。
・「中小企業の会計に関する指針」及び「中小企業の会計に関する基本要領」では、法的に債権が消滅した場合のほか、回収不能な債権がある場合は、その金額を貸倒損失として計上し、債権金額から控除しなければならないとされています。

4. 保証人の税務

1 総 論

　中小企業の経営者は、会社の借入金の連帯保証人になっていることが少なくありません。また、中小再生GLでは、債務減免等を要請する場合に、経営者が個人保証しているときは、保証人の資産等の開示と保証債務の整理方針を明らかにする必要がありますが、当該整理を円滑に実行できるようにするため、税務上、保証人の資産処分や債務免除に対しての整理がなされています。

2 所得税の譲渡所得（保証債務を履行するために資産を譲渡した場合の課税の特例）

　再生型私的整理手続又は廃業型私的整理手続に基づき、事業再生計画又は弁済計画を履行する過程で、保証人が保証債務を履行するために資産を譲渡するケースが考えられます。この場合において、資産譲渡によって発生する所得税の譲渡所得に対して課税されてしまうと、保証人の弁済履行に支障が出ることが考えられます。

　このような状況を勘案し、中小再生GLでは、再生型私的整理手続又は廃業型私的整理手続により、対象債務者の主債務と保証人の保証債務の一体整理（保証人の解説項（第2章2.の8 **(8)** ❹（88頁）、3.の10 **(9)** ❹（145頁）参照））を行う場合において、これらの手続に従って策定された事業再生計画又は弁済計画により、保証人が保証債務を履行するためにその有する資産を譲渡し、その履行により取得した求償権を放棄したときは、原則として、所得税法64条2項に規定する「求償権の全部又は一部を行使することができないこととなったとき」に該当するものとし、一定の要件を満

たす場合には譲渡損益を所得税の所得計算に算入しないものとしています（中小再生 QA-Q 99、「『中小企業の事業再生等に関するガイドライン（再生型私的整理手続）』に基づき策定された事業再生計画により債権放棄等が行われた場合の税務上の取扱いについて」[15] 及び「『中小企業の事業再生等に関するガイドライン（廃業型私的整理手続）』に基づき策定された弁済計画により債権放棄が行われた場合の税務上の取扱いについて」[16]）。

　なお、類似するケースでは、私財を提供するケースにおいて、「債務処理計画に基づき資産を贈与した場合の課税の特例」（租税特別措置法40条の3の2）がありますが、適用要件として企業再生税制の適用を受ける私的整理手続（本章2.の2 **(2)** ❸及び❹（396頁）参照）である必要があるため、中小再生 GL において利用要件を満たさないことに留意が必要となります。

3　所得税法64条2項

　前項で述べた所得税法64条2項（保証債務を履行するため資産の譲渡代金が回収不能となつた場合等の所得計算の特例）の適用を受けるためには、以下の要件が必要となります。

① 　保証債務を履行するために資産を売却したこと

② 　売却代金の全部又は一部が保証債務の履行にあてられていること

③ 　保証債務履行に伴う求償権の全部又は一部を行使することができないこと

④ 　確定申告書に特例の規定の適用を受ける旨の記載があり、かつ、「保証債務の履行のための資産の譲渡に関する計算明細書」の添付があること

4 保証債務の債務免除益の扱い

　再生型私的整理手続又は廃業型私的整理手続に基づき策定された弁済計画により保証債務の免除を受けた場合の保証人の税務処理については、「『経営者保証に関するガイドライン』に基づく保証債務の整理に係る課税関係の整理」（平成26年1月16日制定）[17]と同様になると考えられます（中小再生QA-Q 99）。

　主債務を弁済しきれない場合には、経営者たる保証人が保証債務を負うことになります。経営者たる保証人が保証債務を弁済しきれない場合、中小再生GLや経営者保証ガイドラインに従って保証人の債務弁済計画を策定し、弁済を実行することになりますが、当該保証債務弁済後の残額について免除を受けた際に免除益として課税されてしまうと、保証人の債務の弁済に支障が出ることになりますし、保証人に対する経済的利益の供与はないことから、所得税法36条に規定する「その年において収入すべき金額」とはされず、保証人に所得税の課税関係は生じないものとされています。

---

15 https : //www.nta.go.jp/law/bunshokaito/hojin/220311/index.htm
16 https : //www.nta.go.jp/law/bunshokaito/hojin/220311_02/index.htm
17 https : //www.zenginkyo.or.jp/fileadmin/res/abstract/adr/sme/guideline_qa_taxa-tion.pdf

5. 仮装経理がある場合の税務還付手続

1　総　論

　再生フェーズにある会社については、金融機関から資金調達を有利に行うため等の目的で、自社の決算書を仮装経理によって実態より良く見せようとすることがあります。当該仮装経理によって、各種税金の過大申告及び過大納付をした場合には、所定の手続によって、過大に納付した税金が還付される可能性があります。

2　仮装経理に基づく過大申告をした場合の税金還付

(1) 仮装経理

　仮装経理について、税務上は明確な定義はありませんが、「一般に、法人が実際の状況をよりよく見せるため事実を仮装し、これに基づいて所得金額を過大に申告納付した場合」(平成11年2月23日裁決、裁決事例集№57、306頁) であり、単なる計算上の誤りや事実認識の違いなどではなく、積極的に事実に反する経理を行うことであり、一定の外部取引に関するものと解されます。具体的には、次のような例が該当すると考えられます。

〈仮装経理例〉
・架空売上の計上
・仕入や経費の過小計上
・在庫の過大計上

（2）法人税の還付

　法人税については、仮装経理に基づく過大申告の場合の更正の請求を行い、それが認められた場合においても、即時に法人税の還付を受けることができません。これは一種のペナルティのような規定となっており、即時の還付を認めていない代わりに、仮装経理により過大に納付した税額を翌期以降の税額から5年間に渡って控除をし、5年を超えた時点で控除しきれていない税額については、その時点で還付を受けられることになります[18]。ただし、法人税については特例として、減額更正の日の属する事業年度開始の日前1年以内に開始する事業年度の法人税の額で、その更正の日の前日において確定している金額までは即時還付を受けることができます。

（3）地方税の還付

　地方税については、法人税と同様に更正の請求が認められた場合でも、即時還付を受けることができません。仮装経理により過大に納付した税額を翌期以降の税額から5年間に渡って控除をし、5年を超えた時点で控除しきれていない税額については、その時点で還付を受けることが可能となります。

　また、地方税については法人税のように前1年以内に開始する事業年度の確定税額までの即時還付の特例はないため、還付を受けることができるのは5年経過後となります。

（4）消費税等の還付

　消費税については、仮装経理に基づく過大申告の場合の更正の請求とい

18　ただし、破産手続の開始等、還付事由が生じた場合には、控除しきれなかった金額を還付することとされています（法人税法135条3項）。会社更生手続開始の決定、民事再生手続開始の決定等、企業再生事由が生じた場合には、控除しきれなかった残額を還付請求することができます（法人税法135条4項、法人税法施行令175条2項）。

う規定がありません。そのため、通常の更正の請求と同様の取扱いとなり、更正の請求が認められた場合、該当の消費税については即時に還付を受けることが可能です。

3　実在性のない資産の取扱い

　一定の法的整理手続又は私的整理手続に従って清算が行われる場合において、貸借対照表上、実在性のない資産が存在したケース[19]における処理について類型化すると、以下のようなケースに分けられます。

　なお、公的機関が関与又は一定の準則に基づき独立した第三者が関与して策定された事業再生計画に従って会社が存続して再生する場合においても、実在性のないことの客観性が担保されていると認められている時には同様の取扱いとすることが適当と考えられているため、中小再生GLにおいても同様の取扱いになるものと考えられます。

【図表7-17】実在性のない資産と税務上の取扱いの関係

<table>
<tr><th colspan="2">調査結果と期限</th><th>税務上の取扱い</th></tr>
<tr><td rowspan="2">(1) 過去の帳簿書類等を調査した結果、実在性のない資産の計上根拠が明らかである場合</td><td>①更正期限内</td><td>更正の請求の手続を経て青色欠損金か期限切れ欠損金となる。</td></tr>
<tr><td>②更正期限を過ぎている場合</td><td>期限切れ欠損金となる。</td></tr>
<tr><td colspan="2">(2) 過去の帳簿書類等を調査した結果、実在性のない資産の計上根拠が不明である場合</td><td>期限切れ欠損金となる（※）。
（※）裁判所が関与する破産等の法的整理手続、又は公的機関が関与若しくは一定の準則に基づき独立した第三者が関与する私的整理手続を経て、資産につき実在性のないことが確認された場合</td></tr>
</table>

19「平成22年度税制改正に係る法人税質疑応答事例（グループ法人税制その他の資本に関係する取引等に係る税制関係）（情報）」の「問11　実在性のない資産の取扱い」（https://www.nta.go.jp/law/joho-zeikaishaku/hojin/101006/index.htm）

第8章

「中小企業の事業再生等に関するガイドライン」に関する費用補助

1. 費用補助の概要

　平成24年（2012年）度補正予算において独立行政法人中小企業基盤整備機構（以下「中小機構」という。）への費用補助（本事業用の基金造成）として、経営改善計画策定支援事業が措置され、中小機構は、これを産業競争力強化法に定める都道府県の認定支援機関（中小企業活性化協議会）へ委託し、2013年度より経営改善計画策定支援事業が開始されました。

　経営改善計画策定支援事業は、当初、リスケ・新規融資等の金融支援を必要としているものの、自らの力では経営改善計画を策定できない中小企業・小規模事業者を対象として、国が認定した税理士などの専門家である認定経営革新等支援機関（本章2.（440頁）で詳述します）が経営改善計画の策定を支援し、経営改善の取組みを促すため、一定の費用補助（DD・計画策定支援費用等）が利用できる制度として始まりました（これを「通常枠」といいます）。

　2022年4月からは、事業者（中小企業者）が認定経営革新等支援機関（計画策定支援等を担う外部専門家、検証等を担う第三者支援専門家）の支援を受けつつ、「中小企業の事業再生等に関するガイドライン」に基づいて事業再生計画又は弁済計画を策定する場合において、それらの費用及び伴走支援費用の補助を行う支援を、本事業の一環として実施することになりました。これを「経営改善計画策定支援事業（ガイドラインに基づく計画策定等の支援）」といいます（通常枠に対して、こちらの制度は「中小版GL枠」といわれます）。

　中小企業・小規模事業者が、中小再生GLにおける再生型私的整理手続又は廃業型私的整理手続を行おうとする場合、この中小版GL枠を利用して、以下の概要の費用補助を利用することができます。

　費用補助の概要は、**図表8-1**に示したとおりですが、主な内容として

費用補助を受けられるのは認定経営革新等支援機関に限ること、認定経営革新等支援機関への支払費用の3分の2が補助され、DD費用で最大300万円、計画策定支援費用で最大300万円、伴走支援費用で最大100万円の合計で最大700万円の補助が受けられるといった内容になっています。

　これらの費用補助の申請は、各都道府県に設置された中小企業活性化協議会が窓口となります。

　外部専門家及び第三者支援専門家が費用補助を利用するには、まず、費用補助の利用申請を、なるべく当該外部専門家又は第三者支援専門家が本ガイドラインに基づく計画策定支援に着手する前に行うことが望ましいとされています。外部専門家及び第三者支援専門家は、中小企業活性化協議会からの委嘱への承諾前（委嘱承諾書の日付前）に行った業務については、支払申請の対象にならないことに留意が必要です。

　なお、本章に記載する費用補助に関する記載は、2024年4月時点の中小企業庁の経営改善計画策定支援についてのウェブサイト、並びに同ウェブサイトに記載されている「経営改善計画策定支援事業（経営改善計画策定支援）に関する手引き（令和5年4月1日改訂）」及び「経営改善計画策定支援事業（ガイドラインに基づく計画策定等の支援〈中小版GL枠〉）マニュアル・FAQ（令和6年4月1日改訂）」（以下「中小版GL枠マニュアル・FAQ」という。）を前提に記載していますが、補助の内容・手続等は随時更新される可能性があるため、最新の情報は、中小企業庁の経営改善計画策定支援についてのウェブサイトをご確認ください。

　また、費用補助の詳細は、利用申請の窓口となる各都道府県に設置された中小企業活性化協議会に相談し、最新の情報をご確認ください。

【図表8-1】費用補助の概要

補助対象経費	補助率	主な留意点
DD費用等	2/3(上限300万円)	・認定経営革新等支援機関が中小再生GLの手続遂行を支援すること ・認定経営革新等支援機関である外部専門家・第三者支援専門家の費用が対象 ・リスケ又は債権放棄等の金融支援を伴うこと ・計画は、中小再生GLに定められた要件（再生型私的整理手続の場合は数値計画等）をすべて満たしていること
計画策定支援費用	2/3(上限300万円)	
伴走支援費用	2/3(上限100万円)	

【費用補助の対象となる費用と対象とならない費用】

対象となる費用[注1,注2]	対象とならない費用
• DDにかかる費用 • 計画策定支援にかかる費用（例えば以下のもの） 　▶計画案の策定（アクションプラン含む） 　▶事業価値算定 　▶金融機関への計画案の説明 　▶金融機関・スポンサー等との協議・検討・交渉[注3] • 第三者支援専門家のGL上の業務にかかる費用[注4] • 伴走支援（モニタリング）にかかる費用 • 債権者会議（バンクミーティング）の開催にかかる対応費用 • 外部委託にかかる費用[注5]	• 計画の実行にかかる費用（例えば以下のもの） 　▶特別清算手続等の法的手続にかかる費用 　▶商業登記（会社分割等）・不動産登記手続にかかる手数料・印紙税等 　▶株主総会等の議事録作成にかかる費用等 • M&Aにおけるスポンサー探索にかかる費用（手数料・M&A会社によるDD費用・資料作成費用等） • 融資手続等にかかる手数料及び保証料 • 計画を進めていくために、事業者で雇用する人材に対する人件費

（注1）認定経営革新等支援機関が行うこと（正当な外部委託を除く）、かつ単価表に基づいて「時間×単価」で示すことができるものであることとし、利用申請時の見積りで示されていることが前提となります。

（注2）上記の他、対象可否が不明なものは、個別に中小企業活性化協議会に問い合わせてください。また上記に該当する場合でも、費用の内容や申請方法等により、対象とならない場合もありますのでご留意ください。（利用申請時に見積もられていない場合、非弁行為に該当する場合等）

（注3）弁護士以外の方が交渉・調整行為を行った場合、弁護士法違反（非弁行為）に問われますのでご注意ください。

（注4）第三者支援専門家のGL上の業務にかかる費用は、DD費用等の上限額300万円・計画策定支援費用の上限額300万円との関係では、計画策定支援費用に帰属するものとして扱います。

（注5）不動産鑑定にかかる費用、計画策定に資する基礎情報の調査費用等。詳しくはＱ2-2-15を参照ください。デューデリジェンス・計画策定・伴走支援に必要不可欠であること、かつ、デューデリジェンス・計画策定・伴走支援の主要な部分は認定経営革新等支援機関が自らの業務として行うことが前提となります。

（出典）経営改善計画策定支援事業（ガイドラインに基づく計画策定等の支援〈中小版GL枠〉）（令和6年4月1日改訂）Ｑ2-1-2

【図表8-2】中小再生GLに関する費用補助についてのイメージ図

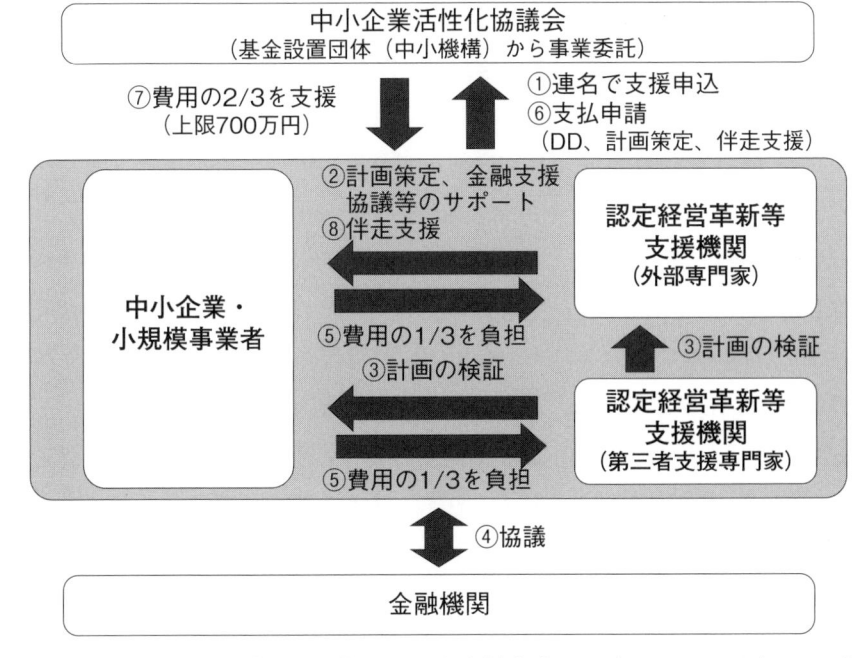

（出典）中小企業庁「経営改善計画策定支援事業の見直しについて」2022年3月22日

2. 認定経営革新等支援機関について

　中小再生GLに関する費用補助を利用するためには、外部専門家及び第三者支援専門家が認定経営革新等支援機関である必要があります。

　認定経営革新等支援機関とは、中小企業支援を行う支援事業の担い手の多様化・活性化を図るため、平成24年8月30日に「中小企業経営力強化支援法」（現在の「中小企業等経営強化法」）が施行され、中小企業に対して専門性の高い支援事業を行うために創設された制度です。

　認定制度は、税務、金融及び企業財務に関する専門的知識や支援に係る実務経験が一定レベル以上の個人、法人、中小企業支援機関等を経営革新等支援機関として認定することとされており、具体的には以下のような認定基準となっています（なお、基準は変更されることもあり得るため、最新の情報については中小企業庁のウェブサイトよりご確認ください）。

　認定支援機関の申請・届出にかかる手続は、すべて電子化されており、認定経営革新等支援機関電子申請システムでの手続が必要となるため、申請方法や必要となる書類の詳細については、中小企業庁のウェブサイトよりご確認ください。

(1) 税務、金融及び企業の財務に関する専門的な知識を有していること・経営革新等認定支援機関候補として想定される者は、多岐多様にわたり、かつ、それぞれにおいて専門的な知識のメルクマールが異なることから、以下（イ）～（ハ）の3分類で判断することとします。
　・（イ）士業法や金融機関の個別業法において、税務、金融及び企業の財務に関する専門的知識が求められる国家資格や業の免許・認可を有すること（税理士法人、税理士、弁護士法人、弁護士、監査法人、公認会計士、中小企業診断士、金融機関のみ本号に該当）
　・（ロ）「中小企業等経営強化法」等に基づいて、中小企業者等が「経営革新計画」、「異分野連携新事業分野開拓計画」等（※1）の策定を行う際、主たる支援者（※2）として関与した後、当該計画の認定を3件以上受けていること。
　・（ハ）（イ）や（ロ）と同等以上の能力（※3）を有していること
(2) 中小企業・小規模事業者に対する支援に関し、法定業務に係る1年以上の実務経験を含む3年以上の実務経験を有していること、または同等以上の能力（※3）を有していること
(3) 法人である場合にあっては、その行おうとする法定業務を長期間にわたり継続的に実施するために必要な組織体制（管理組織、人的配置等）及び事業基盤（財務状況の健全性、窓口となる拠点、適切な運営の確保等）を有していること。個人である場合にあっては、その行おうとする法定業務を長期間にわたり継続的に実施するために必要な事業基盤（財務状況の健全性、窓口となる拠点、適切な運営の確保等）を有していること。
(4) 法第32条各号に規定される欠格条項のいずれにも該当しないこと
　・（イ）禁固刑以上の刑の執行後5年を経過しない者
　・（ロ）心身の故障により法定業務を適正に行うことができない者
　・（ハ）法第36条の規定により認定を取り消され、当該取消しの日から5年を経過しない者
　・（ニ）その他（暴力団員等）等

（※1）「中小企業等経営強化法」、「中小企業者と農林漁業者との連携による事業活動の促進に関する法律」、「中小企業による地域産業資源を活用した事業活動の促進に関する法律」、「産業競争力強化法」等、国の認定制度に基づく計画を対象とする。具体的には、認定経営革新等支援機関　電子申請システム　FAQをご確認ください。
（※2）本制度の趣旨にそぐわないと考えられる場合（例えば、認定申請者又は更新申請を予定する支援機関（候補者）の間で相互に経営力向上計画の策定を行うこと、1つの計画作成に対し、「主たる支援者として関与した証明書」が不自然に複数者に対し発行されていること、支援者と支援先の中小企業等の代表者等が同一であること等）は、原則的に当該支援者は主たる支援者とは認められません。こういった申請があった場合、必要に応じて、申請者又は関与証明書の発行主体に対し、上記の事実関係の確認を行います。
（※3）中小機構にて指定された研修を受講し、試験に合格すること。商工会・商工会議所の場合は、「経営発達支援計画」の認定を受けていること。

（出典）中小企業庁ウェブサイト「具体的な認定基準について」

【図表8-3】経営革新等支援機関の認定（更新）基準について

経営革新等支援機関の認定（更新）にあたっては、中小企業・小規模事業者の財務内容等の経営状況の分析や事業計画の策定支援・実行支援を適切に実施する観点から、主に以下の認定基準を設けています。
①税務、金融及び企業の財務に関する専門的な知識を有していること（要件①）
②中小企業・小規模事業者等に対する支援に関し、法定業務に係る1年以上の実務経験を含む3年以上の実務経験を有していること（要件②）
③安定した事業基盤を有していること（要件③）
具体的には、以下のフローチャートよりご確認ください。

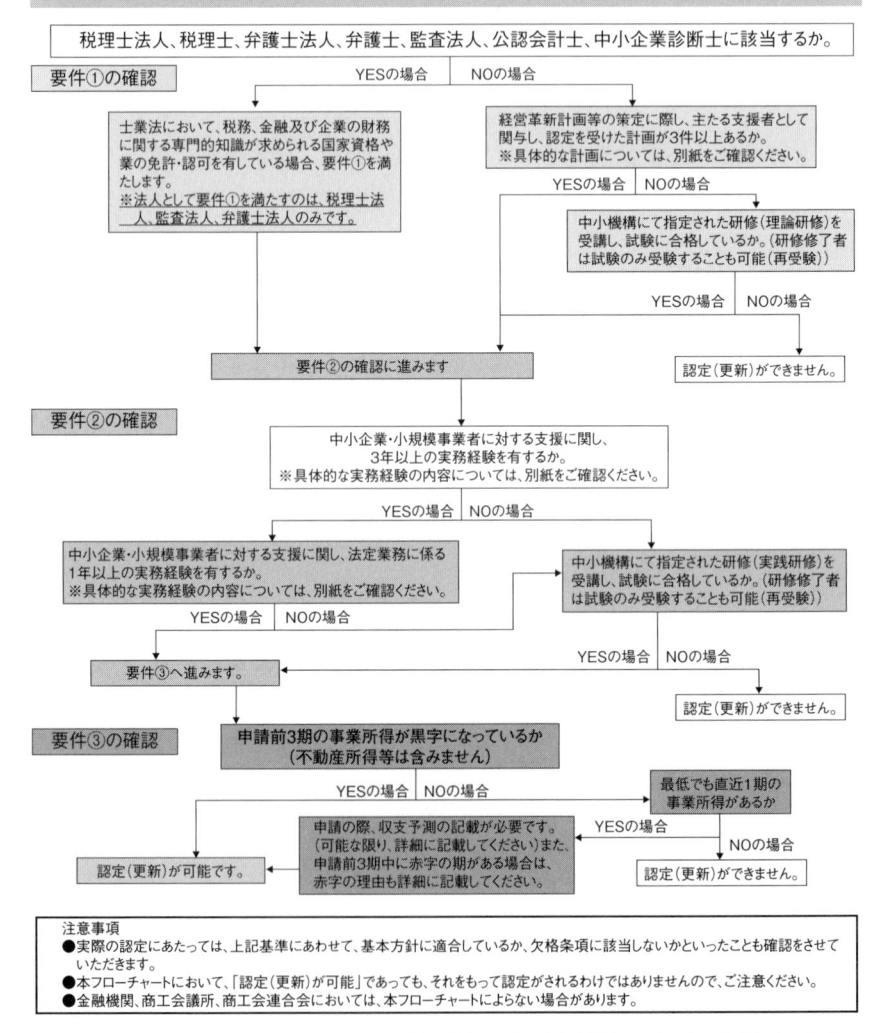

注意事項
●実際の認定にあたっては、上記基準にあわせて、基本方針に適合しているか、欠格条項に該当しないかといったことも確認をさせていただきます。
●本フローチャートにおいて、「認定（更新）が可能」であっても、それをもって認定がされるわけではありませんので、ご注意ください。
●金融機関、商工会議所、商工会連合会においては、本フローチャートによらない場合があります。

（出典）経済産業省関東経済産業局「経営革新等支援機関の認定（更新）基準について」をもとに作成

3. 費用補助の利用の流れについて

中小版 GL 枠の費用補助を受けようとする場合の制度利用の流れは、以下のとおりです。

○**STEP 1　中小再生 GL の活用を検討する**
事業者は、中小再生 GL に基づく計画策定支援を担う外部専門家（事業者側専門家のこと。弁護士、公認会計士、税理士、中小企業診断士等）等と、中小再生 GL の活用等を検討してください。
中小再生 GL を参照し、主要債権者と相談しつつ、第三者支援専門家を選任してください。

○**STEP 2　「経営改善計画策定支援事業（中小再生 GL に基づく計画策定等の支援）」の利用申請をする**
外部専門家や第三者支援専門家の中に認定経営革新等支援機関がいる場合、その認定経営革新等支援機関と事業者との連名で、最寄りの中小企業活性化協議会に利用申請をします。

○**STEP 3　中小再生 GL で定める手続に従って、計画策定を行い、合意形成を図る**
外部専門家と事業者が協力して、第三者支援専門家の助言を受けつつ、DD をして報告書にまとめた上で、それをもとに計画案（事業再生計画案または弁済計画案）を策定します。また、第三者支援専門家は計画案等について調査をし、調査報告書を作成します。そして、計画案の内容について対象債権者の合意形成を図ります。
計画案につき、中小再生 GL で定める手続に従って、対象債権者全員の同意が得られれば、計画成立となります。

○**STEP 4　「経営改善計画策定支援事業（中小再生 GL に基づく計画策定等の支援）」の支払申請をする**中小再生 GL に基づく計画が成立すると、利用申請を行った認定経営革新等支援機関と事業者との連名で、中小企業活性化協議会に対し、支払申請を行うことができます。中小企業活性化協議会は、適格要件への該当などを確認の上、費用負担を適切と判断した場合は、支払決定を行います。

○**STEP 5　計画の実行と金融支援・事業再生等の実現**
事業者は、金融機関と合意した計画に基づき、金融支援を受けて円滑な事業再生又は円滑な廃業を実行します。また、事業再生計画の場合は、将来の事業計画の達成を目指します。外部専門家は、これらの計画の実行状況につき、伴走支援（モニタリング）を行って関係者に報告します。

（出典）中小企業庁　独立行政法人中小企業基盤整備機構（中小企業活性化全国本部）
「経営改善計画策定支援事業（ガイドラインに基づく計画策定等の支援〈中小版 GL 枠〉）マニュアル・FAQ」令和 6 年 4 月 1 日改訂をもとに作成

4. 対象となる事業者について

中小版GL枠の費用補助の対象となる条件として、中小版GL枠マニュアル・FAQ 2-1-3には以下の条件が記載されています。

Q 2-1-3 【対象となる事業者】
事業者について、中小版GL枠の対象となるための条件はありますか？

A. 以下の通りです。

なお、以下とは別に、費用支払のためには、ガイドラインに基づく計画が成立する必要があることから、ガイドラインの対象者の要件も満たされる必要がありますので、ご注意ください。

（1） 対象事業者

本事業の対象事業者は、中小企業（産業競争力強化法2条22項に定義される中小企業者）です。小規模事業者・個人事業主も、中小企業者に該当する場合は本事業の対象となります。また、農業や漁業など1次産業の事業を行っている事業者も、中小企業者に該当する場合は本事業の対象となります。

また、「医療法人（「常時使用する従業員が300人以下」に限る）」は、産業競争力強化法に定義される中小企業者ではありませんが、例外的に本事業の対象事業者としています。

他方で、社会福祉法人、特定非営利活動法人（NPO法人）、一般社団法人、一般財団法人、公益社団法人、公益財団法人、農事組合法人、農業協同組合、生活協同組合、LLP（有限責任事業組合）及び学校法人は、中小企業者に該当しないため、本事業の対象外です。これら以外にも対象とならない法人形態や業種がありますので、不明の場合は個別に中小企業活性化協議会に問い合わせてください。

（参考）産業競争力強化法2条22項

22　この法律において「中小企業者」とは、次の各号のいずれかに該当する者をいう。

一　資本金の額又は出資の総額が三億円以下の会社並びに常時使用する従業員の数が三百人以下の会社及び個人であって、製造業、建設業、運輸業その他の業種（次号から第四号までに掲げる業種及び第五号の政令で定める業種を除く。）に属する事業を主たる事業として営むもの

二　資本金の額又は出資の総額が一億円以下の会社並びに常時使用する従業員の数が百人以下の会社及び個人であって、卸売業（第五号の政令で定める業種を除く。）に属する事業を主たる事業として営むもの

　三　資本金の額又は出資の総額が五千万円以下の会社並びに常時使用す
　　　る従業員の数が百人以下の会社及び個人であって、サービス業（第五
　　　号の政令で定める業種を除く。）に属する事業を主たる事業として営む
　　　もの
　四　資本金の額又は出資の総額が五千万円以下の会社並びに常時使用す
　　　る従業員の数が五十人以下の会社及び個人であって、小売業（次号の
　　　政令で定める業種を除く。）に属する事業を主たる事業として営むもの
　五　資本金の額又は出資の総額がその業種ごとに政令で定める金額以下
　　　の会社並びに常時使用する従業員の数がその業種ごとに政令で定める
　　　数以下の会社及び個人であって、その政令で定める業種に属する事業
　　　を主たる事業として営むもの
　六　企業組合
　七　協業組合
　八　事業協同組合、協同組合連合会その他の特別の法律により設立され
　　　た組合及びその連合会であって、政令で定めるもの

(2)　金融支援の有無・種類
　金融機関からの金融支援のうち一定のもの（Q 2-1-4の②を参照）を受けよ
うとする場合に、本事業の対象となります。したがって、これらの金融支援
を受けない場合は対象となりません。

(3)　債権者が地方公共団体（第三セクター等）、官民ファンド（株式会社産
　　業革新投資機構等）、独立行政法人（中小企業基盤整備機構等）（以下「地
　　公体等」という。）のみで、金融機関への金融支援要請を行わない場合
　債権者が全て地公体等のみであり、金融機関に対して金融支援を要請しな
い場合は、本事業の対象となりません。

(4)　1行取引の事業者
　1行取引であっても、信用保証協会保証付き借入がある場合は、信用保証協
会による保証債務履行の前後にかかわらず利用できます。一方で、1行取引
で、信用保証協会保証付き借入が無い場合（プロパーのみの場合）は、利用
できません（金融機関調整が必要ないこと等を勘案するもの）。
　なお、信用保証協会保証付き借入がある場合は、信用保証協会による保証
債務履行の前後にかかわらず、取引金融機関と信用保証協会のそれぞれから
計画に対する同意が必要となります。

(5)　税金や社会保険料等の滞納がある場合
　税金や社会保険料等の滞納がある場合であっても、当局（国税局等）と相
談の上、滞納解消に向けて取り組んでいる場合等は、本事業の対象となる可
能性があります。

(6) 県からの出資が50％を超えている場合

　地公体等の出資比率が50％を超える中小企業者は、本事業の対象になりません。

(7) 大企業である親会社から出資を受けている場合

　出資割合が100％の場合を除き、本事業の対象になります。

(8) 認定経営革新等支援機関が出資している事業者など

　認定経営革新等支援機関の議決権保有比率が20％以上（間接保有含む。）の事業者については、当該認定経営革新等支援機関が財務及び営業又は事業の方針に対して重要な影響を与えることができ、また、連結決算上は関連会社となって損益も加算されるため、企業グループ全体として一体的な事業運営とみなすことができることから、自助努力で経営改善を行うべきものと考えられ、本事業の対象とはなりません。

　また、認定経営革新等支援機関が直接保有又は間接保有で議決権を保有していない場合でも、実質的に経営に関与することができる立場にあたる場合は、同様の観点から、本事業の対象となりません（認定経営革新等支援機関と同じ親会社を持つ関連会社が議決権を保有する場合で、企業グループ全体として自助努力による経営改善を行うべきものとみなされる場合等は、実質的に経営に関与することができる立場にあたります）。

　また、同様の観点から、認定経営革新等支援機関（法人の場合はその代表者）が取締役を務める事業者も本事業の対象となりません（なお、監査役や会計参与であれば、取締役とは異なり、会社の業務執行を決定する役割を有しないため、この制限の対象とはなりません。）。

(9) 創業後の営業実績等について

　創業後12か月[注]以上の営業実績があり決算を経ていれば対象となります（ただし、一事業年度で12ヶ月[注]の決算を実施していることが必要です）。

　これに該当しない事業者であっても、法人設立前に個人事業主として同様の事業を継続して12か月[注]以上行っていた場合は、本事業の対象となります。ただし、実績を証明する確定申告書等を提出できる場合に限ります。

　（注）「12ヶ月」とは、365日（対象期間内に閏年の2月を含む場合は366日）とします。

(10) 事業を承継して間もない個人事業主について

　承継前の営業実績との通算で、12か月[注]以上事業を継続して行っていた場合は、本事業の対象となります。ただし、承継前から連続した実績を証明する確定申告書等を提出できる場合に限ります。

　なお、事業を承継した事実については、税務署に提出した個人事業の開業・廃業等届出書で確認できる場合に限ります（確定申告書等と併せて写しを提出）。

(注)「12ヶ月」とは、365日（対象期間内に閏年の2月を含む場合は366日）とします。

(11)　休業していた事業者・税務申告していない事業者について

　休業中であっても、税務署等への申告義務はありますので、売上がない場合でも確定申告書等の提出は必要です。確定申告書等が存在しない場合は、この申告義務を怠っていることとなるため、本事業の対象とはなりません。税務申告を行えていない場合でも、遡って税務申告を行い、連続した3期分以上の確定申告書等が提出可能な場合は、本事業の対象となります。

　この場合、何（実績や市場分析等）に基づいた計画であるか、なぜその金融支援を受ける必要があるのか等、前提条件等も含めて十分検討の上、これらを詳細に計画に記載することが望ましいと考えられます。

(12)　廃業済みの事業者について

　事業者が、一時停止の要請の時点で（一時停止の要請を行っていない場合は利用申請の時点で）、既に実質的に廃業済み^(注)の場合は、本事業の対象となりません。

　（注）　廃業済みとは、以下のような事情を考慮して判断されます。

　　　・事業による売上が計上されていない
　　　・全ての事務所・営業所を閉鎖している（登記住所等での営業が確認できない）
　　　・従業員がいない
　　　・その他、事業が継続されていることが確認できない

(13)　代表者が不在または有効な意思表示ができない事業者について

　例えば事業者の代表者が死亡または行方不明になったが次の代表者を選任できていない場合など、代表者が不在である場合や、代表者が有効な意思表示をできない場合は、事業者としての意思決定・意思表示ができないので、利用申請及び支払申請を行うことはできません。

(14)　補助金等の不正受給や脱税・詐欺等の行為がある場合

　補助金の不正受給や脱税・詐欺等の行為があり、当該行為の悪質性が高く、それが既に刑事事件化している場合や、近い将来に刑事事件化することが見込まれる場合等、事業者が本事業を利用することが適切でないと認められる場合は、原則として対象となりません。

（出典）中小企業庁独立行政法人中小企業基盤整備機構（中小企業活性化全国本部）「経営改善計画策定支援事業（ガイドラインに基づく計画策定等の支援〈中小版GL枠〉）マニュアル・FAQ（令和6年4月1日改訂）」FAQ 2-1-3

5. 費用補助についての必要書類

　中小版GL枠に基づく費用補助の利用を行う場合には、手続の各段階に応じて、以下の書類提出が必要となります。

　申請書類に関する各種書式等については、中小企業庁のウェブサイト（https : //www.chusho.meti.go.jp/keiei/saisei/05.html）に掲載されているため、そちらを参照してください。

(1) 利用申請に伴う必要書類

【申請書類】

・経営改善計画策定支援事業（ガイドラインに基づく計画）利用申請書

・申請者（事業者）の概要

・自己記入チェックリスト

・業務別見積明細書

【添付書類】

・申請者の履歴事項全部証明書（登記簿謄本）の原本
　※個人事業主の場合は開業届又は確定申告書の写し

・認定経営革新等支援機関であることを証する資料の写し

・認定経営革新等支援機関ごとの見積書及び単価表

・申請者の直近3年分の確定申告書の写し

・計画策定支援に係る工程表（スケジュール表等）

・主要金融機関の確認書面（原本）又は一時停止の要請（写し）

(2) 支払申請に伴う必要書類

【申請書類】

・経営改善計画策定支援事業（ガイドラインに基づく計画）費用支払申請書

・自己記入チェックリスト

・業務別請求明細書

・従事時間管理表（業務日誌）

・ガイドラインに基づく計画策定支援等の補助額の調整報告書

・債権放棄計画における弁済原資増加の確認書

【添付書類】

・DD 報告書、ガイドラインに基づく計画書、調査報告書の写し

・認定経営革新等支援機関ごとの請求書類（協議会宛）の原本

・外部委託先からの請求書額の写し

・申請者と認定経営革新等支援機関が締結するガイドラインに基づく計画策定支援に係る契約書等の写し

・申請者による費用負担額（3分の1）の支払を示す証憑類（振込受付書、払込取扱票等）の写し

・すべての対象債権者が計画案について同意した旨を証する文書の写し

(3) 伴走支援費用の支払申請に伴う必要書類

【申請書類】

・伴走支援費用支払申請書（経営改善計画策定支援事業（ガイドラインに基づく計画））

・伴走支援報告書

・自己記入チェックリスト

・伴走支援業務別請求明細書

・従事時間管理表（業務日誌）

【添付書類】

・申請者と認定経営革新等支援機関が締結するガイドラインに基づく計画策定支援の伴走支援に係る契約書等の写し

・認定経営革新等支援機関ごとの請求書類（協議会宛）の原本

・申請者による費用負担額（3分の1）の支払を示す証憑類（振込受付書、払込取扱票等）の写し

・伴走支援レポート（金融機関への報告に使用した書面）の写し又は報告内容を記録した書面

巻末資料

年　　月　　日

（債務者）
東京都千代田区○○○○
■■■■株式会社
代表取締役　▲▲　▲▲　殿
（主要債権者）
東京都千代田区○○○○
株式会社××銀行　××支店
支店長　▲▲▲▲　殿
東京都千代田区■■■■
株式会社▲▲銀行　▲▲支店
支店長　○○○○

事務所名：

氏　名：

利害関係に関する確認書

　当職は、「中小企業の事業再生等のための私的整理手続」に基づく債務者■■■■株式会社からの申出に関し、第三者支援専門家としての中立公正性に疑義を生じさせる特別の利害関係（債務者又は対象債権者と指導・助言契約、法律・会計・税務顧問契約その他これに類する継続的契約を締結している等、本手続又は事業再生計画案の公正を妨げるべき事情）がないことを確認いたします。

以　上

（出典）中小企業の事業再生等に関する研究会「『中小企業の事業再生等に関するガイドライン』Q&A」（参考1）

（参考2-1：債務減免等の要請を含まない再生型私的整理手続）

年　　月　　日

対象債権者各位

一時停止のお願い

（債務者）
[住所]
[会社名]
代表取締役　　○○　○○　　　㊞

拝啓　時下益々ご清祥のこととお喜び申し上げます。
　さて、当社は、中小企業の事業再生等に関するガイドライン（以下「ガイドライン」といいます。）第三部に規定される中小企業版私的整理手続に基づき、ガイドラインに定める主要債権者の意向も踏まえて、下記1の第三者支援専門家の支援のもと、事業再生計画案の策定を開始することとなりました。
　対象債権者におかれましては、事業再生計画案の策定にご協力賜りたく、下記2の一時停止期間において元金の返済を猶予いただくとともに、下記3の行為を差し控えていただくようお願い申し上げます。
　なお、当社の作成する事業再生計画案には、債務減免等の要請を含まないことを見込んでいます[1]。

敬具

記

1　第三者支援専門家
　　[住所]
　　[氏名]
　　[連絡先]
2　一時停止期間
　　○年○月○日から○年○月○日迄
3　差し控えをお願いする行為
　①　○年○月○日における与信残高（手形貸付・証書貸付・当座貸越などの残高）を減らすこと
　②　弁済の請求・受領、相殺権を行使するなどの債務消滅に関する行為をなすこと
　③　追加の物的人的担保の供与を求め、担保権を実行し、強制執行や仮差押・仮処分や法的倒産処理手続の申立てをすること

以　上

1　債務減免等の要請を含まない事業再生計画案を作成することが見込まれる場合は、その旨を記載。

（出典）中小企業の事業再生等に関する研究会「『中小企業の事業再生等に関するガイドライン』Q&A」（参考2-1）

年　　月　　日

対象債権者各位

一時停止のお願い

　　　　　（債務者）
　　　　　［住所］
　　　　　［会社名］
　　　　　代表取締役　　○○　○○　　　　印

拝啓　時下益々ご清祥のこととお喜び申し上げます。

　さて、当社は、中小企業の事業再生等に関するガイドライン（以下「ガイドライン」といいます。）第三部に規定される中小企業版私的整理手続に基づき、ガイドラインに定める主要債権者の意向も踏まえて、下記1の第三者支援専門家の支援のもと、事業再生計画の策定を開始することとなりました。

　対象債権者におかれましては、事業再生計画の策定にご協力賜りたく、下記2の一時停止期間において元金の返済を猶予いただくとともに、下記3の行為を差し控えていただくようお願い申し上げます。

　なお、当社の再生の基本方針は下記4のとおりです[1]。

敬具

記

1　　第三者支援専門家
　　　［住所］
　　　［氏名］
　　　［連絡先］
2　　一時停止期間
　　　○年○月○日から○年○月○日迄
3　　差し控えをお願いする行為
　①　○年○月○日における与信残高（手形貸付・証書貸付・当座貸越などの残高）を減らすこと
　②　弁済の請求・受領、相殺権を行使するなどの債務消滅に関する行為をなすこと
　③　追加の物的人的担保の供与を求め、担保権を実行し、強制執行や仮差押・仮処分や法的倒産処理手続の申立てをすること

1　「再生の基本方針」は、事業再生計画案において債務減免等の要請が含まれる可能性がある場合に記載。

4 再生の基本方針

　（記載例1　スポンサー型の場合）

　　　　当社といたしましては、今後選定するスポンサーによる支援に基づく債務減免を含む事業再生計画案の策定を予定しております。スポンサーによる支援を得られることにより当社事業の再生を図ることができることが、対象債権者を含む利害関係者にとって有利であることをご説明することにより、協力が得られる見込みがあるものと考えております。

　（記載例2　自主再建型の場合）

　　　　当社といたしましては、最大限の自助努力施策に取り組むとともに、財務及び事業のデューデリジェンスの内容を踏まえ事業再生計画案を策定する所存ですが、現在の当社の財務状況及び収益力を踏まえますと、債務減免を含む事業再生計画案の策定となる可能性もあるものと考えております。その場合にも、相当性、実行可能性の認められる事業再生計画案をお示しし、当社事業の再生を図ることができることが、対象債権者を含む利害関係者にとって有利であることをご説明することにより、協力が得られる見込みがあるものと考えております。

以　上

（出典）中小企業の事業再生等に関する研究会「『中小企業の事業再生等に関するガイドライン』Q&A」（参考2-2）

年　　月　　日

対象債権者各位

一時停止のお願い

（債務者）
[住所]
[会社名]
代表取締役　　○○　○○　　　印

拝啓　時下益々ご清祥のこととお喜び申し上げます。

　さて、当社は、中小企業の事業再生等に関するガイドライン（以下「ガイドライン」といいます。）第三部に規定される中小企業版私的整理手続に基づき、ガイドラインに定める主要債権者の意向を踏まえて、下記1の外部専門家の支援のもと、弁済計画案の策定を開始することとなりました。

　ガイドラインに基づき、一時停止の要請を行うことにつき主要債権者全員の同意を得ましたので、対象債権者におかれましては、弁済計画案の策定にご協力賜りたく、下記2の一時停止期間において元金の返済を猶予いただくとともに、下記3の行為を差し控えていただくようお願い申し上げます。

敬具

記

1　外部専門家
　　[住所]
　　[氏名]
　　[連絡先]
2　一時停止期間
　　○年○月○日から○年○月○日迄
3　差し控えをお願いする行為
　①　○年○月○日における与信残高（手形貸付・証書貸付・当座貸越などの残高）を減らすこと
　②　弁済の請求・受領、相殺権を行使するなどの債務消滅に関する行為をなすこと
　③　追加の物的人的担保の供与を求め、担保権を実行し、強制執行や仮差押・仮処分や法的倒産処理手続の申立てをすること

以　上

（出典）中小企業の事業再生等に関する研究会「『中小企業の事業再生等に関するガイドライン』Q&A」（参考2-3）

■執筆者紹介（執筆順）

福岡 真之介（ふくおか・しんのすけ）

《第1章、第4章、第6章の執筆を担当》

弁護士

主な業務分野：事業再生、国際倒産、AI/テクノロジー　等

1996年　東京大学法学部第一類卒業

1998年　弁護士資格取得、第二東京弁護士会所属

1998年－2001年　中島経営法律事務所勤務

2001年－現在　西村あさひ法律事務所・外国法共同事業勤務

2006年　Duke University School of Law 卒業

2007年　ニューヨーク州弁護士資格取得

【著書等】

・「倒産と担保・保証」実務研究会編『倒産と担保・保証［第2版]』（商事法務、2021年）

・木内道祥監修、全国倒産処理弁護士ネットワーク編『通常再生の実務Q＆A 150問（全倒ネット実務Q&Aシリーズ)』（金融財政事情研究会、2021年）

片井 慎一（かたい・しんいち）

《第2章、第3章、第8章の執筆を担当》

弁護士

主な業務分野：事業再生、ファイナンス、銀行法務　等

2007年　大阪大学法学部卒業

2010年　九州大学法科大学院卒業

2011年　弁護士資格取得、東京弁護士会所属

2012年－2017年　光麗法律事務所勤務

2017年－現在　西村あさひ法律事務所・外国法共同事業勤務

【著書等】

・金子修＝神田秀樹＝中務嗣治郎＝古澤知之監修『金融機関の法務対策6000講 第Ⅵ巻』（共著（校閲）、金融財政事情研究会、2022年）

・東京弁護士会　親和全期会編『新民法対応！！　事業者が知っておくべき「保証」契約Q&A』（清文社、2016年）

松田 隆志（まつだ・たかし）

《第5章、第7章の執筆を担当》

公認会計士・税理士

2001年　中央大学経済学部卒業

2006年　公認会計士登録

2009年　税理士登録

2011年〜現在　株式会社コンサルティング・モール　シニアコンサルタント

2020年〜現在　税理士法人ナナイロ　代表税理士

【著書】

・LM法律事務所、株式会社コンサルティング・モール編著『中小企業経営者のための事業の「終活」実践セミナー（親族内事業承継・M&A・廃業の考え方・進め方)』（清文社、2015年）

中小企業の事業再生等ガイドラインの実務
―手続・計画・交渉・税務から保証債務整理まで―

2024年9月6日　発行

著　者　　福岡　真之介／片井　慎一／松田　隆志 ©

発行者　　小泉　定裕

発行所　　株式会社　清文社
　　　　　　　東京都文京区小石川1丁目3−25（小石川大国ビル）
　　　　　　　〒112-0002　電話03（4332）1375　FAX 03（4332）1376
　　　　　　　大阪市北区天神橋2丁目北2−6（大和南森町ビル）
　　　　　　　〒530-0041　電話06（6135）4050　FAX 06（6135）4059
　　　　　　　URL https://www.skattsei.co.jp/

印刷：亜細亜印刷㈱

■著作権法により無断複写複製は禁止されています。落丁本・乱丁本はお取り替えします。
■本書の内容に関するお問い合わせは編集部までFAX（03-4332-1378）又はメール（edit-e@skattsei.co.jp）でお願いします。
■本書の追録情報等は、当社ホームページ（https://www.skattsei.co.jp/）をご覧ください。

ISBN978-4-433-74334-5